经济学核心课系列教材

现代财政学原理

（第四版）

张志超　编著

南开大学出版社

天　津

图书在版编目(CIP)数据

现代财政学原理 / 张志超编著. —4 版. —天津：
南开大学出版社，2011.4（2013.6 重印）
ISBN 978-7-310-03668-4

Ⅰ.①现… Ⅱ.①张… Ⅲ.①财政学 Ⅳ.①F810

中国版本图书馆 CIP 数据核字(2011)第 031589 号

南开大学出版社出版发行
出版人：孙克强
地址：天津市南开区卫津路 94 号　　邮政编码：300071
营销部电话：(022)23508339　23500755
营销部传真：(022)23508542　　邮购部电话：(022)23502200
＊
天津泰宇印务有限公司印刷
全国各地新华书店经销
＊
2011 年 4 月第 4 版　　2013 年 6 月第 11 次印刷
880×1230 毫米　32 开本　12.875 印张　366 千字
定价：30.00 元

如遇图书印装质量问题，请与本社营销部联系调换，电话：(022)23507125

第四版前言

　　财政,又称公共财政(Public Finance),一般是指政府所从事的,具有公共性质的经济性收支活动。作为社会经济的一个重要组成部分,财政活动也受一般经济规律支配,但它又不同于普通的私人经济活动,具有其特殊性质。那么,辨别经济活动的公共性质与私人性质,有一简单标准,就是看特定的经济交易事件是记录于政府会计账户,还是记录于其他经济单位的会计账户。就是说,凡进入政府会计账户的经济活动都属于公共财政范畴,凡进入非政府会计账户的经济活动都属于私人财务范畴。

　　在经济学说史上,人们普遍认为,作为一种知识体系,财政理论的产生早于政治经济学、经济学理论。16世纪的重商主义者率先建立了最初的政府理财学说,其理论要素涉及经济、政治、法律以及管理等诸多领域的知识。但是,现代财政学的发展则呈现如下特点,即以普通经济学理论、方法论为基础,结合其他相关学科(金融学、投资学、政治学、社会学、公共行政管理学等)的研究成果,不断丰富自己的理论体系与分析技术。因此,在此意义上,财政学已经成为现代经济学的一个重要分支。[①] 在现实社会生活中,政府对国民经济的干预、管理与调控活动要通过特定财政政策的具体实施予以完成,而财政政策的制定则须以

---

　　① 关于现代财政理论的沿革和发展方向的讨论,参见 Jurgen G. Backhaus 与 Richard E. Wagner 合编的《公共财政手册》(Handbook of Public Finance, published by Kluwer Academic Publishers)第一章"社会、国家与公共财政:建立分析平台"(Society, State, and Public Finance: Setting the Analytical Stage)。

科学的经济理论为指导。发达国家的经验表明,在(相对私人经济活动领域而言的)公共经济领域,经济理论、财政理论、财政政策、财政实践(财政活动)之间有着密切联系,其中财政理论,即财政学,起到了联结经济理论与财政实践的作用。作为一门学问,财政学主要研究人类社会对市场经济活动实行公共控制与私人控制的比较优势问题;具体研究对象则涉及公共决策、政府行为、预算管理、政策制定与实现路径、政策工具的作用机理以及理财技术等。广泛深入地开展这些研究活动,既有助于政府不断改善其财政政策的有效性,也有助于提高其财政活动的质量。

20 世纪 80 年代初期,我国开始推行经济改革和对外开放政策,此后国内经济发生了天翻地覆的变化:国民经济高速增长,国民福利不断改善,国家实力空前提高。同时,经济发展进程也在客观上表明:日趋完善、和谐的市场条件仅仅是发展的必要条件,而非充分条件;其充分条件在于政府能够长期推行符合市场经济规律要求的宏观经济政策,而在这些政策中,财政政策、货币政策最为重要。因此,我国政府不仅在经济改革中特别关注对国家预算、税收、金融、货币制度的改革和相关政策的调整,而且特别注重培养财政、金融管理人才。当然,无论是为了提高政府未来财政政策的合理性、有效性,还是为了改善政府财政、金融管理干部的素质,都有赖于我国财政科学的研究、教学体制的不断完善与发展,以及教学、科研工作质量的持续提高。对此,我们认为,从改革大学的财政、税收科研与教学入手,按国际标准完善高等学校的财政、税收及相关学科的教学、研究体制,合理化该学科的大学课程体系,改编专业课教材,规范该学科教学方法,具有重要的现实与长远意义。

20 世纪 90 年代末,我们编写了这部题为"现代财政学原理"的教科书,供大学本科学生、财税干部使用,以了解、掌握现代财政学的基础理论。该书第一版于 1999 年 11 月正式发行,随后被南开大学经济学院列入"经济学核心课系列教材"。该书除用于本校与外校经济学科财政学课程教学用书外,还成为本科生报考财政学专业的考研参考书。

在此后的十年里,为了顺应现实情况的变化,及时介绍财政学理论研究的重大成果,以及不断提高专业教学质量,相继两次对本书第一版的教学内容进行了扩充,分别在 2002 年、2006 年发行了《现代财政学原理》第二版、第三版。经过十年的教学实践和追踪调查,我们发现,读者普遍认为本书具有结构安排合理、内容较为新颖、涉及问题广泛、注重基础知识教学、理论联系实际以及行文方式便于阅读等特点。但是,一些读者也针对再版教科书字数十年里增加了 17 万、一些章节过于冗长,以及某些教学内容与其他专业重叠等问题,提出对该教科书"瘦身"的要求。对此,教科书编著者们进行了认真研究,决定在 2010 年,即本书发行后进入第二个十年的头一年,推出《现代财政学原理》第四版。最新版本的教科书,除更新了大部分统计数据,增补了(编著者们)最近几年里发表的重要理论研究成果外,对教学内容进行了较大的调整。全书将第三版的十五章内容压缩为十一章,字数也从原先的 45 万字压缩为 30 余万字。新版教科书中,将第三版的第四章(关于政府失灵、政府治理理论)、第十一章(关于财政联邦主义理论)、第十四章(关于公债理论、财政赤字管理理论)压缩合并为第十章,题为"公共财政的其他几个重要问题";将第三版的第五章(关于财政支出结构与规模变化的理论)、第六章(关于重大财政支出项目的经济学分析理论)整合为第四章,题为"财政支出";将第三版的第十二章(关于财政政策理论)、第十三章(关于财政政策效果研究)整合后压缩为第九章,题为"财政政策及其效果分析"。此外,考虑到国内高等院校财经类专业教学体系中,均已安排了诸如宏观经济学、微观经济学、公共选择理论、经济学流派等课程,新版教科书中还删改了与上述课程内容明显重复的部分。在第四版《现代财政学原理》发行的同时,《现代财政学原理》电子版教材和相应的教学课件也将在更新后,重新被上传至南开大学经济学院的教学网站,读者可以按照有关规定登陆该网站,获取本教科书的全部教学内容以及大量涉及发达国家和中国财政问题研究的辅助阅读材料与丰富的统计资料。

　　本书把公共财政(政府的财政活动)视为整体社会经济中的一个相对独立的经济领域,或一种特殊的经济现象,运用常规的经济学分析手段,主要研究该领域中人们特别感兴趣的热点问题。虽然在理论与实践中财政学原理总是从属于经济学原理的,但是两者都有各自的研究范围、研究方向、研究重点,即使它们研究的是同一经济问题,也有研究层次、分析角度、研究方法的区别。因此,读者应该首先掌握基本经济学原理,其后再研究公共财政问题。

由于本书是为大学本科经济学专业学生撰写的,作为一本实用的大学本科教材,其内容力图覆盖现代财政学所涉及的主要问题。按照现实中公共财政领域各类具体活动之重要性差异,本书的教学内容可以划分为两大部分:关于公共财政基本要素的研究和关于公共财政政策的研究;而在教学过程中,则以前者为主。在公共财政基本要素方面,本书重点阐释了公共财政的性质与职能,政府预算原理、原则、程序和主要方法,公共支出规模的确定,公共工程项目评估方法,税收原理,国家重大税制的设计等理论与实践问题。在财政政策研究方面,考虑到任何普通宏观经济学教科书中都安排有大量篇幅,专门探讨现代财政政策理论和应用,故本书在涉及有关以宏观经济稳定为基本目标的财政、税收政策研究中,把分析的重点放在现代政府所推行的审慎财政政策的政策取向、主要政策工具的运行及其机理以及财政政策效果的一般影响因素等方面。本书对所研究的大部分问题采取了实证分析与规范分析相结合的方法,这与当前发达国家大学同类学科教学中普遍运用的方法是一致的。此外,在讲授方法上本书尽量做到总体论述深浅适中,而对具体问题的阐述则详简有别。

关于本教科书的内容安排和财政学的学习方法,在此还要做几点说明:(1)本书只讨论了现代政府财政活动的基本原理,而未对我国社会主义经济转轨时期的财政理论、财政实践进行详细阐述。我们认为,这些原理对于我国建设现代公共财政体制,对于向市场经济体制过渡的政府财政活动和财政政策调整也具有普遍意义。但是,为了引导学生们进一步关注中国经济问题,本教科书也专设一章,简要介绍了中国的公共财政经济现状、存在的主要问题及未来的发展方向等。(2)作为公共财政原理之简明教程,本书未对诸如国家或政府的起源、公共财政的形成、财政思想的沿革以及比较财政制度、财政法规等进行系统论述。在这方面有兴趣的读者,可以阅读其他专门讨论这些问题的书籍或更详细的财政学教科书。本书提供的参考书目包括了讨论这类问题的一些重要书籍。(3)2005年以来我们陆续出版了"财政学系列教材",包括《中国税制》、《国有资产管理》、《地方政府财政》、《国际税收学》等教学用书十余部。这套教材比较系统地阐述了我国财政经济各主要领域的专门知识。我们建议学生把"财政学系列教材"作为本书的补充学习材料,在学习过程中充分利用这些材料,以加深对某些问题的理解。

编　者
2010年11月

目　　录

第一章 政府、市场与公共财政

本章首先基于"公共需求"、"公共产品"概念，梗概地介绍现代政府的主要职能。其次，按照历史阶段较为深入地说明政府与市场关系的发展变化情况，并就经济社会如何处理好这种关系进行理论探讨。再次，根据现代国家政府财政活动的实践经验，阐释公共财政的一般特征。最后，围绕政府职能作用分析公共财政的本质。把握上述内容及其重要知识点，将有助于理解本书接下去所要研究的一些重要问题。

此外，本章对本书的内容安排和结构设计也进行了必要的说明，以便有不同需要的读者能够有选择地安排个人的学习计划。

第一节　政府的基本职能

政府（Government）是由被授权制定公共政策与处理国家事务的个人和机构组成的政治组织，其重要作用在于妥善安排、协调国家的内政、外交关系，这些关系往往涉及政治、社会、经济、文化等各个领域。从经济学角度看，搞好这些关系之所以重要，是因为它们集中地体现了社会经济生活中（为实现社会成员集体要求的某种共同目的而产生）的公共需求。[①]

本节首先从人类生活的两类经济需求之一的公共需求出发，阐释公共财政概念。其次，结合英国古典经济学家亚当·斯密关于政府基

[①]　本书第二章将对公共需求和用于满足这一需求的公共产品进行比较详细的讨论。

本经济职能的论述,进一步说明公共财政在社会经济中的重要地位。不过,应该注意,尽管政府在提供公共产品和管理社会生活方面能够发挥市场不能替代的作用,但是政府的权力同样应该受到限制。

一、公共需求与公共财政

人们无论是为了满足自己的私人需求,抑或为了满足整个社会的公共需求,都面临着同样的经济选择问题,即如何按照"效用最大化"或"成本最小化"原则而不断优化有限资源的配置。但是,满足这两类需求的基本方式则有所不同:为满足私人需求的"私人产品"的生产与消费均可以通过市场过程,经由厂商和消费者的自愿交易活动得以实现;而为满足公共需求的"公共产品"的生产与消费则必须通过公共选择过程,并经由政府组织安排供给活动得以实现。这也是人们区分"私人需求"("私人产品")与"公共需求"("公共产品")之一般标准。当然,在物理形态上,"私人产品"一般为可分割性产品或劳务,普遍适用于个人消费以满足"私人需求";而"公共产品"一般为不可分割性产品或劳务,通常只能用于集体消费以满足"公共需求"。①

可以这样认为,政府的产生,或者它的存在就是为了满足经济社会的各种公共需求。为此,政府就要从事特定形式的经济收支活动以提供一定数量与质量的公共产品与劳务。这些活动统称为财政或公共财政。于是"公共财政"可以定义为:政府为了满足国民的公共需求,在提供公共产品与劳务过程中所从事的经济性收入、支出活动。这一定义概括了"公共财政"的基本内容,即协调政府与市场的关系,提供公共产品,控制财政收支,以及制定财政政策。此外,该定义还说明,财政既是一种经济现象,受一般性经济原则支配,同时又是政府专门从事的经济活动,具有其特殊性质。

---

① 关于这种问题的详细讨论,可参见厄休拉·K. 希克斯(Ursula K. Hicks)所著《公共财政》(Public Finance,James Nisbet and Company Limited,1968)一书。

二、现代政府的三大职能

著名英国古典经济学家亚当·斯密，较早地对政府职能做了系统而完整的论述。不过，当初亚当·斯密是通过界定君主的义务的方式来阐述政府主要职能的。按照他的理解，政府一般要在社会经济生活中发挥三种重要职能，即保障国家安全的职能、维持社会经济秩序的职能以及提供必要基础设施的职能。

第一，"君主的义务，首先保护本国社会的安全，使之不受其他独立社会的暴行与侵略。……这种义务的实行，势必随着社会文明的进步，而逐渐需要越来越大的费用。"[①]这就是政府的对外职能，即保护自己的社会免遭其他独立社会的侵犯。要行使这种职能，政府就必须建立并维持一定数量的军队，就要为此支付一定规模的国防开支。当然，斯密也指出一国的军队不能太大，他认为军队人数不超过全体居民的1‰为好，"过此，即不免负担太重，危及国家经济"[②]。

第二，"君主的第二个义务，为保护人民不使社会中任何人受其他人的欺侮或压迫，换言之，就是设立一个严正的司法行政机构。"[③]这就是政府的对内职能，即保护本国社会内部各成员生命及财产免遭其他社会成员的侵害。在斯密看来，只有在一个没有什么财产的社会里，民政政府才可能没有存在的必要。而在具有大宗财产获得的经济社会里，必须建立某种民政政府，以便通过司法官员的作用不断惩治一切侵害他人财产的非法行为。当然，有人认为打官司的费用可以由当事人负责支付，不一定非要政府负担，但是斯密指出，仅仅由当事人负担的司法费用通常是不稳定的，那么，"以不安定的财源，充当一种应当永远维持的机构的费用，似乎不大妥当。"[④]

第三，"君主或国家的第三种义务就是建立并维持某些公共机关和

---

①　亚当·斯密：《国富论》（郭大力、王亚南译），下卷，商务印书馆，1996年，第254~270页。

②　亚当·斯密：《国富论》（郭大力、王亚南译），下卷，商务印书馆，1996年，第259页。

③　亚当·斯密：《国富论》（郭大力、王亚南译），下卷，商务印书馆，1996年，第272页。

④　亚当·斯密：《国富论》（郭大力、王亚南译），下卷，商务印书馆，1996年，第283页。

公共工程。这类机关和工程,对于一个大社会当然是有很大利益的,但就其性质说,设由个人或少数人办理,那所得利润决不能偿其所费。所以这种事业,不能期望个人或少数人出来创办或维持。"这是政府的基本经济职能,该职能的充分发挥有助于便利社会商业的发展——"一国商业的发达,全赖有良好的道路、桥梁、运河、港湾等公共工程。"①值得注意的是,亚当·斯密将发展公共教育、公共卫生等,也视为政府须承担的重要义务,被纳入政府的该职能。现代国家社会经济发展实践活动说明,斯密主张通过政府活动提供(除公共安全外的)某些重要的公共服务内容,实在具有先见之明。例如,关于发展公共教育之深远的社会价值,即其合理性、经济性与必要性,斯密均给予了极好的阐释。对于发展公共教育的合理性,他说:"……为防止这些人民几乎完全堕落或退化起见,政府就有(对教育)加以若干注意的必要。"这是因为现代工业社会,劳动分工的确立,使得一般人民仅获得了特定职业所要求的技巧,而同时牺牲了个人的智能、交际能力、尚武品德等,因此"……在一切改良、文明的社会,政府如不费点力量加以防止,劳动贫民,即大多数人民,就必然会陷入这种状态"。至于发展公共教育的经济性,斯密解释说,"……,无论在哪种文明社会,普通人虽不能受到有身份有财产者那样好的教育,但教育中最重要的几部分如阅读、书写及算术,他们却是能够在早年习得的……。因此,国家只要以极少的费用,就几乎能够便利全体人民,鼓励全体人民,强制全体人民使获得这种最基本的教育"。在谈到发展公共教育的必要性时,他补充道,人民受教育越多,越容易理解政府的行为,越不会受狂热与迷信的蛊惑。"在自由国家中,政府的安全,大大依赖于人民对政府行为所持的友好意见,人民倾向于不轻率地、不任性地判断政府的行为,对政府确是一件非常重要的事。"所以,"在文明的商业社会,普通人民的教育,恐怕比有身份有财产者的教育,更需要国家的注意"②。

---

① 亚当·斯密:《国富论》(郭大力、王亚南译),下卷,商务印书馆,1996年,第284页。

② 亚当·斯密:《国富论》(郭大力、王亚南译),下卷,商务印书馆,1996年,第285、339、341、345页。

从斯密关于政府职能的上述论述中，不难看出现代社会中，政府实际上是充当着"有用的公共产品提供者"和"私人经济行为调节者"的角色。当然，要使政府充分发挥好以上两大角色的作用，即有效履行它的各种职能，就要把一定的社会权力交给政府，形成政府的事权。不过，要想让政府行使好事权，就要给它相应的足够的财权，即让政府利用公共财政收支活动科学地支配、配置社会资源的权力。虽然在不同政治体制、经济体制的国家，政府事权、财权的规模以及制衡方式、程度均有很大差别，但是人们普遍认识到，无论何种国家、何种条件下，政府的权限越大，市场的权限、国民的自由权等就越小；反之，结果亦相反。于是，长期以来，政治学、经济学、财政学研究中，对诸如经济社会应该赋予政府何等权力、如何有效限制政府的权力等问题始终存在着争议。

三、政府权力应该受到限制

历史经验表明，不恰当的政府职能（权力）安排往往直接地、间接地导致社会经济运行质量的下降，甚至导致社会经济无法正常运行。这并非危言耸听，各国经济生活中能够反映这种现实的例子不胜枚举。例如，从观察到的现象看，各国经济生活中不同程度上都存在着政府职能"越位"与"缺位"问题，前者造成私人经济活动受到不应有的限制，使微观经济在一定程度上缺乏活力[①]；后者或是导致社会经济秩序陷入混乱状态而不可收拾，或是造成"市场游戏规则"形如虚置而无法被严格地贯彻执行。

又如，进一步观察还可以发现，政府及其各部门（行政管理机构）只能通过特定的经济政策、法规、条例等来履行其经济职能。但是，如果不适当的职能安排导致政府作用范围过大，或者如果安排过多的政府部门来行使大体相同的职能，就必然造成各类政策、法规、条例间的矛盾。这不仅会降低政府的工作效率，影响它的信誉，而且还会增加经济

---

① 政治学中有一重要命题："政府活动妨碍个人自由"。所谓个人自由有两重含义：一是免于限制的自由，二是活动自由。其关系是个人只能获得了第一种自由，才能有效地行使第二种自由。而第二种自由又是个人在社会生活中可能充分发挥自己潜能的前提条件。

生活中不同社会群体之间的利益冲突。

再如,从理论上讲,虽然政府政策通常会对经济生活产生导向作用、协调作用和控制作用,但是源于政府官员的认识能力限制和贯彻政策的工具限制,许多经济政策的效果具有很大的不确定性。成功的经济政策固然可以推动社会经济的发展,而失败的政策则会产生相反的结果。加之政府通常是以"错了再试"的方式进行有关的政策调整工作,也导致公众产生错误预期,使得他们或是在实际有利的经济活动上裹足不前,或是在实际不利的经济活动上投入过多,结果给社会经济活动带来了额外的成本。

此外,特别是在政府规模膨胀、政府官员权力不断扩大情况下,社会上体现权钱交易的寻租活动必然盛行。寻租本身使有限的经济资源被用于非生产活动,竞争性寻租则进一步导致社会资源的浪费,而长期的寻租活动造成经济体制、政治体制僵化。加之社会限制寻租活动也要支付高额成本,那么寻租与限制寻租最终导致社会资源的空耗,导致经济活动的低效率,影响整体经济发展。

可见,在市场经济环境基本形成,私人经济活动基本纳入有序状态后,人们也要对政府的权力及其权力结构做出恰当的安排,并使之成为规范政府职能作用范围与作用方式的基础。据此,人们普遍认识到,政府的权力应该受到必要的限制,具体理由可以大致归纳为如下三点:第一,政府权力过大相应地破坏了个人的"经济自由"。经济自由包括个人自由地决定如何使用他的收入,自由地选择个人的职业,自由地安排和处理个人的财产。当然,这些个人的"自由"与政府代表社会行使必要的"治理"既是一对矛盾关系,也是一种相辅相成的关系。自古以来,人们一直在努力协调二者之间的关系,于是不同国家实际上都处于不同程度的"自治"状态。

第二,政府也是由普通社会成员组成的,不可能保证它们所做出的各种决策总是正确的,因此经济社会没有充分理由让政府完全替代市场而拥有全部的经济权力。

第三,从政治学角度考虑,人类社会中任何权力都是危险的,因为如果控制不当,任何权力都有被滥用的可能。特别是在公共财政领域,政府官员往往可以借助公众给予的权力,为个人或集团牟取私利。对此,英国政治家、经济学家洛克称之为"暴政"。所以,人类长期的政治生活经验说明,唯一公道的政府只能是权力应该受到限制的政府。

四、政府与市场

政府要发挥它的基本职能,就必须介入并干预社会经济生活,对此几乎所有的经济学家都无异议。然而,在政府干预社会经济生活的深度、广度、方式、方法等问题上,经济学家之间却存在着长期的争议。英国经济学家约翰·斯图加特·穆勒在其 1848 年出版的《政治经济学原理》一书中曾经写道:"在此特定时期于政治科学与实践国务活动中最有争议的问题之一,就是关于如何对政府职能与作用范围加以适当限制。"虽然在当今市场经济发展水平较高的发达国家,上述问题也尚未得到圆满解决,但是长期实践使得人们逐渐认识到上述问题的实质,并且逐步学会如何优化政府与市场的关系,即在社会经济范围里如何动态地划分公共部门与私人部门的作用、责任和活动边界。

经济生活中之所以难以明确划分政府活动与私人活动的界限,主要原因在于:在政府活动与私人活动紧密交织的情况下,二者活动范围的划分具有复杂性、动态性并难以把握。复杂性源于社会经济活动的效率是政府活动与私人活动相互影响决定的,具体性质反映为二者相互作用的效率,而非二者可分离作用的效率;动态性源于政府活动范围原则上由公众选择决定,而这种选择既受公众偏好变化的影响,也受公众支付能力变化的影响。因此,明确二者经济活动的界限并协调好二者的经济关系,是非常困难的。①不难理解,在市场经济条件下,人们既不能回避这个问题,也不能指望一蹴而就地解决这个问题。正确的态度应该是,按照市场经济运行的内在规律与社会经济发展的客观要求,循序渐进地协调政府活动与私人活动的关系。而于此过程中,关键在

---

① 参见 Maunel Guitian 的论文"Scope of Government and Limits of Economic Policy",原文载 Macroeconomic Dimensions of Public Finance(论文集,M. I. Blejer、Teresa Ter—Minassian 主编,Routledge 出版公司出版,1997 年)。

于合理规定政府职能(权力)及其履行特定职能的方式、路径。

　　20世纪80年代以来,在政府职能、作用方面,人们逐渐形成了某种共识:(1)强调政府应该对基本社会经济目标——充分就业、物价稳定、经济增长、国际收支平衡等——负主要责任的观点是偏颇的,唯一地依靠政府政策行为来实现这些目标也是不可靠的,因为这些目标的具体实现反映为政府行为与私人行为相互作用的复杂结果。(2)过分强调政府经济责任,不仅忽视了在政府、市场与私人经济部门之间确定长期平衡关系的重要意义,而且也对政府财政开支与财政赤字的长期增长给经济社会带来的问题之严重性估计不足。(3)政府制定的经济政策可能有助于防止社会经济偏离有效运行的轨道,但它不能保证永远发挥这种作用。换言之,"好"的经济政策充其量在最好的情况下也仅仅可以作为社会经济正常运行的必要条件,而非充分条件。正如世界银行在其《1990年世界发展报告》中所正确指出的那样:"竞争性市场是人类迄今为止发现的有效进行生产和产品分配的最佳方式,但是,市场不能在真空里运转,它们需要只有政府才能提供的法律与规章制度体系。所以,二者都有巨大的、不可替代的作用。经验表明,二者协调一致地运行时,经济社会就会取得惊人的成就;而二者相互对立时,就会给经济社会带来灾难性的后果。经济发展的一般过程已经说明,政府干预不是越多越好,过多干预、取代市场的作用,使经济发展反而变得缓慢。正确的态度是:要求政府在某些方面减少干预,而在其他方面则要多些干预,即让市场在它们可以运行的方面运行,并立即有效地介入市场力所难及的方面。历史经验表明:这是一条尽快提高生产力,增加收入和持续发展经济的最可靠的途径。明智的看法是,将政府干预看做一种特别稀缺的资源,必须谨慎地、节约地、适时地使用这种资源。"①

---

　　①　世界银行:《1990年世界发展报告》,中国财政经济出版社,1990年。

第二节　公共财政的基本特征

鉴于上述政府与市场的一般关系和财政是政府所专有的经济性活动，政府就可以通过财政活动来调节社会经济过程，以实现多种社会、经济目标。这是因为精心设计、合理安排的公共财政活动，通常能够对经济社会的资源配置、收入分配、社会稳定、经济增长以及国际收支平衡等产生各种有益的影响。不过，应该注意，政府的财政活动也在诸多方面根本不同于私人的经济活动，体现为公共财政的基本特征。

一、非直接生产性特征

虽然经济社会赋予政府满足公共需求的任务，但是这并不要求政府一定要像私人那样亲自从事各种物质生产、经营活动以及收入分配活动。例如，政府一般不需要通过建立国有企业，并直接从事产品生产、工资分配以及就业保障等活动来满足公共需求。事实上，政府可以通过预算支出—私人生产—集体消费的方式，在不同程度上满足不断增长、不断变化的各类公共需求。政府也可以通过国家税收与转移支付方式，按照社会确定的公平标准调节社会收入与财产的分配格局。政府还能够通过协调财政政策、货币政策、收入政策，对宏观经济调控产生积极影响，以便实现保持充分就业与物价稳定的基本目标。总之，政府只要对其（主要是通过税收活动）掌握的有限财政资源实行有效运作，就能在不扭曲市场经济运行机制的前提下履行政府职能、财政职能。

公共财政的非直接生产性特征还表现在以下方面。在任何经济社会，尽管生产活动都是最重要的，但是对于政府来说，"要紧的倒不是生产工具国有；只要国家能够决定(a)资源之用于增加生产工具者，其总额应为若干；(b)持有此种资源者，其基本报酬应为若干，则国家已尽其职责"。就是说，政府财政活动的重要目标之一无非是要取得"……

让国家之权威与私人之策动力量互相合作"的效果。①

据此,可以认为,政府主持的财政活动之基本价值不在于直接创造物质产品,而是为了创造并维持一种符合国情、民情,有利于国家安定、经济发展、政治民主、文化发达的社会环境。换言之,政府存在的基本意义在于,通过它的财政活动有选择地、集中地提供能够满足公共需求的产品与劳务,如公共安全、司法行政、公共教育、公共卫生、生态保护、社会救济、社会援助等。

二、理财原则多样性特征

由于国家将会长期存在下去,这就决定了政府财政活动的不间断性。另外,与私人和私人企业不同,政府通常不会遇到所谓的"破产"、"倒闭"问题。② 因此,政府理财可以在长期过程中交替使用"量入为出"与"量出为入"原则。

一般情况下,一定规模的财政收入(税收收入)往往只能满足政府维持国家机器正常运转的支出需要,即只能满足相对比较确定的"经常性支出"的需要。而那些"资本性支出",如用于便利社会经济生活的基础设施建设的财政支出,用于刺激经济增长、实现充分就业等宏观经济目标的财政支出,则在数量上具有很大的不确定性,往往无法及时调整税收政策予以满足。很显然,在需要政府根据国民经济变化及时调整"资本性支出"的情况下,政府继续坚持"量入为出"原则便显得不合时宜。但是,如果依靠政府的财政信用,向其公众或者外国政府、国际组织借钱来满足追加的财政开支需要,即采取"量出为入"原则,其短期的"入不敷出"问题是可以解决的。虽然这在政府财政预算方面会出现赤字,但是只要这些依靠政府信用聚集的社会资金被合理地用于生产性投资,不仅能够有效促进国民经济的增长,而且未来还本付息也不会遇到什么困难。这就是在一定条件下政府可以实行赤字预算的基本依

---

① M. 凯恩斯:《就业、利息和货币通论》,商务印书馆,1996 年,第 326 页。

② 虽然也有特殊情况,如冰岛于 2008 年以及迪拜于 2009 年遭遇"破产"危机,但并未中断其政府财政活动。

据。当然,如果政府的投资效果非常令人满意的话,政府不仅可以按时偿还债务,而且还可能因此获得额外的收入。这笔收入既可以在不改变现行税收政策的情况下扩大政府开支,也可以在降低政府税收收入的情况下维持同样的政府开支。[①]

此外,"量出为入"理财原则意味着政府可以按照预计的支出规模,相应增减其收入规模,这也有助于政府按照国民意愿、国家经济形势的要求,主动调节国民的税收负担。

总之,如果政府是值得信赖的,并且能够妥善运用"量入为出"与"量出为入"原则,政府实际上不仅具备胜任长期投资和长期负债的能力,而且同时也就具备了将税收与信用相结合为政府财政活动筹资、融资的能力;而具备这些能力对政府加强其财政职能来说,则是非常重要的。

三、规制约束性特征

在有效竞争的市场经济制度中,私人经济活动的典型特点是:各当事人在明确的法律结构中所进行的独立决策、生产与交易活动,都是以实现其利润最大化为目标的。但是,在公共经济中代表公众进行决策的政府官员在偏好上未必总是与公众的偏好相一致,在贯彻经济政策上表现出来的某些主观随意性也可能给公众利益带来这样或那样的经济损失。此外,如果对政府的权力、政府的规模失去有效控制,不仅难以保证(大部分来源于对私人及其厂商课税而形成的)财政资源在使用中避免无谓的浪费,而且实际上还会刺激政府官员(在形成自我服务的

---

① 希克斯在其《公共财政》一书中对此提出过类似看法:用于战争筹款的政府债务是社会的一种负担,必然要靠增加税收的办法来弥补。而政府借款(包括对外借入)投资于高效率的生产性部门(出口部门),资金回收一般不成问题,并且不需要增加税收。此外,世界银行经济学家也指出:少量的、能长久维持的赤字可以促进经济增长,同时保护穷人在紧缩财政时免于承受沉重的负担。

利益集团情况下)集体地盗窃财政资源以牟取私利。①

因此,为了尽可能避免这些问题的发生,经济社会就要建立和不断改革规范政府财政活动的法律框架、规章制度以及公众监督体系。尽管这样做,经济社会要付出相当的额外费用,也可能在处理新情况时减少政府决策所需要的灵活性,但是无论如何,制度改革总可以在确保有限财政资源的使用效率、限制政府官员迎合利益集团要求等方面产生积极影响。所以,政府财政活动必须根据法律、法规的要求,在一套严格的制度约束(如预算、决算程序)和规范监督下有序地进行。

四、政治参与性特征

历史上每一种政治与经济制度下,都不同程度地存在着"金钱决定政策形成"的问题,这种问题通常只能借助政治行为予以解决。具体到公共财政领域,经济社会借助特定的政治过程或政治行为方式,影响政府的各类涉及公共利益的财政决策活动,有助于(通过政府组织、行政官员)较好地平衡社会整体与各社会阶层,或各种利益集团之间的利益关系。这是政治行为广泛参与财政过程对社会经济发展产生的正面影响。

当然,政治行为广泛参与财政过程也会对社会经济发展产生负面影响,如在公共监督薄弱、"政府治理"普遍缺失的情况下,必然存在政府权力被滥用的可能性。人们很容易发现,在一些国家里,大量的财政资源被疏导到某些滥用权力的政治家所代表的利益集团手中。② 尽管

---

① 亚当·斯密对政府就持有一种不信任态度,他主要是对政府的意图,而不是对政府的能力,表现出不信任。他认为,在一定意义上,政府是有组织的、联络起来的、自我服务的集团的产物,即掌握政府权力的人总是利用这种权力来达到自己的目的。当然,也有一些经济学家认为,斯密的这种认识未免过于武断。

② 这种表现为非个人化的滥用权力一方面极大地扩张着政府开支的规模,另一方面又使因此造成的愈加严重的财政赤字问题更加难以解决。正如梅金和奥恩斯坦所指出的那样:"如果这些非个人化的力量(政府哲学、经济危机、经济思想、政治学等)都对财政政策发生影响,那么就会出现一种缓慢发生但稳定变动的趋势,可能就是走向大政府、更多的财政开支、更沉重的税负和税收的增长大大地落后于开支的增长。"(参见梅金、奥恩斯坦的《债务与税收》,英文版,1994年,第9页)。

经济社会能够在一定范围内、一定程度上解决政府财政活动过程中的过度政治参与问题,但是正如美国人米勒里克所说:"以为国会或行政机构会按纯经济理由据以分配财政基金是一种实足天真的假定。"①所以,不管人们愿意与否,财政活动既然属于政府行为,它就必然成为社会生活中政治现象经济化的一种反映。这是政府财政活动不同于私人经济活动的又一基本特征。换言之,政府财政活动是一种结合政治行为的特殊经济活动,可以被视为"……政治与经济的连接点,或者被称为政治与经济的中间项"②。这是政府财政活动的又一重要的基本特征。

研究政府财政活动基本特征的主要目的有二:一是有助于人们较好地把握经济社会中私人经济活动与公共经济活动的差异性,以便有效协调两类经济活动的关系,更好地发挥两类经济活动各自的优势和克服它们各自的劣势;二是有助于人们准确界定政府财政的性质,以便合理规范政府财政活动方式、方法、规模和范围,以及增强政府财政政策的针对性。

第三节　公共财政的本质

在理解政府与市场基本关系、政府主要经济职能以及政府主持的公共财政活动基本特征后,人们可以顺理成章地形成对公共财政本质的理解。

人类社会的经济需求大体上可以划分为两类:个人需求和公共需求。主要通过个人、厂商分散的经济活动直接予以满足的前一类需求,是人类及其社会生存、繁衍、发展的基本前提条件;而主要通过公共财政活动集中提供公共产品来予以满足的后一类需求,则是维护社会经

---

① 参见米勒里克的《美国预算政策——从 1980 年到 1990 年》,英文版,Sharpe Inc. 出版,1990 年,第 11 页。

② 郭庆旺等编著:《现代西方财政政策概论》,中国财政经济出版社,1993 年,第 6 页。

济秩序,使人类赖以生存、发展的事实上不能间断的社会性生产活动正常进行下去的客观要求。正是从这个意义上讲,满足人类经济社会公共需求也就具有了无可争辩的客观必然性。正如马克思指出的:"在任何社会生产(例如,自然形成的印度公社,或秘鲁人的较多是人为发展的共产主义)中,总是能够区分出劳动的两个部分,一个部分的产品直接由生产者个人及其家属用于个人的消费,另一部分即始终是剩余劳动的那个部分的产品,总是用来满足一般的社会需求,而不问这种剩余产品怎样分配,也不问谁执行这种社会需求的代表的职能……。"①然而,此种满足公共需求的任务最终还是落在政府方面,可以说这也是一种客观必然性。那么,政府财政的本质就是集中提供经济社会不可或缺的公共产品以满足经济社会不断增长、变化的公共需求。财政理论中把这种观点称为"公共需求论"②。

关于政府财政本质问题的研究并不像某些人所理解的那样毫无实际意义,或者无关紧要。明确(以上表述的)政府财政本质,其重要性至少体现在以下几点:(1)经济社会必须按照满足经济社会公共需求的范围来大体限定政府发挥其基本职能作用的合理范围,使之既不能过于宽泛(即财政越位),也不能过于狭窄(即财政缺位)。(2)经济社会原则上规定了政府财政活动的主要目标,即要求政府选择有效的途径,采取合适的方式、方法,按照公众合意的标准来提供足够的公共产品与公共劳务。(3)即使从动态角度看,政府也不能任意地、随意地变动其财政活动内容,而只能按照不同经济发展时期公众对公共需求内容与数量的改变来调整它的财政活动内容。(4)无论在现代经济过程中积极的

---

① 《马克思恩格斯全集》,第 25 卷,第 992 页。

② 当然,关于政府财政的本质研究,经济界还提出"国家分配论"、"国家意志论"、"剩余产品决定论"以及"再生产决定论"等观点。虽然这些观点的支持者从不同角度(起因、主体、目的或者模式)分析了政府财政的本质,但是,不难发现这些观点都无法回避这样的事实:"任何性质的国家充当社会正式代表,成为财政关系的承担者,除了对付外族侵略,对内治安,也要维护社会再生产的外部条件;除了临近灭绝的阶级和国家外,都会执行某种社会和经济职能,提供满足社会公共需求的产品和劳务……"(王骥骧:《财政学》,武汉大学出版社,1994年,第 5 页)。

财政政策具有何等重要性,政府也只有在使构成公共财政的所有不同要素(国家税收、政府采购、转移支付、公共债务等)圆满完成其基本任务的情况下,才能使积极财政政策共同被用于实现其他各种国民经济与社会发展目标。这就是说,过分强调政府主持的公共财政活动之政策含义而忽略其基本作用是错误的。[①]

总之,对于政府财政本质做上述理解,即对政府财政本质做"公共需求论"理解,实际上是强调市场经济之主导地位,在此前提下经济社会要求政府(充当社会的代表)对有限的财政资源实行高效运作与管理,以充分发挥其各项经济职能。

第一章练习题

一、判断以下各陈述的正误

1. 财政既是一种经济现象,受一般经济原则支配,但又不同于普通的私人经济,属于政府专门的经济活动,具有特殊的性质。(　　)

2. 在经济社会中,满足公共需求,作为一种社会性的既定目标,一般很少涉及如何最优化地使用经济资源的问题。(　　)

3. "公共财政"可以定义为:政府为了满足其国民的公共需求,在提供公共产品与劳务过程中所从事的经济性收入、支出活动。(　　)

4. 政府职能的有效履行,需要明确政府事权,并配之以相应的足够的财权。(　　)

5. 从政治学角度考虑,人类社会中任何权力都是危险的,因此任何权力都要受到限制。所以,唯一公道的政府只能是权力受到限制的政

[①]　正确的认识是,现代政府在不同时期研究、设计、制定、推行不同财政政策的基本意图是为了实现国家既定的社会经济发展目标,或者为了适应国家社会经济发展的要求,更好地协调政府有关的财政经济活动以充分发挥现代公共财政的重要职能。在这里,政府的财政活动与财政政策不同。所谓"政策",按照美国经济政策学家 K.E.包尔丁的定义,就是支配为实现既定目标而采取行动的各项原则。政策总是意味着"行动的计划或方针"(参见郭庆旺等编著的《现代西方财政政策概论》,中国财政经济出版社,1993年,第1页)。

府。(　　)

6.政府依靠其财政信用,向其公众或者外国政府、国际组织借钱来满足追加的财政开支需要,即采取"量出为入"原则,可以用来解决其短期的"入不敷出"问题。(　　)

7.经济社会赋予政府以满足公共需求的任务,客观上要求政府一定要像私人那样亲自从事各种物质生产与经营活动,如建立国有企业、从事直接生产性活动等。(　　)

8.政府财政活动必须根据法律、法规的要求,在一套严格的制度约束(如预算、决算程序)和规范监督下有序地进行。(　　)

9.政治行为广泛参与财政过程,有助于使政府官员较好地平衡社会整体利益与各种局部利益的关系。当然,政治行为广泛参与财政过程也会对社会经济发展产生负面影响,如政府财政开支被疏导到某些滥用权力的政治家所代表的利益集团手中。(　　)

10.政府财政的本质就是集中提供经济社会不可或缺的公共产品以满足经济社会不断增长、变化的公共需求。(　　)

二、选择题(从以下各题所给答案中挑选出所有被认为是正确的答案)

1.现代政府一般要在社会经济生活里发挥(　　)职能。

A.保卫国家安全　　　　　　B.维护国内经济秩序

C.提供基础设施　　　　　　D.提供社会保障

2.政府的财政活动在诸多方面不同于私人经济活动,政府财政活动具有如下基本特征,即(　　)。

A.不以直接提供满足私人消费的物质产品为目的

B.受国际惯例制约

C.可以长期使用比较灵活的理财原则

D.要在特定的法规框架下进行

E.通常受政府主管官员的个人风格影响

F.与特定政治过程相结合

3.虽然在不同政治体制、经济体制的国家,政府事权、财权的规模,以及制衡方式、程度均有很大差别,但是人们普遍认识到,无论何种国家、何种条件下,政府的权限越大,(　　)。

A. 市场的权限越大 　　　 B. 市场的权限越小

C. 国民的自由权越大 　　　 D. 国民的自由权越小

4. 人们普遍认为政府的权力应该受到必要的限制,理由是( )。

A. 政府权力过大会相应地破坏个人的"经济自由"

B. 无法保证政府官员所做各种决策总是正确的

C. 人类社会中任何权力都是危险的

D. 政府官员不会借助公众权力牟取私利

5. 下列属于公共需求的有( )。

A. 国防安全 　　　 B. 司法行政

C. 社会救济 　　　 D. 城市空气净化

E. 瘟疫等重大传染病防疫 　　　 F. 新东方英语培训课程

G. 个人商业人身保险

6. 明确政府财政本质,有助于从( )方面规范政府财政活动。

A. 限定政府基本职能作用范围

B. 选举合适的政府行政官员

C. 合理规定政府财政活动主要目标

D. 防止政府随意变动财政活动内容

E. 强调各财政要素基本任务

F. 强调政府制定灵活的财政政策之重要意义

7. 政府及其各部门(行政管理机构)只有通过特定的( )等来履行其经济职能。

A. 经济政策 　　　 B. 法规

C. 法律条例 　　　 D. 领导个人意志及口头指令

8. 20 世纪 80 年代以来,在政府职能、作用方面,人们逐渐形成了某种共识,关于这些共识,下列说法不恰当的是:( )。

A. 只能依靠政府来实现充分就业、物价稳定、经济增长、国际收支平衡等基本社会经济目标,与私人行为无关

B. 不应过分强调政府的经济责任却忽视私人经济部门的作用

C. 政府制定的经济政策能够保证防止社会经济偏离有效运行的

轨道

D. 竞争性市场是人类迄今为止发现的有效进行生产和产品分配的最佳方式

三、思考题

1. 请简明定义政府组织。

2. 简要陈述"公共需求"与"私人需求"的异同点。

3. 何谓"公共财政"？

4. 现代政府的主要职能是什么？

5. 为什么说政府的权力应该受到限制？

6. 如何正确认识（处理）政府与市场的关系？

7. 20世纪80年代以来，在政府职能、作用方面，人们逐渐形成了哪些共识？

8. 公共财政的基本特征是什么？

9. 如何理解公共财政的本质？

10. 谈谈近年来中国公共财政改革带给你的切身体会。

第二章　公共财政的基本职能

　　市场通过其价格机制,在经济生活中一直发挥着资源配置、收入分配以及经济稳定等职能作用,但是,在某些情况下,市场自发形成的上述职能作用并不能保证市场经济的运行效果(即市场结果)是令人满意的。市场运行效果不佳,如果属于短期性质,对国民经济可能并不会产生明显的不良影响;如果属于长期性质,则会给社会经济发展带来阻碍作用,严重时甚至会阻碍市场经济本身的正常运行。这就是所谓的"市场失灵"(Market Failure),即市场机制不能有效地发挥理想的调节作用。典型的市场失灵表现为:经济社会用于公共消费的物品严重短缺,导致个人、厂商的经济活动难以进行或者按照合理价格进行;社会收入、财产分配格局有悖公平标准,持续恶化,导致严重的社会不平等;市场经济自身固有的不稳定性,导致经济社会供求发生周期性不平衡(商业周期产生),并且要通过社会生产力的严重破坏才能周期性地恢复平衡。可见,市场失灵对社会生活、经济秩序的稳定具有极大的破坏性。不过,它是自由市场经济条件下一种必然要发生的市场现象。

　　针对市场失灵问题,尤其是在严重的市场失灵问题发生的情况下,人们只能借助公共财政手段予以解决,即要求政府通过财政活动,利用特定的政策工具,对市场经济实行必要的干预,以期尽快地恢复市场机制,进而解决因其失灵带来的各种社会、经济问题。不难发现,在持续克服市场失灵的过程中,公共财政除了履行其维持国家机器正常运转的职能外,同时也发挥着某些具体的经济职能作用。美国经济学家、财政学家理查德·A.马斯格雷夫在其著名的《公共财政》一书中把市场经济条件下公共财政活动可以履行的基本经济职能归结为三种:资源再配置职能(the Function of Resources Re-allocation)、收入再分配职能(the Function of Income Re-distribution)以及经济稳定职能(the Function of Economic Stability)。

各国实践说明,尽管公共财政活动可能永远无法完全解决市场失灵问题,但是,合适的财政活动至少可以在相当程度上降低它的危害性。这是近代所有国家无一例外地重视公共财政基本职能作用的重要原因。本章依次阐述公关财政的上述三种职能,具体分析各种职能发挥特定社会经济作用的机制、原理、一般特点、作用范围以及作用效果。当然,考虑到在某种特殊的经济环境下,或者政府为了同时实现较多的社会经济目标,公共财政基本职能间也会产生一些不协调,甚至相互冲突的问题。在本章的最后一节,将专门研究这一问题产生的原因、性质以及可能的解决方法。

第一节　公共财政的资源再配置职能

通过财政活动进行的资源再配置,是指政府为了满足人们对公共产品和劳务的需求,按一定经济标准把社会资源在私人经济部门和公共经济部门之间做合理分配。公共财政必须履行此种职能的主要原因在于,用于满足公共需求的公共产品(劳务)的特殊性质,决定了单纯市场条件下私人经济活动无法保证对大部分公共产品的有效供给;而在私人产品和公共产品不能形成合理搭配的情况下,社会经济通常也不能正常运行。

一、私人产品与自由市场经济

与个人日常生活中衣食住行直接相关的产品被称为私人产品(Private Goods),其在消费上具有两个最重要的特征:一是"竞争性消费"特征,二是"排他性消费"特征。"竞争性消费"(Rival Consumption),是指打算消费某种私人产品的个人必须支付既定的(不受单个消费者影响的)价格,或者他愿意按照现行市场价格进行支付以取得对该产品的所有权(消费权)。那么,无法或者不愿意按照现行市场价格进行支付的个人便被排斥在外,不得不放弃对该产品的消费要求。"排他性消费"(Exclusive Consumption),是指获得某种私人产品消费权的个人,拥有对该产品的唯一处置权(享受权),而其他人则不能再消费这一产品。

私人产品的"竞争性消费"和"排他性消费"特征,源于这类产品所体现的经济利益(效用)的可分割性和其所有权的确定性。私人产品经济利益的可分割性,使生产者(卖者)能够把其产品分割为若干单位同时出售给不同的消费者(买者);也使生产者能够根据成本核算与市场供求状况对其产品定价,方便地进行成本回收并取得相应的利润。私人产品所有权的确定性,既保证了经济社会中任何人都不能无偿地获得这些产品,也迫使人们不得不在市场上以讨价还价的方式来显示偏好,成为市场经济中价格机制正常发挥资源配置作用的基础条件。鉴于私人产品的交易要严格按照"谁受益谁支付"原则进行,因此私人产品的生产、消费等日常经济活动,通常无须政府进行干预。也就是说,社会资源在私人经济部门内的合理配置,可以通过自由的市场经济过程予以实现。正如亚当·斯密所讲:个人从事经济活动的目的在于使其生产物的价值最大化,个人只盘算他自己的利益,"在这种场合,像在其他场合一样,他受着一只看不见的手的指导,去尽力达到一个并非他本意想要达到的目的。这并不因为事非出于本意,就对社会有害。他追求自己的利益,往往使他能比他真正出于本意的情况下更有效地促进社会的利益"。[1]

从逻辑上讲,在上述市场经济条件下,私人产品消费者与供给者可以达到均衡状态,即单位货币在消费领域购买任何产品都可以得到相同的边际效用,而单位货币在生产领域购买任何资源进行生产,也都可以得到相同的边际收益。这种均衡状态大体上反映了社会资源的最优配置,即最有效利用。

----

[1]　亚当·斯密:《国富论》(郭大力、王亚南译),商务印书馆,1996年。

二、公共产品、市场失灵与政府提供

然而,在现实经济生活中,人们不但需要众多的能够满足衣食住行要求的私人产品,而且还需要能够满足诸如集体安全、社会公正、保持合理经济秩序等要求的公共产品。人们对公共产品的需求是一种客观存在,只是对公共产品的需求范围和需求程度随社会经济的发展而有所变化。一般情况下,用于满足公共需求的公共产品(劳务)涉及以下各类:(1)最基本,也是最典型的公共产品(劳务),如国防、公安、外交、司法,以及维持政治经济生活秩序所不可缺少的各种公共行政管理。(2)用于保障社会生活、社会再生产正常进行,兼有调节经济社会总供求关系的公共产品(劳务),如基础设施、公共工程,以及部分投资风险巨大的基础产业、战略产业。(3)有助于改善人口素质,提高国内人力资本存量,以及增加社会福利的公共产品(劳务),如教育、基础科学研究、卫生保健事业、社会保障等。(4)适合于政府实行垄断经营、管理的经济部门,如电力、电信、供水行业等,以及只有政府参与才能有效完成的涉及公共福利改善的事业,如社区发展、环境改造、生态保护等。

不难看出,上述各类公共产品(劳务)产生的利益具有社会成员共享性,即具有技术上不可分割性的特征,对公共产品的使用,只能是集体消费、集体受益。于是,公共产品在消费上便呈现出与私人产品完全不同的两种特征:一是"非竞争性消费"特征(Non-rival Consumption),二是"非排他性消费"特征(Non-exclusive Consumption)。"非竞争性消费",是指社会成员在消费公共产品时,可以不像其消费私人产品那样必须支付既定的价格,即对公共产品消费利益的取得与个人是否出钱(支付其价格)没有关系。"非排他性消费",是指任何社会成员对某种公共产品的消费,并不妨碍其他社会成员同时消费此公共产品,即在公共产品消费上没有任何社会成员因具有对该产品的所有权而获得唯一享受权。不言而喻,和对私人产品消费不会产生外在利益的情况相比,公共产品的消费则对所有人产生外在利益(外部性)。①

由于公共产品在消费过程中对所有人产生外在利益,私人消费者就不会主动购买这种消费利益无法充分内在化的产品。既然无人购买,生产者也就不会生产这种产品,因其无法回收产品成本,更不要指望得到利润。也可以这样认为,凡是在消费过程中发生外部性的产品,通常是所有权实际上不能确定的产品,如公共产品;而在所有权不能确定的情况下,对公共产品的消费就不能有效地排除"免费搭车者"行为(Free Rider)——不付等价地取得消费利益的行为。尽管这种发生在公共产品消费上的"免费搭车者"行为,在市场经济环境中属于个人理性选择,但是,市场经济条件下人们不购买、不生产公共产品,也同样是理性选择。于是,市场失灵问题发生,即市场经济本身不能有效地动员足够的经济资源并配置到公共消费领域,于是导致用于公共消费的产品供给不足,经常处于短缺状态。由于这种状态无法依靠市场体系自行予以矫正,往往造成社会经济活动难以正常进行,甚至还会导致社会经济秩序的紊乱。

鉴于这一简单事实,即经济社会正常运行须以私人产品(劳务)与公共产品(劳务)形成合理比例为条件,而市场经济又不能自动地满足这一条件,经济社会就要借助公共部门——政府及其行政管理部门,利用公共财政方式提供必要的公共产品(劳务)以满足社会成员的公共需要。通过公共财政提供公共产品(劳务)来满足社会成员对公共消费的需求,通常要经过财政收入和财政支出两个过程来予以完成。首先,经济社会赋予政府强制性地向其成员课税的权力,政府利用税收把特定数量的经济资源从私人那里转移到政府名下,形成政府的(以实物形态或以货币形态表示的)财政资源,即财政收入。然后,政府再经过财政支出过程,以特定方式把这些财政资源(财政收入)具体转化为特定的公共产品(劳务),并提供给全体社会成员使用。通过税收占有私人生

---

① 在这方面,最简单的例子就是城市中司空见惯的路灯(城市照明体系)。对于任何一位过往的行人来说,对路灯的利用程度既与其货币支付与否无关,也与其交纳有关税收时具体支付多少无关,并且在其享受灯光效用的同时,也不减少他人的效用。

产的剩余产品,再按照一定的支出原则把此剩余产品转化为公共产品,在这一过程中,公共财政实际上履行了资源再配置职能。

这里,应该注意的是,通过公共财政提供公共产品并不等于政府要亲自生产这些产品(劳务)。实际上,大多数情况下,政府是通过预算,以向私人或者私人厂商进行产品、劳务采购的方式,来完成向经济社会提供必要公共产品(劳务)任务的。例如,政府可以聘用各种专业人才作为政府官员、公务人员,向公众提供诸如公共安全、司法行政、外交内务等公共服务,或者委托私人、私人团体向社会提供某些特殊的公共劳务,如教育、卫生保健等。政府也可以向私人厂商下达产品定单,要求它们生产特定规格的产品,作为公共产品(如武器装备、交通工具、通信设备等)供公众消费。政府还可以通过合同方式,让私人或私人厂商承包公共工程、公共设施的建设项目。事实上,通过预算支出—私人生产—公众消费的路径,政府可以在任何程度上满足不断增长、不断变化的公共需求。

同样,应该注意的是,在某些情况下,政府可能必须通过经营国有企业的方式来满足公共需求,如直接经营、管理能源、供电、供水企业,控制银行、保险公司、重要的进出口部门以及公共宣传、大众媒体等。政府主持的以满足公共需求为重要目的的上述公共经济活动,往往是出于经济合理性方面的考虑,或是为了更好地解决某些社会问题。例如,供电、供水、供气等行业通常具有成本递减性质,即在其尚未达到超负荷运转时,增加额外消费者的边际成本为零。如果这些行业完全由私人厂商经营,而这些厂商按照边际收入等于边际成本定价,就能够在相对较低的产出水平上向消费者收取正的价格。其结果是,这些厂商的利润增加了,但消费者利益相应受到侵害。另外,较高的利润会吸引更多的资源流入这些行业,导致该行业中任何一个企业都不能做到生产设备的充分有效利用,使社会资源处于非优化配置状态。这些行业如果改为政府经营,不仅可以避免经济资源在这些行业中的低效率使用,而且可以使其产品保持低价格,相应增加消费者福利。①不过,不能因此把政府经营管理的国有企业生产的所有产品都视为公共产品。因为一些国家,特别是社会主义国家,政府往往代表全体国民占有经济社会的大部分生产资料,通过建立国有企业直接参与经济社会的大部分物质生产活动,并且这些(政府经营管理的)国有企业实际上生产的大部分产品不是公共产品,而是私人产品。在市场经济条件下,政府经营管理国有企业并向经济社会提供私人产品,不能被视为典型的政府财政活动。有关实践表明,政府广泛地参与经济社会的物质生产活动,不仅容易扭曲市场经济运行机制,而且由于种种原因,在大多数情况下,不能使社会资源达到优化配置状态。②因此,严格意义上的公共财政活动,只能是在不扭曲市场经济运行机制的前提下来履行其资源再配置职能。

第二节　公共财政的收入再分配职能

市场经济的一个典型特点,是自由竞争。自由竞争对所有经济活动主体(个人、家庭、厂商)都发挥着鼓励冒险和宽容失败的作用。这有助于人们在各自的经济活动领域不断改善决策质量,优化资源配置并提高效率,即有助于使市场经济持续地处于"帕累托效率"状态。不过,应该注意的是,虽然"竞争性市场是人类迄今为止发现的有效进行生产和产品分配的最佳方式",但是(正如一些经济学家所指出的)"帕累托效率不保证竞争过程导致的分配与广为接受的公平概念相一致,而不

---

①　当然,这里假设国有企业的经营活动都是高效率的,并且不存在谋求集团私利的动机。但是,现实生活中,国有企业只要垄断地经营这些行业,在公众监督不力的情况下,就不可能做到高效经营,而且对其产品也会制定较高的垄断价格。这就是在许多国家,无论是私人厂商还是国有企业经营这些行业,其产品价格均要直接地、间接地受到政府控制的根本原因。

②　对于这个问题的分析超出了本书的研究范围。不过,近年来国内外关于政府与市场关系问题、国有企业改革问题的研究专著、论文是很多的,建议读者有选择地阅读这些文献,或许可以从中获得许多重要启示。

管公平概念是什么内容"①。也就是说,自由市场经济在追求效率的同时,也在滋生着社会收入(财富)分配的不平等,造成社会成员贫富不均、贫富悬殊的问题。该问题就其现象及成因来看,纯属"经济问题",但就其后果严重性而言,则实属不能忽视的社会问题。

鉴于市场经济本身无法实现人们长期追求的社会收入与财产分配平等化目标,于是,出于维持和谐社会的考虑而必须进行的社会收入与财产再分配,就自然而然地成为公共财政所要履行的另一项重要的经济职能。

一、市场经济条件下的收入决定与收入分配

在市场经济中,生产资料所有权的分配和个人向社会提供产品与劳务时所得到的报酬,决定了个人所拥有的生产性资源(包括实物资源和人力资源)的规模与性质,而后者直接影响着经济社会的个人收入分配状况。然而,进一步分析说明,在机会均等条件下,个人生产性资源的动态变化,通常决定于偶然性、个人选择与社会选择这三个重要因素。

在偶然性方面,主要包括:个人的遗传状况,它客观上决定了个人的体力与智力的性质;个人从前辈那里继承的资源状况,它在一定程度上决定了个人经济竞争的能力;个人所处的文化环境,它在相当的程度上决定了发展个人体力与智力的机会;此外,其他使人突然变富或变穷的偶然事件,如投机得手、套汇成功使人一夜暴富,而天灾人祸、股价暴跌又会使人顷刻陷入困境。

在个人选择方面,主要包括:学习勤奋与否,决定了个人未来的就业选择能力和就业选择范围;工作努力与否,直接决定了个人的收入水平和收入增长速度;生活简朴与否,决定了个人及其家庭收入的使用状况和结果——消费的数量与可能的积蓄。

在社会选择方面,社会其他成员的偏好,即个人所提供的产品与劳

---

① 安东尼·B.阿特金森、约瑟夫·E.斯蒂格利茨:《公共经济学》(中文版),上海三联书店、上海人民出版社,1998年,第7页。

务是否可以满足他人的需要,在怎样程度上满足他人的需要,对个人、家庭收入性质和数量产生重要影响。

上述这些因素,客观上造成了人们在市场经济中就业机会、择业能力上的差别,进而导致个人之间在劳动收入、财产收入分配上的差异。特别是对于那些先前没有积累、没有遗产的穷人、失业人员以及丧失劳动能力的老年人、残疾人来说,通常他们在没有社会帮助的情况下几乎无法取得维持基本生活开销的收入,也无法维持一种符合人的尊严的体面的生活。表 2-1 以发达国家的家庭收入分配状况为例,说明了在这些国家中贫富差异的一般情况。

表 2-1　主要西方发达国家不同时期的社会收入分配状况

(不同家庭组别占全国收入的百分比份额)

国家	时期	最低收入 20% 家庭	次低收入 20% 家庭	中等收入 20% 家庭	次高收入 20% 家庭	最高收入 20% 家庭	最高收入 10% 家庭
美国	1985	4.7	11.0	17.4	25.0	41.9	25.0
	2000	5.44	10.68	15.66	22.41	45.82	29.85
英国	1988	4.6	10.0	16.8	24.3	44.3	27.8
	1991	6.6	11.5	16.3	22.7	43.0	27.3
	1999	6.14	11.41	15.96	22.47	44.02	28.49
法国	1989	5.6	11.8	17.2	23.5	41.9	26.1
	1995	7.2	12.6	17.2	22.8	40.2	25.09
加拿大	1987	5.7	11.8	17.7	24.6	40.2	24.1
	1994	7.5	12.9	17.2	23.0	39.3	23.8
	2000	7.2	12.73	17.18	22.95	39.94	24.79
荷兰	1988	8.2	13.1	18.1	23.7	36.9	21.9
	1994	7.3	12.7	17.2	22.8	40.1	25.1
	1999	7.6	13.22	17.24	23.26	38.68	22.9
意大利	1986	6.8	12.0	16.7	23.5	41.0	25.3
	1995	8.7	14.0	18.1	22.9	36.3	21.8
	2000	6.5	11.98	16.75	22.75	42.02	26.8

资料来源:(1)世界银行,《1995 年世界发展报告》,统计资料,表 30;(2)朱之鑫,《国际统计年鉴》,中国统计出版社,2001 年;(3)国家统计局网站,国际统计数据,2009 年;(4)世界银行网站,世界银行数据库。

　　社会收入分配上的巨大差异如果长期得不到改善,往往会造成一些严重的经济问题与社会问题。首先,社会成员收入与财产分配长期处于不合理状态,对国民经济发展不利。这是因为大量的低收入者通常无法提高对自身的教育投入,进而无法通过个人的努力来提高个人的劳动素质,改善就业机会,社会也就不可能有效地提高整体的劳动生产率和它的国际经济竞争力。其次,尽管是市场经济本身导致的社会收入与财产分配不合理,但是这种状况持续发展下去就会使社会生活发生动乱,它本身既破坏经济稳定发展的过程,也威胁现行社会制度的存在。正是出于防止社会矛盾激化和稳定经济发展的考虑,经济社会就要求政府借助其财政活动的分配功能,对市场经济运行自发形成的收入分配,在社会成员之间进行一定的调整,以减轻社会成员间收入分配不公的程度。

二、关于社会收入不平等程度的测定

　　如何测定不同国家,或同一国家不同阶段的社会收入不平等程度,以及如何判断政府为履行其收入分配职能而推行的社会收入再分配政策的基本效果,主要方法是绘制洛伦茨曲线(Lorenz Curve)和计算基尼系数(Gini Coefficient)。

　　洛伦茨曲线是美国统计学家马克斯·奥托·洛伦茨于 1905 年提出的,用于比较、分析一个国家不同时期,或者同一时期不同国家的收入、财富分配状况的统计方法。该统计方法通过比较两类比例,即收入单位的累积比例和这些单位获得收入的累积比例,说明特定时期一个国家或一个地区的社会收入分配、社会财富分配的平等化程度(或不平等化程度)。绘制洛伦茨曲线以反映收入分配状况的一般办法是:首先,在坐标图的横轴,按家庭收入水平的高低把全国家庭划分为 5 组,即最低收入的 20%家庭、次低收入的 20%家庭、中等收入的 20%家庭、次高收入的 20%家庭和最高收入的 20%家庭;然后,在坐标图的纵轴,累计标示各类家庭合计收入占全国总收入的百分比,据此绘制出的曲线即为洛伦茨曲线。如果每个家庭组别的合计收入均占全国总收入的 20%,则据此绘制的洛伦茨曲线恰好与横轴、纵轴之间的 45°线重叠,由于该线上各点达到横轴与纵轴的距离均相等,表明该国该时期社会收入分配状况绝对平等。如果实际绘制的洛伦茨曲线偏离这一 45°线,人们通常可以根据偏离程度,大致地判断各种收入分配状况的平等(或不平等)程度。一般规则是,绘制的洛伦茨曲线越是偏离 45°线,收入分配状况的平等程度越低(或不平等程度越高);反之,绘制的洛伦茨曲线越是接近 45°线,收入分配状况的平等程度越高(或不平等程度越低)。图 2－1 是根据表 2－1 中提供的意大利 2000 年的有关数据,描绘的是反映该国 2000 年社会收入分配状况变化的洛伦茨曲线。

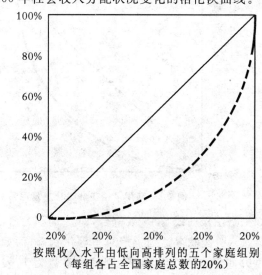

图 2-1　反映意大利不同时期社会收入分配状况的洛伦茨曲线

按照同样的方法,也可以很容易地描绘出表 2－1 中其他发达国家在不同时期社会收入分配状况的洛伦茨曲线。在所有例选国家的社会收入分配中都存在着惊人的贫富悬殊现象,说明这些发达国家政府长期推行的收入平等化政策并未取得积极效果,至多只是在个别时期部分地减轻了一些社会收入分配不均的程度。

意大利经济学家科拉多·基尼(1884－1965)长期致力于国民收入分配、社会财富分配的理论研究与应用研究。他在上个世纪初提出了一种用于对不同国家或同一国家不同阶段的社会收入、财富分配平等（或不平等）程度，以及对政府推行的社会收入再分配政策之基本效果进行量度的方法，被称为"基尼系数"。利用"基尼系数"测度社会收入、财富分配平等（或不平等）程度的最简单的方法是：如图 2－2 所示，先计算洛伦茨曲线与 45°线围成的图形面积，设定为 A 面积；然后，计算洛伦茨曲线与两条直角边围成的图形面积，设定为 B 面积。"基尼系数"即为 A/（A＋B）的值。

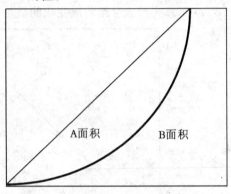

图 2-2　利用洛伦茨曲线计算基尼系数

　　如果洛伦茨曲线与 45°线重合，即 A 面积为零，则基尼系数为 0，表示社会收入分配状况达到了绝对平等化状态；而如果洛伦茨曲线与两条直角边重合，即 B 面积为零，则基尼系数为 1，表示社会收入分配状况处于绝对不平等状态——最高收入的唯一家庭占有了全部的国民收入。不过，这两种极端情况一般不会出现，所以各国反映社会收入分配状况的基尼系数通常是在 0～1 之间变动：基尼系数越接近于 0，表示该国社会收入分配状况越趋于平等化；而基尼系数越接近于 1，表示该国社会收入分配状况越趋于不平等。表 2－2 提供了一些国家的基尼系数数据。国际上，一般以 0.36 为临界点，如果一国的基尼系数维持在 0.36 以下，表示该国国民收入分配状态比较合理；而如果一国的基尼系数超过 0.36，则表示该国国民收入分配状态趋于恶化，不平等程度加深，政府需要采取适当政策予以纠正。表 2－2 中给出了一些国家在 1999 年或 2000 年的基尼系数,按照 0.36 的标准,美国的国民收入分配不平等程度较深,英国和意大利处于警戒线边缘,荷兰、加拿大和德国的收入分配处于较为乐观的状态。

表 2-2 例选国家的基尼系数

国家	1999 年	2000 年
美国		0.408
英国	0.36	
德国		0.283
加拿大		0.326
荷兰	0.309	
意大利		0.36

资料来源:世界银行网站,世界银行数据库。

总之,描绘洛伦茨曲线和计算基尼系数,既可以作为政府制定社会收入调节政策的辅助参考依据,也可以用来分析政府所推行的社会收入调节政策的基本效果。

三、公共财政履行收入再分配职能的主要方法

不同社会收入分配状态,作为一般社会状态的集中表现,既对社会成员间的经济福利分配产生不同的影响,也对社会福利总量产生不同影响,因此,政府通过经济政策调整社会收入分配状态,或许可以实现改善国民福利分配格局、提高国民福利总体水平的目标。在公共财政框架下,政府通常采取以下一些方法来履行其收入再分配职能,对国民收入分配格局的改变施加必要影响,以实现各种政策目标。

目前,大多数国家一般采取了累进制所得税与政府转移支付相结合的方式,把高收入社会成员的部分收入转移给低收入社会成员使用,达到直接改变社会收入分配格局的目的。这种做法在相当程度上抵消了市场经济本身带来的社会收入分配不均的消极影响,往往成为政府调节社会收入分配的最基本办法。

政府还可以采取对特定收入来源的纳税人予以纳税优惠,或者对不同类型的企业实行差异税收政策等方法,间接地影响社会收入分配并达到调节社会收入分配状态的目的。例如,美国联邦个人所得税法

规定,允许(符合基本条件的)低收入纳税人在规定的限度内按照其劳动所得获得一定比例的税收抵免额,该抵免额可以从应纳税额中扣除;同时还规定,在纳税人应税所得达不到起征点而不需要纳税时,则允许把该税收抵免额作为政府的一种财政补助,发给这些低收入纳税人。显而易见,美国税法规定的劳动所得抵免在税收上是对低收入纳税人的一种照顾,目的就是减少这些纳税人的实际税负以改善社会收入分配状况。再如,有些国家政府为了鼓励中小企业扩大投资,增加劳动就业,常在征收企业所得税时,对中、小企业实行较低的适用税率,或者规定对这些企业的新设备投资予以纳税减扣。这样做的目的在于,通过生产扩张提高社会就业水平,进而整体地改善劳动者收入状况,缩小社会收入差距。

政府通过财政支出方式,也可以对社会收入分配发挥调节作用。例如,各国政府普遍对农产品实行价格支持政策,主要目的是为了减轻农产品市场价格波动给从事农业生产活动的社会成员的劳动收入造成的不良影响。又如,政府扩大财政支出增加市场采购,就会引起某些产品的需求扩大,进而扩大某些企业的生产与收入规模,同时也增加了这些企业工人的劳动收入。再如,政府增加公共福利开支,尤其是持续扩大公共教育、公共医疗卫生的开支,同时积极推行以失业补贴、医疗保险、伤残保险、养老保险为主要内容的社会保障政策,既可以有力地改善低收入者的生活环境,提高他们的就业选择能力与收入创造能力,也有利于维持社会经济生活长期稳定的局面。所有上述这些财政收支措施,本质上都是通过纳税负担或产品价格的改变来间接影响社会的收入分配,既在一定程度上矫正了分配领域中的不公平,同时也有助于改善某些社会群体的经济活动能力。

尽管政府主持的国民收入再分配有许多积极作用,但是某些经济学家认为,政府的社会收入再分配政策在减轻社会成员之间收入、财产分配上的不平等程度的同时,也带来了社会经济的效率损失问题。其理论根据是:个人收入与财产分配上出现的差异是市场经济机制自发作用的结果,是经济社会对个人劳动效率的客观评价。人为地改变社会收入分配状况,不仅会促使低效率或无效率的社会成员坐待政府救济而不积极努力工作,而且也会挫伤高效率社会成员的工作热情,降低他们的劳动欲望,结果造成整个社会的经济效率下降。这种经济效率下降带来的福利损失,最终成为社会为换取收入平等而支付的一种高昂代价。由此,他们得出平等与效率不能兼得,或平等与效率交替换位的结论。

不过,上述观点也有一定的片面性。政府推行的有关社会收入调节政策,如对于低收入者进行的转移支付、税收优惠等,其积极作用在于可以明显地改善占社会成员大多数的中、低收入者的生存与生活环境,提高他们的就业选择能力与劳动素质,从而有助于推动社会整体经济效率的普遍提高。即使退一步讲,只要这种收入调节政策使发生在低收入者方面的经济效率改善程度,大于由此发生在高收入者方面的经济效率损失程度,就可以认为经济社会同时获得了收入平等程度与经济效率双重提高的好处。

然而,由政府履行收入分配职能所引发的公平与效率问题,提醒政府在采取有关财政活动过程里,必须注意对社会公平与经济效率进行必要的权衡。最理想的结果是,政府所使用的旨在实现社会收入公平分配的各种手段尽可能地不损害经济效率。

第三节 公共财政的经济稳定职能

经验说明,不可消除的商业循环及其纠正成本过高,也是市场失灵的一个重要标志。为此,在适当的情况下,政府介入,通过发挥政府特定的财政职能作用,可以在相当程度上对市场的自身矫正能力不足做出补偿,并且起到稳定宏观经济的作用。虽然有些经济学家认为,市场经济过程中政府干预条件下形成的宏观经济稳定通常只具有短期意义,但即便如此,宏观经济稳定的重要意义也是不能忽视的。因为以经济效率改善和经济福利提高为核心内容的经济增长、经济发展、经济改革以及国民经济结构调整等,作为国民经济长期目标,皆有赖于宏观经济的稳定才可望实现。

一、商业周期与政府干预

市场经济条件下,各类经济活动(消费、储蓄、投资、生产等)及其决策都是成千上万社会成员分散进行的。这就不能保证宏观经济各总量水平总会处于大体均衡状态,即经济社会的总需求未必一定总会与经济社会的总供给相吻合。而经常发生的情况是:一些时候经济社会总需求上升以至超过充分就业条件下的实际生产能力,另外一些时候总需求下降以至大幅度低于充分就业条件下的生产能力。于是,在经济生活中出现所谓的商业循环运动(Business Cyclical Movement)。市场经济固有的商业循环运动破坏了其稳定运行的基本条件,打断了经济增长过程。虽然市场经济体系自身有矫正商业循环的机制,但是,其自身矫正时间过长,或者矫枉过正,往往会引起社会关系的紧张并给经济生活带来不良的连锁反应。例如,长期就业不足导致经济衰退;经济衰退减少国民收入,减少对产品与劳务的有效需求;经济社会有效需求的下降,不仅造成厂商生产停滞、存货积压,而且殃及厂商的利润增长;由于利润既是投资增加的刺激因素,又是投资增加的重要来源,利润下降必然压抑投资者的投资热情和企业家的创新精神,进而导致市场竞争、市场交易萎靡不振;长此以往,经济社会就会发生市场心理不健康,即普遍发生信任心下降问题。[①] 经济衰退、收入减少、利润下降、投资萎缩,加之长期难以恢复的经济信心,新一轮经济增长过程便迟迟不能启动,经济社会也就难以在短期内打破经济衰退的恶性循环。当然,如果经济社会的总需求过旺,动辄就会引发通货膨胀,虽然轻微的通货膨胀可能有利于商业繁荣、刺激就业,但是严重的通货膨胀则会起相反作用,同样会使市场经济陷入长期不能正常运行的恶性循环。

经济学家对商业周期原理的研究证明,适当的政府政策之实施有助于特定市场经济目标的实现,政府与市场具有很强的互补性。而20世纪30年代以凯恩斯学说为代表的经济思想革命,最终为政府通过财

---

① J. M. 凯恩斯:《就业、利息和货币通论》(中文版),商务印书馆,1996年,第274页。

政活动干预市场经济以熨平商业周期,提供了充分的理论与政策依据。①

二、政府通过公共财政调节经济社会总需求的基本原理与主要手段

现代公共财政履行经济稳定职能是通过政府实行积极的财政活动进行的。按照凯恩斯宏观经济理论,经济社会的总需求变动是宏观经济不稳定的一个主要原因,因此依据市场经济发展变化趋势,及时地、逆向地调节包括政府财政支出在内的经济社会的总需求,自然有助于使国民经济尽快从供求失衡状态转为供求均衡状态,并实现国民经济的稳定运行。② 以下利用凯恩斯主义经济学的短期、静态需求管理模型,简要说明政府财政活动对宏观经济(主要是对总需求)的一般影响。

在没有政府参与经济活动的纯市场经济条件下,经济社会的总需求(AD)由私人消费(C)和私人投资(I)两部分构成,即

$$AD=C+I \qquad\qquad [2-1]$$

经济社会私人消费的行为函数如方程式[2-2]所示,表示私人消费由不受个人收入状况影响的自发性消费部分(α),以及受国民收入状况(Y)和边际消费倾向(c)影响的引致性消费部分组成,即

$$C=\alpha+cY \quad (0<c<1) \qquad\qquad [2-2]$$

把[2-2]式代入[2-1]式,则有

$$AD=\alpha+cY+I \qquad\qquad [2-3]$$

因为国民经济均衡在总供给(以国民收入表示)等于总需求状态,即

---

① 20 世纪 30 年代在所有西方国家爆发的"经济大危机"使资本主义经济陷入了长期萧条之中,同时也使经济学发生了一场"革命",凯恩斯主义经济学应运而生。该经济理论从资本主义周期性经济危机这种实际情况出发,解释了现代经济社会因有效需求不足导致失业存在(增加),从而难以使其经常保持在"准繁荣状态"的逻辑关系。就政府财政活动而言,该理论似乎为政府在必要时利用财政手段稳定经济增长和实现充分就业,即放弃"不干预主义"并转而推行审慎财政政策找到了依据。

② 本书最后几章将对政府经济稳定政策及其原理进行更为详细的分析。

$$Y=AD=\alpha+cY+I \qquad [2-4]$$

整理后得到

$$Y=\frac{\alpha+1}{1-c} \qquad [2-5]$$

这里,$1/(1-c)$就是乘数,其值大于1,表示私人自发性消费、投资变动对国民收入的变动关系。

在政府介入的情况下,居民的可支配收入变为$Y+TR-TA$,即国民收入(Y)加上来自政府的转移支付(TR),再减去应该缴纳的税收(TA),于是,新的消费行为函数就改变为

$$C=\alpha+c(Y+TR-TA) \qquad [2-6]$$

这里:$TA=tY$,代表政府得到的税收收入;$t(0<t<1)$,为政府规定的税率;Y,表示税前的国民收入。

假定政府支出(G)与转移支付(TR)等于政府的税收收入,那么,包括政府支出在内的经济社会的总需求就可以表示为

$$AD=A+c(1-t)Y \qquad [2-7]$$

这里,A表示政府参与下的经济社会中不因国民收入变动而变动的总需求构成部分,$A=\alpha+cTR+I+G$。

因为均衡条件下,经济社会的总供给总是等于总需求,所以,$AD=Y$。那么,政府参与下的总供给与总需求的均衡为

$$Y=\frac{A}{1-c(1-t)} \qquad [2-8]$$

方程[2-8]中$1/[1-c(1-t)]$为包含政府税收的乘数,其值大于1,但小于没有政府税收的乘数。

比较方程[2-5]与方程[2-8],可以发现在其他条件不变的情况下,政府只要调整它的政府支出(G)、转移支付(TR)和税率(t),通过乘数作用就会直接影响经济社会的总需求,进而改变国民收入(Y)。

具体而言,政府根据国民经济变化趋势,逆向变化其现行的开支政策和税收政策,就能够改变国民经济运行方向,减轻商业周期的波动,使国民经济沿着理想路径发展,最后实现低通胀的充分就业状态。例如,在经济衰退情况下,政府增加公共采购,加大转移支付,或者(同时)

降低税率,就能够带动、刺激经济社会总需求的提高,抑制经济衰退趋势;而在经济过热情况下,政府削减公共采购、转移支付,或者(同时)提高税率,就能够减少总需求,抑制经济社会总需求的过快增长,防止通货膨胀的发生。

三、宏观经济稳定过程中的目标协调问题

在开放的市场经济条件下,公共财政履行其经济稳定职能所要达到的宏观经济目标主要有四个:物价稳定、充分就业、经济增长与国际收支平衡。不过,经验表明,这些目标之间存在着某种交替换位关系。因此,在对宏观经济进行调控的过程中,政府的财政活动要在各个方面同时取得令人满意的效果,尽管不是不可能的,但的确是非常困难的。

从理论上讲,经济社会能够达到无通货膨胀的充分就业状态,可是描述劳动就业与物价总水平变动之间存在某种稳定关系的菲利普斯曲线(Phillips Curve)却说明,失业率下降(或就业率提高)到一定程度后,就会导致物价(工资变化的函数)上涨,即发生通货膨胀。另外,一些经济学家还证明,在通货膨胀预期作用下,长期的菲利普斯曲线比短期的菲利普斯曲线更陡直,甚至会变成一条垂直线,即经济社会进入"自然失业"状态。此后,无论政府采取怎样的扩张性财政政策,就业率不再发生变化,而通货膨胀率无限上升。据此,经济学家对政府旨在稳定宏观经济的财政活动,提出了明确的政策建议:(1)大幅度降低失业率通常要以物价上涨为代价,而维持一种经济社会可以接受的较低失业率(如4％左右)也有助于维持物价稳定。(2)政府主动推行通货膨胀政策短期内可以促进劳动就业,但作为长期政策不仅无效,而且可能会导致"滞胀"。(3)政府提高劳动就业的长期政策,只能是控制人口增长和保持经济增长。

虽然任何情况下,劳动就业增加肯定会促进经济增长,但是,经济增长对增加抑或减少劳动就业却没有必然影响。一般来说,由增加劳动就业带动的总需求扩大,或是使经济社会现有的生产能力得到更为充分的利用,这属于非严格意义上的经济增长;或是促进经济社会增加资本投资,提高现有生产能力,这属于严格意义上的经济增长。事实

上,只有严格意义上的经济增长才能持续增加劳动就业,而且同时不会造成产品价格的上涨,有助于经济社会进入无通货膨胀的充分就业状态。不过,也应该看到,即使是严格意义上的经济增长,其具体增长方式不同对劳动就业的影响也不同。例如,和投资于资本密集型产业、技术密集型产业相比,投资于劳动密集型产业实际上能够更有效地刺激劳动就业。再如,无论投资于何种类型产业,只要注意开拓海外市场,都会对劳动就业产生积极影响。因此,对于政府来说,公共财政履行其经济稳定职能,不能仅仅强调调节经济社会的总需求而置总供给问题于不顾。尽管宏观经济不稳定,持续的经济增长难以形成,但是没有严格意义上的经济增长,宏观经济稳定也只是暂时的。

在开放经济条件下,对外贸易与国际收支平衡问题在诸多方面影响宏观经济稳定。在固定汇率条件下,如果本国通货膨胀率高于外国通货膨胀率,本国产品在国际市场上的竞争力便大为削弱,出口变得愈加困难,进而增加国内的就业压力。而在浮动汇率条件下,即使可以通过本币贬值方法抵消国内通货膨胀对出口产生的不利影响,但是这种做法很可能迫使贸易伙伴国相继进行竞争性贬值,引发贸易战,同时诱发外汇投机活动。其结果也使出口变得困难或无利可图,同样增加国内就业压力。国际收支平衡问题除了影响国内就业外,也对国内经济增长产生影响。例如,在其他条件不变情况下,降低利率刺激国内投资的效果,可能为低利率诱发的资本外流所抵消,一方面增加了国际收支逆差,另一方面造成经济增长乏力;虽然提高利率有助于引诱外部资本流入,但是高利率可能会在相当程度上抑制国内投资并延缓经济增长过程,至少短期内如此。所有这些说明,开放的市场经济给公共财政履行经济稳定职能带来了更多的挑战,此时宏观经济的稳定必然意味着经济社会同时处于内部均衡与外部均衡状态。

从以上分析不难看出,物价稳定、充分就业、经济增长、国际收支平衡,作为宏观经济稳定的各个具体目标,它们之间存在着一种相互制约、相互促进的关系。由于在某些情况下市场经济机制不能使之处于自然协调状态,政府进行积极的市场干预就是必要的。很多经济学家怀疑公共财政履行经济稳定职能的有效性,对此美国耶鲁大学经济学教授

Henry C. Wallich 曾经讲过:"一个理性的社会在协调这些目标时不会遇到永久的困难,尽管学会如何协调它们的过程可能是痛苦的。"[①]

第二章练习题

一、判断以下各陈述的正误

1.实践说明,通过公共财政,各国政府不仅降低了"市场失灵"给社会经济生活带来的危害性,而且最终可望完全解决市场失灵问题。(　　)

2.公共财政所要履行的资源再配置职能,是指政府为了满足人们对公共产品和劳务的需求,按一定经济标准把社会资源在私人经济部门和公共经济部门之间做合理分配。(　　)

3.私人产品具有两个最重要的特征:竞争性消费和排他性消费。所谓竞争性消费,是指消费者首先要支付既定的价格,才能取得对私人产品的所有权,进而才能消费此产品;所谓排他性消费,是指未获得该产品消费权的其他人,不能同时消费这一私人产品。(　　)

4.发生在公共产品消费上的"免费搭车者"行为,在市场经济环境中属于个人非理性选择。所以,在市场经济条件下私人主动购买和生产公共产品属于非理性行为。(　　)

5.公共产品产生的利益具有社会成员共享性,即具有技术上不可分割性特征,对公共产品的使用,只能是集体消费集体受益。(　　)

6.自由市场经济中产生的社会收入分配不公平现象纯属"经济问题",即使政府对此不进行任何干预,也不会导致发生严重的社会问题。(　　)

[①]　Henry C. Wallich:《就业法案目标——20 年之后》(The Employment Act Objectives— After 20 Years)。原文载 John A. Delehanty 主编的《人力资源问题与政策:充分就业和机会均等》(Manpower Problems and Policies:Full Employment and Opportunity for All),International Textbook Company 出版,1969 年。

7. 只要政府推行的收入调节政策使发生在低收入者方面的经济效率改善程度,大于由此发生在高收入者方面的经济效率损失程度,就可以认为经济社会同时获得了提高收入平等化程度与改善经济效率的双重好处。(　　)

8. 市场经济本身固有的商业循环运动,不仅造成市场经济运行不稳定,而且中断正常的经济增长过程,给社会经济生活带来种种负面影响。(　　)

9. 物价稳定、充分就业、经济增长、国际收支平衡,作为宏观经济稳定的各个具体目标,它们之间存在着一种相互制约、相互促进的关系。(　　)

10. 政府根据国民经济变化趋势,逆向改变其现行的开支政策和税收政策,就能够在一定程度上抵御商业周期波动对国民经济的不良影响,以维护宏观经济运行经常地处于低通胀的充分就业状态。(　　)

二、选择题(从以下各题所给答案中挑选出所有被认为是正确的答案)

1. 典型的市场失灵表现为(　　)。

A. 可以用于公共消费的物品严重短缺

B. 社会收入、财产分配状况持续恶化

C. 社会经济处于封闭状态

D. 政府财政赤字规模巨大

E. 经济社会供求关系发生周期性不平衡

2. 市场经济条件下,公共财政可以发挥以下各种经济职能(　　)。

A. 资源再配置职能　　　B. 收入再分配职能

C. 物价管制职能　　　　D. 外汇管制职能

E. 宏观经济稳定职能　　F. 对外开放职能

3. 在机会均等条件下,个人所拥有的生产性资源的动态变化,通常决定于以下重要因素(　　)。

A. 偶然性　　　　　　　B. 个人选择

C. 社会选择　　　　　　D. 别人或其他人的选择

E. 机遇

4. 一般情况下,用于满足公共需求的公共产品(或公共劳务)涉及以下各类(　　)。

A.如国防、公安、外交、司法等经济生活中不可缺少的公共行政管理

B.用于保障社会生活、社会再生产正常进行的基础设施、公共工程等

C.如教育、基础科学研究、卫生保健事业、社会保障等有助于改善人口素质,提高国内人力资本存量的公共产品(劳务)

D.适合于政府实行垄断经营、管理的经济部门,如电力、电信、供水行业等

E.涉及公共福利改善的事业,如社区发展、环境改造、生态保护等

5.公共产品的基本特征是(　　)。

A.竞争性消费和非排他性消费

B.非竞争性消费和排他性消费

C.非竞争性消费和非排他性消费

D.竞争性消费和排他性消费

6.市场经济条件下,政府通常采取(　　)方法来履行其收入再分配职能,影响经济社会的收入分配格局,实现各种政策目标。

A.农产品价格补贴

B.实行累进制所得税并与转移支付相结合

C.增加公共福利开支

D.对不同纳税人实行差别税收政策或实行某些纳税优惠政策

E.积极推行社会保障政策

7.反映社会收入分配平等化程度的基尼系数,通常是在0～1之间变动,基尼系数(　　)。

A.越接近于0,表示一国收入分配状况越趋于不平等

B.越接近于1,表示一国收入分配状况越趋于不平等

C.越接近于0,表示一国收入分配状况越趋于平等

D.越接近于1,表示一国收入分配状况越趋于平等

8.某国1996年的国民收入分配状况为:最低收入的20%家庭占有国民收入的份额为6.8%,次低收入的20%家庭占有国民收入的份额为12.0%,中等收入的20%家庭占有国民收入的份额为16.7%,次

高收入的 20% 家庭占有国民收入的份额为 23.5%,最高收入的 20% 家庭占有国民收入的份额为 41.0%。据此计算该国的基尼系数为 ( )。

A. 0.389   B. 0.457

C. 0.346   D. 0.245

9. A、B、C 三国的基尼系数分别为 0.29、0.36、0.42,比较而言,哪个国家的收入分配平等化程度最高?( )

A. A 国   B. C 国

C. B 国   D. 收入分配平等化程度与基尼系数无关

10. 政府追求的宏观经济稳定政策,在具体目标上主要包括 ( )。

A. 物价稳定   B. 充分就业

C. 持续经济增长   D. 外汇储备增加

E. 出口持续扩大   F. 国际收支平衡

G. 资本市场发展

三、思考题

1. 举例说明,私人产品的"竞争性消费"、"排他性消费"特征。

2. 举例说明,公共产品的"非竞争性消费"、"非排他性消费"特征。

3. 为什么自由市场经济能够有效地提供私人产品?

4. 政府经营诸如供电、供水、供气等公共事业的经济合理性是什么?

5. 当公共产品由政府来提供时,是否意味着该产品就一定要由政府的公共部门来组织生产?为什么?

6. 市场经济条件下,决定个人收入的重要因素是什么?

7. 为什么说收入分配公平具有重要的社会意义?

8. 如何测度政府推行收入再分配政策的一般效果?

9. 一国国民的平均收入越高,是否也意味着该国的国民收入平等化程度越高?

10. 按照"需求管理"理论,简要说明政府财政活动为什么能够对稳定宏观经济运行产生重要影响。

第三章　政府预算

政府从事的公共财政活动,其资金主要来源于国民交纳的税收,故国民必然十分关注政府如何有效地支配这部分公共资金。人们希望通过某种制度安排、程序设计、技术手段,尽量改善政府对有限财政资源的使用效率。于是,逐渐形成了(各国现行的)预算制度。尽管各国预算制度在具体内容上可能有所不同,但是建立这种制度的出发点或动机,却大体相同,就是为了统一管理国家的财政资源,规范政府官员的行为,以便最大限度地减少财政资源的浪费。可以说,各国国民普遍重视政府的财政预算活动,根本原因也在于此。

本章首先阐释政府预算的主要内容,包括预算观念、预算原则、预算分类与组织形式等。其次,说明政府在使公共财政发挥"功能作用"的同时,至少在观念上,要坚持传统的理财原则。最后,以美国联邦政府的预算活动为例,解释现代国家的一般预算程序及其特点。

第一节　政府预算概述

在财政学中,预算(Budget)一词有两种含义:一是指事先决定未来某一时期内的时间或金钱的开销;二是指为安排某一组织的行动而做出的综合性工作计划。显然,政府预算是指一国政府在每个财政年度内全部收入与支出计划。政府制定财政预算的主要目的,在于为完成政府财政政策目标而确定财政活动重点及其优先顺序,并且据此监控财政活动进程。

　　本节除了详细解释"政府预算"概念外,还将阐述与政府预算活动有关的一些基本知识。

一、何谓政府预算

　　为了使国民普遍理解政府预算和预算活动,美国政府在其《联邦政府预算的公民指南》中,把家庭预算与政府预算做了简单比较。例如,在一个典型的美国家庭,父亲、母亲经常坐在厨房的餐桌边讨论他们的家庭预算。他们预计自己的年收入,并就预期收入在食物、居所、衣物、交通以及旅游等方面的花销事先做出安排。当然,他们还要计划家庭的储蓄。如果没有足够的钱来满足自己的需求,他们可能要进一步讨论如何削减开支,如减少外出就餐或其他娱乐活动。他们也可能考虑通过延长工作时间,或谋求额外工作的方法来增加家庭收入。如果他们预期家庭收入不足仅仅是短期事件,他们也会尝试通过负储蓄,即负债方式,解决入不敷出的问题。当然,如果发现能够得到比寻常情况更多的收入,他们就会使用多余的收入来改善自己的生活境况,如买更好的保险,还清以前的债务等。

　　比较而言,联邦政府的预算活动与家庭的预算活动在性质上是一样的,或大同小异。总统和国会预计未来几年的政府收入,据此做出未来的开支计划。在开支计划中,他们不仅要就各类开支项目——国防、外交、社会保险、对老年人和贫困人口的福利保护、司法活动、教育、交通、科技以及其他——的支出规模做出决策,而且还要根据总体财政收入,按照轻重缓急原则对各类项目进行排序,以保障重点项目的支出,或适当削减次要项目的支出,如此等等。与家庭预算有所不同的是,政府要时时牢记它的财政收入是从纳税人那里取得的。所以,当联邦预算出现剩余时,政府不仅要考虑把这些剩余资金用于新的财政活动领域,或者用于偿还以往的政府债务,而且还要考虑通过税收削减的形式将部分剩余税金偿还给纳税人。不难理解,政府预算要解决的关键问题,是政府应该使用多少财政收入,或者应该取得多少财政收入,才能最有利于刺激国民经济增长,改善国民公共福利水平。

　　《联邦政府预算的公民指南》用更为通俗的语言解释了政府预算的

一般概念：

第一,预算是关于政府的开支计划。通过预算,政府确定用公共财政资金资助哪些财政活动,即用于国防、国家公园、联邦调查局,抑或用于国民医疗保险、食品卫生检疫等,以及在不同的财政活动上分别花费多少。

第二,预算是关于政府的收入计划。通过预算,政府确定对哪些经济收入或经济行为课税,以及估算从各种法定税收(如收入税、消费税、社会保险税、财产税等)中获得多少财政收入。

第三,预算是关于政府借款或偿还借款的计划。通过预算,政府确定在其开支超过收入的情况下,如何向国民或外国投资者借债以及借入规模。当然,在政府收入超出其开支时,预算上就会出现财政盈余,该盈余通常用于减少国家债务——政府所欠国民和外国投资者的钱。

第四,预算说明公共财政活动对国民经济生活的影响。通过预算,政府向公众说明所确定的各类开支项目和收入项目对他们未来经济生活的一般影响。例如,在国民教育上增加开支,或更多地资助基础科技开发活动,是期望在将来提高国民经济的生产力和增加国民个人的收入。

第五,预算说明预期国民经济活动对公共财政的影响。通过预算,政府向公众说明未来国民经济运行态势可能给宏观经济和公共财政活动带来的一般影响。例如,政府预测到未来经济运行良好时,人们的收入会有较快增长而失业率也会明显下降。在这种情况下,伴随国民收入的增加,财政盈余也会增长。

第六,预算是关于政府财政活动的一种历史记录。一般情况下,政府的年度预算报告必须附带提供关于政府以往收入、开支、债务的统计数据。

简言之,政府预算是一国政府在每个财政年度内的全部收入与支出计划,其实质是对政府在公共财政领域的责任范围(Commitments)的界定,或对政府所应承担义务的界定。鉴于政府的责任范围通常要以法律形式予以确认,因此政府预算过程还表现为国家的立法过程。

除了上面提及的"责任范围"外,以下一些重要术语也常出现在政府预算文件中。一旦确认了政府的"责任范围",便相应创立了政府的"预算权限"(Budget Authority)。预算权限可以简单地理解为,国家(通过立法程序)以法的形式给予政府的支配使用国家财政资金的权力。预算权限所确定的各政府部门可以支配的钱数,就是政府的预算支出,或称财政支出(Fiscal Outlay)。如果在一定时期内实际花掉的钱正好等于其财政收入(Fiscal Revenue),政府便做到了财政收支平衡。否则,就会出现财政盈余(Fiscal Surplus),即财政收入大于财政支出,或出现财政赤字(Fiscal Deficit),即财政支出大于财政收入。

顺便说明一下,由于一般情况下财政收入是按照现行税法规定筹集的,政府在改变收入结构和收入总量方面的灵活性相对较小。但是,在变动财政支出方面,政府则表现出相对较大的灵活性;特别是在允许政府实行"非平衡预算"条件下,政府甚至可以在一定时期内不受财政收入的约束来制定财政开支计划。所以,为了对政府财政收支进行控制与管理,各国都要建立适宜的预算制度,即有关政府预算活动的各种法规制度。现代预算制度除了包括对预算形式的规定外,还包括涉及预算形成、预算编制、预算执行、预算调整,以及预算报告等政府活动(程序与内容)的全部法规制度。换言之,现代预算制度,是指国家对财政预算收支实行公共管理的准则和规范的总称。建立和完善政府预算制度的重要意义有二:一是在合适的预算体制下妥善处理好政府预算活动与经济社会各经济主体之间的关系;二是把政府各项预算活动以及其他相关的财政管理活动一并纳入法制化、规范化管理过程。

二、预算原则

预算原则,是指公众要求政府在编制预算活动中必须遵守的一些规则。制定预算原则的根本目的有二:一是为了防止政府预算活动中出现太多的随意性、盲目性,二是为了便于对政府预算活动进行必要的监督。尽管以下一些预算原则是在古典经济学及其预算平衡理论的影响下逐步形成的,但是,直到现在,大部分国家,尤其是西方发达国家,其政府在编制财政预算时,仍然坚持着这些原则。

第一,完整性原则。该原则要求政府的财政预算必须包括它的全部财政收支项目,以反映它的全部财政活动内容;还要求各预算单位的一切收支必须统一以总额形式列入政府预算,而不能以收支相抵后的净额形式列入。简言之,按照该原则要求,政府不应该有预算以外的财政收支活动。

第二,可靠性原则。该原则要求政府必须依据可靠的统计数据和经济事实编制财政预算,以保证预算内容的客观性、可靠性。这是保障日后预算得以顺利执行的前提条件。此外,为了加强预算的可靠性,一些国家甚至规定,在没有事先取得国家立法机构同意的情况下,政府预算收支中不能包括公共债务要求。

第三,公开性原则。该原则要求政府的全部预算收支必须经过立法机构(如议会)审查、批准,使之成为公开性的文件,并向社会公布。换言之,任何秘密预算都是违法的。

第四,明确性原则。该原则要求政府预算中的各项财政收支必须依据其性质,分门别类地清楚列出,以便公众阅读和研究其内容,即对于一般国民来说,政府预算的内容必须是明确的、容易被理解的。

第五,年度性原则。该原则是指政府的财政预算必须按照规定的预算年度进行编制,而不能对本预算年度之后的政府财政收支活动做出任何事先的安排。此外,要求政府预算活动按照一致的时间长度划分的周期进行,不仅仅只是出于方便预算管理活动的考虑,而且这样做也便于对不同财政年度的政府预算活动的质量进行比较,有利于改善政府预算活动的绩效。

上述原则与自由资本主义时期“健全财政”的标准相一致。制定这些预算原则的指导思想,是控制预算支出以使政府财政收支保持平衡,其出发点侧重于节约财政资源,使经费使用制度化和提高其使用效率。直到今天,这些原则仍然被公认为是正确的。

20世纪30年代,西方国家爆发了其历史上最严重的经济危机,此后凯恩斯主义经济理论逐渐盛行于西方各国,甚至成为一种社会思潮。和古典主义经济学理论相比,凯恩斯主义经济学理论不再鼓吹政府应该执行“自由放任”的经济政策,而是强调政府适时干预市场经济的重要性。西方各国政府在凯恩斯主义经济学理论影响下,开始在公共财政框架内推行干预性财政政策。一旦政府干预市场经济合法,那么与此相适应,就需要在预算活动中给予政府更大的主动性、灵活性。因此,经济学家、政府预算专家从不同角度提出了一些与上述原则不同的"新"的预算原则,或是作为对上述原则的补充,或者作为对上述原则的修改。在"新"预算原则中,比较有代表性的是 1945 年美国联邦政府预算局局长史密斯提出的政府预算八原则,或称为预算管理原则。这些原则包括:(1)政府预算必须反映总统的行政计划。(2)政府预算通过立法后,在执行中必须加强行政部门的责任。(3)预算的编制、批准和执行,应当以政府各部门的财政与业务报告为依据。(4)政府应有足够的从事预算编制和执行的机构和人员,行政主管部门有权规定月度和季度的拨款额,有权建立预备经费。(5)随着政府活动的多样化,预算程序也应该允许进行必要的调整。(6)预算要有适度的行政主动权,对于已批准的支出项目在执行过程中应该给予行政部门一定的自由处理权。(7)政府预算要有一定的弹性,即其内容应随着经济形势的变化而适当地加以调整。(8)国家预算机构应把预算编制工作和执行情况联系在一起,以使编制好的政府预算能顺利地付诸实施。

　　这八条原则的核心内容是强调政府行政部门在预算编制上的主动权、预算执行上的灵活性以及预算形式和预算程序上的多样性。它反映了现代国家预算原则变化的共同趋势,有其经济上的合理性。不过,应当指出的是,这些"新"预算原则,仅仅是作为对传统预算原则的补充或修改而提出来的,不是对传统预算原则的替代。

　　三、预算的分类

　　政府预算活动是一项比较复杂角、政策性极强的工作,涉及经济生活中方方面面的关系,且也受这些关系的制约、影响。为了理顺政府预算活动中的各种主要关系,也为了在预算文件中真实反映这些关系,与之相适应的就是建立不同形式的财政预算,于是产生了一定的预算分类方法。

　　按照预算内容分类,可以把政府预算分为总预算和分预算。对于总预算和分预算,有两种不同的理解。从预算项目的分合来看,总预算就是政府财政收支的综合计划,它包括一般经费收支和各类特别收支两大项目;而分预算则是这两大项目的细目。从预算的部门划分来看,国防预算、经济投资预算等部门预算就是分预算,而各部门预算的汇总就是总预算。

按收支范围分类,可以把政府预算分为普通预算与特别预算。普通预算和特别预算又称为经费预算和专项预算,前者是指政府编制的一般财政收支项目的预算,而后者是指政府对某些具有特别意义的项目另行安排的预算。例如,在某些发达国家,公营企业投资预算、公共工程投资预算、社会保险预算以及各类特种基金预算都属于特别预算。①

按政府级别分类,可把预算划分为中央预算和地方预算。在单一制国家里,政府预算可以分为中央政府预算和各级地方政府预算;在联邦制国家中,政府预算可以分为联邦政府预算、州(邦)政府预算和各级地方政府预算。在过去,所谓国家预算通常仅指中央政府的财政预算,而现在的国家预算则包括各级地方政府的财政预算。

按立法手续划分,可把政府预算分为本预算、临时预算和追加预算。本预算又叫正式预算,是政府依法就每年度可能发生的财政收支加以预计编成的,经立法机构审批后即可公布实施的预算。但有些时候基于某种原因,新预算年度即将开始而政府预算草案尚未完成立法程序,不能成为正式的预算。在这种情况下,为解决预算成立前的政府经费开支问题,就要先编制一个暂时性的预算,作为在正式预算成立前进行财政收支活动的依据,这就是临时预算。在本预算已经批准而且付诸实施的情况下,如果必须增加某项支出并同时相应地增加财政收入,政府就需编制一种追加的预算,作为本预算的补充。

---

① 但经验表明,特别预算往往不利于政府在各类收支项目之间进行资金的调剂使用,也在一定程度上影响了综合反映政府全部财政收支使用、变化的情况。因而,即使编制普通预算与特别预算,政府也要编制总预算和部门预算。

第二节 预算方式

预算方式,是指预算编制中对表现预算收支内容、各类收支项目内在联系的方法、结构和格式所做的技术性规定。科学的预算编制方式,不仅便于人们对同一预算层次内的预算项目进行划分、编列、分块、平衡,而且有助于对政府预算活动进行监督、分析与评估。一般来说,政府预算方式可以根据不同标准进行划分:一是按照财政收支汇集方式,政府预算可以划分为"单式预算"和"复式预算";二是按照财政收支平衡方式,政府预算可以划分为"平衡预算"和"非平衡预算"。至于具体方式的选择,则由各国社会经济发展的状况、政府预算管理的要求所决定。

一、单式预算和复式预算

近代国家,政府预算产生以来最初采取的预算编制形式就是单式预算。作为政府预算的基本形式之一,其主要特点是:(1)将政府各种财政收入与支出分别汇集,共同编入单一的总额形式的预算报表内。(2)不是按照财政收支的经济性质,而是按照财政收入的具体来源(如各类税收收入、非税收收入)和财政支出的具体目标(如购买办公设备、日用消耗物品、支付雇员薪金等),分别进行总额预算。

由于它是把全部的财政收入和支出分列于预算表上,单一汇集平衡,因此单式预算能从总体上反映年度内财政收支情况,完整性强,便于立法机关的审议和被社会公众所理解。单式预算的这种编制组织方法,完全符合根据古典预算平衡理论而确立的传统预算原则,它体现了国家预算的完整性、统一性、可靠性、公开性和年度性。20世纪30年代以前,大多数国家在编制政府预算时均使用单式预算形式。

随着社会经济和财政经济的发展,各国开始加强政府对宏观经济的调控职能。作为政府经济调节工具的国家预算,其作用也变得越来越大,突出表现为政府预算中用于经济建设的投资支出规模不断增长,所占比重不断上升。这时传统的单式预算就显得不适应经济发展的要求了。单式预算的主要缺点集中反映在财政支出方面,它混淆了政府的行政经费与资本支出的性质。行政经费属于消费性支出,它必须受财政收入的制约,不能出现预算赤字。资本支出属于生产性支出或经营性支出,类似私人投资支出,只要经营得当,不仅能够回收本金,而且还可以取得一定的投资收益。这样,由于增加资本性支出而出现的财政赤字,与行政经费入不敷出而产生的财政赤字,也就表现为完全不同的性质。传统的单式预算将两种性质不同的政府开支混在一起,既不利于控制行政经费的非正常增长,又不利于加强和改善资本性投资项目的经营管理。因此,在政府预算中的资本性投资(公共投资的主要部分)占社会总投资的比重越来越大的情况下,客观上要求政府对预算形式进行改革,于是,出现了复式预算。

复式预算的基本形式是将政府全部财政收支按经济性质汇集,分别编入两个或两个以上的、互有联系的收支对照表内。一般说来,复式预算是由经常预算和资本预算两部分组成的。经常预算包括经常收入和经常支出。经常支出是政府进行日常政务活动所必需的资金支出,按其用途可以分为国防支出、行政管理支出、经济支出和文教卫生支出等;按其支出部门可以分为国防部、司法部、外交部等部门支出。经常收入为供应这类支出而筹集的税收收入和非税收收入,非税收收入通常包括国营企业收入、公共事业收入等。鉴于经常性支出直接关系到国家机器能否正常运转,各国政府在编制预算时就要首先考虑如何满足这部分开支的需要。只有在预算满足经常性支出要求的前提下,政府才有可能考虑资本性支出的要求。

资本预算,包括资本支出和资本收入。资本支出可以分为生产性支出和非生产性支出,前者如对国营企业投资和公共工程投资等,后者如军事工程投资、偿还公债本金、归还外国借款等。资本收入则主要包括经常预算盈余的结转和国内外公债发行取得的财政收入。

政府预算由单式预算向复式预算的转化,是社会政治经济形势发展迫使政府活动范围不断扩大的必然结果,也是政府赤字财政合法化的客观要求。世界上首先采用复式预算的国家是丹麦(1929年),后来,瑞典、英国、法国、日本等也逐步把单式预算改为复式预算。目前,包括我国在内的许多国家也在实行复式预算。

二、平衡预算与非平衡预算

直到 20 世纪初期,大多数国家都信奉斯密主张的,旨在节制政府干预经济生活的"廉价政府"理论,并且都在竭尽全力地维持着政府财政的年度预算平衡。古典经济学家之所以主张平衡预算政策,主要是出于两种基本考虑:一是政府财政出现赤字就要依靠发行公债予以弥补,发行公债不仅会减少私人经济部门的投资,而且还会带来通货膨胀的危险。二是财政赤字本质上属于经济生活中的巨大浪费,应该严加控制,而实行年度平衡的预算政策最有助于控制政府支出的不断增长,从而在根本上解决财政赤字问题。可以说,在很长的一段时期里,人们对政府财政预算必须保持平衡的"金科玉律"从未产生过任何怀疑。

不过,对于政府预算平衡的标准,理论界也是存有争议的。有人认为,所谓预算平衡,通常是指国家经常收入和经常支出的年度平衡。也有人认为,严格地讲,预算平衡是指政府年度财政收入与支出总金额恰好相抵,没有差额。但一般人则认为,只要年度财政支出没有超过财政收入,即可视为预算平衡。按照最不严格的预算平衡标准,即使政府年度财政支出总额超过其收入总额而出现赤字,也并不一定意味着政府财政预算的不平衡,这取决于支出超过收入的具体原因。倘若支出超过收入是因为政府增加了生产性公共投资造成的,则依然可以视为政府预算处于收支平衡状态,因为公共投资的未来收益可以积累起来用以补偿财政赤字。只有支出超过收入是因为政府增加了消费性经常开支造成的,此时出现的财政赤字才真正表示政府预算处于收支不平衡状态。

但是,现代市场经济存在着周期性波动的特点,在客观上要求政府履行稳定经济的职能。那么,政府预算政策便不能仅仅强调传统的"年度预算平衡"标准,而是应更加注意政府预算政策的"逆商业周期而动"的作用,即希望通过政府对其财政支出进行有意识的调整,达到基本熨平经济周期的目的。根据凯恩斯主义的经济理论和市场经济发展的现实要求,勒纳于 20 世纪 40 年代提出的"功能财政理论"①被认为是对现代政府推行"非平衡预算"之合理性所做的最好的理论论证。勒纳认为,在货币经济里,如果价格黏性和工资黏性是如此之强,以至于所有市场都不能达到瓦尔拉斯均衡,在这种情况下,政府实施的宏观经济政策就应该以功能财政政策为主导。勒纳指出,功能财政的核心思想在于,政府对财政开支、税收、公共债务、货币数量等政策的运用,都应该着眼于这些政策对社会经济所产生的结果,而不应该着眼于这些举动是否遵循了既定的传统学说。这里对"平衡"的强调,中心已经从财政收支本身的平衡转向了国民经济的总体平衡。就是说,国家财政的基本功能是稳定国民经济,经济总体平衡是至关重要的,而年度预算平衡或周期预算平衡都是第二位的。②

然而,各国的实践表明,政府预算实现周期平衡并非易事,原因有二:其一,对经济周期进行预测是极其困难的,而如果不能准确预测,政府便无法使其预算周期与经济周期保持一致;其二,即使政府能够准确地预测经济周期的变动,但依然不能保证繁荣时期的财政盈余恰好等于萧条时期的财政赤字。如果二者不相等,周期平衡预算也是困难的。实际情况是,尽管现代政府在自己的预算活动中不再硬性强调"年度收支平衡",也不像过去那样一般性地反对赤字预算,但是现代政府也不能毫无顾忌地运用财政赤字来达到预算目标。现代政府无论采取什么预算政策,都有相应的风险,由此产生各种新的责任,即除了增加财政收入、节约财政支出以周期性保持财政收支大体平衡的责任外,还有抑制公债增长的责任,以及在必要时迅速减轻国家债务负担的责任。

---

①　勒纳 1941 年发表的《经济舵轮》(The Economic Steering Wheel)与 1943 年发表的《功能财政与联邦债务》(The Functional Finance and The Federal Debt)两文,被认为是功能财政学说的代表作。

②　应该注意的是,在经济理论上,"非平衡预算"绝不意味着政府可以长期不考虑财政收支平衡问题。提倡"非平衡预算"的经济学家虽然反对年度预算平衡,但是他们仍然主张周期预算平衡,即主张在使预算发挥熨平经济周期作用的同时实现预算的平衡。所谓周期平衡,是指从整个经济周期来看,政府可以用繁荣时期的财政盈余抵消萧条时期的财政赤字,使政府预算在整个经济周期内保持基本平衡。

第三节　预算程序

　　预算周期,是指政府预算工作的主要活动内容之周期循环过程。大部分国家的预算周期通常可以划分为四个阶段,对应发生四项预算事件,依次为预算的编制、预算的审批、预算的执行和预算的审计。由于各个阶段的预算活动都要依法进行,同时接受严格的程序管理,因此,政府预算工作便具有明显的法治性、规范性、一致性等特点。

　　本节以美国联邦政府为例,简要阐释现代政府预算周期、预算程序的主要内容,并对其重要特点进行分析。

一、预算周期

　　美国联邦政府预算年度实行跨年制,原来的预算年度始于每年的 7 月 1 日,终止于次年 6 月 30 日。1977 年国会通过《预算改革法》(Budget Reform Act),将原预算年度起止时间调整为每年的 10 月 1 日至次年的 9 月 30 日。按照时间顺序,美国联邦政府预算活动通常可以划分为四个阶段:(1)总统编制政府预算草案并提交国会审议。(2)国会审议预算草案并批准政府预算。(3)各政府部门执行经国会审议批准的政府预算案。(4)对联邦政府预算执行情况进行审计。下面,以该国 2009 财年为例,说明联邦政府预算周期内各项活动安排的时间表。

　　美国总统对 2009 财政年度的政府预算编制的准备工作,其实早自 2007 年春季就已经开始,此时距离总统向国会提交预算草案的终止时间还有大约 10 个月,而距离该财政年度的开始时间还有大约 18 个月。首先,总统与其内阁根据未来国家经济形势预期,提出政府预算的基本思路和未来财政政策制定的一般原则。在总统预算思想指导下,由行政管理和预算局(Office of Management and Budget,OMB①)牵头,协

---

　　①　行政管理和预算局(OMB)是总统办公厅的一个机构,它对联邦政府负有全面财政管理的责任。OMB 最终负责编制执行预算以及向各个部门和机构分派适当的预算资金。

同联邦政府各部门、机构一同商讨、制订 2009 财年及未来连续 4 个财年的预算规划。然后,各政府部门、机构据此编制各自的预算申请。OMB 对部门、机构预算申请进行审查后,最终形成总统的预算建议,并以草案形式于 2008 年 2 月初递交国会。

国会收到总统预算建议后,便开始自己的预算审议程序。国会参、众两院将用大约 9 个月的时间来完成对总统提交的预算建议的审议和批准工作。在此期间,国会必须于 2008 年的 4 月 15 日之前通过由参众两院的预算委员会准备的预算决议案,该预算决议案实际上是国会按照自己的思路编制的政府预算。然后,参众两院的拨款委员会才能通过各自的分委员会,按照政府功能分配预算授权。经国会最后审议通过的联邦政府预算案,还要递交总统签署。该预算案经总统签署生效后,才算完成政府预算的立法程序,成为法律。2008 年 10 月 1 日,2009 预算年度开始,预算进入执行过程。

美国预算的执行由美国总统负责,财政部和 OMB 具体承办。在 2008 年 10 月 1 日至 2009 年 9 月 30 日这一标准财政年度期间,各联邦政府部门、机构要按照法律的规定支出款项并行使各自的职责。

2009 年 9 月 30 日,该财政年度结束,预算进入决算和审计阶段。在这一阶段,联邦政府各部门、机构要编制各自的预算执行情况报告及年度财务收支报告,并提交联邦总会计署(General Accounting Office, GAO)。经 GAO 审计后,联邦政府行政当局要把自己的预算执行情况报告、年度财务收支报告和 GAO 出具的审计报告,一并提交议会审议批准。此后,一个完整的预算周期便告结束。

从整个联邦政府的预算程序中可以看出,完整的 2009 财年的预算周期跨越了 4 个财政年度。所以,在日历年的每一个时间点上,都有 3 到 4 个预算周期并存运行的局面,即一个预算处于执行过程,上一个预算进入审计过程,同时下一个预算则在编制或审批过程。

二、预算的编制

在美国,预算编制工作是由政府特设的行政管理和预算局主持的,而财政部只负责编制财政收入预算。分开编制预算的原因是想通过这种方式来保证支出和收入有更多的合理性和科学性,避免全部由财政部统编支出和收入时可能带来的各种矛盾。预算编制主要考虑下一个财政年度的收入与支出的变动要求,但也适当照顾对当前财政年度的收支水平提出的变动要求。另外,它还包括对下一预算年度之后的 4 年(或者更多年份)的政府财政收支的估算,目的是反映政府预算决策的长期效果。

美国的预算编制工作一般始于每年春季。首先,在分析以前预算的执行效果、研究(由经济顾问委员会、OMB 与财政部联合制定的)国家经济前景规划基础上,由总统制定下一个财政年度预算的基本框架和政府财政政策的基本取向。

其次,根据总统的意见,OMB 与各政府部门共同商议,确定较为具体的政策要求,并对下一财政年度及以后 4 年的各部门资金要求进行规划,作为各政府部门准备预算申请的指导。这些部门官员知道,有关预算活动必须谨慎进行,要充分考虑到影响预算变化的主要经济的和技术的因素。一般情况下,他们慎重预期未来利率、经济增长率、通货膨胀率和失业率等的变动趋势或基本走势(如表 3-1 所示)。这些最重要宏观经济变量的任何微小变动都会对政府预算产生巨大影响。在此期间,总统、OMB、总统行政办公室的其他官员和政府各部门行政长官,还要就各自掌握的信息、对经济发展的预期,以及具体政策设想等,进行不断的交流,以使政府预算在平衡各方利益的同时更具有可行性。

尔后,一般是在秋季,各政府部门向 OMB 提交自己的预算申请。OMB 的预算分析专家们要对各部门提交的预算申请进行认真审核,并向 OMB 官员提出需要研究的问题。OMB 就有关问题要与各政府部门主管进行直接对话,大部分问题将会得到合理解决,只有少数难题可能须请总统或白宫高层决策官员出面,参与解决。这些工作一般在年底完成,随后开始确定政府预算的具体数据和准备各种预算文件。具体预算内容主要包括政府主持的各单个项目所需资金的分配,按政府职能制定的资金分配方案,与目前和将来经济状况相适宜的财政总支出和总收入等。表 3-2 是美国联邦政府 2010 财年的财政预算收支简表。当然,OMB 在制定预算数据和准备预算文件时,还要考虑到对财政收入、支出和赤字的法律约束。

表 3-1 美国联邦政府 2010 财年预算报告中对未来经济发展形势所做的估计

年份	2008 实际值	2009	2010	2011	2012	2013	2014
GDP（现价，10 亿美元）	14441	14252	14768	15514	16444	17433	18446
消费者物价指数（%，当年/上一年）	3.8	−0.3	1.9	1.5	2.0	2.0	2.0
失业率（年均%）	5.8	9.3	10.0	9.2	8.2	7.3	6.5
利率（%）91 天国库券	1.4	0.2	0.4	1.6	3.0	4.0	4.1
利率（%）10 年国库券	3.7	3.3	3.9	4.5	5.0	5.2	5.3

年份	2015	2016	2017	2018	2019	2020
GDP（现价，10 亿美元）	19433	20408	21373	22329	23312	24323
消费者物价指数（%，当年/上一年）	2.0	2.0	2.1	2.1	2.1	2.1
失业率（年均%）	5.9	5.5	5.3	5.2	5.2	5.2
利率（%）91 天国库券	4.1	4.1	4.1	4.1	4.1	4.1
利率（%）10 年国库券	5.3	5.3	5.3	5.3	5.3	5.3

注：2009～2020 年的数值为估计值。
资料来源：http://www.whitehouse.gov/OMB/budget。

　　完成以上各项工作后，按照程序要求，OMB 要将全部预算文件（总统预算咨文、政府收支概算、分析说明书以及连续性项目在财政年度内的支出预算等）移交给国会。于是，政府预算活动便进入了第二阶段，即国会对总统起草的政府预算草案审议、批准阶段。按照法律规定，总统的预算文件应在每年 1 月的第一个星期一之后提交给国会，最迟也不能超过 2 月的第一个星期一。①

表 3-2　美国联邦政府 2010 财年财政预算收支简表

年份	2009	2010	2011	2012	2013	2014	2015	2016	2017	2018	2019	2020
预算额（现代，10亿美元）：												
收入	2105	2165	2567	2926	3188	3455	3634	3887	4094	4299	4507	4710
支出	3518	3721	3834	3755	3915	4161	4386	4665	4872	5084	5415	5713
赤字	1413	1556	1267	828	727	706	752	778	778	785	908	1003
公债	7545	9298	10498	11472	12326	13139	13988	14833	15686	16535	17502	18573
预算占GDP的比重：												
收入	14.8%	14.8%	16.8%	18.1%	18.6%	19.0%	18.9%	19.3%	19.4%	19.5%	19.5%	19.6%
支出	24.7%	25.4%	25.1%	23.2%	22.8%	22.9%	22.9%	23.1%	23.1%	23.0%	23.5%	23.7%
赤字	9.9%	10.6%	8.3%	5.1%	4.2%	3.9%	3.9%	3.9%	3.7%	3.6%	3.9%	4.2%
公债	53.0%	63.6%	68.6%	70.8%	71.7%	72.2%	72.9%	73.6%	74.2%	74.9%	75.9%	77.2%

资料来源：http://www.whitehouse.gov/OMB/budget。

总的来看，美国联邦政府预算编制工作具有如下一些重要特点：

第一，美国预算收入的编制由财政部负责，而预算支出的编制则由专门领导国家预算工作的 OMB 负责。将预算编制工作分解为收入预

---

① 在一些特别年份，总统可能并不遵守正常程序。因为法律并没有规定即将离职的总统提交预算文件，而下一任总统在刚刚就职后也很难在很短的时间里完成自己的预算。例如，美国前总统乔治·W. 布什就曾在 2001 年 2 月 28 号仅向国会递交他的预算概要。直到2001 年 4 月，布什总统才向国会提交新政府的详细预算文件。该文件长达数千页，由一份包括大量相关信息的主文件和一些副本组成。

算与支出预算,分别责成相对独立的不同政府机构负责,把专业分工和某种制衡机制引入预算编制工作有助于提高其科学性和严肃性。首先,OMB 直接对总统负责,后者的施政方针和政策重点能够在政府预算编制中得到更直接的体现与更准确的贯彻。其次,OMB 作为一个独立于其他行政部门的机构,在编制预算时可以更客观地对各部门进行监督审核,并对预算编制过程中可能出现的冲突进行仲裁。再次,预算支出编制机构的相对独立可以使政府预算编制较少地受预算执行部门的影响,有利于协调政府预算编制和社会经济发展计划之间的关系。最后,OMB 拥有众多专门技术人员,具有雄厚的预算科学研究能力与实践经验,不仅使独立的预算编制、监督工作得到效率保障,而且能够对所有政府部门提供涉及部门预算活动的强大的技术指导。

第二,预算报告内容至少涵盖今后 5 年的国民经济发展预测、政府工作计划、收支预测信息和未来 5 年的预算安排大致情况。这种强调长期预算与短期预算相结合的预算编制制度的好处有二:一是通过确定经济发展的长期战略任务、总体目标、核心项目,并据此制定中期、短期经济规划,可以尽量减少政府行为的盲目性,从而使政府预算更具一致性和可行性;二是确定中期、短期经济规划、预算目标,还便于为随后开展的绩效评估工作设置可行的指标体系和检测指标等。

第三,美国联邦政府预算编制工作具有较高透明度,也注意尊重纳税人的知情权,并且通常能够依法接受国民对政府活动的监督。20 世纪 70 年代美国国会便颁布了《联邦政府阳光法案》,要求政府必须将预算内容尽可能完整地予以公布。至于如何协调政务公开与保守国家机密的关系,则须按照《联邦政府隐私权法》规定的原则处理。通过财政信息的广泛披露,纳税人可以详尽地了解政府税收政策、支出政策以及财政资金的安排、使用情况,这有助于使预算的形成和执行置于各方面的监督之下。

三、预算的审批

每年 2 月前后,美国总统将最近一个财年的预算建议提交国会,此后,预算过程就由编制阶段转入审议批准阶段,预算决策任务也就相应

地转移到由国会参众两院构成的立法机构一边。国会两院将花费大约
9 个月的时间,共同行使预算的审议、批准职能。在预算支出方面,国
会有权改变预算资金的总体规模,取消或者增加某些未经总统提议的
项目;在预算收入方面,国会可以增加或取消某些税收以及其他收入来
源,也有权对其他影响收入的事项进行必要的调整。根据美国现行法
律,国会在参众两院分别设有自己的预算委员会(House and Senate
Budget Committees)和拨款委员会(House and Senate Appropriations
Committees)。此外,国会还设有预算办公室(Congressional Budget
Office),主要负责为两院的预算委员会提供信息和分析性材料,以便
在经济形势预测和财政收入估计等方面给予各委员会技术上的帮助。

　　国会对美国联邦预算的审批,主要是按照 1990 年颁布的《预算执
行法案》(Budget Enforcement Act)修正后的时间表进行的,其过程可
大致分为三个阶段。第一阶段,"共同预算决议案"(concurrent resolu-
tion on the budget)的形成。根据《1974 年国会预算法案》(Congres-
sional Budget Act of 1974)的规定,国会应在完成单个拨款法案之前预
先决定总的预算水平和预算分配框架。这样,可以避免各拨款小组委
员会在制定拨款法案时过于零碎,只关注局部而忽视整体,从而影响到
全面政策的制定。因此,在总统提交预算草案后,参众两院的每个常务
委员会都要根据自己的职责范围向两院预算委员会提出关于预算的特
别报告和立法计划。参众两院的预算委员会就有关议题召集 OMB 主
任、财政部长、经济咨询委员会主席以及其他政府内、外的专家举行听
证会。这样,通过这一阶段资料的充分收集和反复磋商,两院预算委员
会初步确立各项拨款的数额,形成两院的"共同预算决议案",于 4 月
15 日前分别提交国会参众两院批准。"共同预算决议案"设定岁入和
岁出的总额以及按功能分类的预算权限和岁出细目上限、预算赤字或
预算盈余水平、国债发行规模以及有关税制改革的内容等。"共同预算
决议案"不是法律,因此并不要求总统同意。然而,国会在准备预算决
议时通常也会考虑总统的意见,因为最终的预算立法必须经总统签署
同意方可生效。

　　第二阶段,预算的分层审议和预算法案的制定。一旦国会通过了

"共同预算决议案",国会就将注意力转向年度拨款法案和其他与收支相关的法律的审议工作上。在这一阶段,国会将按照严格的法律程序和时间表对总统的预算建议进行审议。具体而言,参众两院的拨款委员会通过各自的小组委员会,按政府功能标准进行预算授权和支出分配,并起草相应的预算拨款法案。① 国会要求这些委员会和小组委员会在对总统的各项预算建议进行审议和准备拨款法案时,要遵照"共同预算决议案"中的规定进行。在众议院小组委员会起草了拨款法案之后,众议院将在 5 月 15 日到 7 月之间按照众议院拨款委员会、众议院预算委员会,再到众议院全体委员会的顺序依次审批这一系列法案。在审批过程中,各委员会通常会对初始的法案版本进行修改和调整,然后将其提交参议院审批。在 7 月到 9 月之间,参议院也将依照从参议院拨款委员会、参议院预算委员会到参议院全体委员会的顺序对该拨款法案进行审批。如果参议院在法案的细节问题上与众议院有不同意见,两机构将建立一个协商委员会(其成员分别来自参众两院)来解决存在的分歧。协商委员会将对该拨款法案进行修正,并将修正的结果返还参众两院再次进行审批。修改后的法案先经众议院再经参议院批准通过后,国会便将其送抵白宫,交由总统签署。

第三阶段,预算拨款法案的签署生效。如果总统在国会提交预算决议之日起 10 天之内不表示反对并把预算草案签字后退回国会,该年度的预算就完成了立法手续。此后,联邦政府的预算便进入执行程序。总统对国会通过的决议也可以行使否决权。总统一旦行使否决权,原法案需经国会再次审议,如以 2/3 多数票再次通过后,即产生法律效力,总统必须签署而无权再行否决。如两院不能以 2/3 多数票通过,则

①　拨款小组委员会是参、众两院根据政府的职能分别设立的,如国防委员会、公共服务委员会、教育委员会等。各有关委员会和小组委员会将分别听取其职权内相关预算的建议。例如,参、众两院的军事授权委员会(the Armed Services Authorizing Committee)以及拨款委员会的国防和军队建设小组委员会(the Defense and Military Construction Subcommittees of the Appropriations Committees)将对总统的国防计划进行听证。在审查部门预算时,各委员会可以采取座谈会、征求意见会等形式听取公众和有关专业人士对各项预算建议的意见。同时,也有权举行听证会,要求各部门就有关收支项目的合理性、合法性进行口头答辩。

需对法案进行修订,然后再提交总统签署。值得一提的是,传统上,美国总统只能同意或否决国会通过的整个法案,而不能仅仅同意或否决特定法案中的特定条款。

综观美国国会对联邦政府预算的审议和批准过程,可以发现其具有如下一些重要特点:

第一,审议时间较长,内容详尽。如前所述,国会对预算的审议通常要耗费至少9个月的时间。在这9个月的时间里,国会将严格按照法律规定的程序对预算和与预算相关的材料进行详尽审议。可以说,美国立法机关详尽严密的审议过程为立法机关充分行使其监督权提供了保障,减少了行政机关在预算编制上可能出现的腐败浪费等低效率现象。

第二,审议过程的透明度、民主化程度较高。国会对预算的审议与行政部门内部的预算审查相比,是一个更为公开的过程。国会在审议过程中通过提高透明度、信息公开、公众参与等方式,增强了决策的民主化程度。同时,也正是通过这种公共选择机制,政府官员的责任感才得以加强,预算支出效率才得以改善。

第三,审议过程得到有效的制度保障。如前所述,美国是一个三权分立的国家,国会作为独立的立法机构,它与总统在预算决策的最终决策活动中起着几乎同等的作用。国会和总统之间这种相互制约的政府预算制度,实际已经把政府财政活动,尤其是财政支出活动置于国民、代议机关的监控之下。该制度在防止政府预算规模失控,减少财政资源的浪费,约束个别官员、政府机构的随意性行为等方面均能发挥积极作用。

第四,国会审议机构同样拥有极高的预算研究能力和不断发展的技术支持能力。美国国会的预算办公室有两三百名工作人员,其预算分析人员在知识水平和技术能力方面,与所有其他政府部门相比,都是最强的。这样,雄厚的技术力量和召开听证会等调查取证权力相结合,就使得作为国家最高预算审议机构的国会能够充分理解政府预算的内涵并发现有关问题,从而切实发挥保障国家预算活动有序、合理、高效运行的作用。

　　第五,审议过程严格按法定规则进行,并与审议结果一样受法律保护。美国政府预算活动是在宪法和相关法律框架下进行的。而作为立法机构的国会,可以根据具体经济环境变化和社会经济发展的需要,通过修改有关法律以调整预算活动。这样,通过法律程序确立的、完整的一套预算法律,一方面成为对政府活动进行约束和限制的基本手段,另一方面也有力地支撑着国家预算管理程序的运作,因此保障了国会预算审议作用的顺利发挥。

四、预算的执行

　　在美国,国会审议批准的预算决议经总统签署生效后,成为国会预算拨款的基础并以法律形式规定下来,随即联邦政府的预算活动转入执行阶段。联邦政府预算的执行同样按照收支两条线进行。预算收入由财政部所属的国内收入局(或称国内税务总署)负责,它按照现行税法进行各种税收征管活动,把税款缴入国库。除非变革税种,在整个预算年度内一般不允许改变、调节预算收入的执行。而预算支出的执行则在 OMB 及财政部的指导和监督下,由联邦政府各主管机构负责。

　　预算的执行同样遵循严格的法律①和程序进行,各类政府部门只能按照法定拨款数额组织各自的开支,不能超过预算授权,并且各类开支只能用于国会预算审议结果所规定的用途和目的。通常在拨款法案通过后的 30 天内,各政府部门(机构)须向 OMB 递呈每个预算账户的资金分配请求,OMB 批准或调整这些分配,并根据不同账户的需要分别按照时段②、项目或活动等列出各部门(机构)的资金分配计划。依据《反赤字法》的规定,各部门(机构)的首脑要建立控制预算资金的管理体系,以确保各账户的支出严格地控制在 OMB 分配的数额之内。一旦发生重大违法行为,各部门(机构)的首脑必须及时向总统、国会以

---

　　①　在美国,控制联邦政府预算执行的主要法律包括《反赤字法》(Antideficiency Act)、《国会预算及扣押控制法》(Congressional Budget and Impoundment Control Act)、《联邦信贷改革法案》(Federal Credit Reform Act,1990)、《政府绩效与结果法案》(Government Performance and Results Act,1993)以及其他控制政府会计的相关法律条文等。

　　②　通常是以 1/4 个财政年度为时间段来划分资金分配比例。

及审计官员(Comptroller General)予以汇报,有关责任者会依法受到相应的行政处罚或刑事处罚。

当 OMB 完成对预算支出的分配并进行相应的划拨后,日常的财政资金管理由财政部负责。财政部下属的财务管理局(Financial Management Service)作为美国政府的财务管理者,为其提供资金收集、集中支付、账户管理以及报告政府财务资金状况的服务。财务管理局每年要收集、管理数亿美元左右的联邦财政收入[①],为上亿人士支付包括社会保障、退役军人补助等在内的总值超过 15000 亿美元的财政支出,并通过关注主要账户和报告体系来密切监督政府的货币资产使用情况和负债状况。

为了解决资金集中与分配上的保管、运转等问题,美国实行银行代理国库和国库集中收付制度。按照规定,联邦政府财政资金存放在联邦储备系统和成员银行中,并为政府存款支付利息。具体做法是,财政部财务管理局在联邦储备系统和各成员银行开设专门账户,包括存款账户(收入账户)——全部财政收入要存入该账户,以及审查账户(支出账户)——全部财政支出要从该账户支付。当资金从存款户划拨至审查户时,预算支付就得以实现。由于计算机网络的完善,财务管理局还可以按天编制资金平衡表,当预算收入不抵支出时,财政部可以根据国会核定的债务额度,按资金缺口的时限和当时的银行利率,灵活地确定债务种类和利率。同时,当现金能满足一段时间的支出需要并产生结余时,还可将资金以最小的风险进行投资,并获得收益。

美国联邦政府财政支出的 40% 是通过政府采购方式进行的,采购所需款项由财政部(通过单一账户)直接支付给商品或劳务的供应商。美国政府采购活动所遵循的基本原则是:既要避免缺货,也要保持单位成本最低。联邦政府的集中采购业务主要由总务管理办公室(Office of Administration)负责,该机构通过购置建筑物、设备、车辆、计算机系统、电话系统、办公用品等为政府各职能部门、机构提供全面的后勤

[①] 这些收入包括个人和公司所得税存款、消费税、政府服务收费、罚金以及偿还的贷款等。

支持。此外,政府各职能部门、机构也有购买它们需要的专用设备的权力,国防部就是其中最大的采购组织。为了提高政府采购的效率,国会于1994年颁布了《联邦购置精简法案》,要求联邦政府部门使用一种与标准化商业合同有别的、集中体现效果导向的"购置合同"(或称"绩效购置合同");改革并规范各类政府采购方式,取消了小额采购的多项签约程序;为了鼓励竞争,要求联邦采购条例必须予以公开,使任何潜在的供货单位均可通过光盘和互联网了解这些条例;为了最大限度地保证政府采购活动中的公平竞争,允许竞标失败者向签约部门、审计总署甚至法院等机构提起上诉。

在预算执行的过程中,如果预算执行时的现实环境与预算形成和拨款法案颁布时的经济环境相比,发生较大变化,某些政府部门就会出现其所需要的资金额超过国会整个财年拨款额的情况。例如,意外发生的严重自然灾害,会导致有关部门需要更多的资金进行救灾工作和补偿损失。凡是遇到这类问题,总统就要按照法律程序向国会提交追加预算报告,经审议、批准程序,国会可以颁布补充性(追加性)拨款法案,以满足预算执行中个别政府部门对额外资金的需求。

当某一预算年度结束时,各预算执行机构负责编制反映本预算年度内预算收支执行情况的决算报告。该决算报告先上报给OMB,经OMB复查无误后,再提交国会的会计总署进行预算的审计工作。

从以上对美国政府预算执行活动所做的简明分析中,不难发现,美国联邦政府的预算执行活动具有如下特点:

第一,美国联邦预算的编制十分细致,有明确的项目、金额甚至使用者的规定。对预算执行者而言,政府预算计划实际上成为具体操作规定和外部约束条件,从而在一定程度上保证了预算计划执行的刚性。

第二,联邦政府特别强调预算纪律。预算审议结果一经总统签署同意就拥有法律效力,除非发生严重的经济萧条、战争和自然灾害三种情况,各政府部门无权突破预算支出的上限。如果哪个部门突破预算,这个部门的负责人就要接受国会的质询,以至被罢免。即使总统认为在年度内需要追加支出,也要按照法律程序向国会提交追加预算的报告,经国会批准后,方能追加预算。

第三,美国目前政府的预算执行处于一种法制化、民主化程度较高的状态,长期保持这种状态在很大程度上减少了预算执行中可能存在的障碍和阻力,促进了各类预算执行活动的顺利开展。

第四,不断发展的信息化技术,尤其是日臻完善的计算机服务系统,为提高预算执行效率、强化预算执行的监督提供了强而有力的物质手段。信息技术与计算机系统的广泛运用,不但改善了政府预算体系的运行机能,而且提高了政府预算执行活动的透明度,进而成为推动政府预算活动质量持续改进的最重要因素之一。

五、预算的审计(监督)

事实上,预算得到总统和国会批准之后,对预算执行活动的日常监督就开始了。通常情况下,除了 OMB、国会预算委员会和总会计署主要负责财政收支监管活动外,政府各行政部门的主管和预算执行机构官员也要参与日常的收支监管活动。实行财政监督的目的是:(1)确保各行政部门遵守支出的法定上限;(2)确保项目安排与法律规定、现行经济政策保持一致;(3)确保项目的正确执行并达到既定目标。

在具体的预算监督实施上,又可以分为行政部门的自身监督和审计部门的事后监督两种类型。行政部门的自身监督,主要是通过监察官制度来体现的。1978 年国会通过《监察官法》(Inspector General Act),要求政府各部门普遍设立监察官办公室(Office of Inspector General,OIG),各监察官办公室分别由一名总监察官(Inspector General)①负责监督、控制其所在部门的预算执行情况。该法案还授予总监察官独立监督审查的权力,规定各部门首脑无权阻止总监察官执行审计、调查和传唤的行为。

审计部门的监督作为一种外部的监督模式,主要通过会计总署来实施。联邦会计总署作为国家审计机构,是根据国会 1921 年通过的《预算和会计法》(Budgeting and Accounting Act)而设立的,其首脑须

---

① 各部门的总监察官要经国会建议和同意后,由总统任命。其中,财政部则设两名总监察官,分别负责税收管理和其他事项。

由总统任命,但他只对国会负责。联邦会计总署的主要职责,是监督有关收入、支出及公共资金的使用情况。为此,各个政府部门必须定期向会计总署或其下属机构报送财务情况分析报告和预算执行报告。在接到这些报告后,会计总署要对各部门的联邦预算执行情况逐一进行审核,确认每一笔支出是否符合国会通过的预算法案的特定要求。其典型的审计内容包括:审查政府会计账户,检查有记录的经济交易和存货的准确性,对涉及股票交易的活动进行实地检查,证明货物的实物存在情况,审查预算执行过程中的操作程序的规范性以及对项目的实施情况进行评估等。根据法律,会计总署及其下属机构的官员还可以在任何时候,从任何政府部门调取他们认为需要的有关资料,而被调查的机构必须对会计总署的报告做出反应,解释其所提出的问题,并就如何解决该问题发表声明。此外,会计总署还有权要求有关部门更正其存在的问题并向国会报告。

为配合预算监督的进行,美国在预算管理体系中还建立了一系列严格的报告制度。国会于 1990 年和 1994 年先后通过了《财务总监法》(Chief Financial Officers Act)和《政府管理改革法》(Government Management Reform Act),规定联邦政府和各部门必须按统一要求提交财务报告。一方面,政府各部门(机构)每月都要向 OMB 和财政部报送有关资金使用情况的详细报告,并对报告的具体内容、期限甚至报告人都有明确要求,每季度最后一个月的报告副本还要报送国会拨款委员会。OMB 每年 5 月要向国会提交联邦政府财政管理规划报告,该报告必须包括财政管理现状和对未来五年改进财政管理的设想两个部分。其中前一部分又必须报告四个方面的主要内容:一是对各预算执行部门财务管理现状的分析;二是对各监督部门的审计报告的分析;三是阐述有关内部会计账目和管理控制系统运作情况;四是其他需要说明的情况。

在预算年度结束后,OMB 还要配合预算执行机构编制反映预算年度内预算收支执行情况的决算报告并对其进行复查。对 OMB 复查过的决算报告的审计工作由会计总署负责。会计总署在对决算报告进行详细的审核后还要就有关审计情况编写审计报告,送交国会审查。在国会批准了由会计总署审计的联邦政府决算报告后,联邦政府便完成了正式决算。正式决算的完成标志着政府该预算年度的预算程序的结束。

综上所述,可以看出,美国联邦政府的预算监督、审计活动的主要特点是:

第一,联邦政府审计系统具有很强的独立性。这是其能够实现公正审计、独立监督的组织保障。美国会计总署隶属于国会,直接对国会负责,不受任何政府部门的控制,其审计监督覆盖范围遍及美国各个职能部门。审计机构的较大独立性有助于减少行政首脑对审计监督工作的干预和影响,从而保证了审计结果的公正性。此外,美国的会计总署还经常借助一些非营利组织的技术力量,如美国注册会计师协会等,来推动政府会计、审计制度的完善,从而不断提高自身的审计水平并更好地发挥对政府预算的审计监督作用。

第二,作为美国预算管理制度的一个重要组成部分,预算监督的审计工作及其各项具体活动都要依据具体法律、各相关预算法案进行并受到这些法律、法案的保护。这是其预算审计有效性的法律保障。此外,法律还赋予了会计总署及其下属机构在调查取证等方面凌驾于其他行政机构之上的权力,各机构必须配合其调查并提供相关资料。这样,美国审计机构除了具有前面提及的那种独立性的行政优势外,在其审计实施过程中所必需的强制性能力也就有了法律保障。独特、完善的法律和制度安排不仅加强了预算审计监督机构的监察力度,进而也保证了其监督功能的有效发挥,因此其审计结果具有很高的权威性。

第三,美国在预算审计监督工作中十分重视对预算分析人员、审计监督人员的职业道德的培养,从而减少共谋、欺诈等行为的发生。美国的公共管理协会和政府财务官员协会都有各自的道德准则。有些道德准则还作为预算分析者手册的一部分,用来指导预算分析者的职业操作。这些道德准则规定了政府财务官员及审计工作人员等在完成其专业职责时必须遵守的法律、道德标准和职业标准等。通过建立这些职业道德准则并不断提高审计人员的责任感和工作的主动性及积极性,联邦政府能够借助于审计环节获取更多的、高质量的对预算执行效果的反馈信息,从而为其今后制定预算决策奠定良好基础。

第三章练习题

一、判断以下各陈述的正误

1.政府制定财政预算的主要目的在于,为完成政府财政政策目标而确定财政活动重点及其优先顺序,并且据此监控财政活动进程。(　　)

2.1945年美国联邦政府预算局局长史密斯提出了政府预算八原则,或称为预算管理原则,是对传统预算原则的完全替代。(　　)

3.按政府级别分类,可把预算划分为总预算和分预算。(　　)

4.古典经济学家之所以不主张政府实行赤字预算,主要出于两种基本考虑:一是政府财政出现赤字就要发行公债,发行公债不仅会减少私人投资,而且还会带来通货膨胀的危险;二是财政赤字本质上属于经济生活中的巨大浪费,应该严加控制。(　　)

5.凯恩斯主义的财政理论认为,不管国民经济形势如何,政府坚持保持年度预算收支平衡,不仅不会加剧宏观经济的波动,而且能够稳定宏观经济运行。(　　)

6.提倡"非平衡预算"的经济学家,不仅反对年度预算平衡,而且并不指望政府在使预算发挥熨平经济周期作用的同时,实现预算的周期平衡。(　　)

7.单式预算组织形式的基本特点是:(1)将政府各种财政收入与支出分别汇集,并分别编入各自的预算报表内。(2)按照财政收支的经济性质,分别进行总额预算。(　　)

8.美国预算周期的特点是,在日历年的每一个时间点上,都有3到4个预算周期并存运行。(　　)

9.美国是一个三权分立的国家,国会作为独立的立法机构,它与总统在预算决策的最终决策活动中起着几乎同等的作用。国会和总统之间这种相互制约的政府预算制度,实际已经把政府财政活动,尤其是财政支出活动置于国民、代议机关的监控之下。该制度在防止政府预算

规模失控,减少财政资源的浪费,约束个别官员、政府机构的随意性行为等方面均能发挥积极作用。(　　)

10.美国政府的预算执行要遵循严格的法律和程序,各类政府部门只能按照法定拨款数额组织各自的开支,不能超过预算授权,但是,某些开支活动可以不按照国会预算审议结果所规定的用途或目的进行。(　　)

二、选择题(从以下各题所给答案中挑选出所有被认为是正确的答案)

1.以下对预算的描述正确的有(　　)。

A.预算是关于政府的收入和开支计划

B.预算是关于政府借款或偿还借款的计划

C.预算说明公共财政活动对国民经济生活的影响

D.预算说明预期国民经济活动对公共财政的影响

E.预算是关于政府财政活动的一种历史记录

2.按照古典经济学及其预算平衡理论,政府进行其财政预算编制时一般遵循以下原则(　　)。

A.预算的完整性　　　　　　　B.预算的年度性

C.预算的灵活性　　　　　　　D.预算的可靠性

E.预算的公开性　　　　　　　F.预算的明确性

G.预算的简单性　　　　　　　H、预算的平衡性

3.1945年美国联邦政府预算局局长史密斯提出预算管理原则。这些原则主要包括(　　)。

A. 政府预算必须反映总统的行政计划

B. 预算执行中必须加强行政部门的责任

C. 预算的编制应以政府各部门的财政与业务报告为依据

D. 随政府活动多样化,预算程序应允许进行必要的调整

E. 预算要有适度的行政主动权

F. 预算内容应随经济形势变化而能适当加以调整

4.大部分国家的预算周期可以划分为(　　)。

A.预算编制、预算审批两个阶段

B.预算编制、预算审批、预算执行三个阶段

C. 预算编制、预算执行和预算审计三个阶段

D. 预算编制、预算审批、预算执行和预算审计四个阶段

5. 复式预算中的经常预算,包括经常收入和经常支出。经常支出,是政府进行日常政务活动所必需的资金支出,按用途主要划分为( )。

A. 国防支出　　　　　　　B. 行政管理支出

C. 司法部支出　　　　　　D. 外债还本付息支出

E. 经济支出　　　　　　　F. 外交部支出

G. 文教卫生支出

6. 复式预算中的资本预算,包括资本支出和资本收入。资本支出,可以分为生产性支出和非生产性支出,前者如对国营企业投资和公共工程投资等,后者如军事工程投资、偿还公债本金、归还外国借款等。资本收入则主要包括以下一些内容( )。

A. 经常预算收支盈余　　　B. 对本国居民发行的公债

C. 向外国政府借入的款项　D. 向外国商业银行借入的款项

E. 向国际经济组织(如世界银行)借入的款项

F. 国有企业利润上缴

7. 普通预算和特别预算又称为经费预算和专项预算,前者是指政府编制的一般财政收支项目的预算,而后者是指政府对某些具有特别意义的项目另行安排的预算,例如,( )。

A. 国有企业的投资预算　　B. 公共工程投资预算

C. 社会保险预算　　　　　D. 政府部门行政费用预算

8. 按立法手续划分,可把政府预算分为( )。

A. 总预算与分预算　　　　B. 本预算、临时预算和追加预算

C. 经费预算与专项预算　　D. 经常预算与资本预算

9. 按照时间顺序,美国联邦政府预算活动通常可以划分为如下阶段:( )。

A. 总统编制政府预算草案并提交国会审议

B. 国会审议预算草案并批准政府预算

C. 各政府部门执行经国会审议批准的政府预算案

D. 对联邦政府预算执行情况进行审计

10. 以下关于预算分类描述正确的有(　　　)。

A. 按收支范围分类,可以把政府预算分为总预算和分预算

B. 按照预算内容分类,可以把政府预算分为普通预算与特别预算

C. 按政府级别分类,可把预算划分为中央预算和地方预算

D. 按立法手续划分,可把政府预算分为本预算、临时预算和追加预算

三、思考题

1. 建立和完善政府预算制度有哪些重要意义?

2. 基于古典经济学及其预算平衡理论的传统预算原则包括哪些内容? 其现实意义何在?

3. 什么是复式预算? 复式预算与单式预算之间存在着哪些区别?

4. 美国联邦政府预算编制工作的主要特点是什么?

5. 美国联邦政府预算审议工作的主要特点是什么?

6. 美国联邦政府预算执行活动的主要特点是什么?

7. 美国联邦政府预算审计活动的主要特点是什么?

8. 何谓"功能财政"?

9. 古典经济学家主张平衡预算是出于怎么样的考虑? 为什么现实中很难实现平衡预算呢?

10. 现代政府在制定预算的过程中,对于"平衡预算"与"非平衡预算"是如何把握的?

第四章　财政支出

　　财政支出(Fiscal Outlay),是政府为履行公共财政的经济职能,对其从私人部门集中起来的、以货币形式表示的(实际上已经转化为财政资源的)经济资源的支配和运用。在财政预算上,支出是指政府各部门可以支配的钱数,即政府可以支配的总钱数。与此有关的另一概念是财政开支(Fiscal Spending),指政府各部门在一定时期中实际上花掉的钱。如果财政开支大于财政支出,则政府财政结算上会出现财政赤字;反之,如果财政开支小于财政支出,则政府财政结算上会出现财政盈余。通常在不引起歧义的情况下,这两个概念可以相互代用。财政支出的规模、结构及其变动主要地取决于经济社会对公共产品(劳务)的需求状况,也在某种程度上取决于政府社会经济政策的基本取向①。由于政府财政支出的性质(总量、结构及变化趋势)决定着政府能否恰当、妥善地履行其财政职能,能否最大限度地提高、改善公共福利,因此,政府依据社会经济环境的变化,科学地制定、认真地规划、谨慎地推行财政支出方案,自然成为其财政活动过程中的重要环节。

　　本章首先阐释适度财政规模理论,即政府财政开支最佳规模之决定原理。其次,分析政府财政支出的结构特征和总量变动规律。最后,按照经济学原理,以国防支出为例,阐释政府重大开支项目之立项及其规模的决策方法。下一章,即第五章,继续研究政府财政支出问题,但

---

　　①　有些经济工作者把政府开支(或公共支出)定义为政府行为的成本,即政府推行既定经济政策所必须支付的成本。这种观点值得推敲,因其把财政支出规模完全视为政府政策选择的结果。

其重点则放在公共工程投资项目的"收益－成本分析"方面。

第一节　适度财政支出规模的确定

20 世纪 50 年代,美国著名经济学家 P. 萨缪尔森通过一般均衡分析法,对公共产品最优供给理论进行了完整表述,并于 1954 年发表了题为"公共支出的纯粹理论"的经典论文。此后,现代财政理论中,关于政府财政支出适度规模的确定问题,或者经济社会如何确定其现实的公共财政规模的问题,往往都要借助公共产品最优供给理论予以解释。

一、市场经济条件下的资源最优配置

在标准微观经济学理论中,判断经济社会是否处于最佳资源配置状态的标准被称为"帕雷托有效配置原则"(Pareto Optimal),或称"帕雷托最优境界"、"帕雷托最优化"。"帕雷托最优化"的完整表述是:社会资源配置达到如此状态时便被认为实现了"帕雷托最优化",即在不使其他任何社会成员的福利受损情况下,无法使一个社会成员的福利得到进一步改善。另一种表述具有同样含义,社会资源的配置达到不能再使一个社会成员的福利得以改善,而同时又不使其他任何社会成员的福利受到损失,这一状态就属于"帕雷托最优境界"。就是说,在"帕雷托最优化"情况下,任何帕雷托改善(Pareto Improvement)都不再可能反映市场经济过程处于其最佳效率状态。

经济学理论在一系列假设条件下[①],论证了"帕雷托最优境界"的三个基本特征:

(1)生产效率,两种产品的边际技术转换率等于该两种产品的边际成本之比,即 $MRT_{X,Y} = MC_X/MC_Y = P_X/P_Y$。

[①]　论证"帕雷托最优境界"的主要假设条件是:(1)经济社会全部资源为既定,并且只生产两种私人产品——X 和 Y;(2)该经济社会只有两个成员——A 和 B,他们对 X、Y 的消费有着不同的偏好;(3)通行自由竞争、自愿交易原则的市场经济。

(2)交换效率,社会成员消费两种产品的边际替代率相等,并等于两种产品的价格之比,即 $MRS_{X,Y}^A = MRS_{X,Y}^B = P_X / P_Y$。

(3)混合效率,生产两种产品的边际技术转换率要等于社会成员消费两种产品的边际替代率,即 $MRT_{X,Y} = MRS_{X,Y}^A = MRS_{X,Y}^B$。

就是说,只有当该经济社会进入 $MRT_{X,Y} = MRS_{X,Y}^A = MRS_{X,Y}^B$ 状态时,其生产与消费也便达到了一般均衡状态,此时经济社会中生产与消费格局决定的资源配置达到了帕雷托最优化状态,即不仅社会经济资源做到了充分利用,而且每个社会成员的个人福利也实现了最大化。换言之,经济社会处于帕雷托最优化状态,意味着该经济社会中的生产者与消费者能够从经济交易中得到的所有收益都已经得到,无法再进一步作互利的交易,或者没有可能继续做出使所有交易各方境况变得更好的交易。

二、公共产品最优供给理论

可以借助上述微观经济学理论,建立公共产品最优供给标准——公共产品最优供给理论的核心内容。以下分析表明,公共产品最优供给理论也是依据帕雷托有效配置原则展开的。[①] 该理论的基本假设是:(1)经济社会只生产两种产品:公共产品和私人产品——G 和 Y。(2)经济社会可用资源为既定,据此可以确定其生产 G 和 Y 的生产可能性边界。(3)只有两个社会成员——A 和 B,他们同时消费两种产品,但收入水平不同,偏好不同,据此可以找到各自的消费 G 和 Y 的无差异曲线。(4)经济社会对公共产品的需求总量总是等于两个社会成员各自消费的公共产品数量,即 $G_A = G$、$G_B = G$,体现了公共产品的非

---

① 假设社会成员(A. B)在某种共同认可的公共产品消费规模(G_0)上,通过自愿交换原则,将用于提供公共产品以外的所有资源生产出来的私人产品全部消费掉。那么,此种情况是否也属于经济资源配置达到帕雷托最优化状态? 回答是肯定的,而且此时公共产品的供给实际上也处于最优状态。尽管在现实生活中公共产品供给规模不是唯一的,但是,通过理论分析可以得出这样的结论,在社会成员各自收入为既定的条件下,他们同时消费公共产品和私人产品的过程中,能够使各自所获得的效用最大化的公共产品供给规模却是唯一的,市场经济总会自动地使资源配置满足这种要求。

排他性消费特点。(5)经济社会对私人产品的需求总量则总是等于两个社会成员各自消费的私人产品数量之和,即 $Y_A + Y_B = Y$,体现了私人产品的排他性消费特点。

　　根据上述假设,可以把经济社会为生产一个单位公共产品必须放弃的若干单位私人产品,视为公共产品的边际成本;同样,也可以把经济社会为生产一个单位私人产品必须放弃的若干单位公共产品,视为私人产品的边际成本。那么,公共产品与私人产品的边际技术转换率则为: $MRT_{G,Y} = MC_G / MC_Y$。

　　鉴于社会成员在消费同样数量的公共产品之时,未必支付同样的价格,即未必承担相同的税收——体现公共产品的非竞争性消费特点,则社会成员 A 对两类产品消费的边际替代率为 $MRS_{G,Y}^A$ (效用最大化条件为 $MRS_{G,Y}^A = P_G^A / P_Y$),而社会成员 B 对两类产品消费的边际替代率为 $MRS_{G,Y}^B$ (其效用最大化条件为 $MRS_{G,Y}^B = P_G^B / P_Y$)。

　　那么,只有当该经济社会进入这种状态,即 $MRT_{G,Y} = MRS_{G,Y}^A + MRS_{G,Y}^B$ 状态,两类产品供给与消费格局决定的社会资源配置便达到了"帕雷托最优境界"状态,也标志着公共产品处于最优供给状态。应该注意,与纯私人产品情况相比,在公共产品存在的情况下,经济社会资源配置达到帕雷托最优化的条件略有不同,前者为: $MRT_{X,Y} = MRS_{X,Y}^A = MRS_{X,Y}^B$;后者为: $MRT_{G,Y} = MRS_{G,Y}^A + MRS_{G,Y}^B$。

　　不过,这两个帕雷托最优化表达式,在本质上没有区别,所说明的问题也是一样的。它们之所以在表述上有所不同,原因在于:个人从增加的私人产品消费中取得的边际效用可以被充分内在化,可以直接与相应增加的私人产品之边际成本进行比较;而个人从增加的公共产品消费中取得的边际效用存在着差异,只有加总后才能计算出全部社会成员从增加的公共产品消费中取得的总边际效用,才能与相应增加的公共产品之边际成本进行比较。

　　根据 $MRT_{G,Y} = MRS_{G,Y}^A + MRS_{G,Y}^B$,理论上可以确定经济社会特定时期的公共产品最优供给规模及其价格,如图 4—1 所示。首先,通过生产可能性边界计算不同供给规模的公共产品对私人产品的边际技术转换率,它们表示不同供给规模下公共产品的边际成本。绘制公共产品边际成本曲线,作为公共产品的供给曲线 S_G。其次,通过反映既定收入水平的社会成员 A、B 的无差异曲线,分别计算他们消费(不同供给规模)公共产品与私人产品的边际替代率。这些边际替代率表示 A、B 在不同供给规模公共产品消费上获得的边际效用,据此绘制两条边际效用曲线,分别代表 A、B 对公共产品的需求曲线。最后,将 A、B 公共产品需求曲线相加,得到经济社会对公共产品的需求曲线。该需求曲线与公共产品供给曲线相交,找到交点 E。交点 E 对应的纵轴标度表示公共产品的边际成本(价格),其对应的横轴标度表示公共产品最优供给规模 G_0。

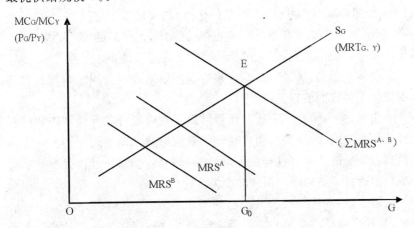

图 4-1 公共产品最优供给规模

公共产品最优供给可以简单表述为:经济社会公共产品的供给应该达到这样的一点,在此点,公共产品与私人产品的边际技术转换率(MRT)恰好等于社会成员对此两类产品消费的边际替代率(MRS)。例如,经济社会为生产 1 单位公共产品须放弃 1/3 单位的私人产品,$MRT_{G,Y}=1/3$,表示为 1 单位的公共产品的边际成本等于 0.33 单位的私人产品。如果此时社会成员愿意用 1 单位私人产品去换 1/2 单位的公共产品,$MRS_{G,Y}=1/2$,单位公共产品的交换率是 2 单位的私人产品。在此种情况下,$MRT_{G,Y} < MRS_{G,Y}$,表明增加公共产品的生产是对社会有利的。由于公共产品的生产成本偏低,而使用价值,即交换价

值,或交换率较高,社会处于公共产品供小于求的状态。

同样道理,如果经济社会最初的公共产品供求状态是:$MRT_{G,Y} >$ $MRS_{G,Y}$,则表示该经济社会的公共产品供大于求,此时减少公共产品的生产与提供,直到恢复 $MRT_{G,Y} = MRS_{G,Y}$ 状态,这对社会来说是有利的。例如,假定单位公共产品的边际成本与单位私人产品的边际成本相同,均为 10 元,即 $MRT_{G,Y}=1$;而在社会成员 A,$MRS_{G,Y}=2/5$,表示他愿意放弃 10 元的公共产品得到 4 元的私人产品;在社会成员 B,$MRS_{G,Y}=1/5$,表示他愿意放弃 10 元的公共产品得到 2 元的私人产品。这样 4 元加上 2 元等于 6 元,小于 1 个单位公共产品的提供成本 10 元。那么减少 10 元公共产品的生产,相应增加 10 元私人产品的生产,拿出其中的 6 元产品先来满足 A、B 对私人产品的需求,剩下的 4 元产品平均分给二人,二人的福利实际上是提高的。[①]

公共产品最优供给理论,为政府组织财政收入与规划财政开支活动提供了多方面的理论指导:

第一,进一步论证了政府规划财政开支以履行各种经济职能的合理性标准与有效性标准,明确说明了政府财政活动的目的性——普遍提高和持续改善所有社会成员的社会福利状况,以及经济性——社会福利的改善不能以个人福利的损失为代价。

第二,经济社会对公共产品的需求数量(及其结构)变化,归根到底,是社会成员消费偏好变化所决定的。这种消费偏好变化源于多种因素,有经济的、社会的、文化的、政治的等等。除非政府是无所不知的万能计划者,否则政府不能无视受消费者原则支配的市场选择而自行决定公共产品供给规模(财政开支规模)。

第三,社会成员按照个人从消费公共产品中得到的利益交纳相应的税款是合理的,即政府应该按照"收益原则"制定课税标准。但是,市场经济条件下,如果某些社会成员不能正确地充分显示个人对公共产品的偏好,通常是低估个人对公共产品消费的获利程度,必然导致政府

---

① 同理,如果他们的边际替代率之和大于1,我们也可以增加公共产品的生产来改善他们的福利。

财政活动中出现入不敷出问题,使得公共产品供给实际上难以达到帕雷托有效配置状态。那么,在存在众多"免费搭车者"情况下,政府只能按照公共产品的"影子价格"对公众进行课税。因此,政府还须按照"支付能力原则"制定第二种课税标准。^① 但是,无论按照什么原则对公众课税,政府尽量杜绝"免费搭车者"行为都是必要的。

第四,由于经济社会不能保证每个社会成员都会正确、充分地暴露个人对公共产品的偏好,而政府也不可能完全排除"免费搭车者"行为,因此在现实生活中,根本无法要求政府严格按照公共产品最优供给理论来规划其财政支出。这倒并不是说公共产品最优供给理论只有理论意义而无实践意义,而是说,到目前为止,各国不同时期政府财政支出规模的具体确定,在很大程度上要通过政治过程、公共决策过程才能予以完成,这一事实也无可厚非。动态地看,政府不断合理化财政支出(规模与结构)的过程,是一个错了再试的过程,其参照标准必定是由公共产品最优供给理论确立的。政府只要时时把握好这个标准,其财政活动应该不会发生严重问题,并能够有效地维护市场经济的正常运转。

三、"林达尔均衡"与"克拉克税"

经济社会不能保证每个社会成员都会正确地、充分地显示个人对公共产品的偏好,政府便不能在完全排除"免费搭车者"行为情况下,合理决定公共财政规模。为了解决这一问题,财政理论界一直进行着不懈的努力,也提出过一些解决方案。其中,比较著名的理论解决方案是"林达尔模型"与"克拉克税"。"林达尔模型"与"克拉克税"不仅为公共产品最优供给理论增加了新内容,而且也为政府利用市场交易原则激励公众表达、显示公共产品需求意愿,提供了某种重要启示。

(一)林达尔均衡

瑞典著名经济学家埃里克·罗伯特·林达尔(1891—1960),长期重视对公平税收问题的研究,他利用局部均衡分析方法,建立了提供公共产品以体现社会公平的自愿交换理论。该理论认为,市场通过价格

---

① 关于两种课税原则的详细解释,见本书第七章的有关内容。

机制配置资源的方式同样适用于公共财政领域,即个人通过纳税来"购买"公共产品,就像通过市场价格来选购私人产品一样。在公共财政领域,纳税人就是购买者(消费者),如果消费公共产品,就需要按照从公共产品中获得的预期收益向政府纳税。这既是一种资源交换行为,也符合消费者"满足最大化"以实现均衡的原则。

在林达尔的自愿交换理论中,假定:(1)社会成员之间的收入分配是既定的,而且收入分配状况是"公正的和适当的";(2)"消费者—纳税人"能够表露其对公共产品的真实偏好;(3)因为(1)、(2),则政府为提供公共产品而向每一社会成员课税与他们消费这些公共产品所获取的收益成正比。那么,在这种情况下,政府提供公共产品的过程,实质上可以视为一种特殊的拍卖过程,最终能够实现经济资源在公共部门与私人部门之间的最佳配置。

现在假定社会只有两个成员,A 和 B,政府先将一组税收份额结构提供给 A 和 B,由 A 和 B 分别申报在这一份额结构下他们各自对公共产品需求的偏好水平。如果二人对公共产品需求的偏好水平不一致,政府就要重新设置另外一组税收份额结构,如提高公共产品需求较高者的税收份额以使其需求降低,或者降低公共产品需求较低者的税收份额以使其需求增加;这一过程将一直持续下去,直到双方在某一税收份额结构下——各自不同的税收份额下——偏好相同的公共产品消费水平时为止。此时,公共产品规模达到全体一致同意之点,即实现了公共产品自愿交换的均衡,经济学上称之为"林达尔均衡"。[①]

(二)克拉克税

按照林达尔模型原理确定公共产品提供符合帕雷托效率原则,但在人们不肯真实暴露自己的偏好情况下,公共产品的提供便难以达到理想状态——不是过多就是过少。于是,人们不能充分显示个人偏好成为理想公共决策的最大障碍。因为,在公共领域经济活动中,实际上缺少如同市场经济条件下的那种个人偏好显示机制,况且人们还有"免

---

① 关于"林达尔均衡"更为详细的解释,参见《新帕尔格雷夫经济学大辞典》,第三卷,经济科学出版社,1998 年,217 页。

费搭车"的动机,进一步隐瞒或扭曲了自己对公共产品的消费偏好显示。长期以来,一些经济学家试图找到能够刺激人们在公共经济领域"说真话",或者"诱导人说真话"的机制。在这方面,美国经济学家克拉克设计的"克拉克税"最为著名。

"克拉克税"诱导人们真实偏好显示的机制是:首先,向每个行为人就消费公共产品指派支付费用,C_i,代表每个希望消费公共产品的行为人所必须支付的税收额。其次,要求每个行为人须表明个人在消费公共产品后所获得的效用值 U_i,减去税收支付 C_i 后的净值 S_i。如果各个行为人所显示的净值之和是正数,公共产品就须提供;如果是负数,则不被提供。

上述过程中,要求在行为人中识别出谁为"关键人物",即如果排除他的决策,决策结果将会发生改变的人。如果个人 j 的决策使本来应该提供的公共产品方案被否定,个人 j 为"关键人物",他所要缴纳的"克拉克税"为:

$$H_j = \sum_{i=j} S_i$$

同样,如果个人 j 的决策使原本不应该提供的公共产品改变为可提供的公共产品,个人 j 亦为"关键人物",他所要缴纳的"克拉克税"为:

$$H_j = \sum_{i=j} S_i$$

需要说明的是,这里"关键人物"缴纳的负值税收,并不意味着可以返还给其他行为人,而是缴纳给其政府。事实上,这笔税额进入谁的腰包无关紧要,最重要的是,使这一税收成为一种适当的激励,以便诱导"关键人物"真实地显示偏好。

第二节 财政支出的数量与结构分析

政府经济活动的能力、规模、基本取向以及变化趋势,大体上可以从其财政支出上反映出来,因此,分析政府财政开支的规模、结构及其变化的状况,有助于人们理解不同时期政府财政活动与市场经济发展的一般关系与规律,也有助于人们及时把握政府所推行的财政政策的性质、特点及其对国民经济可能产生的主要影响。

一、关于政府财政支出的总量分析

由于一定时期内的国民经济成果是私人经济活动和政府经济活动共同创造的,所以,通过反映不同经济指标的国民收入账户测定一国政府财政支出的相对规模,或某些重要财政支出项目的相对规模,就能够大体估计出政府的经济活动对国民经济发展的作用程度。这是对政府财政支出进行总量分析的基本意义。

从国民生产总值来观察政府活动的规模。就生产角度看,国民生产总值(GNP)代表经济社会特定时期(通常为一年)内生产出来的,以现价(或不变价)计算的最终产品的货币价值。就支出角度看,国民生产总值则由国内私人消费、国内私人投资、净出口和政府财政开支四个部分组成,也可以视为国民与政府在特定时期(如一年)内对产品与劳务的总支出。如果政府开支所占比重越大,客观上表明政府参与社会经济活动的规模越大。例如,美国联邦政府 2010 财政年度预算中显示,财政支出为 35180 亿美元,该年度联邦政府财政收入为 21050 亿美元,收支相抵后,产生了 14130 亿美元的财政赤字。仅就其财政支出总额看,约占当年国民生产总值的 24.7%。这表示在该国当年被国民消费的 24.7% 左右的产品与劳务不是消费者个人直接支付的,而是通过政府预算支付的。换言之,政府的经济活动为该国提供了大约 1/4 的国民生产总值。

从国民收入来观察政府经济活动的规模。国民收入(NI)反映经济社会特定时期(如一年)内各种要素收入的总和,这些要素收入包括工资、薪金、利润、利息、租金等。各种要素收入形成于私人部门与公共部门,而形成于公共部门的要素收入往往以政府雇员的薪金为主。例如,近年来美国政府支付给其雇员的薪金约占全部国民收入的 15%,说明政府的经济活动解决了相当一部分劳动就业问题。

从个人收入来观察政府活动的规模。从国民收入中减去公司所得税、公司保留利润、社会保险缴款,然后加上政府的转移支付、公司的转移支付以及公债利息,就可以求得个人收入(PI)。不难发现,个人收入中至少有三项得自政府支出:部分劳务收入、大部分转移支付和全部的公债利息。例如,美国政府每年支付给其雇员的个人收入、各类转移支付项目的开支,以及公债利息支付约占全部个人收入的1/3,说明美国人实际收入的1/3是通过政府财政渠道获得的。当然,政府提供的这部分收入的大约50%,又以各种税收的形式返回到政府那里。

从个人可支配收入观察政府活动的规模。从个人收入中减去个人所得税和其他税金,就得到个人可支配收入(PDI)。例如,2005年美国联邦政府各种税收收入约为个人收入的24.6%,说明这部分收入形成了政府预算,由政府代替国民把这部分收入花销掉。

从以上四个方面看,不难理解现代政府在国民经济活动中的地位,以及政府财政活动在经济发展、增加就业、稳定收入水平和公平收入分配等方面所发挥的重要影响作用。

就政府财政支出的国际比较看,不同类型国家财政开支对GNP的比重存在着明显差异,如表4—1所示[①]。不过,表4—1提供的数据也反映了不同类型国家之间在政府财政开支方面的一些相似特征:(1)在不同类型国家之间,收入水平较高的国家,其财政开支比重一般要大于收入水平较低的国家;(2)在同一类型国家之间,其政府财政开支的比重都有随该国国民收入的提高而提高的现象。

表 4-1　不同类型国家政府开支占国民收入总值的比重（%）

不同类型国家	1972 年	1988 年	2005 年
1.(中、印除外的)低收入国家	15.6	24.1	15
2.下中等收入国家	14.9	15.4	
3.中等收入国家	18.5	19.9	
4.上中等收入国家	24.3	30.0	

---

① 应该指出,各国政府支出规模的统计口径不尽相同,也是造成较大差异的重要原因之一。

不同类型国家	1972 年	1988 年	2005 年
5. 高收入国家	23.7	28.9	27
6. OECD 国家	22.3	28.6	27
7. 世界银行成员国平均值	21.9	28.2	27

资料来源:世界银行,《1990 年世界发展报告》,中国财政经济出版社,1990 年,统计表,表 11。

根据表 4－1 的数据,至少可以发现下述事实:一般情况下,尤其是在国家经济发展的早些时期,政府财政开支的增长速度往往快于国民收入(或国民生产总值)的增长速度。换言之,随着国民收入的增长,经济社会用于消费公共产品的开支部分增长得更快。这种现象暗示经济社会中人们的"公共产品需求的收入弹性"大于 1,即有下述关系存在:

$$\mu = [\Delta G/G] / [\Delta I/I]$$

这里:μ 代表公共产品需求的收入弹性;G 代表公共产品的需求量;I 代表国民收入(国民生产总值)。

由于公共产品需求的收入弹性大于 1,导致政府财政开支占国民收入的份额不断扩大,客观上也反映了"国家活动的范围不断扩大"。德国经济学家阿道夫·瓦格纳(Wagner Adolf,1835－1917)首先阐述了这一"经验规律",后被称为"瓦格纳定律"。虽然瓦格纳并没有明确指出应该以政府支出的相对份额,还是应该以政府支出的绝对金额来表示政府活动范围不断扩大,但是后来的有关统计资料表明,在时间序列上,无论相对份额抑或绝对金额均呈逐步提高趋势。尽管至今"瓦格纳定律"仍被视为一种假说,不过截止到 20 世纪 90 年代以前的 100 多年的有关统计数据表明,政府开支增长比国民收入增长得更快的确是一个可观察的事实。[①]当然,20 世纪 80 年代以后,发达国家相继推行了国有企业私有化运动,政府也朝着减少经济干预的方向对其财政收支格局进行了调整,致使此后主要发达国家的政府财政开支占国民生产

---

① 至于造成政府开支增长比国民收入增长更快的主要原因,将在本章第三节进行详细分析。

总值的比重,均出现明显下降趋势(见表4-2)。进入21世纪后,发达国家的财政开支占国民生产总值的比重处于相对稳定的水平。

表 4-2　主要发达国家的政府开支对国民生产总值份额的变动情况（%）

国别	1880 年	1929 年	1960 年	1985 年	1994 年	2007 年
法国	15	19	35	52	47.4	44.38
德国	10	31	32	47	33.6	28.96
日本	11	19	18	33	——	——
瑞典	6	8	31	65	51	
英国	10	24	32	48	42.7	40.37
美国	8	10	28	37	23	21.15

　　资料来源:世界银行,《1988 年世界发展报告》第 44 页,表 2;世界银行,《1996 年世界发展报告》,统计表,表 14;国家统计局网站,2009 年国际统计数据。

二、关于政府财政支出的结构分析

　　整体地考察政府财政开支规模及其变化趋势,主要目的在于了解政府的经济活动对国民经济发展的作用程度或干预程度,即公共经济与私人经济的一般关系。除此之外,人们通常还要考察政府财政开支的结构,以了解政府经济活动的重点及其财政政策的基本取向。另外,通过财政开支结构的国际比较,还能够确定市场经济条件下发展阶段不同的国家,其政府经济活动变化的主要特征与规律。特别是对于推行市场经济制度较晚的国家,或者正在进行市场经济体制改革的国家来说,考察别国政府财政支出结构的变化及现行安排,或许具有重要的借鉴意义。

　　由于考察问题、说明问题的角度不同,政府往往采取不同的方法对其财政支出进行分类。从政府预算管理角度看,不同分类法具有不同的社会经济意义。通用的政府财政支出分类法有:

　　按照支出用途分类,把财政支出划分为国防支出、教育支出、债务支出等等。按支出用途分类的好处是，政府可以把预算开支直接与具体支出项目联系起来，便于协调项目之间的资金供给和资金分配，也便于实行监督管理。

按照政府社会经济职能分类，把财政支出划分为国家安全支出、一般行政管理支出、经济管理支出、社会保障支出等等。这种划分可以比较好地反映政府社会经济活动的全貌，以及政府各种职能间的相对重要性的变化情况，便于按照各种职能变化的要求分配与调整财政资金。

按照使用财政支出的部门分类，把财政支出划分为工业部门支出、农业部门支出、国防部门支出、教育部门支出等等。这种划分方法有助于政府通过财政预算过程来协调各经济部门之间的关系，以便在各经济部门间做好财政资金的调配工作。

按照政府财政支出的经济性质分类，把财政支出划分为公共消费性支出、公共投资性支出等等。这种分类法的优点是，能够比较合理地确定不同类型的财政资金的运用性质，便于政府对它提供的公共产品与劳务进行科学定价。原则上，对于公共消费开支，主要是强调公益性，而对于公共投资开支，则既要强调公益性，也要强调经济性。

按照政府财政支出的流向分类，把财政支出划分为政府采购、转移支付、债务利息等等。这种分类法突出了政府各类开支对经济社会总需求变动的不同影响，便于政府为稳定宏观经济对其财政开支进行有针对性的调整。

虽然各种分类方法都有其理论依据和经济意义，但是在所有的分类法中，按照政府支出用途对财政支出进行分类是最重要，也是最常用的一种，是其他各种分类法的基础。表 4-3 是国际货币基金组织（IMF）使用的两种分类方法。

表 4-3　国际货币基金组织的财政支出分类法

用途分类	经济分类
1.一般公共服务	1.经常性支出
2.国防	(1)商品和服务支出
3.公共秩序和安全	1)工资和薪金
4.教育	2)雇主缴款商品和服务的购买
5.保健	3)其他商品和服务的购买
6.社会保障和福利	(2)利息支付
7.住房和社区生活设施	(3)补贴和其他经常性转移
8.娱乐、文化和宗教事务	1)补贴
9.经济事务和服务	2)对下级政府的转移
燃料和能源	3)对非营利机构和家庭的转移
农林牧渔业	4)国外转移
采矿和矿石资源业、制造业和建	2.资本性支出
筑业	(1)固定资本资产的购置
交通和通信业	(2)存货购买
其他经济事务和服务业	(3)土地和无形资产的购买
10.其他支出	(4)资本转让
	1)国内资本转让
	2)国外资本转让
	3.净贷款

目前世界银行采取的公共财政支出分类法,与表 4－3 中 IMF 的用途分类基本相同。依据世界银行的统计标准,各国政府支出按照用途可以划分为以下几个大类:

国防开支,包括国防部门与其他部门所有用于维持武装部队、武装力量的费用,如购买军需品、军事设备、军事建筑,征兵以及训练费用和对外军事援助项目也属于国家的国防开支。国防开支占政府预算的比例,在各国间有较大的差异。例如,1995 年超过 20％的国家主要有也门共和国(30.3％)、叙利亚(28.2％)、巴基斯坦(27％)、缅甸(22％)、约旦(20.7％)、阿曼(36.5％)、科威特(25.5％)、新加坡(37.4％)、阿联酋(37.1％)等。当年国防开支不足 5％的国家主要有斯里兰卡(2.6％)、立陶宛(1.9％)、巴西(3％)、新西兰(3.6％)、奥地利(3.7％)、芬兰(3.9％)等。各国国防开支的变动,主要与国际或地区政治、军事关系变化有关。与 20 世纪 80 年代相比,90 年代以来伴随东西方冷战关系的结束和地区间紧张关系的缓解,各国政府相继削减国防支出成为普遍现象,其中有些国家还出现了大幅度削减此类开支的情况。例如,和 1980 年相比,1995 年韩国的国防开支占政府总开支的比例从 34.3% 下降到 18.1%,阿曼从 51.2% 下降到 36.5%,而以色列则从 39.8% 下降到 19.4%。但是,21 世纪,伴随国际恐怖主义问题有进一步严重的趋势,一些国家的国防开支相应有所增加。例如,美国的国防开支对政府总开支的比例由 2000 年的 9.4% 上升到 2005 年的 11.6%。总体来说,国防开支大小往往与各国的国情相关,缅甸(2004 年,22.6%)、新加坡(2007 年,27.99%)仍属于较高的比例,而新西兰(2007 年,3.23%)仍处于较低的比例。

教育开支,包括供给、管理、监督和支持学龄前教育、小学、中等学校、大专院校、职业学校、技术学校以及其他培训机构的公共支出也包括教育系统的一般行政管理费用、辅助性服务项目开支,以及从事教育系统的研究活动的经费。在国民教育支出方面,各国之间也存在着较大差异。1993 年国民教育开支占政府开支比重超过 20% 的国家主要有加纳、莱索托、巴拉圭、马来西亚、新加坡等,而不足 5% 的国家主要有印度(2.2%)、巴基斯坦(1.1%)、蒙古(2.7%)、英国(3.3%)、加拿大(2.7%)、美国(2.0%)等。一般特点是,在发展中国家,国民教育开支占政府开支比重通常在 10%—15% 之间变动,20 世纪 90 年代后出现轻微下降的趋势,而该指标在发达国家则显得比较稳定。2007 年,国民教育开支占政府开支比重超过 20% 的国家主要有新加坡(20.82%)、泰国(20.29%)、墨西哥(24.73%)等,这些国家多为发展中国家,而不足 5% 的国家仍以发达国家和有战事的国家为主,有德国(0.59%)、美国(2.39%)、加拿大(2.02%)、巴基斯坦(1.64%)等。

医疗卫生开支,包括医院、医疗中心、牙医中心以及以医疗为主的门诊所的公共支出,国家医疗卫生事业和医疗保险事业的开支,以及用于计划生育方面和预防疾病方面的开支。在发达国家,医疗卫生开支占政府开支比重较高,平均超过 10%,而在美国、德国、法国、英国等则达到 16% 以上;该指标在发展中国家普遍偏低,除极少数国家超过

20％外,大部分国家则在10％以下,而还有少数国家甚至达不到3％。

住房、环境、社会福利开支,主要包括政府提供不同住房、从事建设住房以及住房维修的公共开支,用于社区发展和环境保护的开支,补偿病人和暂时伤残人收入损失的开支,赡养老人、终身残疾者和救济失业者的开支及各类社会福利开支。①这方面公共支出占政府开支的比重,在高收入国家一般达到30％以上,或接近40％,个别国家甚至超过50％(如芬兰和瑞典);在发展中国家普遍偏低,20世纪90年代以来一般不超过15％,个别国家甚至不足5％(如巴基斯坦、印度尼西亚、也门共和国等)。这类开支无论在发达国家,还是在发展中国家都具有几乎相同的特点,随国民收入扩大出现明显上升趋势且带有不同程度的刚性——政府依国民收入下降做反向调节比较困难。

经济活动服务费,主要包括政府管理、支持经济社会的工商活动,改善其运行质量的开支;还包括为促进经济发展、增加就业机会的开支以及补充地方政府财政收入、改变地区间不平衡发展的支出。此外,经济研究、贸易促进、地质勘探和管理特定工业部门的开支也属于经济活动服务费范围。这类开支占政府开支的份额,在发展中国家通常较高,一般高达20％,少数国家达到或者超过30％(如20世纪90年代初的中国、尼泊尔、玻利维亚等);此类开支在发达国家偏低,一般低于10％,少数国家在个别年份有时可达到20％。

其他开支,主要包括一般公共服务开支、债务利息开支和其他未列入以上各项的开支。其中,一般公共服务开支对政府支出的相对比重有长期稳定的趋势,而债务利息开支对政府支出的相对比重则有持续上升的趋势。这种情况与战后各国政府为实现物价稳定、充分就业、经济增长等社会经济目标,长期推行审慎财政政策有直接关系。这种财政政策虽然能够在宏观经济调控中发挥重要作用,但是,它也因此造成财政赤字不断增加,相应的政府内、外债务不断增加,进而政府债务利息持续上升。例如,1992年克林顿上台时,美国累积的财政赤字已经

---

① 医疗、卫生、住房、环境、社会福利开支中最主要的支出项目是社会保障和环境保护支出。

达到 50000 亿美元之多。按照 4％的利率计算,联邦政府每年的利息支付就要高达 2000 亿美元,这部分利息支付超过该国政府财政总支出的 10％。

三、政府支出规模持续扩大的主要原因

近代政府财政活动的规模与范围不断扩大,可以视为随市场经济发展、科学技术进步、制度变迁,以及在一定程度上受新经济理论影响,而导致社会生活更加复杂化的必然结果。马斯格雷夫把造成政府财政支出不断扩大的各种原因,按照不同性质划分为三大因素:经济因素(如生产变化、消费变化等),条件因素(如技术变动、人口变动等)和社会、文化、政治因素(如社会进步、政治体制变更等)。实际上,政府财政收支及其结构变化,就是由这三类因素决定的。以下简要说明造成政府财政开支日趋庞大的一些重要原因。

(一)公共产品与私人产品的互补性

市场经济条件下,虽然私人经济部门生产了大部分消费品与资本品,但是便利这种私人产品生产并使其不断发达的物质基础,则是政府主持提供的公共基础设施。公共基础设施,主要包括公共设施(电力、电信、给水、排水、供气、垃圾处理等)、公共工程(公路、大坝、灌溉等)和公共交通(城市交通、水路、港口、机场等),许多经济学家把政府用于公共基础设施的开支视为经济社会的"社会管理资本"。

1776 年,亚当·斯密发表了他的重要著作《国富论》,该书指出:"一国商业的发达,全赖有良好的道路、桥梁、运河、港湾等等公共工程。"[①]两百多年后,世界银行在其年度报告《1994 年世界发展报告》中,全面深刻地总结了基础设施对经济增长、社会进步的促进作用。"基础设施完备与否有助于决定一国的成功和另一国的失败,无论是在使生产多样化、扩大贸易、解决人口增长问题,还是在减轻贫困及改善环境条件方面,都是如此。良好的基础设施能提高生产率并降低生产成本,

---

① 亚当·斯密:《国民财富的性质和原因的研究》(下卷),商务印书馆,1996 年,第 285 页。

但必须保持足够快的发展速度,以适应经济增长的需要。基础设施与发展之间的确切关系目前尚无定论,但基础设施能力是与经济产出同步增长的,基础设施存量增长 1%,GDP 就会增长 1%,各国都是如此。……已建成基础设施的类型也决定着经济发展能否完全有利于减轻贫困。……基础设施服务有助于穷人也来为环境的持续性做出贡献。"①由此可见,没有足够的公共基础设施,市场经济便无法正常进行;而随着市场经济的发展、壮大,私人产品生产过程也会对公共基础设施的供给提出更多的要求,体现了私人产品与公共产品之间存在着极强的互补性。

鉴于公共基础设施具有广泛的外在利益,属于外在利益密集型的公共产品,客观上就要求政府集中地提供、经营、管理。换言之,在大多数国家,特别是在发展中国家,"政府拥有、经营和资助几乎所有的基础设施,主要原因是其生产特点和涉及到的公共利益据信需要垄断,就是说要由政府提供。因此,基础设施的成败记录主要关系到政府的业绩"②。

正是上述公共产品与私人产品的互补性(也体现了政府与市场的互补性)和作为公共产品主要组成部分的基础设施的垄断供给性,决定了政府财政支出中这部分开支的重要性不断提高,反映在政府财政预算上就是涉及公共投资(公共设施、公共事业等)支出项目的绝对数额不断上升和相对数额(所占比重)的周期上升。就世界银行所做的一项抽样调查的结果看,目前发展中国家政府对基础设施的投资一般占全部公共投资的 40%～60%,占政府财政支出的 20%～30%,占社会总投资的 20%,占 GDP 的 2%～8%。

(二)技术变动提高了公共产品供给的相对重要性

关于技术变动引发公共产品需求扩大,进而增加政府财政支出的现象,早在 200 年前就引起了亚当·斯密的注意。例如,在解释近代文明国家国防开支不断增加的原因时,他指出:"近代,有种种原因使国防

① 世界银行:《1994 年世界发展报告》,中国财政经济出版社,1994 年,第 2～3 页。
② 世界银行:《1994 年世界发展报告》,中国财政经济出版社,1994 年,第 4 页。

费用日益增加。在这方面,事物自然推移的不可避免的结果,又被战争技术上的大革命促进不少,而引起这个大革命的,似乎不过是一个偶然事件,即火药的发明。"①

虽然技术进步往往源于偶然事件,但会导致经济社会在诸多方面发生巨大变化。对此,政府财政活动也不例外。军事技术的变革,导致国防费用的增加;民用技术的变革,也会导致其他类型的公共支出增加。最现实的例子是,汽车的普及增加了经济社会对高等级公路、高速公路的需求,而这种基础设施无疑大部分须由政府提供。同样,航空、航天、电子等高新技术领域的各项突破,提高了对诸如机场、导航、远程通信、空中交通管制等公共产品与劳务的需求,相应增加了政府新的支出项目和开支数额。此外,因技术进步带来的国家经济安全问题、知识产权保护问题,以及难以预料的社会生活影响(如克隆技术可能引发的社会伦理道德"灾难")等,也都要求政府通过制定、执行有关的法律法规进行防范,而提供这些公共劳务就要进一步增加政府的财政支出。所有这些现象明确说明,经济社会的技术进步均会在不同程度上提高外在效益密集型产品,通常是公共产品的相对重要性,成为推动政府开支扩大的主要因素。

技术变动对政府财政开支变动的影响一般具有如下两个特点:一是"不可预见性",在技术不变情况下,政府的财政支出占 GNP 的比率与人均收入之间存在着某种基本稳定的关系。但是"技术变动将导致支出占 GNP 的比率与人均收入之间这种关系的不可预见的偏离"②。二是"不对称性",技术变动既引起经济社会对私人产品需求的增加,也引起对公共产品需求的增加,但是对两类产品需求增加的程度是不一致的。因此,技术变动对政府开支变动的具体情况主要取决于,受技术变动影响而增加的有关需求能以私人生产方式,抑或以政府提供方式来实现的程度。

---

① 亚当·斯密:《国民财富的性质和原因的研究》(下卷),商务印书馆,1996 年,第 271 页。

② 马斯格雷夫:《比较财政分析》,上海人民出版社、上海三联书店,1996 年,第 80 页。

　　当然,政府通过增加有关项目的财政开支,也能够有效地刺激技术进步,进而推动国民经济的产业改造,促进经济增长,以及增加政府的财政收入。此时,技术变动、财政收入与财政支出之间会形成一种有益于社会经济发展的辩证关系。

　　(三)收入增长导致消费结构变化——二类需求不断提高

　　通常情况是,经济社会在人均收入比较低的时候,个人收入在满足衣、食、住、行等基本消费后则所剩无几,其他需求也便无从谈起。但是,随着经济增长和人均收入的提高,个人在满足基本消费后,其剩余收入就会自动地提出“二类需求”——公共教育、公共卫生保健、公共安全、公共娱乐等。这就是反映个人收入与消费结构变化的“恩格尔法则”。随经济增长、收入提高发生的“二类需求”,对增加经济社会的人力资本存量、改善经济增长方式、提高社会成员的集体安全程度等,均具不可低估的意义。此时,经济社会不仅有条件让政府利用更多的剩余产品来满足这些“二类需求”,而且逐渐把提供涉及“二类需求”的公共产品变成政府的一种义务。表现在公共财政领域,就是增加了诸如环境保护、食品药品安全、人力资本投资等方面的公共开支项目,不断扩大范围。

　　至于社会成员的“二类需求”导致政府财政开支扩大是否具有经济合理性,大部分经济学家都给予了肯定的回答。例如,本书第一章关于政府职能的论述中,提到斯密呼吁政府发展国民义务教育的主张,并且论证了这种教育产生的(对劳动者而言的)经济效益和(对经济社会、政府组织而言的)社会效益。同样道理,政府尽量满足国民对于生态保护、公共卫生、公共安全等方面的需求,与满足他们对公共教育的需求一样,具有同等的经济效益和社会效益。

　　(四)随社会进步产生的“福利国家”、“社会保障”要求

　　“对个人福利的社会责任意识的增强,是本世纪政治思想发展的特征,它大大地增加了对转移方案的需求,而承认国家所起的更大作用则减少了为提供公共产品所进行的资源配置上的政治阻力。”[1]因此,在

---

① 马斯格雷夫:《比较财政分析》,上海人民出版社、上海三联书店,1996年,第81页。

不少国家,尤其是在发达国家,政府主持的社会福利保障性支出的增长速度往往超过同期的国民经济增长速度,导致政府财政开支总额增加的同时,也使其中涉及的公共福利支出份额明显扩大。社会福利保障性支出的增长不仅有助于提高国家的人力资本存量,而且在一定程度上有助于改善市场经济条件下形成的社会收入分配不平等、不公平状况。实际上,提高社会公平程度与增加人力资本存量均有利于经济社会的稳定。

不过,值得注意的是,日益庞大的社会保障开支也给各国政府带来沉重的财政负担,使其在解决其他经济问题和维持现行社会保障制度上陷入进退维谷的境地。虽然各国政府也意识到压缩某些福利开支项目是必要的,但考虑到福利刚性作用和福利改革问题的敏感性,政府对现行福利制度的改革表现得极为慎重。当然,在严峻的现实面前,20世纪 80 年代后发达国家政府还是被迫对各自的社会保障制度进行了多次调整与改革。表 4-4 的有关数据说明,20 世纪 90 年代以来,主要发达国家政府财政支出中用于公共教育、公共卫生方面的开支份额有所下降,而具有明显收入分配性质的有关社会保障(福利)开支份额仍有上升的趋势。

表 4-4　主要发达国家具有收入分配性质的财政开支所占政府总支出的比重(%)

年份	教育开支				医疗卫生开支				住房等社会保障和福利开支			
	1980	1993	2004	2007	1980	1993	2004	2007	1980	1993	2004	2007
英国	2.4	3.3	13.2	——	13.5	14.0	16.0	——	30.0	32.5	38.7	
法国	8.6	7.0	11.6	——	14.8	16.1	13.8	——	46.8	45.5	44.9	——
德国	0.9	0.8	8.6	0.59	19.0	16.8	13.0	20.35	49.6	45.9	49.5	54.03
美国	2.6	2.0	17.3	2.39	10.4	17.1	20.5	25.18	37.8	31.7	21.1	29.54
瑞典	10.4	7.3	13.1		2.2	0.4	12.4		51.5	53.5	44.4	
荷兰	13.1	10.2	11.2	——	11.7	13.7	9.7		39.5	41.5	39.7	——

资料来源:世界银行,《1995 年世界发展报告》,统计资料,表 10;http://stats.oecd.org/wbos;国家统计局网站,2009 年国际统计数据。

（五）人口增长及其结构变化对公共产品供给的多样化要求

尽管公共产品具有非排他性消费特征,但任何类型的公共产品都毕竟存在着最大消费满足能力这一技术性限制。更多的人口就意味着对更多的公共设施的需求,对更多的社会福利的要求。所以,即使在人均收入不变、人均公共支出不变的情况下,单纯的人口增长客观上增加了要求政府不断追加财政支出的压力。

人口增长的变化还导致人口结构的变化,不同年龄结构的社会成员对不同类型的公共产品有不同的消费偏好。年轻人要求政府提供较多的公共教育,中年人要求政府提供较多的社会保障,而老年人则要求政府提供较多的退休救济。政府要满足这种多样化公共产品(劳务)需求,就必然会相应增加有关的财政开支项目及其数额。此外,随着科学技术的进步、社会福利水平的提高,人口寿命会不断延长,政府财政支出增加与之呈正相关关系。

第三节　公共支出的经济学分析

通常情况下,政府需要管理庞大规模的财政资金,即使将这些资金分解到各个支出项目上,各项目下的资金数额也会相当可观,少则数百万美元,多则可达数亿,甚至数十亿美元;而政府开支项目之众,总数也有数百、数千,甚至上万。对于纳税人而言,他们都希望了解重大财政开支项目是如何确定的,各类开支项目究竟需要怎样规模的财政资金,以及不同开支项目最终会给国民带来何等的公共福利。因此,在国民的观念中,一个好的政府,必然是对国民的钱高度负责的政府,它不仅要通过财政开支过程努力解决公众问题,而且还要明确说明每笔财政开支的经济合理性。

因此,长期以来,如何制定各类公共支出政策,如何判断重大支出项目的社会经济影响,一直属于公共财政理论的重要研究对象。在这方面,普通经济学的理论、方法以及分析工具都是适用的。本节仅对国防支出进行经济学分析,以此为例,阐释政府如何确定其重大开支项目的基本性质、合理依据、经济作用以及相应的管理方法。

一、国防支出概述

国防支出,是政府用于国防建设和军队建设方面的费用支出。它是国家为保障国民安全所提供的必要公共支出,同时也是政府干预经济和社会发展的重要工具。国防支出,是各国财政支出的一个重要项目,在财政支出中占有重要地位。据瑞典斯德哥尔摩国际和平研究所资料,2003 年,全球有近万亿社会财富流向军事部门,占人类社会当年所创财富(GDP)的 2.7% 以上,全球人均负担军费支出 152 美元。美国 2010 财年军费开支高达 6360 亿美元,超过 2009 年的 6120 亿美元[①]。虽然俄罗斯遭受金融危机的重创,但是其军费开支却持续增加,预计 2010 年将增长 10%。许多发展中国家,国防部门对社会财富的消耗甚至要高于教育、科技、社会福利等方面的投入。

国防产品(劳务)是最典型的纯公共产品,最具非竞争性消费、非排他性消费特点,因此必须由政府提供。各国提供国防产品的主要方式有两种:或是政府生产、政府提供,或是私人生产、政府采购。

世界各国政府每年都要公布本国的国防预算,披露自己的国防支出的规模、结构等信息,藉以说明国家近期的国防政策。另外,一些国际性研究机构,如联合国、国际货币基金组织(IMF)、瑞典斯德哥尔摩国际和平研究所(SIPRI)、伦敦国际战略研究所(IISS)等,为了研究世界军事发展动态,也对世界各主要国家的政府军费支出情况进行评估和测算。由于统计口径不同,各国际研究机构与各国政府公布的有关数据存在一定的差异,不同的国际机构所公布的有关数据也不尽相同。造成统计差异的主要原因是,各国政府在各自预算中往往依据自己的理解或需要,来界定本国的军费支出范围。例如,美国联邦政府预算中的国防支出,就有狭义和广义之分。狭义的军费支出仅指国防部的支出;而广义的军费支出,不仅包括国防部的支出,而且还包括与国防活动有关的其他联邦机构的支出。于是,在 OMB 颁布的联邦预算文件

---

① http://www.chinadaily.com.cn/hqjs/2010−01/28/content_9391784.htm。

中,国防预算类经费安排(代码为 050)分列以下各项:

050:国防预算

051:国防部——军事活动经费(仅为国防部项目)

053:能源部——与国防有关的原子能技术开发经费①

054:其他联邦政府机构——与国防有关的各类项目经费②

一般来说,由于各国对国防支出的定义、范围没有一致的界定标准,各国国防支出的统计均按政府口径进行,其国际可比性较弱;而国际研究机构对国防支出的统计则按照比较规范的学术口径进行,具有较好的国际可比性。不过,后者对国防支出范围的界定,要比政府口径更为宽泛,故其统计的各国军费支出数额,远比各国政府公布的数额要大。

比较各国政府与主要国际研究机构对国防支出范围的界定,可以看出,狭义的国防支出一般不包括以下内容:军储项目、准军事项目、军民混合项目、军事援助项目、军事研究与开发项目,以及各种形式的军事补助金、军人退休金等。

二、国防支出对社会经济的主要影响

关于国防支出对社会经济的影响,历来存在两种对立的观点:一种观点认为,在政府预算规模不变情况下,国防支出越多,可用于其他类型公共投资和消费的财政资源就越少;鉴于国防支出是纯消耗性支出,过多的国防开支不利于经济增长。另一种相反的观点则认为,国防支出直接发挥保障国家安全的作用,可以改善经济增长和发展的环境,产生明显的正外部性;此外,和普通经济需求一样,国防需求也产生乘数效应,直接刺激经济社会总需求的变动。

---

① 此项财政支出,主要用于由能源部管理的属于军用的原子能开发项目,包括核弹头、海军核反应堆的开发研制,核武器的维护与安全保障,按照某些武器控制条约进行的核查系统的开发,军用核材料的生产,军用核废料的处理与再生,以及核武器库存的维护等。

② 设立此项财政支出,主要是为联邦应急管理局管理的民防项目,由征兵事务处管理的征兵、登记及准备工作提供经费。当然,其他政府机构(如海岸警卫队、海事管理局和联邦调查局等)管理的涉及国防事务、活动的经费也包括在内。

其实,国防支出对社会经济产生的正反两方面影响,都不能忽视。就正面影响而言:

第一,国防预算带来巨额的政府采购,包括国防劳动力的采购和国防资本品的采购。通过对国防劳动和资本的有效利用,不仅生成国防最终产品——国家安全保障,而且形成社会总需求重要的组成部分,通过乘数效应直接地、间接地作用于经济增长。例如,美国经济学家萨缪尔森曾经认为,20世纪80年代初,联邦政府的国防开支增长较快,不但帮助美国走出了1981～1982年的经济衰退,而且推动了80年代中期经济景气的形成。

第二,大规模的国防开支,必然产生大规模的军事生产体系,成为增加经济社会劳动就业的一个不可忽视的特殊力量。仍以美国为例,该国有全球最大的军工企业,其产值占全美制造业的30%以上,占全美国工业的17%,总就业人数超过130万人。据美国经济学家、"国防经济学"创始人盖文·肯尼迪分析,在美国每增加10亿美元的军费支出,最终将创造出1.5万至2.5万个就业岗位。

第三,出口需求也是总需求的一个重要组成部分,武器与军火贸易已成为当今全球贸易中最大的项目之一。目前,世界上主要的武器与军火出口国的经济增长因素中,有相当份额应该归因于这些国家较多国防支出的作用。

第四,国防支出会产生多种正的溢出效应。历史上,一些重大的技术创新往往直接源于军事需要,如二战后兴起的核技术、航空航天技术、雷达、卫星网络技术等。军事技术的进步不仅推动了整个国家科技水平的提高,而且扩散到民用部门,一方面促进了非军事生产领域的劳动生产率的持续提高,另一方面还逐渐引发了国家产业结构的调整和优化。

第五,在某些社会环境下,尤其是特殊、紧急情况下,国防开支支持的军事部门还要为民用经济、国民大众提供大量的直接服务。例如,各国属于军事部门的医院、学校、科研机构和设施,往往同时也向广大国民开放;在发生诸如龙卷风、水灾、火灾、地震等自然灾害和海事灾难时,各国政府都会直接动用军事人员和军事设施进行抢险救灾;当然,在国内发生政治骚乱的情况下,为了维持并恢复法律权威、社会秩序等,某些国家政府也不得不利用军队执行一些特殊任务。

上述分析说明,国家经济增长、经济繁荣是不可能在受到外敌入侵威胁,或在不安全的国际争端环境中实现的,因此国防开支、军费支出等,可以视为社会为了获得更为安全、更有活力的经济环境而付出的一种社会成本。尽管目前这种社会成本与社会收益的比较,在量化方面存在着一定的困难,但是适度规模的国防开支通过经济乘数效应、技术溢出效应对国民经济产生的积极影响,确实是其他类型财政支出所不能比拟的。

当然,不适宜的国防支出也给国民经济带来一系列负面影响,主要包括:

第一,国防支出的增加,必然要把更多的经济资源从民用部门转移到军事部门。这种以"大炮"替代"黄油"的资源配置形式,一向被认为既无助于增加民间消费,也无助于扩大民间投资,总体上不利于国民经济的增长。即使仅仅着眼于公共财政领域,情况也是如此。在一定时期内一国的财政资金总是有限的,在预算支出规模一定的前提下,增加国防的预算支出,必然以削减其他支出为代价:如果削减的是教育支出,便会影响国内人力资本的形成与积累,而在当代,人力资本已经成为促进经济增长的最重要因素之一;如果削减的是用于生态安全、环境保护方面的财政支出,随工业化过程产生的污染问题就会迟迟得不到及时、有效的治理,必将危及经济发展的可持续性。

第二,国防支出或是增加国民的税收负担,或是增加政府的赤字压力,甚至两者兼而有之;但是,无论哪种情况,都对经济社会的投资与储蓄产生一定的挤出效应。例如,如果政府通过增税以支付军费开支,则国民、厂商等只能将更少的收入剩余用于各自的储蓄。在社会储蓄减少的情况下,资本供求关系会朝着不利于企业投资的方向发展,经济社会自然会放慢它的增长速度。如果政府通过扩大国债发行以支付军费开支,也会产生同样的结果。

第三,国防支出对不同国家的国际贸易产生不同影响,在一些军火交易并不活跃的工业国,大部分军品是(出口企业、出口产品较为集中的)机械、电子、通信、交通设备等行业提供的,政府对这类产品的过多需求势必缩小这些行业的出口规模,进而导致这些国家的国际贸易,尤其是出口贸易增长缓慢,其平衡国际收支的难度随之加大。而对于多数发展中国家来说,问题更加严重。由于没有自主的武器生产能力,发展中国家要实现自己的军事现代化,最初只能依靠从发达国家进口武器和其他军用物资。大量军用物资的进口,挤占了原本用于进口发展本国经济所需资本品、中间产品的外汇,在放慢国家经济增长速度之时,也损害了其经济增长质量。不仅如此,受经济增长、国际贸易发展缓慢的影响,国家外汇储备紧缺状态不能得到及时缓解,政府平衡国际收支的难度就更大了。

第四,过度的国防支出给社会经济生活带来的其他负面影响还有很多。例如,核武器、生化武器的试验、生产、维护过程中产生的有害辐射、有毒气体等,对生态环境往往造成难以恢复的损害。又如,军事利益集团可能对政府公共政策选择产生重大影响,鼓励国家的过度军事化,以致煽动本国政府对外实行军事干涉、入侵。这些行为在威胁别国安全的同时,还会引发国际军备竞赛,对世界经济产生某种破坏性影响。再如,在很多国家,大量的国防采购往往与国防支出疏于管理现象同时存在,巨额财政资金低效使用,甚至无效使用问题十分严重。这对经济增长、国民公共福利增长而言,无疑是一种阻碍因素。

总而言之,国防支出对经济的最终影响目前尚无定论,它取决于一国各种具体条件的性质。有些经济理论指出,从一国总资源配置的"静态"角度来看,任何支出之间都存在"替代效应",国防支出多花一文钱,其他经济建设就要少花一文钱。而从动态的经济发展角度来看,适度的国防工业发展可能有利于国民经济的整体发展。

三、影响国防支出的主要因素

不同时期,世界各国军费开支的绝对和相对规模差异巨大,国防支出的数量是由多种因素决定的,如世界政治、军事形势,国家的军事战略、方针和政策,经济实力等。因此,它的规模的变化与国际环境和一国的国防战略息息相关,国际环境的紧张与否、国防战略的重大变化,

都会引起国防支出的相应变动,同时它也与一国的经济实力关系密切。具体来说,影响一国国防支出的因素主要有以下几个方面:

第一,国内外政治局势。国防支出主要是用于防御外敌,看似与国内政局并无直接关系。但是,国内政局是否稳定,各民族之间的矛盾、冲突等,同样会影响到国防支出的规模。国内政局不稳、民族矛盾突出的国家,军费开支要相对提高。但相比之下,国际局势对国防支出的影响最为明显。地缘关系紧张的国家,其国防开支规模通常都较高。例如,上个世纪的两伊战争期间,伊拉克政府的战争支出费用占该国GDP 的 64%,而伊朗政府的军费支出也攀升到占 GDP 的 60%以上。再如,在中东国家,在印度、巴基斯坦、朝鲜等国,其国防开支普遍高于世界平均水平;尤其是以色列,政府实际上推行了全民皆兵政策,该国多年来保持着庞大的军费开支,其国防支出在政府预算中的比例常年高居世界之首,在 20 世纪的有些年份曾经高达 40%以上。

第二,经济实力。国防支出是财政通过对国民收入的再分配形成的,因此,国防支出规模首先受国家财政状况的制约。通常情况下,国家财政状况越好,国防支出的规模也就有可能越大。而国家财政的状况,最终又受经济发展水平的制约。经济发展速度越快,效益越高,用于国防支出的资源就可以更多一些。一国的经济实力对该国军费支出有直接的影响,人均 GDP 越高,人均军费支出就越多;反之,则越低。2003 年,15 个较高军费支出国家中,美国人均 GDP 为 3.77 万美元,该国人均军费支出为 1419 美元。人均 GDP 在 2.5 万～3.4 万美元之间的日本、英国、法国、德国、意大利等国,人均军费支出一般处于 320～630 美元之间;而人均 GDP 只有 564 美元的印度、2788 美元的巴西,其人均军费支出分别仅有 12 美元和 51 美元。

第三,国防战略。一国奉行的国防战略在很大程度上影响国防经费。例如,20 世纪 80 年代里根政府时期,美国政府执行了"星球大战"计划,试图取得对苏联的战略优势,由此导致美国军费开支大幅上升。再如,冷战结束后,借助于有利的国际环境,美国加快谋求世界霸权,尤其是在 2001 年"9·11 事件"发生后,发动了阿富汗、伊拉克战争,导致该国军费开支急剧增加。为了体现布什政府"9·11"后的新国防战略思想,美国 2005 财年的国防预算创纪录地达到 5055 亿美元,预算支出重点也放在支持美军的全球反恐、提高军人生活质量和推进新军事变革等方面。

第四,影响各国国防开支规模的还有许多其他因素。例如,国防经费的使用效率,在国家国防目标已定的情况下,经费使用的效率越高,国防支出的规模就可以越小;反之,国防支出的规模必然较大。再如,地域因素也对国防支出产生较大影响,一般来说,一国地域越是广阔,所动用的军事、后勤人员、各种装备资源就越多,国家用于保卫疆土的防护性开支也就越多;反之,情况则会相反。

四、国防支出合理规模的确定

如何实现国防资源的有效配置,即如何确定其合理规模,是各国政府预算所要考虑的重要问题。如果单纯从国防角度看,可能就会得出军费开支越多越好的结论,因为充足的军费开支有助于提高国家的威慑和防御能力。但是,政府提供用于国防的公共产品也必须考虑资源的配置效率、使用效率等问题,即也要在成本一收益比较基础上确定国家国防支出(国防投入)的规模。

按照经济学原理,某种产品生产的有效规模应该是该产品在其边际成本等于边际收益时的产出规模。那么,根据此原理,政府可以依据图 4-2 所示的 G_0 点,大致确定本国国防生产的有效供给规模。

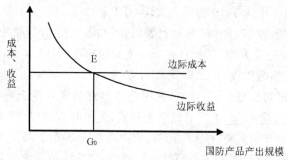

图 4-2　国防产品最优产出规模的确定

　　尽管人们可以通过边际分析方法,理论上确定国防支出的合理规模,但在一国经济资源总量为既定的情况下,用于国防建设的社会资源越多,用于其他非国防方面的社会投资及国民消费的财富就相对越少。因此,经济社会还需就"大炮"与"黄油"的生产做出理性选择,如图4-3所示。该图中,生产可能性边界表示可供经济社会选择利用的资源规模分别生产两种产品的各种组合情况。沿这一边界,如果经济社会选择生产更多的民品(黄油),从A点到E点,则军品(大炮)的供给就将相应减少;反之,结果亦相反。该图中,社会无差异曲线正好与社会生产可能性边界相切于E点,表示该国在现有资源约束下确定的军品与民品的现实组合。

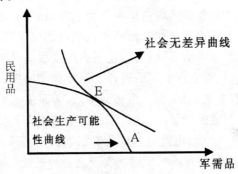

图 4-3　国防支出的合理规模

　　这种军品、民品生产之间的选择、权衡分析,虽然有利于政府决策时兼顾两者的需要,但是这种分析仍然无法回答国防支出本身的合理规模问题,即上述组合中对应的国防产出规模是否符合国家利益的问题。后来,大约形成于20世纪60年代初的"国防经济学"对解释此问题作了一定的研究。根据"国防经济学"的观点,假设国防建设的目的就是保卫自己的国家不受外部社会的侵犯。那么,敌对国家,或可能的敌对国家位于何方? 其可能动员的军事力量有多大? 有效遏制敌对国家侵犯行为所需的军事力量为何? 如此等等都可以相对准确地进行估计,并且可以量化为若干指标,据此确定政府预算中国防支出的份额、总额等。具体来说,政府的国防预算首先要大体确定本国所需的军事力量规模,在此基础上制定各类涉及国防、军事活动的开支项目;其次,为各个开支项目制定一些可以相互替代的实施方案;再次,对各个实施方案进行成本－收益分析,以便选定成本最低而收益最大的方案;最后,根据被选定的方案所需资金要求,编制国家的国防支出预算。这种预算编制方法被称为"设计－规划－预算制度"。[①]

与其他财政支出项目相比,国防支出不仅在国家财政活动中具有特殊性质,占有特殊地位,而且其开支规模通常也较大。因此,世界各国政府都十分重视对本国国防支出的预算管理改革工作,目的在于不断改善这类财政资金的使用效率。经验说明,科学地编制国家军费预算,政府必须遵守的基本原则是"经济可承受能力原则"。具体而言,预算中的国防支出规模必须服从国家财力制约,而后者则取决于一定时期的国民经济发展水平。如果国防支出规模超出国民经济的承受力,不仅不能实现军事经济目标,而且还会直接削弱国民经济建设的物质基础,最终将从根本上影响国防建设。即使像美国那样经济实力雄厚的国家,在军费开支方面,也一再强调"经济可承受能力原则"。例如,近年来该国在制定国防预算方面,一方面压缩军事人员和军工生产规模,另一方面则广泛利用民间力量从事军事服务、后勤保障工作,努力使国家军事力量保持在可维护国家安全利益的最低水平上。

五、国防支出规模的国际比较

衡量一国国防开支规模的统计指标,主要有绝对指标和相对指标:前者如"年度军费支出总额"和"年度国防支出增长率"等指标,用以考察一国军费总量的变动及其趋势;后者如"年度国防开支占国家财政开支的比重",(如表4－5所示)、"年度国防开支占GDP的比重"以及"人均国防支出额"等指标,用以考察一国的防务负担和该国居民的平均国

---

① 简称"设－规－算"预算方法,即通过确定政府开支目标,寻找可供替代的开支方案,最后确定最佳资金用途的预算组织形式。这种预算方法源于美国,1961年美国国防部首先采用。这一预算组织形式在编制美国国防预算时,获得了节约预算支出的显著效果。此后,联邦政府的其他部门也曾积极推行过这一预算方式。

防负担等状况。一般来说,综合使用这些指标,能够大体分析一国国防支出的基本情况。

表 4-5 2006~2008 年部分国家的国防支出(军费支出)
占中央政府财政支出的百分比(%)

国别	2006 年	2007 年	2008 年
阿富汗	8.7	9.0	9.7
奥地利	2.1	2.4	2.2
巴西	5.4	6.0	5.9
印度	16.6	15.4	15.2
以色列	18.4	20.2	19.7
巴基斯坦	24.7	21.8	17.6
俄国	18.4	15.0	16.4
泰国	6.9	7.4	8.3
英国	5.9	5.9	5.7
美国	18.8	18.6	18.4
法国	5.3	5.7	——
德国	4.3	4.4	——

资料来源:世界银行官方网站, http://data. worldbank. org/indicator/MS. MIL. XPND. ZS。

上个世纪冷战时期,为了争夺世界霸权,以美国、苏联为首的两大军事集团内的所有国家都承担了较高的防务负担。美国国防负担(年度国防开支占 GDP 的比重)长期超过 5%;而苏联由于经济实力长期低于美国,须消耗更多的资源用于军事竞争,其防务负担更是高达 13%。可以说,苏联的这种高额防务负担是最终导致其经济崩溃,以致国家解体的一个重要原因。

有关理论分析表明,在相对和平期间,国家的国防负担(年度国防开支占 GDP 的比重)控制在 2%~3% 之间,较为合适。事实上,冷战结束后,世界各国都程度不等地降低本国的防务负担,使军费支出逐渐控制在本国经济实力所能承受的范围之内。至 21 世纪初,就国防负担(年度国防开支占 GDP 的比重)变化情况看,各国的国防支出在本国经济实力所能承受的范围内,处于较为稳定的水平。

至于世界军费支出的增长变动情况,在战后 50 年里,则明显表现为随世界政治格局和经济形势的变化,在各个时期呈现不同特点。20
世纪 50 年代和 60 年代,由于战后两大国际阵营的军备竞赛,军费支出
明显增长,50 年代的年均增长率为 5.97%,60 年代为 5.52%。20 世
纪 70 年代,随着国际局势趋向缓和,世界军费的增长步伐也开始放慢,
在 1970~1978 年的 8 年间,总增长率仅有 11.16%,年均增长 1.33%。
20 世纪 80 年代后期,受当时美国总统里根冷战思想的影响,世界军费
支出再度攀升,并于 1987 年达到战后峰值(按 1995 年汇率和不变价格
计)13600 亿美元。冷战结束后,世界军费出现二战后的第一次下降,
从 1987 年至 1990 年,世界军费支出年均下降 2.34%,而在整个 90 年
代,全球军费更是以年均 3.04%的速度下降,到 2000 年世界军费支出
总额已经降至 7980 亿美元。

　　进入 21 世纪后,由于新军事革命的蔓延和深化、地区冲突的增多
以及"9·11"后国际反恐战争的扩大,各国军备竞赛又出现了新一轮回
升,世界军费高速增长,创战后以来的最快增长速度。2002~2003 年
的世界军费增长速度超过 6.5%,达到"疯狂"的地步。根据斯德哥尔
摩国际和平研究所(SIPRI)的研究资料,1996 年全球军事开支总额为
6000 亿美元,到 2001 年增加到 8700 亿美元,2003 年增至 9560 亿美
元,占人类社会当年所创财富(GDP)的 2.7%,全球人均负担军费支出
152 美元。2005 年全球军事开支达 11180 亿美元,经通胀率、汇率调整
后,比 2004 年的 1.035 万亿美元增长了 3.4%,相当于世界 GDP 总额
的 2.5%,其中,美国的军费开支占到近一半。

　　在研究世界军事开支规模、增长变化特点时,必须着重关注几个军
备大国的情况。例如,全球军费开支最高的 15 个国家,它们的军费开
支总额占全球总额的 84%。美国名列第一,该国军费开支在 2001 财
年为 3348 亿美元,到 2005 财年暴增到 5055 亿美元,5 年间增长了
51%。该国军费开支虽然仅占其 GDP 的 3.9%,但是其绝对规模之大
则几乎占全球军事开支的一半,超过了排在其之后的 32 个国家军事支
出的总和。再如,俄罗斯的军费支出也连续多年保持巨幅增长,2003
年比 2002 年增长 24.1%,2004 年比 2003 年增长 26.5%,2005 年比
2004 年增长 27.5%。从 2000 年至今,俄罗斯的军费翻了两番还多,从

2000 年的 1109 亿卢布增长到 2005 年的 5280 亿卢布,2005 年俄罗斯军费支出占其 GDP 的比重达到了 2.8%。

第四章练习题

一、判断以下各陈述的正误

1. 财政支出,是指政府为履行其经济职能,对其从私人部门集中起来的以货币形式表示的经济资源的支配和运用。在财政预算上,支出是指政府各部门可以支配的预算金额,即政府可以支配的总钱数。(　　)

2. 与财政支出(Fiscal Outlay)有关的另一概念是财政开支(Fiscal Spending),后者指政府各部门在一定时期里实际上花掉的钱。如果 Fiscal Spending 大于 Fiscal Outlay,则政府财政结算上会出现财政盈余;反之,如果 Fiscal Spending 小于 Fiscal Outlay,则政府财政结算上会出现财政赤字。(　　)

3. 政府提供的最适公共产品规模也可以按以下规则来确定:将公共产品提供到这样一点上,在此点社会成员各自的公共产品与私人产品的边际替代率相加后恰好等于(以放弃的私有财来计算的)公共产品的边际成本。(　　)

4. 某甲愿意放弃 $1 公共产品换取 $1/2 的私人产品,而某乙则愿意放弃 $1 公共产品换取 $1/4 私人产品。今设单位私人产品成本为 $1,那么为改善甲、乙的经济福利,经济社会最好不放弃 $1 公共产品。(　　)

5. 如果公共产品需求的收入弹性大于 1,会导致政府财政开支占国民收入的份额不断缩小,客观也上反映了政府在国民经济中的活动范围不断扩大。(　　)

6. 社会福利保障性支出的增长不仅有助于提高国家的人力资本存量,而且在一定程度上有助于改善市场经济条件下形成的社会收入分配不平等、不公平状况。实际上,提高社会公平程度与增加人力资本存

量均有利于经济社会的稳定。(　　)

7.依据世界银行的定义,国防开支包括国防部门与其他部门所有用于维持武装部队、武装力量的费用,如购买军需品、军事设备、军事建筑以及用于征兵和训练的费用。对外军事援助项目,一般不属于国家的国防开支。(　　)

8.公共支出按支出的性质可分为国防支出、教育支出、社会保障支出、环境支出等。(　　)

9.国防支出是纯消费性支出,不形成资本。(　　)

10.教育是纯公共产品,只能由政府提供。(　　)

二、选择题(从以下各题所给答案中挑选出所有被认为是正确的答案)

1.一般来说,个人收入中至少有三项得自于政府支出:(　　)。

A.个人劳务收入的一部分　　B.大部分转移支付

C.几乎全部的租金收入　　D.全部的公债利息收入

2.一般来说,我们可以通过反映不同经济指标的国民收入账户测定一国政府财政支出的相对规模,这些经济指标包括(　　)。

A.个人可支配收入　　B.国民生产总值

C.国民收入　　D.个人收入

E.税收总额

3.如果某国最近5年内政府财政开支增长率平均为9%,而该国最近5年内的GNP增长率平均为5.8%,这种情况表示该国的公共产品需求的收入弹性为(　　)。

A.1.0　　B.1.55

C.2.4　　D.0.95

4.从政府预算管理角度看,不同分类法具有不同的社会经济意义。通用的政府财政支出分类法有(　　)。

A.按照支出用途分类

B.按照政府社会经济职能分类

C.按照开支重要性程度分类

D.按照使用财政支出的部门分类

E.按照政府财政支出的经济性质分类

F. 按照政府财政支出的流向分类

5. 随着经济增长和人均收入的提高,个人在满足基本消费后,其剩余收入就会越来越多地用于"二类需求"。在"二类需求"中通常要求政府财政活动予以满足的项目主要包括( )。

A. 对公共教育的需求

B. 对公共卫生保健的需求

C. 对海外旅游的需求

D. 对公共安全的需求

E. 对公共娱乐的需求

F. 对富于营养的食品的需求

6. 马斯格雷夫认为,可以把造成政府财政支出不断扩大的各种原因按照不同性质划分为( )。实际上,政府财政收支及其结构变化就是这些因素决定的。

A. 经济因素　　　　　　　B. 条件因素

C. 社会、文化、政治因素　　D. 人为因素

E. 政府因素

7. 只有当该经济社会进入( )状态,其公共产品与私人产品的供给与消费才能被视为获得了一般均衡,此时两类产品供给与消费格局决定的资源配置达到了帕雷托最优化状态,也标志着公共产品处于最优供给状态。

A. $RT_{G,Y} = MRSA_{G,Y} = MRSB_{G,Y}$

B. $MRT_{G,Y} = MRSA_{G,Y} + MRSB_{G,Y}$

C. $MRT_{G,Y} + MRSA_{G,Y} = MRSB_{G,Y}$

D. $MRT_{G,Y} = MRSA_{G,Y} - MRSB_{G,Y}$

8. 一国国防支出的规模通常受以下各因素影响( )。

A. 国家的经济实力　　　　B. 国际政治环境

C. 国防战略　　　　　　　D. 国防支出的效率

9. 财政教育开支的范围,不包括以下哪些内容?( )

A. 义务教育　　　　　　　B. 职业教育

C. 高等教育　　　　　　　D. 教育系统的一般行政管理费用

E.家教、假期补习班

10.以下关于国防开支合理规模的说法不正确的是:( )。

A.政府提供用于国防的公共产品也必须考虑资源的配置效率、使用效率等问题,即也要在成本—收益比较基础上确定国家国防支出(国防投入)的规模

B.科学地编制国家军费预算,政府必须遵守的基本原则是"越多越好的原则"

C.经济社会需要就"大炮"与"黄油"的生产做出理性选择

D.国防产品在其边际成本等于边际收益时的产出规模是有效供给规模

三、思考题

1.简要说明市场经济中实现"帕雷托最优化"的基本条件。

2.市场经济中,存在公共产品与不存在公共产品的两种情况相比,其决定"帕雷托最优化"的基本条件有什么不同?

3.公共产品最优供给理论对政府组织财政收入与规划财政开支活动有何指导意义?

4.简要阐释"林达尔均衡"理论。

5.简要阐释"克拉克税"理论。

6.简要阐释"瓦格纳定律"理论。

7.发达国家政府财政开支占国民生产总值的比重至少在20世纪90年代前的100年里呈明显上升趋势,简要说明这主要是何种原因导致的。

8.国防支出对经济社会有哪些主要影响?

9.简述影响国防支出的主要因素。

10.确定国防支出合理规模时,应注意哪些问题?

第五章　公共投资项目评估

在政府财政支出中有许多开支项目具有投资性质,属于公共投资,如修建公共设施、经营公用事业、主持公共工程等。很显然,公共投资项目和私人投资项目一样,不可能不考虑该投资项目的成本与收益的权衡问题,即政府也无力经营许多长久亏损的项目。另外,政府还要发挥国民经济管理者、调节者的作用,履行促进整个社会经济发展的多种重要职能,那么政府管理的公共投资项目就不仅要符合国民的整体利益,而且要在这个基础上,尽量做到最经济地使用财政资源。

至于政府如何实现公共投资项目的收益最大化(或者成本最小化)目标,这要靠一套科学的项目评估方法和经营管理手段来予以保证。本章内容主要涉及诸如港口、码头、道路、桥梁、机场等公共基础设施建设为主的公共投资项目的评估活动,重点研究公共投资项目评估的基本原则、一般方法和需要注意的事项。这些原则、方法等也适用于政府投资兴建或扩建的经营性组织(如国有企业、公用事业等),或者为实现某种政策目标,在国民教育、公共卫生、计划生育等领域实施的投资项目的评估活动。不过,此类公共投资项目往往更多地强调社会收益,因而其评估理论和评估方法就变得更复杂一些。

第一节　公共投资项目评估概述

二战之后,各西方国家相继把"保障就业"作为政府各项活动的最重要的政策目标。为此,政府干预经济的范围进一步扩大,干预能力也进一步加强,而这些都集中反映在政府不断增长的公共投资(公共投资项目)上。事实上,这样做也的确取得了改善经济社会投资环境、带动私人投资、增加劳动就业、提高公共福利水平和稳定宏观经济的效果。与此同时,公共投资计划和公共投资项目增多,也提高了经济社会与政府自身对项目评估工作重要性的认识。政府投资于不同项目、方案,就要对其成本、收益状况进行衡量、比较。为此,与之适应的专门的分析方法逐渐产生,并得到迅速发展,最后形成了系统化的公共投资项目评估方法。这样,公共投资项目评估就逐步成为政府主持的公共投资活动全过程中的一个重要环节,受到社会各界的高度重视。

一、基本概念

"投资就是做出一个决定,把可投用的资源进行特定的配置,并为既定的经济目标,在不同方案中做出选择,以合理使用给定数额的资金。""一个项目就是在给定的时间和地点内,服务于社会或国民经济建设的一个新建或扩建方案。""投资项目是在技术上、经济上和组织上的独立的投资单位。项目评估是为了确定一个项目的价值、质量和可取性所做的研究。"[①]无论对于私人主持的投资项目,抑或对于政府主持的投资项目,以上几个主要概念都是适用的。

由于政府主持的投资项目大多数属于公共投资项目,因此,通常可以把公共投资项目评估定义为,对一个公共投资项目净收益的审定,即按照给定的目标,衡量该项目的利害得失,并与其他可替代方案比较,得出确切的结论。换言之,对政府主持的公共工程投资项目进行评估,是为了按照给定的目标,在对这些政府投资的工程项目组织研究的基础上就其可取性做出判断。公共投资项目评估的主要内容包括:承建某一项目的得失比较,各替代方案的优劣比较,以及对该项目的综合审定。

一般情况下,对公共投资项目进行评估就要研究有关该项目的一系列问题。例如,项目有何种成本、何种收益? 如何衡量各类成本和各

---

① 桑恒康:《投资项目评估》,经济科学出版社,1988年,第1~2页。

类收益的大小？如何对总成本与总收益进行比较并计算净收益？成本由谁负担，收益又归谁所有？该项目与其他可替代项目之间的成本与收益比较（或净收益之比），是否有更好的方案？如此等等，这些都是公共投资项目评估所要研究的关键问题。

二、项目评估的作用与基本步骤

对一个公共投资项目进行评估，主要是为了使该项目科学化、合理化、最优化。具体来说，项目评估工作在公共工程建设中能够发挥以下几种重要作用：

第一，提供必要的项目信息。对于公共投资项目的决策层和参与者来说，为了做出正确的决定，必须对该项目的内部条件、外部条件、项目设计的合理性以及可能产生的各种后果与影响等，有一个全面而清晰的认识。按照特定程序、方法进行的项目评估工作可以有效地提供这些信息，成为项目决策者据以做出正确判断、结论的基本依据。

第二，对落实项目的各种方案进行择优汰劣。一般而言，为了实现某一社会经济目标，人们通常可以在多种项目中进行选择以寻求最优者；同样，为了落实某一确定的公共投资项目，人们也可以在多种实现方案中进行选择以寻求最优者。由于这些项目或方案的净收益可能并不相同，需要通过评估程序将可供选择的项目、方案排序，按照成本最小化、收益最大化原则择优汰劣，最后确定最优项目或方案。

第三，评定项目的财务赢利性。在当代市场经济中，任何一个项目在经济上都应当有所赢利，政府主持的公共投资项目也是如此。除非在非经济方面可以做有力补偿，否则一个长期亏损的公共投资项目将无法被接受；即使非赢利项目有非经济利得予以补偿，也应该尽量降低此类项目的亏损程度。所以，可以说任何项目都有必要按照财务赢利性标准进行检验。

第四，合理分配、使用各种资源。项目评估是在市场经济条件下，通过赢利性分析方法，最终把经济社会稀缺性资源配置到相对获利最高的经济活动方面。作为社会整体利益的代表，政府必须更加注重公共投资项目给国民带来的经济收益和社会收益，更为重视这些项目的扩展效应和外部经济效应。所以,项目评估有助于政府在主持公共工程建设时,既强调项目自身的经济赢利性,也充分考虑项目安排对社会经济资源有效配置的影响,以便兼顾二者取得最佳效果。

一般情况下,公共投资项目评估是在商业、财政、经济和福利分配四个水平上进行的。商业评估重点考察以货币表示的项目的赢利性,而财政评估则从政府财政预算角度出发,分析项目对国家财政收支状况的影响。经济评估主要考虑项目对经济社会的生产和消费产生的总体影响,而福利分配评估则注重估计项目在不同社会阶层、不同地区和时间上的社会福利分配效应。商业和财政评价属于微观经济研究范畴,其余二者则属于宏观经济研究范畴。

上述四个层面的评估构成公共投资项目评估的基本步骤。公共投资项目评估一般从微观评估开始,强调其商业潜力;然后,从国家角度考虑,分析项目的财政影响;第三步,则集中考察项目对社会生产和资源利用的影响;第四步,主要分析项目对社会福利分配的影响。这四个步骤相辅相成,组成政府公共投资项目综合评估的全过程。

第二节　项目评估中的成本与收益

本节阐释的常规的项目评估方法,即"成本-效益分析法",最初主要用于私人投资项目的评估,后来被引入政府主持的公共投资活动领域。无论对于私人投资,还是对于公共投资,"从一种意义上说,项目评估就是以资金平衡表的形式,总计项目的成本和收益,旨在决定项目的净值"[①]。具体来说,就是通过计算、比较某一投资(支出)项目可能发生的成本与收益,进而决定此项目是否具有经济合理性,这是项目评估工作的主要内容和基本目标。

一般情况下,项目评估强调利用所有可得的信息和技巧,对该项目进行定性和定量的整体评估。但是,和私人项目的评估活动相比,公共

[①]　桑恒康:《投资项目评估》,经济科学出版社,1988年,第34页。

项目的评估工作更为复杂,这是因为就一个公共投资项目而言,对它的评估就不能仅仅限于可以计算的、财务和会计意义上的成本与收益,而且必须包括该项目在宏观层面与微观层面上所产生的各类收益与各类成本,即还要识别、判断、界定它可能给国民带来的社会收益、社会成本。而在比较社会收益与社会成本方面,通常还会遇到更多的困难,评估者不仅要按照经济理论的发展及时调整评估理念,而且还要努力寻找新方法,开发新技术,不断提高公共项目评估活动的质量,并降低其成本。

一、成本、收益的国民福利标准

在任何类型的项目评估中,项目的成本和收益必须以有经济意义的标准表示出来。例如,私人投资项目的成本和收益可以通过(反映市场价格变化的)货币单位予以体现。然而,政府主持的公共项目不同于私人项目,前者谋求的是全社会的利益,而不是少数人的私利。因此,如果出现市场价格严重背离社会价值的情况,上述用于私人成本与收益计算的市场价格方法,对于政府主持的公共投资项目来说便不适用。而且在许多场合,社会成本和社会收益也无法直接用市场价格予以表示。为此,在各国实践中,可供公共投资项目评估活动采用的社会福利标准,除了市场标准,即"帕雷托准则"外,又补充了另外两种:一是"希克斯-卡尔多准则",二是"政府标准"。

帕雷托准则,又称国民福利准则,是 19 世纪意大利经济学家 V. 帕雷托提出的资源配置最优准则。按照该准则,一国国民经济发生某种变化,只要做到至少有一人有所得,而同时无任何其他人有所失,便意味着该国国民福利状态获得改进。[①]该准则还有多种表述方式,如现行经济社会的资源安排已经达到了无法再使所有各方的福利境况变得更好的地步,进一步改变资源配置不可能使某一方福利境况变好而又不使另一方福利境况变坏,任何可以从经济交易中能够得到的所有收益都已为交易各方获取以至无法进一步作互利的交易,如此等等,其含义

---

① 上一章解释的公共产品最优供给理论就是在此原则基础上建立的。

都是一样的。作为市场经济条件下的效率概念,该准则在理论表述上无懈可击。但是,该准则在具体运用上则会遇到诸多技术上的困难。特别是在某种经济资源配置方式发生变化,的确使某些社会成员获益,也使某些社会成员受损,但损益不相当的情况下,该原则似乎失去了指导资源配置的意义。

为了弥补帕雷托准则的缺陷,在公共项目评估实践中,政府往往倾向于采用"希克斯-卡尔多准则",亦称"改进的帕雷托准则"。依照此标准,在经济社会资源配置发生变动时,如果受益者的福利受益总量足以弥补受损者的福利受损总量而有余,就可以认为总体的社会福利得到了改善。由于把社会成员的收益总量与受损总量的差额作为评价社会福利水平变化的尺度,而受益、受损程度通常可以以市场商品、劳务价格变化予以表示,这样改进的帕雷托标准就有了市场价格依据。所以,该标准可以比较好地运用于公共投资项目的成本、收益之评估活动。

至于"政府标准"是指政府按照国民经济发展目标的要求,就公共投资项目对经济增长、社会福利、公平分配等方面的影响所提出的项目评估的标准。任何国家政府都要为本国在未来一段时期内的社会经济发展制定一系列政策目标,那么对某个公共投资项目优劣的评估,就可以和相应的政府政策对比,分析其是否有利于当期政策目标的实现。不过,这种评估标准主观随意性较大,也比较粗略,主要被用于经济发展初期的公共投资项目评估活动。

二、成本、收益类型

一个公共投资项目的成本与收益可以按照其基本性质划分为真实成本与收益、货币成本与收益,前者又可以进一步划分为直接成本与收益、间接成本与收益。直接成本与收益和间接成本与收益都可以再划分为有形成本与收益、无形成本与收益。

(一)真实成本与收益、货币成本与收益

公共投资项目的真实成本,是指为了筹建此项目而从社会成员那里以税收形式转移的经济资源,而该项目的总收益则是指社会成员在消费这一公共投资项目提供的公共产品中所得到的全部利益。总收益减去真实成本后的剩余就是该项目给经济生活带来的真实收益,真实收益反映社会福利的净增长。

但是,政府主持的公共投资项目必然对现行社会资源配置状况发生影响,进而导致市场相对价格体系的变动,使得某些社会成员的个人福利增加,同时也使得另外一些社会成员的个人福利下降。前者成为公共投资项目的货币收益,后者则成为该公共投资项目的货币成本。由于一部分社会成员的福利增加是以另一部分社会成员的福利减少为代价的,二者有相互抵消的可能,故货币收益可能并不反映社会福利的净增长。例如,政府通过公共投资建设的公路系统改善了交通状况,增加了人们对私人汽车的需求。对私人汽车需求的增加,使得较多的经济资源转移到汽车及其相关的行业,提高了这些行业工人的个人货币收入水平,等于给这些工人增加了一种货币收益。但是这种资源转移导致其他行业中的资源变得相对稀缺,人们在购买这些资源流失行业生产的产品时就要支付较高的价格,等于给购买者增加了一种货币成本。虽然政府的此公共投资项目增加了汽车等行业的收入,但从整个社会角度看,实际上被其他社会成员的货币成本所抵消。

所以,政府的公共投资项目应该以尽量获得其真实收益为长期目标,而以获得其货币收益为短期目标。虽然货币收益未必代表社会福利的净增加,但是货币收益的取得可以在经济结构调整过程中发挥重要影响作用,对国民经济的发展也有一定的积极意义。

(二)直接成本与收益、间接成本与收益

直接成本与收益是指与公共投资项目开支直接相关的成本与收益,而间接成本与收益则为这一项目所引起的作为"副产品"的成本与收益。

例如,与公共教育有关的公共投资项目明显地改善了国民教育的质量,提高了国民的就业选择能力,进而提高了他们在经济活动中获取更高收入的能力,这些都属于该公共投资项目获得的直接收益;但是国民教育质量的改善也提高了国民的道德水准、法制观念,从而减少了各种犯罪行为,减少了政府用于维持公共治安方面的开支,这些则属于该公共投资项目获得的间接收益。

又如,作为公共投资项目的军事工程开支就是该项目的直接成本,而有些军事工程项目,尤其是化学武器的研制项目,往往给经济社会带来明显的环境污染问题,这些就应该看做该项目的间接成本。可以说,大多数公共投资项目都有间接成本发生。

(三)有形成本与收益、无形成本与收益

凡是可以通过市场价格予以计算的成本、收益都属于有形成本与收益,反之,则属于无形成本与收益。此类成本、收益通常还具有直接、间接的属性,以及长期、短期的属性。所以,在项目评估中就有"直接的有形成本"、"间接的有形成本"、"直接的无形收益"、"间接的无形收益"等更为严格的成本、收益概念。应该指出的是,在项目评估中,无形成本与收益的计算比较困难,往往会渗透评估人员的许多主观的价值判断成分。此外,有些无形成本与收益在短期内也可能不易觉察出来。因此,在分析无形成本、收益时要格外慎重。

例如,一个公共灌溉工程项目的真实成本,可以包括直接有形成本和间接有形成本。前者就是该项目用于管道、施工设备,以及人力投入等方面的各项货币支付。但是如果因为该项目的实施减少了灌区的可耕地面积,那么所发生的间接有形成本就是因此而减少的作物产量(农民收入)。该灌溉项目的真实收益主要有:(1)直接有形收益,如灌溉设施的改善所增加的单位耕地的作物产量以及农民收入的提高;(2)直接的无形收益,如该灌溉项目可能对当地环境产生的美化作用;(3)间接有形收益,如该灌溉项目对当地水土保持产生了积极影响,减少了政府在这方面的有关开支;(4)间接的无形收益,主要表现为生产条件的改善、生态环境的改善,不仅增加了农民的社会福利,而且对稳定当地农业社会起到长期作用。

上述成本、收益类型大体上构成了公共投资项目的成本、收益分析体系,不仅适用于任何类型的公共投资项目的评估活动,而且,严格地讲,也适用于所有政府财政开支项目的经济性评估工作。

三、影子价格

在公共投资项目评估过程中,通常要求尽可能地利用市场价格来量化各种成本与收益。但是在政府主持的公共投资项目上,许多成本和收益实际上没有对应的市场价格,或者有,也是被扭曲的市场价格,无法真正代表项目成本与收益的真实社会价值。为了在成本—收益分析中弥补上述缺陷,人们引入了"影子价格"(Shadow Prices)概念。所谓影子价格,是指在市场交易价格不能充分反映某些产出的真正的边际社会成本时,人们对这些产出的边际社会成本进行重新估算后的再定价。换言之,影子价格是修订了的市场价格,使用影子价格是为了把某些商品和劳务的被扭曲的市场价格转换成它们的真正的社会价值的近似值。不过,市场价格总是影子价格的基础。实践表明,在公共投资项目评估中,影子价格的使用对科学地、准确地分析项目的真实收益、真实成本具有极其重要的意义。

（一）外汇的影子价格

当一个项目直接或间接地影响对外贸易时,在项目评估中就会涉及进口产品的外汇成本(进口成本)计算问题,而在这方面汇率成为关键因素。因为如果使用的汇率不能真实地反映竞争性外汇市场的供求状况,则该项目的外汇成本便不能真实地反映它的社会机会成本,导致整个项目的成本计算也就变得不那么真实可靠。在经济发达国家,其汇率一般由市场供求决定,大多无需调整。但是在大多数发展中国家,外汇市场一般由政府控制,或实行固定汇率制度,或实行外汇管制。只要政府干预外汇市场,官定汇率就难免与自由市场汇率发生偏离,常见的情况是官定汇率造成本币定值过高。因此,在公共项目评估时,官定汇率就须加以修订,使之接近能够真实反映该国外汇机会成本的自由市场汇率。修订后的官定汇率通常被称为该国外汇的影子价格,即"影子汇率"。

（二）影子工资

在大多数国家中,由于社会的、经济的或传统的原因,工人的货币工资常常偏离竞争性劳动市场决定的工资水平,因此不能真实地反映单位劳动之边际产品价值,进而产生了劳动市场供求失衡问题。对于公共投资项目评估活动来说,在劳动市场供求失衡情况下,就不能简单地把公共投资项目中的货币工资支付直接视为该项目的劳动成本,而要通过"影子工资"对此劳动成本进行必要的调整。在以下几种场合,公共工程投资项目计算其劳动成本时通常会使用"影子工资"概念。

第一,假如由于某种原因,政府规定了最低工资标准,并且该最低工资标准高于竞争性劳动市场决定的工资率。于是,劳动市场上就会出现劳动供给大于劳动需求现象,产生一定数量的非自愿性失业。在这种情况下,如果政府主持的一个公共投资项目能够从失业者中雇佣工人,新增就业就是一种社会收益。此外,如果失业者是政府失业救济金接受者,新增就业还会减少政府在这方面的支出,是另一种社会收益。当然,也要考虑到因政府公共投资项目增加的劳动就业,对公共基础设施的需要所引起的额外的社会费用。那么,在存在"非自愿性失业"情况下,公共投资项目的影子工资(真实劳动成本)就应该是,该公共投资项目对劳动投入的工资支付,加上新增劳动就业造成的额外社会费用,再减去新增劳动就业带来的如上所述的那些社会收益。

第二,在经济社会处于充分就业状态时,政府主持的新增公共投资项目就要以较高的工资,从私人经济部门那里吸收一定数量的在业劳动力。这样做就会相应减少私人经济部门中的劳动就业,从而减少私人经济部门的产量,给私人经济部门带来一定程度的经济损失。那么,在"充分就业"情况下,公共投资项目的影子工资(真实劳动成本)就应该是,该公共投资项目对劳动投入的工资支付,加上私人经济部门因劳动力流失而减少的产出的价值。二者之和代表公共投资项目所使用的劳动的真实社会机会成本。

第三,在大多数发展中国家,其广大的农村地区通常存在着大量的、属于"隐蔽性失业"的剩余劳动力。如果从农村地区撤出这些多余的劳动力,不仅不会对农业经济造成任何消极影响,而且还会增加余下的农业劳动力的边际产出。按照美国经济学家阿瑟·刘易斯的看法,此时经济社会雇佣他们的成本只限于其地点迁移费用、所增加的对公用设施的额外需要,以及为帮助他们适应社会环境变化应给予的经济补偿,即不低于现有农业人口的基本生活开支的劳动工资。那么,在存在"隐蔽性失业"的情况下,公共投资项目雇佣农村剩余劳动力的影子工资(真实劳动成本)就应该是,略高于农业人口的最低生活费用的工资支付,加上迁徙费用和对公共基础设施的需要所引起的额外的社会费用。

(三)影子价格的其他应用

公共投资项目评估中,影子价格除了用于修正进口产品成本和劳动成本外,它还被广泛地用于下述一些场合。

政府主持的公共投资项目可能会使用某些垄断厂商生产的产品,由于其价格往往高于自由竞争市场条件下的同种产品价格,因此在项目评估中,应该以同等产量下的社会平均成本作为影子价格对这些垄断产品价格进行必要的修正。其理论依据是:(1)在完全竞争的市场经济中,产品的平均成本是其价格制定的基础。(2)从社会公平角度看,垄断厂商的垄断利润既不是社会成本,也不是社会价值,它只是垄断的产物。

无论在发展中国家,抑或在发达国家,政府通常要对某些产品的生产、销售实行物价管制,其结果是使这些产品(官定)价格偏离了自由竞争条件下的市场均衡价格。理论上讲,只要产品价格存在着人为的上限或下限规定,该产品的社会价值就不能被其(名义)价格完全反映出来。那么,在公共投资项目评估中,为了反映该项目的真实成本,便有必要以产品的自由市场均衡价格作为影子价格,来对实行物价管制的产品的价格(官价)予以调整。

在公共投资项目评估中,需要进行类似价格调整的产品还有政府课税的产品、政府补贴的产品,以及厂商实行加成定价的产品。这些产品的影子价格都可以参照同种产品的自由市场均衡价格予以确定。

四、非商品化物品的定价

在公共投资项目评估实践中,人们发现存在着许多成本和收益无法直接商品化、市场化的事项。因此,只好采取间接量化办法对这些事项的成本、收益进行大体估算。这些事项主要包括公共投资项目对环境的影响、时间价值的确定、生命价值的确定。

（一）公共投资项目对生态环境的影响

任何公共投资项目都会对生态环境产生影响，包括有利影响和不利影响。如果项目的实施改善了人们的生活状况，减少了各种经济活动对环境的破坏，美化了社区等，该项目便对生态环境产生了有利影响；反之，如果项目的实施破坏了自然风光，降低了生态环境质量，危害了人们健康等，则该项目便对生态环境产生了不利影响。虽然人们很难对这些影响所产生的经济福利、经济损失做出准确的定量分析，但是在项目评估中却不能因此而忽视对涉及生态环境影响问题的研究。

目前，在项目评估中对生态环境损害问题的评估原则是：如果无法直接以货币计量方法评估损害程度，也可以通过推理方法、定性分析方法求得符合逻辑的评估，以便确定生态环境损害的性质、程度和范围。

关于公共投资项目的生态环境损害及其影响的评估，较为简单且实用的方法是，通过对福利损失进行补偿来计算环境成本。例如，某些社会成员的福利由于某一公共工程项目对环境产生的有害影响（如空气污染）而下降，就应该对这些社会成员给予相应的货币补偿，以使其福利恢复到原有的水平。这种经济补偿便可以视为该项目的环境成本，即为恢复原先环境质量所必须支付的成本。同样，如果某些社会成员的福利由于某一公共工程项目对环境产生的有利影响（如空气质量改善）而提高，就应该要求这些社会成员做出相应的货币支付，或者考虑对他们额外课税，以使其福利恢复到原有的水平。于是，这种经济补偿则可以视为该公共项目产生的额外的社会收益。总之，这是一种间接的对项目的环境影响进行损益评估的方法，其特点是试图通过货币补偿项目实施后所造成的经济变化后果，以使受到项目影响的社会成员的福利水平保持不变。该法也称补偿变化原则。不难看出，应用补偿变化原则处理投资项目的环境影响以及类似问题，尽管存在着某些不尽如人意之处，但仍不失为一种较好的方法。

（二）时间价值的确定

时间，对任何人而言都是一种资源，对某些人来说甚至是十分宝贵的。政府公共投资项目如果影响到人们对自己时间的分配，就会产生一定的效果,这一效果在项目评估中必须加以考虑。例如,完善的公共交通系统明显地减少了人们出行的时间,而额外节约的时间价值则应该视为政府公共交通项目的一种重要的社会收益。因此,科学的项目评估就要有效解决时间价值计算问题。

通常,可以利用人们的"闲暇－劳动"替代选择来估计时间价值。假定个人可以控制他的工作量(劳动量),他将会工作到这样一个临界点上停止下来。在该点,其闲暇的主观价值评价正好等于他如果再劳动一个小时可能拿到的额外收入,该收入代表单位闲暇的机会成本,即一个小时闲暇的价值。据此,经济学家们常常利用税后小时工资收入表示单位时间的价值。

另一种测定时间价值的办法是比较人们对交通工具的选择。例如,从甲地到乙地,人们可以乘坐汽车,也可以乘坐飞机,汽车速度慢,飞机速度快,但是汽车票价大大低于飞机票价。由于人们在旅行或乘车中所能节约的时间,经常与其选定的交通工具的票价呈正相关关系,据此就可以大体推算出时间节约的货币价值。例如,人们乘坐飞机旅行比乘坐火车旅行节约了 3 个小时,但却为此多支付了 180 美元,那么,据此推算出的时间价值为 60 美元/小时。

(三)生命价值的确定

此外,鉴于商品或劳务在不同时限内对个人、对社会产生的效用也不相等,如果某一公共投资项目影响了某种商品或劳务在使用时间上的分配,同样也必须在项目评估中予以考虑。这种情况的一个最典型的例子就是财务信贷。金融市场上信贷资金的利息计算中,时间是一个基本因素,即贷款资金占用的时间越长,其贷款利息支付就越大。在这方面,如果某一公共投资项目使人们节约了时间,也便意味着该项目的社会收益增加。此种情形下,时间价值就是单位时间内节约的利息费用。

经济学家在进行项目评估时常常需要计算生命的价值,才能估算出政府涉及人身安全的公共投资项目、改善救死扶伤条件的公共投资项目的收益和成本。如果人人都认为生命无价,那么用于这方面的政府支出无论多高也不算过分,进而有关的成本－收益分析也就失去了任何意义。但是,在现实生活中,理性的经济社会从来不会仅仅为了实现一个救死扶伤的目标,而动用其全部经济资源。

估算生命价值的最简单办法,是用个人一生中可以获得的收入的现值作为其个人生命的价值,或用意外死亡造成的对未来个人收入的损失来估算生命价值。厂商通常使用这种办法来对因工死亡人员的家属进行赔偿。例如,某人 30 岁时因工死亡,假定(到他 60 岁退休时)未来 30 年内其所获得的全部收入的现值是 90 万美元,那么赔偿其家属的钱就不应该低于这一数值。这 90 万美元代表了死者 30 年寿命的基本价值。

另一种办法是用死亡概率来衡量生命价值,即用个人对变动的死亡概率所愿意支付的钱来间接衡量个人对生命价值的评价。例如,A 种汽车价格为 6000 美元,B 种汽车价格为 10000 美元,虽然使用 A 车比使用 B 车节约 4000 美元,但是与使用 B 车相比,使用 A 车发生交通事故导致死亡的概率会增加 1%。那么,如果某人为降低 1% 的死亡概率而愿意购买 B 车,客观上就表示他人对其变动的死亡概率 1% 的评价是 4000 美元。据此,人们可以大体估计个人的生命价值。又如,两个同样背景(同年龄、同性别、同学历等)的人,甲和乙。甲从事政府公务员工作,年收入是 30000 美元;乙从事室外高空作业工作,年收入是 55000 美元。假设乙在其所选择的工作岗位上面临的死亡概率比甲高 2%,那么个人乙愿意从事高空作业工作,原因在于较高的工资对此做了相应的补偿。据美国的一项调查表明,某一职业的死亡概率每增加 1%,其工资收入会相应地增加 6700 美元。由此看来,如果政府的公共投资项目开支用于降低社会成员死亡概率所花的钱,小于个人为降低同样的死亡概率所愿意支付的钱,这项开支就应视为收益大于成本。

五、价格变化的福利效应

对于一般私人从事的小型投资项目来说,可以假定该项目投资建成前后,均不会引起其他产品的市场价格变动。但是,对于一些政府主持的、大型的、有重要影响的公共投资项目来说,项目建成前后必会对许多产品的市场价格造成冲击,使市场的相对价格体系发生变化。产品相对价格变化必然直接地、间接地影响到很多社会成员的利益,这就是价格变化的福利效应。因此,公共投资项目引发的价格变化所产生的福利效应,也应该在项目评估中予以考虑,通过特殊处理方法,把这种福利效应计算到项目的成本、收益中去。

由于无法直接计算价格变动引起的福利效应,目前主要是通过衡量“消费者剩余”、“生产者剩余”的变化程度来反映福利效应的变化。

(一)消费者剩余

所谓“消费者剩余”,是指消费者愿意为商品或劳务支付的最高价格与其获得此商品或劳务时实际支付的价格之间的差额。

如图 5-1 所示,某商品价格为 P_1 时,需求量为 Q_1,消费者剩余为三角形 abP_1 面积。假设一个新的公共投资项目建成后引起该种商品的价格下降到 P_2,需求量扩大到 Q_2,则消费者剩余扩大为相当于三角形 acP_2 的面积。那么,新增的消费者剩余相当于 P_1P_2cb 的面积,代表该公共项目引发的价格变化带来了社会福利增加,应该视为该项目的收益。

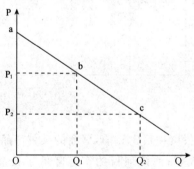

图 5-1　消费者剩余

当然,如果在该项目实施前此种产品价格为 P_2,而在项目实施后上升为 P_1,则消费者剩余会减少相当于 P_1P_2cb 的面积,代表该公共投资项目引发的价格变化带来了社会福利下降,应该视为该项目的成本。

应该注意的是,这里所谓的消费者剩余的变化仅指,公共投资项目造成的某种商品价格变化(而非全部商品价格变化)给消费者带来的福利变动,属于局部均衡分析。

(二)生产者剩余

同样,对于生产者而言,项目引起的价格升、降也会使其剩余发生变化。如图 5-2 所示:在公共投资项目实施前,厂商某种产品的价格为 P_1,生产者剩余相当于 P_1ab 面积;如果该项目的实施增加了社会对此种产品的需求,厂商为此扩大供给(产量从 Q_1 上升到 Q_2),造成该产品价格由原先的 P_1 上涨为 P_2,此时生产者剩余扩大到相当于 P_2ac 面积。产品价格上涨使生产者剩余增加,增加额相当于 P_2ac 面积减去 P_1ab 面积,代表因公共投资项目引发物价变化导致的生产者福利增加,应该视为该项目的收益,计入总收益中。

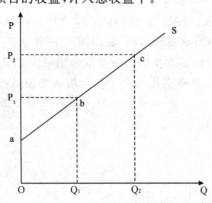

图 5-2 生产者剩余

反之,在公共投资项目实施前,厂商的某种产品价格为 P_2,生产者剩余相当于 P_2ac 面积;而该项目的实施降低了社会对此种产品的需求,厂商为此减少供给(产量从 Q_2 下降到 Q_1),造成该产品价格由原先的 P_2 下降为 P_1,此时生产者剩余减少到相当于 P_1ab 面积。产品价格下降使生产者剩余减少,减少额相当于 P_2ac 面积减去 P_1ab 面积,代表因公共投资项目引发物价变化导致的生产者福利减少,应该视为该项目的成本,计入总成本中。

(三)生产者剩余的扩展

公共投资项目建成前后,不仅会引起产品价格的升、降,从而引起生产者剩余、消费者剩余的变动,而且还会影响到要素价格的变动,引起要素所有者福利的变动。公共投资项目引发要素所有者福利变动的情况类似于生产者剩余的变化,可以沿用生产者剩余分析方法来加以说明。

在公共投资项目引发劳动工资上升时,会提高劳动者的生产者剩余,从而提高其福利水平。反之,如果造成劳动工资下降,也会减少劳动者的生产者剩余,其福利水平自然下降。这些福利变化在项目评估中都要有所反映。

由于土地作为最重要的一种经济资源,在数量上是固定的,所以其供给曲线呈垂直状态,表示供给无弹性。一般情况下,公共投资项目如果增加了对土地的需求,会使经济社会中单位土地面积租金提高,而租金提高增加了土地所有者的生产者剩余。

同样,资本品(包括资金和实物资本)在短时期内供给也是固定的,因此和土地有类似的性质。当公共投资项目实施时增加了对资本品的需求,其价格上升,资本品所有者会获得超额利润,马歇尔称之为"准地租"。"准地租"代表了这部分要素所有者生产者剩余的提高。但是,"准地租"的存在只是短期现象,长期内资本品供给具有弹性,准地租将随时间推移而不复存在。因此,在项目评估中,短期内准地租可以作为一个成本(或收益)因素加以考虑,但在长期,准地租则可以不予考虑。

第三节　成本—收益分析法(CBA)

一般情况下,公共财政预算管理部门要在尽可能准确识别、辨认、界定公共项目的成本与收益基础上,利用本节下面阐释的成本、收益比较原理和一些重要计算方法,对作为研究对象的公共项目之各种投资方案的社会经济合理性、有效性、效率性等问题做出大体判断。然后,预算管理部门还要根据财政支出规模的约束和(第一节阐述过的)公共项目选择的社会福利标准,最后做出合适的预算决策。

本节重点研究被评估项目的成本、收益折现原理,成本、收益比较方法,以及与此有关的折现率选择、风险与不确定因素处理等问题。

一、关于项目成本、收益的现值概念

投资常识告诉人们,单位货币在不同时间,其内在价值并不相同。理性的个人通常认为,现在获得的单位货币(如 1 美元)的价值要大于未来获得的同一单位货币的价值,即在市场上远期货币价值要小于同样数量的现期货币价值。这就是所谓的货币时间价值。但是,考虑到时间价值,如果对未来获得的货币按照时间长短予以一定的利息补偿,那么未来获得的货币就能够与现在获得的货币之间建立一种稳定的等值关系,即

$$S = P(1+r) \qquad\qquad [5-1]$$

这里:S 为本利和(未来获得的货币数量);P 为本金(现在获得的货币数量);r 为利率。

因为 $S = P(1+r)$ 可以改写为:

$$P = S(1+r)^{-1} \qquad\qquad [5-2]$$

运用公式[5-2],人们就可以方便地将不同时期的货币价值转换为其现在价值进行比较。这就是所谓的"折现法"。根据公式[5-2],不难看出,未来收入或收益的"现值"(Present Value),就是个人为换得此项收入权或收益权,而在现在愿意支付的最大现金量。

利用储蓄原理,可以更直观地说明现值概念和折现原理。假设个人 A 把一笔收入￥10000,按照年利率 10%在某银行储蓄 5 年,那么在(单利计算情况下)5 年后他将得到￥15000,即￥10000 · (1+10% · 5)=￥15000。这里,￥10000 被定义为本金(以 P 表示),10%被定义为年利率(以 r 表示),￥15000 被定义为本利和(以 S 表示),其中超过本金的部分￥5000 被定义为存款利息(以 I 表示),储蓄的时间单位为年(以 t 表示)。这样,银行存款的本利和计算公式为:

$$I = P \cdot r \cdot t$$
$$S = P + I$$
$$S = P(1 + r \cdot t)$$

这里,$S = P(1+r \cdot t)$ 可以改写为:

$P=S(1+r \cdot t)^{-1}$

或改写为：$P=\dfrac{S}{(1+r \cdot t)}$

通过储蓄原理，可以发现，对"折现"（discounting）的最通俗的解释，就是按照事先约定的比率（如银行利率）把未来收入的货币价值转换为现期货币收入的价值。于是，这里的"现值"概念等同于前面用标准经济学语言表述的现值概念——人们为换得此项收入权而在现在愿意支付的最大的现金量。

任何投资项目的成本与收益，或者不同投资项目的成本与收益，往往不是在相同时间或期限内发生的，它们各有各自的时间序列。因此，某一投资项目的成本与收益状况、不同投资项目的成本与收益状况之间便无法进行直接对比。但是，人们只要借助上述"折现"技术，把不同时间上发生的成本与不同时间上获得的收益一一转化为对应的现值后，就能够对它们进行比较。于是，"现值"概念、"折现"技术就被广泛地用于私人部门、公共部门的投资项目评估活动。不过，在投资项目评估中，通常采取的是复利计算公式。

在复利计算中，第一年的利息为 $P \cdot r$，本利和为 $P+P \cdot r=P(1+r)$。

第二年的利息为 $(P+P \cdot r) \cdot r=[P(1+r)] \cdot r$，本利和为 $P(1+r)+[P(1+r)] \cdot r=P(1+r)^2$。

依此类推，复利计算公式为：

$S=P(1+r)^t$

那么，在复利计算中，现值计算公式就可以改写为：

$P=\dfrac{S}{(1+r)^t}$

例如，假设某一项目今后第 n 年的成本与收益分别为 C_n、B_n，那么把 C_n、B_n 折成现值（用 PV 表示）的公式是：

$PV_C=C_n/(1+r)^n$

和

$PV_B=B_n/(1+r)^n$

　　在上述成本、收益折现中,原先作为利率的 r 在此便作为折现率(discount rate)使用,其大小客观上反映了社会成员对于货币现在价值的偏好程度,或对货币未来价值的贬低程度。在一般投资项目评估活动中,人们通常采用普通资本市场基础利率作为折现率,计算某一投资活动所发生的"收益现值"和"成本现值"(PV_B、PV_C),给项目评估者提供最基本的有关项目优劣的判断依据。

　　认真观察以上现值公式,就会发现折现率的高低直接影响着未来成本、未来收益的现值:折现率越高,现值就越低;而折现率越低,现值就越高。因此,在折现时,选择合理的折现率对于正确比较项目的成本、收益具有极其重要的意义。一般情况下,最低投资收益率不应低于资本市场的基础利率,所以在无特殊折现率可供使用时,人们往往以现行资本市场利率作为项目评估的折现率。即使使用那些不涉及成本、收益折现的,最简单的项目成本、收益比较方法,资本市场的基础利率也是项目成本、收益评估的最重要的参照指标。

二、成本、收益比较方法与评价指标

　　公共投资项目评估过程中常规使用的成本、收益比较方法主要有净现值法、收益—成本率法和内在收益率法。这些方法为项目评估提供了十分有用的评价指标,后者成为项目决策者据以进行有关方案选择的基本依据。

　　(一)净现值法

　　按照现值原理,首先计算公共投资项目的成本现值与收益现值,然后从收益现值中减去成本现值,求得净现值(NPV)。如果净现值大于零,该公共投资项目就是可取的。如果为实现某一公共投资项目可以选择不同方案,就要计算这些不同方案的净现值,然后进行比较,选出净现值最大的方案,作为项目评估的最优结果。净现值的计算公式为:

$$NPV = \sum_{t=0}^{n} NCF_t / (1 + r)^t$$

　　NCF_t 为该项目各年度净现金值,r 为折现率。例如,某个公共投资项目的寿命期是 10 年,它每年的净收益是 $100 万,假定现行资本市

场利率为 7%,以此作为项目评估的折现率,那么,该公共工程项目的净现值为:

$$NPV = 100/(1+7\%) + 100/(1+7\%)^2 + \cdots + 100/(1+7\%)^{10}$$
$$= \$702.358(万)$$

由于该项目的净现值大于 0,说明该项目至少在经济上是可取的。

上述计算公式也可以表示如下:

$$NPV = \sum_{t=0}^{n} (CIF_t - COF_t)/(1+r)^t$$

CIF_t 为该项目各年度的现金流入值;COF_t 为该项目各年度的现金流出值;r 为折现率。

这里,以各年度的"现金流入值"代表公共投资项目各年度的收益状况,以各年度的"现金流出值"代表公共投资项目各年度的成本状况。

(二)收益-成本率法

收益-成本率法是通过求公共投资项目的收益现值与成本现值的比,即收益-成本率,来确定公共投资项目在经济上是否可取。如果收益-成本率大于 1,表示该项目可以接受;如果收益-成本率小于 1,表示该项目不可以接受。

收益-成本率的计算公式为:

$$B/C = NPV_B/NPV_C$$

这里,B/C 为收益-成本率,NPV_B 为项目的收益现值,NPV_C 为项目的成本现值。

不难发现,收益-成本率是一个无量纲的指标,它可以用来比较不同投资规模的项目的相对优越性。

例如,经过评估了解到,公共项目 A 的成本现值为 100 万美元,收益现值为 200 万美元,公共项目 B 的成本现值为 150 万美元,收益现值为 450 万美元,它们的 B/C 值分别为 2 和 3。比较这两个项目,显然项目 B 在经济收益上优于项目 A。

(三)内在收益率法

内在收益率(Internal Rate of Return,IRR)是指能够使项目的所

有成本的现值等于其所有收益现值的折现率。换言之,是能够使项目的净现值为 0 的折现率。

其数学表达式是:

$$0 = \sum_{t=0}^{n} (CIF_t - COF_t)/(1 + R)^t$$

其中,t = 0,1,2,…,n,R 为内部收益率,CIF$_t$ 和 COF$_t$ 分别是第 t 年的现金流入和流出量。

在项目评估中,只要将各已知的数据代入以上公式,就可以计算出该项目的内在收益率 R。然后,将它和现行的资本市场利率 r 进行比较,如果 R 大于 r,表示该项目的实际收益率大于利率,该项目是可以接受的;如果 R 小于 r,表示该项目的实际收益率小于利率,该项目是不可以接受的。

在项目评估中,当折现率没有给出或无法确定,从而 NPV 无法计算时,内在收益率方法是非常有用的。在这种情况下,项目评估人员可以通过比较内在收益率和市场利率,或者比较内在收益率与给定的投资最低收益率,做出可选与否的基本判断。另外,内在收益率是一个无量纲的纯数字,因而可使不同规模的项目放在一起进行比较。它的不足之处在于计算起来十分麻烦,未知数 R 在解 n 次方程时,会出现 n 个结果,这给项目评估带来一些麻烦。此外,就 IRR 法公式本身看,在解这个高次方程时会产生许多不同的解(n 次方程有 n 个根),而且并不排除负数解。这一事实意味着投资的净收益流处于上下波动状态,也表示同一投资项目的内在收益率不止一个。那么,在评估者选用合适的内在收益率时,实难免于主观判断的影响。所以,在常用的收益、成本比较方法中,内在收益率法是最少使用的一种。

(四)内在收益率法与净现值法的比较

在投资项目评估中运用 IRR 法与 NPV 法,有时会得出不同的结论,所以在选择能够最大化社会福利项目时,究竟是采用哪种方法为好,决策者往往也难以判定。

例如,设有 A、B 两个项目,投资成本分别为 20000 元和 9000 元。项目 A 投资后连续两年的净收入为 11800 元、13240 元,而第三年为 0

收入;项目 B 投资后连续三年的净收入为 1200 元、6000 元和 6000 元。如果按照净现值法计算(假定折现率为 10%),项目 A 的净现值为 1669 元[①],项目 B 的净现值为 1557 元[②]。如果以内在收益率法计算,项目 A 和项目 B 的内在收益率分别为 16.04%、17.88%。[③]如果按照收益－成本率法计算,项目 A 和项目 B 的收益－成本率则分别为:1.08 和 1.17。[④]

从以上计算结果可以看出,若以 IRR 法作为决策的依据,人们应该选择项目 B,因为项目 B 的内在报酬率为 17.88%,大于 A 项目的内在报酬率(16.04%);但若以 NPV 法计算,人们则应该选择项目 A,因为它的净现值大于项目 B 的净现值。

产生这种情况的主要原因在于折现率的选择问题。通过计算,可以得出一个使项目 A 的净现值与项目 B 的净现值相等的折现率,在本例中为 11.53%。就是说,在运用 NPV 法时,如果选择了等于 11.53% 的折现率,对两个项目的评估会得出一致的结论。但如果选择了不等于 11.53% 的折现率,两个项目评估中采用不同方法,就会产生相悖的结果。因此,人们为解决 NPV 法与 IRR 法的矛盾,通常要为 NPV 法寻找一个"通过折现率",即能够使可比项目净收益现值相等的折现率,如本例中的 11.53%。然后,再根据这个被认为是"恰当的折现率",做进一步的投资决策分析。

综上所述,可以为政府主持的公共投资项目决策制定一般原则:

(1)如果某一项目为可接受的,其净现值必须是正值,或其收益－成本率必须大于 1,或其内在收益率必须大于市场利率。

(2)如果有两个以上的项目都是可接受的,那么应该选择其中净

---

①　$[-20000+11800/(1+10\%)+13240/(1+10\%)^2]=1669$。

②　$[-9000+1200/(1+10\%)+6000/(1+10\%)^2+6000/(1+10)^3]=1557$。

③　项目(A),$0=-20000+11800/(1+IRR)+13240/(1+IRR)^2$,IRR(A)=16.04%;项目(B),$0=-9000+1200/(1+IRR)+6000/(1+IRR)^2+6000/(1+IRR)^3$,IRR(B)=17.88%。

④　项目(A),$[11800/(1+10\%)+13240/(1+10\%)^2]/20000=1.08$;项目(B),$[1200/(1+10\%)+6000/(1+10\%)^2+6000/(1+10\%)^3]/9000=1.17$。

现值较大者,或收益—成本率较大者,或内在收益率较大者。

(3) 在公共投资项目评估、决策中,政府既定的财政开支是一个硬约束,即所有投资项目的累计支出额不能超过政府用于公共投资的预算支出额。

三、关于项目评估的折现率选择

对于政府主持的公共投资项目而言,正确判断项目的优劣还与折现率选择有关。西方国家政府对公共投资项目未来成本、收益进行折现时,通常选用两种折现率:私人投资的税前收益率和私人投资的税后收益率。

假定私人投资 1000 美元,年净收益为 160 美元,表示私人税前收益率是 16%。如果政府将这笔钱从私人手中拿来(如发行国债向私人借款)进行公共投资,那么这一投资的收益率也不应该低于私人投资的收益率,否则不如让私人进行投资反而对社会经济更有利。就是说,由于政府的公共投资挤掉了私人投资 1000 美元,减少了社会收益 160 美元,该 160 美元必须视为政府投资的社会机会成本,即政府项目开支的机会成本是 160 美元,或机会成本率为 16%。以此机会成本率作为政府公共投资项目的折现率就是合理的。另一种情况是,如果个人投资 1000 美元,获利 160 美元,在 50% 的个人所得税率的作用下,其中的 80 美元用于交纳政府的税收,于是私人投资的税后投资收益率变为 8%。相比之下,政府用其税收收入进行的公共投资的最低收益率也就不应该低于 8%。由于政府课税使私人消费减少了 80 美元,该 80 美元必须视为政府投资的社会机会成本,或机会成本率为 8%。以此机会成本率作为政府公共投资项目的折现率也是合理的。

这样,在对政府公共投资项目进行评估时,折现率选择的一般规则是:

(1) 如果政府公共投资开支是通过向社会发行公债筹集的,因其挤掉的是私人投资,则公共投资项目评估的适用折现率就应该是私人投资的税前收益率。

(2) 如果政府公共投资开支是利用其税收收入筹集的,因其挤掉的是私人消费,则公共投资项目评估的适用折现率就应该是私人投资的税后收益率。

(3) 鉴于政府公共投资开支往往来源于财政借款和政府税收,所以具体到某一公共投资项目的评估来说,其适用折现率的选择可以是加权平均的私人投资税前、税后收益率。[①]

四、风险与不确定性

从前面的分析中,可以看出,在公共投资项目评估中大多数类型的成本和收益都是根据理论、根据经验估算出来的,这实际上假定了未来发生的成本、收益是确定的,但事实却并非如此。现实生活是一个充满不确定因素或未知因素的随机环境,人们在进行许多选择的时候都要考虑到这些不确定因素或未知因素对预期结果的影响。具体到公共投资项目评估来说,一个项目到底会产生什么样的结果,以及这种结果在未来是如何分布的,评估人员也难有准确判断,这就是公共投资项目所具有的风险和不确定性。因此,在公共投资项目评估过程中还要采取特殊办法分析拟实施项目的风险程度以及不确定性对预期结果的影响。根据著名经济学家弗兰克·内特的区分,公共投资项目所涉及的风险可以分为两种情形:一种是在带有风险情况下,人们了解项目的各种可能结果,尽管各种可能结果在未来时间上的分布是随机的,但人们却能计算出不同结果分布的概率,这是典型意义上的风险。另一种是在带有风险情况下,人们无法计算公共投资项目的各种可能结果的概率分布,即各种结果的概率分布具有相当的不确定性;甚至会出现这样的情况,项目结果本身具有不确定性,只能通过各种明确的假设条件予以推知,进而了解假设条件改变时结果会有多大的程度改变。于是,人们把这种概率难以确定的风险称为"不确定性"。

在公共投资项目评估中,要把各类可能的风险进行量化,以便在不同的项目之间,或在同一项目的不同结果之间进行最优化选择。量化

---

① 例如,当年政府全部公共项目开支中有 25％是发行债券的收入,75％是税收收入,那么加权的私人投资税前、税后收益率是 10％,即 25％×16％＋75％×8％＝10％。

风险,就是将公共投资项目的成本、收益的不同结果用分布的概率折现成确定的结果。

概率分析的主要方法就是计算出结果的期望值和方差。期望值是对有风险的各种可能结果的一个加权平均,反映预期的总体变动趋势。例如,某一公共工程在某年度的收益(经计算确定)分别为 B_1、B_2、B_3、B_4,而对应于 B_1、B_2、B_3、B_4 发生的概率则分别为 P_1、P_2、P_3、P_4,那么就可以求出本年度的收益期望值为

$$E(B) = P_1 B_1 + P_2 B_2 + P_3 B_3 + P_4 B_4 = \sum P_i B_i \left(\sum P_i = 1 \right)$$

上式中,每个可能的结果都以它发生的概率为权数加以折算,该项目该年度的期望值就是加权后的结果之和。人们可以计算出不同项目收益的期望值,然后进行比较。如果计算出来的不同项目的期望值是相同的,或接近的,就要进一步计算不同项目的风险程度,以便对项目的取舍作出选择。"方差"和"标准差"是两个相关但性质有别的用以衡量不同风险程度的统计指标:方差是各种可能结果与期望值之差的平方的加权平均值,标准差是方差的平方根。较大的方差和标准差反映更高的风险和较大收益的离散程度。①

第四节　公共投资项目评估技术的发展

仔细考察,不难发现成本、收益分析法本身存在着这样、那样的不足,但是,尽管如此,对于政府预算支出的绩效管理而言,它仍不失为一种简单实用的技术手段,且至今仍广泛地被用于政府主持的公共投资项目的效益评估活动。不过,近年来,在成本、收益分析法的原理基础

---

① 值得注意的是,概率分布的运用前提是已知收益和成本的随机分布。在某些情况下,这个假定是合理的。但在另外一些情况下,甚至确定概率分布也是困难的,因为在整个项目的生命周期内,有许多不确定性因素会对项目的成本、收益产生影响。考虑到不确定因素的影响,运用敏感度分析方法可能有助于问题的解决。关于敏感度分析方法的原理和使用,读者可参看相关书籍。

上,发达国家政府也在积极探索、开发一些新型的绩效考核、评估技术、工具,以便不断提高效益评估工作的客观性与准确性。

一、常规方法存在的某些缺陷

数十年来,虽然常规的成本、收益分析法作为一种评估技术,在项目评估方面发挥了巨大作用,但是一直存在着实践与逻辑上的某些缺陷。

第一,常规方法采用"影子价格"来解决市场价格偏离社会实际价值的问题,而"影子价格"概念则是在古典经济学完全竞争市场结构理论基础上建立起来的。由于当代社会,无论是发展中国家,还是发达国家,完全竞争的市场结构可以说从未有过,即使是近似于完全竞争的市场也很少见。那么,什么样的价格才能真正反映产品的价值? 什么样的价格才是真正的"影子价格"? 这在实践上始终是一个难以解释清楚的问题。

第二,常规方法按照新古典主义福利经济学原理确定项目的国民福利标准,广泛使用"帕雷托最优准则"、"希克斯一卡尔多准则"。但是,考虑到公共投资项目对个人会产生多种影响,使其福利有得有失,那么在需要对每个人的不同福利影响进行全面衡量的情况下,帕雷托准则可能就难以适用。相比之下,虽然希克斯一卡尔多准则,即修订的帕雷托准则较之有更广泛的适用性,但是试图通过对个人福利的简单加总来说明项目的可取性与否,也缺乏足够的可信性,这是它自身的缺陷。实质上,两个准则都仅仅注意了项目对国民净福利增加的影响,至于项目对国民收入分配是否产生一定的影响,如果产生影响是否需要进行相应的得失补偿,以及如何进行这种补偿等问题则很少论及。

第三,常规的成本、收益分析法运用"消费者剩余"和"生产者剩余"概念,对项目引起的价格变动导致的福利效应进行估算。这样做在理论上是合理的,但在实践上却是行不通的。因为"生产者剩余"、"消费者剩余"如果可以确定的话,那就意味着有关的供给函数、需求函数都是已知的。然而,现实生活中确定这样的函数极其困难。

二、公共投资项目综合评估法

为了克服常规方法存在的缺点,长期以来人们在对常规成本、收益分析法进行改进和扩展的基础上,提出了旨在提高公共投资项目评估质量的"公共项目综合评估法"。鉴于这些评估方法有一定的复杂性,在此仅作简要介绍。

对公共投资项目进行综合评估,是对其广义成本效益的核算,即对工程项目总体绩效的全面评估,而非局限于其实际成本及收益。多种综合评估方法已经广泛应用于公共项目评估的领域,为财政资金的投资效果评价提供了重要依据。定量分析方法和定性分析方法在公共投资项目评估领域都有应用,两者互为补充。[①]

(一)定量类综合评估方法

定量类综合评估方法为项目评估提供了实用、直观的评估过程,通过量化使评估结果更加清晰、确定。现实中,主要应用的定量类综合评估方法有模糊综合评估法、层次分析法、主成分分析法、人工神经网络评估法、DEA 评估法、灰色关联度评估法等。基于模糊综合评估法、层次分析法、主成分分析法等基本综合评估方法,人工神经网络评估法、DEA 评估法、灰色关联度评估法等更为复杂的评估方法逐渐被更多地应用到实践中。

1. 模糊综合评估法

该方法是数学建模思想在国民经济和工农业生产领域的一项应用,以模糊数学为基础,全面合理地考虑影响评估对象的因素,在统一的数学模型下采取计算的形式综合得出评估结果。在公共项目绩效评估实践中,其大体步骤如下:确定评估因素、评估等级;构造评判矩阵和确定权重;进行模糊合成和做出评估[②]。模糊综合评价法已经在高速公路施工工程等公共工程管理方面有所应用,主要用于反映公共工程

---

① 关于各类评估方法的详细介绍和使用方法,请读者参阅其他相关书籍。

② 具体步骤可参见杜栋、庞庆华:《现代综合评价方法与案例精选》,清华大学出版社,2005 年。

的综合绩效管理效果。

模糊综合评估方法能够用于解决公共投资项目评估中不易量化的因素。该方法利用隶属函数作为桥梁,将不确定性(非量化因素)在形式上转化为确定性(量化结果)。模糊综合评估方法的最新发展趋势是将该方法与其他综合评估方法进行综合,形成新的综合评估方法。该方法的不足之处是,由于加入了主观因素,当因素较多时,权重的分配极难确定。对于评估指标间的相关性造成的评估信息重复问题,该方法未能有效解决。

2.层次分析法

层次分析法(AHP-Analytical Hierarchy Process)是面向决策的系统分析方法,是一种将定性与定量有效结合起来的拟定量方法,特别适用于解决社会经济系统中难以完全定量的问题。该方法简便、灵活、实用,已应用于工程项目评估中,尤其在工程评标中应用较多。

该方法也具有一定局限性,即:只能从已知的方案和因素中选优,不能产生新的方案;在专家及研究人员参与的环节,人的主观判断对结果的影响不可忽视。

用层次分析法确定权重在公共工程评估中得到了广泛应用。层次分析法确定各指标权重的过程大致分为以下三个阶段①:

第一步,建立阶梯层次结构,按照评价指标体系的基本关系将评价指标层次化。每一个上层指标包含若干个下一层次的指标。同一层中各指标相互独立,从而形成一个"树状"的层次结构。

第二步,构造两两比较判断矩阵。指标层次结构建立后,上下层次指标间的隶属关系就确定了,通过专家咨询或根据研究人员经验,对同一层次指标进行两两比较,构建出若干个判断矩阵。

第三步,计算各层指标相对权重。可以用和积法计算各指标的权数。

3.主成分分析法

主成分分析法是运用降维的思想,研究如何将多指标转化为较少的综合指标,从而对样本进行综合评估与排序的多元统计综合评估方

---

① 上海财经大学课题组:《公共支出评价》,经济科学出版社,2006年。

法。该方法现已广泛应用于各个领域,在项目评估中也有应用。通过降维,该方法大大简化了指标结构,从而能够更为简便地把握综合绩效信息;该方法中综合因子的权重生成过程与人为因素无关,因此在一定程度上增强了分析结果的客观性。

主成分分析法基本步骤主要包括:构造样本矩阵;对样本矩阵进行指标转换、标准化处理;求样本相关系数矩阵及其特征方程等八个步骤[①]。在该方法的实际应用中,还需进一步解决指标变量多重共线性、如何提取主成分等具体问题。

4. 人工神经网络评估法

人工神经网络评估法是模仿人脑神经进行学习、判断、推理的一种数学方法,运用由多个神经元组成的神经网络来处理具有多个节点和多个输出点的实际问题。该方法的突出优点为可以系统、清晰地处理复杂问题。人工神经网络评估法的使用步骤大致如下:初始化网络及其参数,提供训练模型及训练网络;前向传播过程;反向传播过程[②]。人工神经网络评估法已经初步应用于公共工程建设评估领域,主要有城市投资环境评估、高技术项目投资风险综合评估、企业技术创新能力评估及农业经济预测等。

人工神经网络评估法通过模拟人脑建立神经网络模型,将公共工程评估所需各项指标纳入模型。在工程项目实施过程中,项目端的信息系统会针对不同的指标定期地采集指标数据,从而积累大量的指标监测值。在这些指标监测值的基础上,运用类似于人脑的联想记忆技术,当对神经网络输入外界信号刺激时,该模型将从已储存的信息中自动寻找出与该输入最为匹配的信息结果,因此能够实现动态、全面监测项目运行状况。通过相关技术建立模型之后,只需输入动态信息值即可得出相关评估结果,操作快捷、简便。因此,该方法较为适用于公共投资项目综合评估过程。

---

① 具体步骤可参见秦寿康:《综合评价原理与应用》,电子工业出版社,2003 年。
② 具体步骤可参见杜栋、庞庆华:《现代综合评价方法与案例精选》,清华大学出版社,2005 年。

5. DEA 评估法

数据包络分析（Data Envelopment Analysis，DEA）是一种非参数的客观评价方法。该方法属于运筹学研究领域，主要运用数学规划方法，利用观察到的有效样本数据信息，对具有相同类型的多投入、多产出的决策单元进行生产有效性评估或处理其他多目标决策问题。应用DEA法的一般步骤如下：确定评估目标；建立评估指标体系；收集和整理数据，进行计算；分析评估结果并提出决策建议[①]。

DEA模型中决策单元的投入与产出权重由模型根据最优性原则计算得出，并非由人为因素决定，操作性较强；DEA方法对数据进行无量钢化，不受计量单位的影响，因而更客观。该模型在公共工程建设方案选择、公共支出绩效评估方面已有较多应用。当然，DEA模型需要在满足其适用条件下才能更好地发挥作用，即一致的评估对象、科学的指标体系等。比如，当指标体系构建存在问题时，可能会出现无解或无穷多个解的情况。

6. 灰色关联度评估法

灰色关联度评估法是一种新的多因素分析方法，通过针对信息不完全、不确定的系统所作的因子间的量化和序化，从而实现对系统的评估分析。该分析方法的理论工具是灰色关联度，即对两个因素之间关联性大小的量度，如果两个因素的相对发展态势基本一致，则两者的灰色关联度大；反之，灰色关联度较小。

基本思路为，确定最优样本序列，以此为参考序列，计算各样本序列与该最优样本序列的灰色关联度，通过关联度对项目进行综合评价。灰色关联度综合评估方法的基本计算步骤：确定参考序列；指标值的规范化处理即无量纲化；计算关联系数；计算综合评判结果[②]。

（二）定性类综合评估方法

定性类的综合评估方法同样不可忽视，综合运用定性评估方法和定量评估方法，能够更为全面、准确地把握用于公共投资项目的财政资

---

① 具体步骤可参见秦寿康：《综合评价原理与应用》，电子工业出版社，2003年。
② 杜栋、庞庆华：《现代综合评价方法与案例精选》，清华大学出版社，2005年。

金的使用效率。

1.评分法

设有 M 个评估项目对象系统,N 个评估指标,每个评估指标规定评估的标值可以是分数(百分制或五分制)、序号或评语(如优秀、良好、中等、及格、不及格或是极重要、很重要、重要、一般、不重要),对于第 i 个项目评估对象在第 j 个指标得到的标值(具体分数、序号或评语)为 S_{ij},则评分结果为 $\{S_{ij}\}$,其中 $i=1,2,\cdots,M$,$j=1,2,\cdots,N$。在此基础上可以采用不同形式表示多项目方案的得分结果,从中选取得分最高的项目作为优选项目方案。

2.优序法

按照一定方法将所有项目评估方案的每一个目标(指标)各自排出优劣次序后,计算任一个方案比其他方案优的个数,然后将同一方案在所有的目标中得到优的个数总合起来,称之为优序数,最后看哪个方案的优序数大即选哪个项目方案。

三、美国公共支出项目绩效管理方法

本章关于公共投资项目评估的分析,无非是要说明这样的一个道理:一个好的政府必须对国民的钱负责,即它在预算活动中必须把每个公共开支项目的绩效取得作为核心目标。名义上再好、再值得做的项目,除非它能够证明正在有效地解决公众问题,否则便无继续存在的意义。同样,对于政府预算来说,一个重要任务是证明它负责的重大公共支出项目(包括所有的各国投资项目)是有效的,即政府有义务按照合适的方法检验预算项目的有效性,并按照绩效标准调整预算资金的分配。如果公共支出项目的管理者年复一年地不能以合适的方法对这些项目的绩效进行验证,则公共支出的总体效率也难以改善。

本书第三章以美国联邦政府为例,阐述了该国政府预算活动的主要特点,重点说明了该国加强全政府层面预算管理工作的一些重要做法。但是,全政府层面预算活动的绩效改善程度,归根结底,还是取决于所有政府部门在各自预算活动领域进行的公共支出项目管理的有效性,以及对已经确定的每一单个项目的绩效管理状况。就是说,尽管

（包括公共投资项目在内的）单个公共支出项目的绩效管理与全政府层面预算活动的绩效管理属于两类性质不同的政府活动，但是它们（在实现绩效预算目标过程中）具有辩证统一关系：前者从相对"微观角度"持续改善政府预算活动的经济效率、社会效益；而后者则从相对"宏观角度"为项目管理提供制度保障——项目主管人员要通过严格、系统、透明的方式加强项目有效性选择和绩效管理。

正是出于上述考虑，按照以更加严格、系统、透明的方式加强预算项目绩效管理的要求，2003 年，OMB 提出一种新型的用于公共支出项目绩效评估的工具，即"项目评估分级工具（Program Assessment Rating Tool，简称 PART）"。PART 的运作原理极为简单，主要是通过对某公共支出项目的目标、设计、规划、管理、成效和责任进行全面评估来确定其有效性和有效性程度。

以下简要介绍 PART 的工作原理。PART 是由精心设计的一系列"提问"组成的，设计这些"提问"的目的在于为联邦政府内部确认公共支出项目的绩效等级提供一种一致性方法。PART 的实用性、适用性在很大程度上取决于"提问"设计的合理性，一般情况下，要求所有的"提问"既能反映人们所熟知的概念，也要和现行的业务管理者或项目监察者所使用的项目绩效评估方法不发生矛盾。这些"提问"要求使用者通过"是／否"格式予以标注，并在答案里（对包括任何支持答案成立的有关事实）做简明的评述性解释。对"提问"的回应强调实事求是，它既不能基于印象做出，也不能过于笼统。在何种情况下才能对"提问"回答"是"，即"是"的标准是什么？OMB 对此有明确解释，PART 对项目的绩效评估采取高度事实依据和高期望值方式，不能仅仅满足于考察公共支出项目是否具有合法性这种低标准。不难想象，这使得政府官员对自己管理的公共支出项目的绩效判断说"是"比说"否"更难。

由于影响项目绩效的原因很多，需要多重"提问"才能客观把握项目的实际绩效程度。不过，这些影响因素对项目绩效决定的意义和作用不同，有些是关键的，有些属于较次要的，为此，还要对不同的"问题组"按照其相对重要性赋予不同的权重。这样做，有助于突出重要影响因素在绩效决定上的意义，有助于根据绩效评估提出工作重点调整的方向。

　　选择正确的绩效测定对象是评估政府项目绩效的关键,绩效测定对象的选择不仅要求它能够提供有用的绩效数据,更重要的是要求它能够反映项目的使命——对项目的重要性程度做出敏感的、有价值的判断。据此,对每个受评项目而言,PART 都包括四个组成部分,每个部分又包括若干有针对性的"提问",用来揭示可以用于评估工作的特殊信息。PART 的四个组成部分分别是:(1)项目目标与设计,主要评估项目的设计与目标是否明确,是否经得起推敲;作为一个"问题组",这部分的权重为 20%。(2)战略性规划,主要评估项目执行机构是否对项目的实施制定了合理的年度目标与长期目标;作为一个"问题组",这部分的权重为10%。(3)项目管理,主要是对项目的机构管理水平做出评级,其考核对象包括是否存在着财务疏漏和对项目管理的改善做出何等努力;作为一个"问题组",这部分的权重为 20%。(4)项目效果/会计责任,根据战略性规划和通过其他评估,结合项目目标对项目实施绩效进行评级;作为一个"问题组",这部分的权重最高,达到 50%。

　　因为联邦政府的各类活动是通过不同机制或手段完成的,为了使"提问"尽可能地符合不同类型项目的性质,对项目进行分类是必要的。一般可以划分为 7 类:竞争性上级政府对下级政府的财政补贴项目,上级政府对下级政府的一揽子项目或按照特定公式分配拨付的项目,按照法律或政策规定实施的项目,资本性资产与劳务获得项目,信贷项目,直接由联邦政府完成的项目,以及研究与发展项目。结合项目分类看,PART 的(1)、(2)和(4)的"问题组"一般情况下适用于各类中的大部分受评项目,而(3)则普遍适用于各类的所有项目。

　　表 5-1 例举了 PART 的四个"问题组"的部分提问和对"问题答复"的内容、形式以及同时应该提供的事实资料所做的要求。按照联邦政府管理与预算局的规定,每个季度须对政府各部门、机构主持实施的几乎所有的开支项目的进展情况进行一次常规性评估。在按表中各"问题组"的"提问"顺序依次评估受评项目并分别打分后,对受评项目给出等级并做出综合评价。

　　例如,OMB 在 2003 年公布《2004 财年美国政府预算报告》的同时,也公布了作为该政府预算报告组件之一的题为"绩效与管理评估"的文件。后者向公众提供了 2002 财年对各政府部门的预算项目进行绩效评估的结果。其中,对商务部(以预算项目形式)主管的"经济分析局"(Bureau of Economic Analysis,BEA)的运行绩效进行了一次评估。BEA 属于联邦政府直接拨款的项目,按照表 5-1 的四组"提问"进行考核,分别得到 100 分、86 分、100 分、87 分;再按照规定的加权方式加权,总分达到92.1。该项目的考核等级被定为"绩效良好"项目,即属于高绩效项目。关于绩效考核结果,OMB 对该项目做如下综合评价:经济分析局提供用于公共决策与私人决策的经济统计数据,如国内生产总值(GDP)、个人消费与支出、公司利润等。该局在各方面均有出色表现,达到了包括及时并准确发布 GDP 在内的大部分年度绩效目标要求。具体来说:(1)该局就提高 GDP 与其他经济统计的准确性,确定了新的年度绩效目标。(2)该局有合适的项目管理方法和战略计划,但是,该局的预算要求仍基于各具体工作领域制定,尚未直接与该局的全部产出和长期绩效目标挂钩。(3)该局与其他联邦统计机构保持规范的合作关系以获得高质量的原始数据,并设有独立的咨询机构对该局的统计项目进行评估。关于该局绩效管理活动中存在的不足之处,OMB 认为,尽管"人口调查局"对该局的"产出"提供了关键性的"投入",但这些重要影响在该局的绩效评估中难以明确反映出来。根据上述评估总结,OMB 最后做出对该局增加预算拨款的建议,建议在 2002 财年实际预算规模为 6200 万美元的基础上,于 2003 财年和 2004 财年分别提高到 7300 万美元和 8500 万美元,以不断改善该局经济统计的质量与及时性。

可以肯定地讲,美国联邦政府对其公共支出项目进行绩效考核、评估的这套技术,不仅对各类财政支出活动发挥着动态监控作用,而且能够对单个支出项目与整体支出运行状态进行综合判断。这项管理技术在实施过程中,逐渐形成一种机制,在政府支出活动明显偏离预算目标、绩效目标情况下能够及时产生某种纠正功能。

当然,美国联邦政府对其公共支出项目进行的评估工作中也难免存在某种程度的主观判断成分,对此,没有别的解决办法,只能借助不断完善的技术手段,在具体操作中尽量提升评估工作的客观性与科学性,相应地将这些主观性减低到最低限度。

表 5-1　PART 的"提问"和其他有关规定

单个公共支出项目管理 必须回答的关键提问	对"问题答复"所作的基本要求规定
一、项目的立项目的与设计 　1.该项目是否针对特殊利益、问题或需要得以立项？ 　2.该项目是否能使之在处理特殊利益、问题或需要方面发挥独特作用（即对于联邦、州、地方政府或私人努力而言并非多余的项目）？ 　3.就处理特殊利益、问题或需要来说，该项目是否达到了最优设计？	这部分"提问"主要用于审查项目立项的明确性，以及该项目是如何设计的。 　在回答这些问题时，所有影响因素都要加以考虑，包括那些可能是不可控的因素，如立法规定的项目和某些制约因素。回答这部分问题需以所有可能的原始文件和事实为依据，包括正在审批的授权文件、机构的战略计划、年度业绩计划，或其他机构报告。 　对这些问题的答复可以选："是"、"否"或"不适用"。
二、战略计划 　1.该项目是否规定有为数不多，但直接针对项目效果并充分反映项目立项目的的、明确的、具有显著意义的长期绩效目标？ 　2.该项目是否规定有为数不多，但能够证明能在实现长期绩效目标过程中取得进步的年度绩效目标？ 　3.是否在对资金筹集、政策以及立法变化对项目绩效的影响充分了解情况下，按照项目目标编制项目预算？ 　4.针对战略计划存在的缺陷，该项目是否采取了有实质意义的解决步骤？	这部分集中考察项目计划、重点安排以及资源配置问题，目的在于评估项目实施是否采取了合适的绩效措施、是否制定了为数不多但具有实质意义且能够实现的目标。没有合适的措施安排，任何项目不大可能证明自身可以取得效果。通过绩效数据和定期监测，还可以就项目实施中对于解决所发现的问题是否具有灵活性进行评估。 　对这些问题的答复可以选："是"、"否"或"不适用"。
三、项目管理 　1.项目负责机构是否规范地收集包括来自主要项目当事方的信息在内的适时的、可信的绩效信息，并且把这些信息用于管理项目和改善绩效？ 　2.联邦政府管理者和项目当事方是否对项目成本、进度以及绩效结果分担责任？ 　3.资金安排是否及时？是否按照既定的目的进行支出？	这部分内容在于考察项目执行机构能否证明项目是按照项目目标进行了有效管理。考察重点放在财务纪律、项目改进程度的评估、绩效数据的收集以及项目管理者的会计责任方面。 　对这些问题的答复可以选："是"、"否"或"不适用"。

续表

单个公共支出项目管理 必须回答的关键提问	对"问题答复"所作的基本要求规定
四、项目效果 　1.该项目在实现其长期产出目标方面是否已证明取得了进展？ 　2.在实现各年项目目标方面，该项目实施是否表明提高了效率和降低了成本？ 　3.对该项目进行的独立的严格的评估是否表明该项目是有效的且正在取得积极效果？	这部分内容在于考察项目的实施是否表明符合它的长期和年度目标。一般来说，如果项目尚未采取合适措施或尚未确定明确目标，则会出现否定结果。对项目实施效果所进行的分析，还有助于在独立评估基础上，与类似项目进行比较以说明项目的优劣。 　　对这些问题的答复可以划分为四个等级，即"是"、"很大程度上"、"较小程度上"和"否"。

第五章练习题

一、判断以下各陈述的正误

1.投资项目是在技术上、经济上和组织上独立的投资单位。项目评估是为了确定一个项目的价值、质量和可取性所做的研究。（　　）

2.公共投资项目评估就是对一个公共投资项目是否符合政府主管官员的要求所做的审定，即按照他给定的目标，测定该项目的开支规模。（　　）

3.可供公共投资项目评估活动采用的"政府标准"，是指政府按照国民经济发展目标的要求，就公共投资项目对经济增长、社会福利、公平分配等方面的影响所提出的项目评估标准。不过，这种评估标准主观随意性较大，也比较粗略。（　　）

4.公共投资项目的直接成本，是指为了筹建此项目而从社会成员那里，以税收形式转移的经济资源，而社会成员消费这一公共投资项目提供的公共产品所得到的全部利益就是该项目给经济生活带来的直接收益。（　　）

5.影子价格，是指在市场交易价格不能充分反映某些产品的真正

生产成本时,人们对这些产出的生产成本进行的重新估算。(　　)

6.关于公共投资项目给生态环境造成的影响,在评估过程中通常采取"补偿变化"原则。该原则假设,对遭项目实施损害的生态环境进行一定的货币补偿,可以使受该项目实施影响的社会成员的福利水平保持不变,则这一货币补偿就可以视为对该项目的环境影响所进行的福利损失评估的依据。(　　)

7.公共投资项目引发要素所有者福利变动的情况类似于消费者剩余的变化,可以沿用消费者剩余分析方法来加以说明。(　　)

8.未来收入或收益的"现值",就是个人为换得此项收入权或收益权,而在现在愿意支付的最小现金量。(　　)

9.在"充分就业"情况下,公共投资项目的影子工资(真实劳动成本)就应该是,该公共投资项目对劳动投入的工资支付。(　　)

10.证明它所负责的重大公共支出项目(包括所有的各国投资项目)是有效的,不是政府预算活动的一个重要任务。政府没有义务按照合适的方法检验自己预算项目的有效性或绩效程度。(　　)

二、选择题(从以下各题所给答案中挑选出所有被认为是正确的答案)

1.在实行外汇管制情况下,我国官定汇率为 8 元人民币兑换 1 美元,但自由市场汇率为 10 元人民币兑换 1 美元。在进行公共投资项目评估时,如果某项目须进口价值为 \$100 万的进口设备,该设备进口成本的人民币价值应该计算为:(　　)。

A.￥800 万　　　　B.￥1000 万

C.￥900 万　　　　D.￥700 万

2.从甲地到乙地,人们乘坐火车须用 4 小时,乘坐飞机须用 1 小时,火车票价为￥150,飞机票价为￥380。据此,人们可以推算出单位时间价值为(　　)。

A.￥76.66　　　　B.￥57.50

C.￥95.00　　　　D.￥230

3.某个地方政府拟贷款建设一个垃圾处理中心,现有两个备选方案:方案甲的年利率为 17%,每年计算复利一次;方案乙年利率为

16％,每月计算复利一次。哪一个方案的实际利率更高?(　　)

　　A. 甲方案高　　　　　B. 乙方案高

　　C. 两个方案相同　　　D. 资料不足,不能确定

　　4. 公共项目 A 的成本现值为＄100 万,收益现值为＄200 万;公共项目 B 的成本现值为＄150 万,收益现值为＄450 万,它们的收益－成本率分别为:(　　)。

　　A. 0.5 和 0.33　　　　B. 2 和 3

　　C. 1 和 2　　　　　　D. 1.5 和 1.33

　　5. 简单回收率法是用公共投资项目每年的净收益与该项目的原始投资额(包括固定资本与流动资本投资)进行对比,求出总投资回收比率,(　　)一般可以认为该投资项目是有赢利的。

　　A. 总投资回收比率小于资本市场利率

　　B. 总投资回收比率等于资本市场利率

　　C. 总投资回收比率大于资本市场利率

　　D. 总投资回收比率大于 20％

　　6. 在公共项目评估中,计算出来的某项目的内在收益率为 R,当时的资本市场利率为 r,该项目可以接受的一般标准是(　　)。

　　A. R 大于 r　　　　B. R 小于 r　　　　C. R 等于 r

　　7. 对政府公共投资项目进行评估时,折现率选择的一般规则是(　　)。

　　A. 如果投资开支通过公债筹集,适用的折现率应等于私人投资税前收益率

　　B. 如果投资开支通过税收筹集,适用的折现率应等于私人投资税后收益率

　　C. 如果投资开支通过公债与税收共同筹集,适用折现率应该等于私人投资税前收益率与税后收益率的加权平均数

　　D. 由项目主管官员个人决定

　　8. 项目 A 的初始投资成本为￥1000 万,估计未来 5 年的年净收益均为￥350 万;项目 B 的初始投资成本也为￥1000 万,估计未来 5 年的年净收益分别为￥450 万、￥400 万、￥350 万、￥300 万和￥250 万。

如果采取净现值法进行成本、收益评估,假设折现率为10%,应该首选哪个项目?(　　)

A. 应该首选项目 A　　　B. 应该首选项目 B

C. A 与 B 的净现值相等,选 A 或选 B 无差别

D. A 与 B 的净现值均为负值,选 A 或选 B 均无经济意义

9. 如果一个公共灌溉工程项目除了起到增加水浇地面积外,同时对当地环境产生了某种美化作用,后者可以称为该项目的(　　)。

A. 直接的有形收益　　　B. 直接的无形收益

C. 间接的无形收益　　　D. 间接的有形收益

10. 下列方法不属于定量类评估方法的是:(　　)。

A. 模糊综合评估法　　　B. 灰色关联度评估法

C. 评分法　　　　　　　D. 间接的有形收益

E. DEA 评估法　　　　　F. 层次分析法

三、计算题、思考题

1. 某项基本建设项目投资可有 A、B 两个方案,根据预测的结果,这两个方案的经济效益资料如下表所示:

赢利性投资项目经济效益比较

(单位:万元)

	年份	0	1	2	3	4	5
A 方案	年净收入		105	160	250	260	270
	资本投入	1000					
B 方案	年份	0	1	2	3	4	5
	年净收入		350	300	180	150	120
	资本投入	1000					

假设项目的资本金贴现率为10%,计算各自的净现值,并说明哪个方案较好。

2. 某项基本建设项目投资可有 A、B 两个方案,根据预测的结果,这两个方案的经济效益资料如上表所示。

使用内在收益率法,计算各自的内在收益率,并说明哪个方案较好。

3. 何谓"现值"?"折现"的含义是什么?

4. 在公共投资项目的成本、收益分析方法中,净现值法与内在收益率法的基本区别是什么? 哪种方法更常用于公共投资项目的评估活动?

5. 在公共投资项目评估活动中,确定折现率的一些原则是什么?

6. 在公共项目评估过程中,应如何衡量时间价值?

7. 在公共项目评估过程中,应如何衡量生命价值?

8. 什么是影子价格? 在公共项目评估过程中,影子价格有哪些应用?

9. 常规的各国投资项目评估方法存在哪些缺陷?

10. 简述公共投资项目综合评估的定义及主要方法。

第六章 税收理论

英国著名思想家弗兰西斯·培根把国家财政与宗教、法律和议会视为政府的"四大柱石",而税收则是国家财政的基础。虽然没有一定规模的税收收入政府便不能正常运转,但是如果既定税收制度缺乏民众的支持,或者由于不适当的变更而失去民众的支持,则往往会成为导致经济秩序混乱、社会生活动荡的重要原因。正是税收在经济生活中所占据的这种特殊地位,使得围绕税收发生的社会现象、司法联系、经济事务等,往往会受到各类学者和民众的更为广泛的关注。

长期以来,经众多的哲学家、政治学家、法律学家、经济学家、社会学家的积极探索和深入研究,一套相对完整的税收理论体系逐步被建立起来。在这方面,他们的主要贡献包括:提出了公平分配政府支出负担(税负担)的标准,规定了有助于稳定政府收入并兼顾各类社会经济目标实现的税制建设原则,解释了税收与社会收入分配、宏观经济调控、国民经济发展的一般关系,确立了协调国家间税收管辖权的指导原则与理顺国家间税收关系的基本途径。可以说,相比之下,有关政府税收问题的研究,尤其是关于税收之经济效应的研究,远远超过了对政府支出问题的研究。① 不过,应该注意的是,虽然税收理论的发展丰富了政府官员有关政策思考的分析方法,但是现实生活中许多税收政策问题仍处于积极探讨之中,有待认真解决。

---

① 这是因为国家税收的经济影响更多地反映在微观经济领域,它更直接地影响个人的福利状况,进而改变与要素供给有关的经济行为,最后必然影响到经济资源在国内、外的有效配置。

本章主要研究国家税收的基本理论,研究重点包括税收的基本概念、税收原则、税收负担公平分配的一般标准、税收的经济福利损失、税负担转嫁与税收归宿,以及相关的其他问题。关于税收理论的研究及其分析方法对政府合理化税收制度、科学地制定各类税收政策具有重要的指导意义。在本章研究基础上,第七章、第八章将专门研究国家税收制度设计、各主要税种设计等问题。

第一节　税收、税制要素和税收分类

一般来说,经济社会之所以需要税收,就是为了从私人方面向公共方面转移经济资源。当然,之所以需要资源的这种转移,是因为政府要给国民提供必要的公共产品。由于人类社会不能在严重缺乏公共产品情况下顺利发展,在现代文明社会尤其如此,那么,也可以认为,税收就是文明生活的代价。

本节首先阐释现代税收的一般概念;然后,研究政府应该按照怎样的原则设计国家的税收制度;最后,在此基础上研究税收理论的核心问题,即国民最为关心的税收负担公平分配问题。

一、税收的基本概念

现代税收(Taxation)可以简单定义为,政府出于提供特定公共产品和公共劳务的需要,通过法律形式对其社会成员规定的强制性的、不付等价物的货币支付。[①]税收是随着国家的产生而出现的,历史上的国家财政收入有官产收入、债务收入、专卖收入、利润收入等多种形式,但税收一直扮演着最主要的收入角色。在市场经济下,税收是人们为享受公共产品所支付的价格,进而形成了税收概念中的"公共产品价格

---

① 应该注意,税收与直接征用(Direct Appropriation)不同,后者属于一次性的政府行为,即政府出于某种需要,通过法令,有偿地或无偿地占用并使用原来属于私人的资源。如果是无偿征用,其负担绝对地落在原资源所有者身上。

论"。向社会全体成员提供公共产品,就成为市场经济下国家的基本职能。税收满足政府提供公共产品的需要,也就是满足国家实现职能的需要。

　　亚当·斯密曾经指出,一国每年支出的费用,一般有两个来源:一是与人民收入无重要联系的资源;二是人民的收入。前者是指政府经营的企业的收入,如国营企业的利润、国家银行的利息等。但是,斯密观察到,由于各种经济的、非经济的原因,第一种收入来源具有相当的不稳定性、不确定性。①所以,他认为:"能够维持政府的安全与尊严的,只有确实的、稳定的、恒久的收入,至于不确实的、不经久的资本与信用,决不可把它当作政府的主要收入来源。"②进而,他指出,政府开支费用的大部分,必须取自这样或那样的税收。换言之,"人民须拿出自己一部分私的收入,给君主或国家,作为一笔公共收入"③。所以,税收无论形式上,抑或本质上,都是(个人、家庭、企业等创造的)国民收入或国民财富的转移。

　　任何形式的税收必须具有以下三个基本特征:(1)目的性,税收是政府安排大部分公共开支的最重要的资金来源,全部税收收入都要用于实现各种社会、经济目标;(2)合法性,只有政府,并且依据有关法律,才能获得对其社会成员征税的权力,其他任何个人、机构则无此权力;(3)强制性,无论人们愿意与否,依法纳税被规定为社会成员的一种义务,这是每个法定纳税人必须承担的现代生活的代价。

　　政府活动的有效性取决于一定的税收规模,而政府能够取得怎样规模的税收收入则取决于国民的纳税意愿及其程度。所以,税收本质

---

　　① 在亚当·斯密看来,靠国有企业维持政府收入的不确定性主要缘于其经营问题:"一种业务,让君主(指政府——笔者注)经营,往往不免流于浪费,浪费就使得他们的成功变为不可能了。君主的代理人(指政府委派的企业管理者——笔者注),往往以为主人有无尽的财富;货物以何种价格买来,以何种价格售去,由一地运往他地,花多少费用,他们都是草率从事,不去精打细算。他们往往与君主过着一样浪费的生活;并且,有时就是浪费了,仍能以适当的方法捏造假帐,而积蓄有君主那样大的财产。"见《国富论》(下卷),商务印书馆,1997年,第378页。

　　② 亚当·斯密:《国富论》(下卷),商务印书馆,1997年,第383页。

　　③ 亚当·斯密:《国富论》(下卷),商务印书馆,1997年,第379页。

上还意味着一种交换,即国民向政府让渡他们个人对自己占有的经济资源、经济成果的部分控制权,借以换取政府给予的各种形式的保护和享受政府提供的各项公共服务。至于在现实经济生活中政府如何能够做到最好地维护国民的纳税意愿,关键在于其所从事的全部税收活动的有效性,包括制定合适的税收政策,采取最经济的税收征管方式,以及最重要的是,不断降低国民的实际税负担。为此,政府在进行税收活动时,必须遵循一套科学、合理、可行的税收原则。

二、税制要素

税制要素,即税收制度的基本要素,包括对什么征税、向谁征税、征多少税和如何征税等税法的基本内容。税制要素一般包括纳税人、税基、税率、纳税环节、纳税期限、减税免税和违章处理等。纳税人、税基和税率是税制的三个基本要素。

税基(Tax Base),是指政府可以据以征税的对象。虽然理论上讲,政府可以对任何经济行为、经济事物征税,但在市场经济条件下政府事实上无法任意选择征税对象。因为,在现实生活中客观上存在着虚幻的税基,政府据以征税实际上是无效的。税基一般可以划分为两个大类:经济税基(Economic Tax Base)和非经济税基(Non-economic Tax Base)。

"经济税基",是指和个人、企业经济行为有关的征税对象,如对商品、财产、收入以及市场交易等进行征税。对经济税基征税,势必会影响人们的经济活动和经济决策,改变人们在可以替代的经济行为之间的选择,即发生替代效应。例如,对利息收入课征较高的税,就会影响人们对储蓄的积极性,改变人们在现在消费与将来消费之间的选择;对劳动收入课征较高的税,就会影响人们对劳动、发明和创造的积极性,改变人们在劳动与休闲之间的选择;对某些商品课征较高的税,就会引起人们减少对税重商品的消费,转而消费可以替代的税轻商品,从而影响税重商品的生产与销售。不难理解,对经济税基课税,一般会导致人们调整经济行为以尽量减少纳税,所以政府从这种税基取得的税收收入会随着税基规模的变动而变动。至于"非经济税基",则是指和人们的经济行为无关的征税对象。最典型的是一些国家早期政府对其国民征收的人头税,即对所有的法定纳税人征收一种总额税。这种税是以人的存在作为征收的对象(税基),而不问纳税人的收入、消费、财产以及所从事的经济活动的具体情况。因而,对非经济税基征税,一般不会影响人们的经济决策,也不会改变人们的经济行为;同样,人们也不大可能通过调整自己经济行为的方式而减少纳税。不过,无论政府据以征税的对象属于经济税基,抑或属于非经济税基,都会改变纳税人的实际收入状况,或者改变其他经济资源的占有状况。

政府得自某种税收的收入等于特定税基乘以规定的税率,那么税率(Tax Rates)就表示为税收收入对税基的比率。一般情况下,税率的规定有两种方法:一种是按照税基价值确定一个百分比,据以征税,称为从价征收;另一种则是按照税基的数量单位,据以征收一定的金额,称为从量征收。由于所得税、财产税、销售税等均是按照相应税基的百分比征收,属于从价税(Ad Valorem),而货物税当中的汽油税、酒税等往往按照消费单位(加仑、瓶等)征收固定金额,属于从量税(Unit Tax)。

按照纳税人所交纳的税款与特定税基的对比关系,人们还可以计算出某一税收的平均税率(Average Tax Rate－ATR)及其边际税率(Marginal Tax Rate－MTR)。平均税率计算方法是,总纳税款额除以税基规模,即总纳税款额对税基规模的比例。边际税率的计算方法是,额外交纳的税款除以增加的税基规模,即额外支付的税款对增加的税基的比例。

三、税收分类

特定税收的平均税率和边际税率反映了该税收税基变动对税率变动的主要影响及一般关系,构成该税收的税率结构。根据不同的税率结构,人们可以把税收划分为三个大类:比例税(Proportional Tax)、累进税(Progressive Tax)和累退税(Regressive Tax)。比例税是税率不随税基规模的变动而发生变动的税收(如货物税、财产税等),其特点是平均税率等于边际税率。累进税是税率伴随税基规模扩大而相应提高的税收(如个人所得税、公司所得税),其特点是平均税率随边际税率提高而提高,但边际税率总是高于平均税率。累退税是税率伴随税基规模扩大而相应下降的税收,其特点是平均税率随边际税率下降而下降,但边际税率总是低于平均税率。现实生活中,虽然没有任何税收在名义上属于累退税,但是有些税收实质上具有一定的累退性,如盐税、汽油税等货物税。在高收入者与低收入者消费大体相同数量的上述商品情况下,他们的税负担也基本相同。但是,由于他们之间存在着明显的收入差别,该税负担对各自收入的比例显然是不同的,实际情况是高收入者承担了相对较低的税负担,而低收入者则承担了相对较高的税负担。这就是说,有些名义上为比例税的税收,实质上是累退税。税收理论上提出"累退税"概念,其主要意义在于强调税收对社会收入再分配的影响。

除了以税率计算方法和税率结构对政府税收进行分类外,还可以按照具体的课税方式把税收划分为:全面税(General Tax)与特定范围税(Specific Tax),直接税(Direct Tax)与间接税(Indirect Tax),对人税(Personal Tax)与对物税(In Rem Tax)。全面税是把全部税基作为计税基数看待,不允许给予任何扣除、减免的税收。例如,全面的所得税就要对一切来源的收入,包括实物收入在内,按照统一的税率课税。相比之下,特定范围税则允许对全部税基的某些组成部分进行扣除、减免处理后,而将余下部分作为计税基数,再按照适用税率进行课税。实际上,现在各国的大部分税收都属于特定范围税,真正的全面税是不存在的。允许纳税人按照税法规定对税基进行排除、扣除、减免等,都可以视为政府给予纳税人的一种税收优惠(Tax Preference),这些优惠往往是出于多种原因而设计的。不言而喻,税收优惠相应减少了政府的税收收入,由此导致的财政收入损失被称为税式开支(Tax Expenditure)。所以,过多、过于宽泛的税收优惠往往为国家税收的漏洞,对此政府要给予必要的重视。

一切税收,无论以所得为税基,还是以货物或财产为税基,其税负担最后都要由个人给予承担,即最终表现为减少个人的可支配收入。但是,由于税收的征收方式不同,有些税收可以直接地减少个人可支配收入,而另外一些税收则是间接地减少个人可支配收入。前者称为直接税,后者称为间接税。直接税的特点是,直接对某一税收的负担者征收税款,该税收的起征点就是该税收负担的着落点,或者说该税收的交纳者就是该税收的负担者。间接税的特点是,通过一些征收点间接地对某一税收的负担者征收税款,该税的征收点并不是税收负担的着落点,也就是说,该税的交纳者可以在日后将税收负担转嫁给该税收的负担者,或者其他人。税收理论中区分直接税和间接税,主要是为了更好地分析、研究政府税负担的转嫁、税收归宿等问题,对这些问题的研究对于政府制定更为合理的税收政策具有重要意义。

对人税主要包括对个人或家庭的收入课征的税(如个人所得税),其特点是纳税人交纳的税款可以依据纳税人的实际支付能力进行调节,即可以按照税收负担者的具体情况区别对待。对物税主要包括对规定的货物征收的货物税、对市场交易征收的销售税,以及对规定的财产征收的财产税等,其特点是纳税人交纳的税款与个人的支付能力不相关联,即不能按照税收负担者的具体情况区别对待。税收理论中区分对人税与对物税,主要是为了分析、研究特定课税对象与其纳税人的关系,研究这些关系有助于政府在税收政策制定上更好地解决税负担合理分配问题。

第二节　税收原则

国家税收的职能作用,是为政府有效提供公共产品筹集必要的资金。此外,政府通常还要利用税收机制发挥其调节社会收入、个人经济行为的作用,以实现各种经济的、政治的、社会文化的目标。但是,政府在使税收发挥上述各种作用的同时,也要充分考虑到不合理的税负担分配,不适宜的税负担转嫁可能对经济生活带来负面影响。即使在现代国家,因为不适当的税收政策导致国民经济衰退,甚至社会动乱的事件也是很多的。为了使税收的运用更加符合经济规律的内在要求,不断地适合社会经济生活所要实现的各种目标,政府从事的税收活动就要遵循一定的原则进行。事实上，人们是把判断政府税收活动，尤其是税收政策之有效性的标准称为税收的基本原则。

一、亚当·斯密的税收原则

较早系统阐述税收基本原则的是英国古典经济学家亚当·斯密，他在《国富论》一书中提出了著名的"赋税四原则"。直到现在，这些原则仍然被认为是政府税收活动所必须遵循的基本原则。

第一，平等原则。斯密认为，"一国国民，都须在可能的范围内，按照各自能力的比例，即按照各自在国家保护下享得的收入的比例，缴纳国赋，维持政府。……所谓赋税的平等或不平等，就看对这种原则是尊重还是忽视"①。在这里，平等首先是指所有的收入来源（地租、利润、工资等）都应该照章纳税，其次是指个人所承担的税负担应该按照统一标准进行分配。所以，税收的平等原则就是税负担平等分配原则，是税收哲学的基础。

第二，确定原则。斯密指出，"各国民应当完纳的赋税，必须是确定的，不得随意变更。完纳的日期，完纳的方法，完纳的额数，都应当让一切的纳税者及其他的人了解得十分清楚明白"。他进而强调，"据一切国家的经验，我相信，赋税是再不平等，其害民尚小，赋税稍不确定，其害民实大"②。在斯密看来，政府的税法、税收征管规定等必须是确定的，否则无法杜绝税政官员徇私枉法、盘剥国民、中饱私囊行为。如果这种行为任其发展下去，最终会导致国家经济秩序的混乱，甚至发生普遍的逃税、抗税活动。

第三，方便原则。在斯密看来，方便是指"各种赋税完纳的日期及完纳的方法，须予纳税人以最大便利"③。纳税便利主要涉及两种问题：一是尽量减少纳税人的纳税成本，二是尽量减少政府的税收征管成本。如果税法、征管条例定得过于复杂、繁琐，纳税人和政府都要为此

---

① 亚当·斯密:《国富论》(下卷)，商务印书馆，1997年，第384页。
② 亚当·斯密:《国富论》(下卷)，商务印书馆，1997年，第385页。
③ 亚当·斯密:《国富论》(下卷)，商务印书馆，1997年，第385页。

耗费大量时间和资材,这既增加个人的、政府的税收成本,也会带来许多不必要的麻烦。尽管有些国家制定较为严密的税收征管条例,较为复杂的税收征管程序是为了最大限度地减少税源流失,但是在大多数情况下往往事与愿违。例如,美国所得税法中规定的各种减免、优惠条款十分繁琐,为此纳税人必须填写各种报表,提供税法要求的各项记录和申请减免的各种材料。这使得一半以上的纳税人不得不雇用专门的职业报税者处理税收申报事宜。据估计,美国纳税人用于办理纳税和雇用职业报税者的费用大约相当于政府所得税收入的 5% 到 7%。另外,由于税制复杂,不仅增加了稽征费用,而且对于繁多的申报纳税材料,税务当局也无法进行全面的审核。因此,在这种复杂的税制下,尽管经济社会中纳税和征税的费用都在增加,而依法纳税人对法定纳税人的比率却有可能下降。

第四,效率原则。按照斯密的观点,政府税收活动的经济效率集中体现为"一切赋税的征收,须设法使人民所付出的,尽可能等于国家所收入的"[①]。斯密发现,政府不适当的税收活动,往往导致经济社会发生人民因税收所付出的多于国家所收入的现象。用现代经济语言表述,就是国民因税收减少的经济福利大于以政府税收表示的经济福利,即在正常的税负担以外又产生了一种非正常的"超额税负担"(Excess Burden of Tax)。政府税收活动之所以会产生"超额税负担",斯密认为主要是由以下问题造成的:(1)国家使用了大批官吏以征税,浪费了大量税收收入,加之税吏贪污腐化,苛索人民,增加了人民的负担。(2)税收妨碍了人民的勤劳,使某些能够提供更多人就业的事业裹足不前。(3)不适当的赋税造成逃税现象大增,而处罚过重导致许多生产性资源变成国家税收。(4)税吏的频繁稽查,常使纳税人遭到极不必要的麻烦、苦恼与压迫。经验说明,上述导致"超额税负担"发生的(1)、(2)、(3)问题,可以通过改善政府的税收征管行为,或者通过调整政府的有关税收政策予以解决,而在任何情况下解决(2)问题都比较困难。这是因为,理论上讲,任何形式的税收都属于政府行为,都会对人们的经济

---

① 亚当・斯密:《国富论》(下卷),商务印书馆,1997 年,第 385 页。

决策、经济行为产生非市场化的影响,而随后发生的个人对其经济决策、经济行为的调整,即使从个人角度看是理性的,也必然意味着对市场机制的某种程度的扭曲,导致经济社会的效率下降。另外,政府税收政策造成的对市场机制的扭曲还具有相当的不确定性,政府只能在事后予以纠正,成为税收导致经济社会效率下降并且难以改善的重要原因。那么,经济社会强调税收的效率原则,就是要求政府尽量减少有关税收政策对市场经济的扭曲效应。

二、瓦格纳的税收原则

阿道夫·瓦格纳是德国社会政策学派的代表人物。他的代表著作《财政学》提出了社会政策的财政理论。他明确反对自由主义经济政策,承认国家对经济活动具有积极的干预作用,同时还谋求改正收入分配的不公平现象以解决社会问题。他提出的课税四项九目原则是继斯密之后最为完备的税收原则。

第一,财政政策原则。所谓财政政策原则即课税能充足而灵活地保证国家经费开支需要的原则,故也称为财政收入原则。财政政策原则可具体分解为充分原则和弹性原则两个方面来理解。瓦格纳认为,税收的主要目的是为以政府为代表的国家筹集经费,因此,必须有充分的税收收入来保证这些支出的需要,这就是充分原则;同时,如果政府的支出需要增加(各种原因)或者政府除赋税以外的收入减少时,赋税应能依据法律或自然增加,即要有一定的弹性,以适应政府的收支变化,这就是弹性原则。这条原则要求在税收制度设计时,必须体现出来。

第二,国民经济原则。国民经济原则即国家征税时应该考虑对国民经济的影响,应尽可能有利于资本的形成,培养税源,促进国民经济的发展。为此,他提出了税源选择与税种选择两项原则。税源选择原则,就是选择有利于保护税本的税源,以发展经济。一般来说可以作为税源的有所得、资本和财产三种。从整个经济方面考虑,选择所得作为税源最好,如若以资本和财产作为税源,将损害税本。但又不能以所得作为唯一的税源,如果出于国家的经济、财政或社会的政策需要,也可以适当地选择某些资本或财产作为税源。税种选择原则,就是税种的选择主要考虑税收的最终负担问题,因为它关系到国民经济的分配和税收负担是否公平。瓦格纳认为,税法预先规定税收的负担者,事实上是不可能的,因为在经济交易中将发生税负转嫁的情况。所以必须充分考虑到税收的转嫁变化规律,最好选择难以转嫁或转嫁方向明确的税种。但也不排除在必要时,对转嫁方向不明确的税种,也可适当地采用,以实现税负的公平。

第三,社会公平原则。社会公平原则指税收负担分配于纳税人时,应遵循普遍和平等的原则。具体内容包括:(1)普遍征税。瓦格纳认为,社会上的人都必须纳税(都有纳税义务),不能因为身份不同、地位特殊而例外。(2)税负平等。瓦格纳认为,税收的负担应力求公平合理。所谓平等,并非指每个人应缴纳一样多的税,而是应该按照各个人的能力大小来缴税,并实行累进税制,做到收入多的多缴税,收入少的少缴税,对处于最低收入以下的免税,这样才符合社会正义,亦即公平原则。瓦格纳是从社会政策的观点来研究税收的,他的社会政策的核心是利用税收来调节各阶级、阶层的关系,缓和阶级矛盾。税收的社会正义原则理论意义在于矫正私有制下的财富分配不公的现象。它对以后公平税负的理论和所得税制度的发展,曾起到了一定的积极作用。

第四,税务行政原则。它是指在税收制度设计时,有关税务行政方面应体现的原则。其中包括确定、便利和最少征收费用原则。实际上是瓦格纳将亚当·斯密的四原则中的三条归纳为税务行政原则。只不过瓦格纳的最少征收费用原则不仅要求税务部门的稽征费用要小,而且纳税人因服从税法、履行纳税义务所发生的费用也应尽可能小。

三、现代税收原则

20世纪80年代中后期,西方主要发达国家相继进行了大规模的税制改革,这不仅是西方国家历史上的一次重大的税制变革,同时也是对半个世纪以来税制赖以建立的原则(即税收原则)的一次重新确认。1974年,诺贝尔经济学奖获得者弗里希·奥古斯特·冯·哈耶克的宏篇巨著《自由宪章》的出版对西方这次税制改革起到了催化剂的作用。

第一,税收效率原则。现代税收理论一般把税收效率原则概括为三个方面:(1)从资源配置角度,税收分配要有利于资源有效配置,使社会从可利用的资源中获得最大利益。(2)从经济运行角度,税收分配要有利于经济运行,促进国民经济稳定增长和微观经济效益的提高。政府征税是将私人经济部门占有和使用的资源转移给政府部门的过程,如果税收分配不当,就会造成对市场经济的扭曲,影响生产者和消费者的正确决策,给社会带来福利损失,形成所谓税收超额负担,因此,征税要遵循效率原则,使社会承受的超额负担最小,并形成较小的税收成本换取较大的所得(即效率)。(3)从税务行政角度,在征税过程中征税主体支出的费用占收入的比例要尽可能地最小。美国经济学界认为,减少税收对经济活动的干预,利于加强市场机制和减少企业之间在纳税上的竞争。在税收效率原则的贯彻上,由注重经济效率转向经济与税收自身效率并重。美国 1986 年的税制改革一反常规,体现出力求使经济效率同税收本身效率并重的趋向。主要表现在:由繁杂税制向简化税制过渡;应税所得的计算由复杂转变为简单。

第二,税收公平原则。公平税负原则曾被亚当·斯密列于税收四大原则之首,它是关于税收负担公平地分配于各纳税人的原则,即国家征税要使每个纳税人的负担与其经济状况相适应,并使各纳税人之间的负担水平保持平衡,包含横向公平和纵向公平。但是,现代税收公平强调在税收公平原则的贯彻上,由偏重纵向公平转向追求横向公平。美国 1986 年的税制改革虽仍将公平作为目标之一,但体现公平的重点却由纵向转向了横向。主要表现在:中等收入阶层的税率降低幅度与高收入阶层相比要小得多;新税法削减了主要用于照顾低收入者的各种优惠规定;由多级累进税制向比例税制靠拢。

第三,税收稳定原则。这是指通过税收加强对宏观经济的干预,减少经济波动,实现经济稳定的原则。这一税收原则的理论依据是税收有负乘数作用,是一种平抑经济周期的自动稳定器,在对个人征收累进所得税的前提下,经济繁荣时期会自动增加税收,从而抑制经济的过度扩张;经济萧条时期会自动减少税收,从而能阻止经济的进一步衰退。为了发挥税收的这种稳定作用,应当加强税收对宏观经济的干预。在西方发达国家,作为税收的原则之一,税收稳定经济作用的发挥是十分有限的。在中国,有一些学者也提出,社会主义税收也应遵循稳定的原则,即通过税收来调节社会生产的总供给和总需求、调节积累和消费的比例关系等,从而保证经济总量和结构的平衡,促进国民经济的持续、高速、稳定发展。

第四,税收法定主义原则。这是指由立法者决定全部税收问题的税法基本原则,即如果没有相应法律作前提,国家则不能征税,公民也没有纳税的义务。这一意义上的税收法定主义正是现代法治主义在课税、征税上的体现,它要求税法的规定应当确定和明确。该原则的作用在于:一方面使经济生活具有法的稳定性;另一方面使经济生活具有法的可预见性,以充分保障公民的财产权益。

四、税收哲学

税收是国家财政收入的基本来源,国家依靠强制性的税收把私人手中的一部分收入集中到政府手中,用来支付政府的各项费用。但是,税负担如何分配,亦即政府支出的负担如何公平分配,作为税收哲学,则是在西方财政理论、税收理论中不断引起争论的问题。这个问题的社会经济意义重大,因为税收负担集中表现为私人实际收入的减少,进一步表现为私人实际支出的减少。那么,税负担的分配既影响个人和家庭的收入分配,也影响个人和家庭的支出分配,在这两类分配中必须体现出来的社会公平具有无可置疑的重要性。因此,税收哲学(Tax Philosophy)实际上成为如何制定合理分配税负担的标准以及解释此标准合理性的理论,是全部税收理论的基础。

英国古典经济学家亚当·斯密较早提出了税收负担分配的基本准则,他认为,"每一个国家的人民对政府的交纳,应当尽可能地和他们各自的能力成比例,亦即和他们在政府的保护下各自享有的收益成比例"[①]。这就是著名的"税收第一准则"(First Canon of Taxation)。亚当·斯密的这句话有两重含义:一重含义是税负担的分配应该比照各

① Adam Smith: The Wealth of Nations, Vol. 2, edited by E. Cannan, 1904, P. 310.

自的能力,另一重含义是税负担的分配应该比照各自享有的收益。这两重含义是统一的,即从政府的保护中获得的利益指的是收入,因此收入也就成为承受税负担能力的一个最重要的衡量指标。现代税收理论,依据上述亚当·斯密的基本观点,提出了税负担分配的两个公平原则:利益原则(Benefit Principle)和支付能力原则(Ability-to-pay Principle)。

按照利益原则,税负担的分配应当和纳税人从这种税收的使用中得到的利益联系起来。由于政府的税收是用来提供公共产品与劳务的,因而应当按照个人或家庭享用公共产品与劳务所获得的利益来确定税负担的份额。从一定意义上说,利益原则是税负担分配的一项公平原则。但是在实际生活中,利益原则只能适用于有限的范围。这是因为,政府提供的公共产品与劳务具有非排他性消费性质,一些人的使用并不影响另一些人的使用,也不能拒绝某些人的使用,所以难以在个人之间准确划分从公共产品与劳务的消费中获得的利益,从而无法准确地分配政府支出的负担,即一般意义上的税负担。利益原则更不能适用于政府用于再分配性质的支出,例如政府用于贫困救济的支出就不能要求受救济者按照个人所得到的利益来分担这一支出的份额。

按照利益原则分配税负担,普遍适用于那些在政府提供的公共产品与劳务中,能够大致地确定个人所得到的利益的场合,如实行"指定用途税"的场合。指定用途税是专门向特定公共产品与劳务的受益者征收的一种税收,用于筹措为提供这些公共产品与劳务所需要的资金。指定用途税一般能够较好地把政府提供公共产品与劳务的支出负担同个人从中得到的利益联系起来。[①] 然而,尽管指定用途税可以把个人从政府支出中得到的利益和分配政府支出的负担联系起来,符合利益原则的基本要求,但是过多地采用指定用途税往往造成政府财政支出

---

① 例如,使用公路的利益和汽油与汽车部件的消费直接相关,因此征收汽油税与汽车部件税来筹措公路建设资金,就把使用公路的利益和分配政府公路建设支出的负担直接联系起来。美国政府就是采取这样的做法,把对汽油、卡车和汽车部件征收的产品税纳入指定的公路信托基金,然后将这笔收入再用于公路建设的各项开支。

的僵化,而不利于政府把财政收入在各种需要的用途之间进行适当的分配。所以,利益原则作为政府税负担分配的公平原则,在税收实践中只能适用于有限的范围。于是,在实际生活中,支付能力原则成为被广泛运用的税负担之公平分配原则,该原则在税负担分配上把个人或家庭的支付能力与政府支出负担联系起来。

由于支付能力原则要求按照个人的经济能力来分配政府支出的负担,而同个人从政府支出中得到的利益没有直接联系,那么在实际税负担分配中运用该原则就要受到一定的条件限制,即只有在能够确定税收负担者及其支付能力大小的情况下,该原则才是适用的;而在不能确定税收负担者及其支付能力大小情况下,则难以对纳税人的税负担分配进行调整。在现代税收理论中,对于支付能力的衡量标准主要有三个:(1)以个人收入水平作为衡量其支付能力的课税基础。收入水平表示个人在一定时期内取得的对经济资源的支配权,客观地反映了个人的现实的支付能力。(2)以个人消费水平作为衡量其支付能力的课税基础。消费支出表明个人在一定时期内实际上使用的经济资源,客观地反映了个人真实的支付能力。(3)以个人财产存量作为衡量其支付能力的课税基础。财产存量表示个人已经拥有的对经济资源的支配权,客观地反映了个人潜在的支付能力。应该说,无论是收入,还是消费或者财产,都可以作为衡量个人支付能力的标准。但是在税收实践中,各国往往选择以收入作为衡量个人支付能力的标准?大多数经济学家认为,收入包含的内容比消费更为广泛,收入不仅反映了个人现实的消费能力,而且代表着其潜在的消费能力,以此衡量个人支付能力既是客观的,也是比较公平的。因为如果个人的部分消费是靠借债维持的,那么把这部分消费也视为支付能力的表现显然不妥。[①] 至于就衡量支付能力的课税基础来说,财产标准是否优于收入标准。多数经济

---

① 当然,一些经济学家认为,就衡量支付能力的课税基础来说,消费优于收入。因为对消费课税可以避免对储蓄收入课税,有利于鼓励私人储蓄和刺激私人投资的增长,有助于加速社会资本的形成,有助于提高生产力并加速经济增长。近年来,一些经济学家提出以个人支出税(该税以个人消费支出为税基)替代个人所得税,主要的理论依据也在于此。

学家认为,财产是个人收入的资本化价值,如果对全部的收入已经课税,那么对收入的资本化价值就不需要再课税。不过,也有人认为,对收入的课税实际上并不是按照全面的、完整的收入概念进行的,而有些收入并未包括在课税范围之内。① 所以,在衡量个人支付能力的时候,财产标准至少可以作为收入标准的补充。

按照支付能力原则分配税收负担包含了两种公平概念:横向公平(Horizontal Equity)和纵向公平(Vertical Equity),也称横向公平原则与纵向公平原则。横向公平原则要求支付能力相等的纳税人应当交纳相等的税款;纵向公平原则要求支付能力不相等的纳税人应当交纳不相等的税款,即支付能力较高者应当按照公平观念交纳较多的税款。在科学地规定衡量个人支付能力的标准,即政府有了明确的据以课税的基础情况下,税收实践中同时贯彻横向公平原则和纵向公平原则就是可能的。不过,相比之下,在税负担分配方面努力贯彻纵向公平原则更为重要。因为实行纵向公平原则,特别适合于政府分配那些具有收入再分配性质的支出的负担。换言之,实行纵向公平原则能够更为合理地为政府的那些分配性支出(如扶贫支出、社会保障支出等)筹集所需的税款。

在税负担分配中贯彻纵向公平原则,政府不仅需要确定衡量支付能力的标准,而且更重要的是,需要确定纵向公平的标准。按照纵向公平原则的要求,不相等的支付能力者应当交纳不相等的税款,那么在税负担的分配上,怎样的不相等才能符合纵向公平原则的内在要求呢?一般认为,只有实行累进税率的税收(如所得税)才能够比较方便地贯彻纵向公平原则,这种税收随着税基的增加,使纳税人承担的税负也相应有更大幅度的增加。例如,目前各国政府在对所得课税时普遍实行累进税率,随着个人收入(税基)的扩大,边际税率有更大幅度的上升,使得相对高收入者交纳更多的税款。至于怎样的累进程度才能切实地

① 全面的收入应该包括各种来源与各种形式的收入,不仅是货币收入,还应包括不经过市场交易取得的实物收入或者推算出来的收入,以及未实现的资本增益(如股票、债券、房地产等价格的上涨)。但是,实际上人们难以对那些不经过市场交易的和未实现的收入进行全面的计算,从而只以个人货币收入作为支付能力的衡量标准就不可能是全面的。同样,对消费水平的计算、对财产存量的计算也有类似的问题。

实现税负担分配的纵向公平原则,则是因国而异,取决于具体国情与经济发展水平。通常的情况是:税率累进程度越高似乎越有利于社会收入分配的平等化,但同时高收入者的较多收入被征税也可能不利于社会投资的增长,最终还有可能导致整个税基的萎缩。因此,只有适度的累进税率才能兼顾经济社会的平等与效率的改善。

第三节 税收的福利损失与税负担分配理论

现实生活中人们对政府经济政策的关注,大部分集中在税收政策上,因为税收政策的变动直接涉及个人、家庭、厂商的福利水平。税收虽然为政府财政活动的正常进行提供必要的物质条件,但是它也对个人、家庭、厂商的经济决策产生各种影响,后者进而影响经济社会的整体福利。因此,经济学家特别注意研究税收对经济社会产生的各种影响,其研究成果往往成为政府制定税收政策的主要依据。本节主要分析税收的福利损失问题和税负担分配问题。

一、收入效应和替代效应

普通经济学中的"收入效应"(Income Effect)和"替代效应"(Substitution Effect)概念,通常用于解释市场价格变化对人们的需求行为变化的作用机制。在税收经济学里,各种形式的税收通常也会对人们需求行为产生类似的影响。

税收的"收入效应",是指税收引起人们收入的变动,即政府税收政策变化直接导致人们可支配的实际收入随之发生变化——典型的情况是政府减税使人们收入相对提高,而增税使人们的收入相对下降。

"替代效应"是指税收引起人们对经济行为的调整,即人们为了减少纳税负担而改变在可供替代的经济行为之间的选择。例如,政府对商品课税可能改变人们在可供替代的商品之间的选择,对企业课税可能改变人们在可供替代的投资之间的选择,如此等等。当然,这种税收引起的人们对经济行为的调整,反过来又造成经济税基的变动,进而导致个人收入、企业收入以及政府财政收入的变化。政府的税收政策及其调整给经济社会带来的上述两种效应,可以通过图6-1给予较为直观的说明。

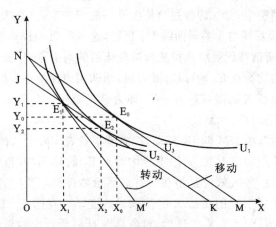

图6-1 税收引发的两种效应

图6-1中假设经济社会某成员在(受其既定收入决定的)预算约束下消费两种商品,Y(如DVD)和X(如CD),它们的价格比就是图中最高一条预算约束线(NM)的斜率。在没有税收情况下,其对两种产品的消费组合如图中最高的无差异曲线(U_1)所示,该无差异曲线与预算约束线相切于E_0点,表示在既定的相对价格和预算约束下,该社会成员消费相当于Y_0与X_0的两种产品并使其效用达到最大。当对商品X征税后,相当于X的价格上升,则该社会成员的预算线由原来的NM变为NM',消费者均衡的点由E_0变为E_1,这意味着消费者的满足水平降低了(即由无差异曲线U_1下降到无差异曲线U_2)。由于商品X的价格上升,对商品X的需求量由OX_0减少到OX_1,$OX_0 - OX_1 = X_1X_0$即为价格变动的总效应。

可以把预算线的这种转动分成两步:第一步是预算线按相对价格不变时向内平行移动并经过新的需求束;第二步是预算线围绕着新的需求束转动直至通过Y轴上的原截距点,此时预算线与无差异曲线的切点为E_2。这种"移动—转动"步骤能方便地把需求变动分成两部分:

第一步是斜率不变而购买力发生变化的一种变动,而第二步则是斜率发生变化而购买力保持不变的一种变动。

假定价格上升后使消费者的货币收入适当减少,从而使它与价格上升后的消费束一致,即通过价格上升后的消费束,这意味着一条平行于 NM 的预算线与无差异曲线 U_3 相切,这一假想的预算线即图 6-1 中的 JK。所谓替代效应是指从价格变化后的均衡点 E_1 到与假想的预算线对应的均衡点 E_2 的移动,或者说,当购买力保持不变时,由价格变化引起的商品 X 的需求量的变化,即为替代效应。在图 6-1 中,替代效应为 $OX_2 - OX_1 = X_1X_2$。

由原预算线 NM 向 JK 移动,标志着消费者实际收入的减少,由此而引起的从原均衡点 E_0 到假想的均衡点 E_2 的移动,就是所谓的收入效应,或者说,收入效应是指在所有商品价格保持不变时,完全由实际收入的变动所引起的商品 X 的需求量的变动。在图 6-1 中,收入效应为 $OX_0 - OX_2 = X_2X_0$。显然,对商品 X 征税所产生的总效应等于替代效应与收入效应之和,即 $X_1X_2 + X_2X_0 = X_1X_0$。

一般来说,几乎所有的税收都会对现行市场经济的相对价格体系产生扰动作用,进而对人们的经济行为、经济活动带来收入效应与替代效应。可能的例外是对人们征收一次性总额税(Lump-sum Taxes),即对每一社会成员课征一笔相同的税款,这类税收只会引起收入效应,而不发生替代效应。这种不会产生替代效应的税收通常称为中性税收(Neutral Tax),喻其为"中性",是因为一次性总额税仅仅造成人们实际收入的减少,如图 6-1 中对个人收入课税导致其预算约束线下移至 JK,但不改变市场的相对价格。而在相对价格不变的情况下,人们只改变消费数量,而不大会改变他们的生产、消费、储蓄、投资等决策行为。

理论上认为,所有非中性税收都属于扭曲性税收(Distorting Taxes),均导致人们在经济资源使用方面产生福利损失,即效率损失。这是因为,税收改变了原先经济社会所处的(商品的)相对价格体系稳定状态,于是人们会按照相对价格的变动调节自己的经济行为。但是,此时经济社会相对价格的变动并不代表经济资源之相对稀缺程度的真实变化,人们的行为调整实际上就带有相当的盲目性。这不仅无助于经济社会实现资源的有效配置,反而可能给其带来更多的效率损失。换言之,税收意味着国民福利对政府的转移,政府因此获得了一定规模的财政收入,但是如果这种福利转移规模实际上大于国民福利的损失,便意味着国民要承担额外的税收负担。这种额外的税收负担,称超额税负担,被认为是税收造成的国民福利的净损失。图 6-1 中,无论政府对收入课税,抑或仅对 CD 课税,政府的财政收入是一样的。但是,政府对 CD 课税造成无差异曲线 U_2 低于无差异曲线 U_3,其差额便代表这种扭曲性税收给国民造成的超额税负担。

当然,假设市场经济一开始就处于非帕雷托效率状态,即属于次优经济状态时,那么政府通过精心设计的扭曲性税收,使之在经济生活中产生某种负超额税负担(Negative Excess Burden of Tax),往往可以起到改善市场经济效率、优化资源配置的作用。此时,税收产生的替代效应实际上发挥了某种纠偏性功能(Corrective Function),这类税收被称为纠偏税(Corrective Tax)。例如,政府对香烟、烈性酒等商品课税,有助于诱使人们改变社会公认的有害消费行为,实质上就是借助了税收的上述纠偏功能。

二、税收的超额税负担

如前所述,税收的超额税负担是指因为税收的作用,给经济社会在资源使用上带来的效率损失,即国民福利损失。以下,以从量税为例解释税收带来的这种福利损失。如图 6-2 所示,先假设税前汽油市场的供求均衡在点 E,此时的均衡产量为 Q,均衡的价格为 P。在点 E 上,由于均衡价格等于消费者在此价格时获得的边际收益,也等于生产者在此价格时面临的边际成本,即 P=MB=MC,这一条件既保证了消费者的效用最大化(以消费者剩余表示),也保证了生产者的利润最大化(以生产者剩余表示)。

今设政府对汽油商品征收从量税,每加仑汽油征课相当于某一固定货币价值(如 T)的税收。政府税收造成汽油供给曲线上移,从 SS 平行上移至 SS_T。于是,税后汽油市场的供求均衡点在 E_1,表示税后汽油产量从 Q 下降到 Q_T，而消费者支付的价格为 P_d，生产者的边际成本为 P_s。从图上可知，此时 $P_d = MB$，而 $P_s = MC$，$P = MB = MC$ 这一效率最大化条件被破坏。在点 E，消费者剩余为 APE，生产者剩余为 BPE（生产者利润），但是在 E_1 点，消费者剩余下降为 AP_dE_1，生产者剩余下降为 BP_sK，相比之下，二者合计减少的经济福利为 $P_sP_dE_1EK$。在该图中，政府因税收得到的财政收入为 $P_dP_sKE_1$，但 $P_dP_sKE_1$ 小于 $P_sP_dE_1EK$，说明该税收造成的国民福利的减少大于以政府财政收入表示的国民福利，其差额为 KE_1E。KE_1E 就是该税收给国民带来的超额税负担，表示既非政府，也非国民可以利用的国民福利，是一种（税收造成的）国民福利的净损失。这里，产生超额税负担的原因不难理解，政府征收汽油税使得汽油与其他可替代商品的相对价格发生了变化，诱使人们减少对价格相对较高的汽油的消费，转而增加对其他替代能源的消费，即发生了替代效应。由于汽油税及其产生的替代效应，破坏了汽油商品市场上消费者剩余和生产者剩余（国民福利）最大化的基本条件，导致额外的国民福利损失。

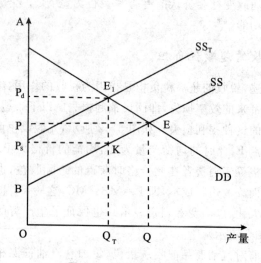

图 6-2　征税的福利变化

根据图 6-2 所示,可以计算出从量税的超额税负担,其公式为:

$$W = 1/2 \cdot T^2 \cdot (Q/P) \cdot (E_s E_d / E_s + E_d) \text{①}$$

这里,W 为超额税负担,相当于图中的 KE_1E;T 为政府对单位商品征收的从量税,相当于图中的 $P_d - P_s$;Q 为税前产量;P 为税前价格;E_s、E_d 分别表示商品供给的价格弹性和商品需求的价格弹性。

根据从量税超额税负担计算公式,可以推导出从价税超额税负担计算公式。假设政府按照每加仑汽油价格征收从价税,并且使每加仑的从价税收入等于从量税收入,就有 T=tP(t 为从价税税率),把 T=tP 代入上式,整理后得到

$$W = 1/2 \cdot (t^2 QP) \cdot (E_s E_d / E_s + E_d)$$

该式即为从价税超额税负担计算公式。

从上面两个公式可以看出,无论在从量税,还是在从价税情况下,当需求的价格弹性为零(无弹性),或供给的价格弹性为零(无弹性)时,税收的超额税负担便为零。说明政府只有对那些需求弹性极小,或供给弹性极小的商品征税,经济社会才不会发生明显的国民福利损失。但是,现实生活中,除了食盐、粮食等生活必需品外,供求无弹性的商品实在是太少。所以,在大多数情况下,政府税收带来经济效率(国民福利)损失是不可避免的。

虽然税收在增加政府财政收入的同时不可避免地造成一定的经济效率损失,但是不同税种所产生的相对效率损失却是不同的,甚至有较大差异。不同税收的相对效率损失,可以通过"税收的效率损失率"进行比较。税收的效率损失率(Efficiency Loss Ratio—ELR),是指特定税收的超额税负担对政府得自于该税收的财政收入的比率,即 ELR=

---

① 因为,$W = 1/2 \cdot T \triangle Q$ $(T = P_d - P_s, \triangle Q = Q - QT)$,

需求的价格弹性为 $E_d = (\triangle Q/Q)/(\triangle P_d/P)$,得到 $\triangle P_d = \triangle QP/QE_d (\triangle P_d = P_d - P)$,整理后得到 $P_d = (\triangle QP/QE_d) + P$ 。

供给的价格弹性为 $E_s = (\triangle Q/Q)/(\triangle P_s/P)$,得到 $\triangle P_s = \triangle QP/QE_s (\triangle P_s = P - P_s)$,整理后得到 $P_s = (-\triangle QP/QE_s) + P$。

然后,把 $P_d = (\triangle QP/QE_d) + P$ 和 $P_s = (-\triangle QP/QE_s) + P$ 代入 $T = P_d - P_s$,解出 $\triangle Q$。

最后将 $\triangle Q$ 代入 $W = 1/2 \cdot T \cdot \triangle Q$,得到 $W = 1/2 \cdot T^2 \cdot (Q/P) \cdot (E_s E_d / E_s + E_d)$。

EB/R(EB 为超额税负担,R 为政府税收收入)①。该指标的经济意义在于,政府在制定可选择的税收方案时,应该认真研究和比较各种税收方案的效率损失程度,尽量选择那些效率损失最少的税收方案予以实施,以最大限度地减少国民福利的损失。

三、税收归宿的局部均衡分析方法

税收归宿(Aax Incidence),是指税收负担的影响范围。研究这个问题的目的在于说明特定税收负担最终是由哪些社会群体承担的。由于大部分税收的税负担具有可转移性,即直接纳税人不一定总是税负担的最后承担者,而且有些税收负担可以多次转移,致使人们几乎无法搞清楚到底谁是最后的税负担承担者。随之产生的问题是,税收负担的税法归宿与其经济归宿发生巨大差异,名义上的公平税收实际上可能有失公平,经济效率损失可能会进一步扩大。因此,关于税负担转嫁(Shifting of Tax Burden)、税收归宿的研究成为现代税收理论的一个重要内容。这种研究有助于人们了解政府的税制建设(以及税收政策制定)对社会公平与经济效率产生的综合影响。

研究税收归宿通常采取两种方法:一般均衡分析法和局部均衡分析法。一般均衡分析法认为,市场经济是各类市场(商品市场、资本市场、劳动市场等)组成的综合体,而各类市场还可以再划分为更具体的单个市场,如商品市场可以划分为食品商品市场、服装商品市场等。所有这些市场都是相互联系、相互依赖、相互影响的,只要税收进入某单一市场,只要该市场供求状况(价格、产量)因税收发生变化,其他所有市场也会在不同程度上做出反应,即进行相应的调整。换言之,只要税收使任何一个单一市场的均衡受到扰动,其影响就要扩散到其他市场,

---

① 今假设某种商品的供给具有不变成本性质(即供给曲线为一条水平线),其需求函数为 P=10-0.001Q。税前供求均衡时的价格为 \$4.8/个,产量为 5200 个。在政府征收从价税且税率为 20% 时,该商品税后价格上升为 \$6,即 \$4.8/(1-20%)。在税后物价上升为 \$6 时,需求量相应下降为 4000 个。经计算可知,该税造成的超额税负担为 \$720[W=1.2×(5200-4000)/2],为政府带来的财政收入为 \$4800(\$1.2×4000)。那么,该税的效率损失率则为 15%(720/4800)。

使其他市场供求状况(价格、产量)发生"连锁反应"。如果这些反应进一步对初始变动的市场发生"反馈"影响,则会继续对其他市场发生第二轮、第三轮等"连锁反应"。这种税收归宿分析方法的重要意义,是有助于全面揭示、解释税收对市场经济所产生的一般性均衡影响。但是,由于受税收影响的市场太多,逐一分析几乎没有可能,所以实证经济学在对税收归宿进行一般均衡分析时,也只好采用极为简化的"两市场—两要素—两产品模型"。

局部均衡分析则是在假定其他市场不变条件下,就税收对单一市场的影响进行初步分析,即仅仅探讨税收对该市场供求双方的经济影响,并作出基本判断。相比之下,这种方法通常能够更方便地研究税负担转嫁、税收归宿的基本原理,更明确地阐释税负担转嫁、税收归宿的主要规则。下面就以局部均衡分析法对有关问题进行说明。

关于税负担转嫁与税收归宿,可以通过单个商品市场和政府对其征收从量税的例子予以说明。假设某商品市场的需求函数(DD)为 $P=12-0.923Q$,供给函数(SS)为 $P=3+0.423Q$,该商品的均衡价格为 $P_0=\$5.829$,均衡产量为 $Q_0=6.686$(万个)。在政府对该商品征收从量税($\$1/$个)后,新的供给函数($SS_T$)为 $P=4+0.423Q$,那么税后均衡价格为 $P_1=\$6.514$,均衡产量为 $Q_1=5.944$(万个),如图6-3所示。

从图6-3可以看出,政府对供给商征收的 \$1 从量税是由消费者和生产者共同分担的,在新均衡点(E'),\$1 的税负担由消费者承担了 \$0.685($6.514-5.829$),生产者承担了 \$0.315($5.829-5.514$)。就是说,在本例,税负担的归宿是消费者和生产者。税收理论中,把特定税负担中由消费者承担的部分视为税负担的前向转嫁(Forward Shifting),由生产者承担的部分视为税负担的后向转嫁(Backward Shifting)。当然,生产者也可以把税负担全部向前转嫁给消费者,但这样做会进一步抬高商品售价(因 SS 曲线继续平行上移),使需求量大减,迫使生产者减产,导致其利润大幅下降。考虑到利润急剧下降和生产格局在短期内难以改变的问题,生产者发现除非在需求没有弹性的情况下,可以将全部税负担转嫁给消费者外,其他情况下实际上可能对自己不利,为此只能和消费者共同承担税负担。不过,税收理论往往假定生产者可以通过压低原材料供给价格的办法,或者其他手段,把本应该由其承担的税负担转嫁给原材料供给商——典型的税负担后向转嫁。

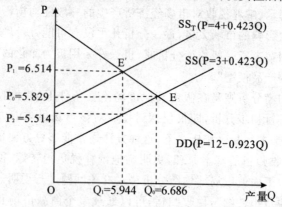

图 6-3　单个商品市场的税收归宿与转嫁

从图 6-3 还可以看出,消费者和生产者分担税负担的具体数量取决于各自的弹性。在本例,供给的价格弹性为 2.06,需求的价格弹性为 0.945,供给弹性大于需求弹性,且前者为后者的 2 倍。[①]所以,生产者承担的税负担会大大小于消费者,约为后者的 1/2。这就是说,税负担的转嫁及其程度取决于市场价格变动,而后者又取决于供给弹性与需求弹性,即取决于生产者对生产数量的调节与控制能力,以及消费者对购买数量的调节与控制能力。

虽然以上对税负担转嫁、税收归宿的分析是在充分竞争市场假定条件下进行的,但是大部分结论同样适用于垄断市场条件。在垄断市场条件下,垄断厂商对产品数量和市场价格有较大的控制能力,他们按照边际收入等于边际成本原则来决定生产规模,以能够获得最大垄断利润为目标来确定销售价格。由于垄断厂商的边际收入曲线位于市场

---

①　供给的价格弹性定义为 $\varepsilon = dQ/dP \cdot (P/Q)$,需求的价格弹性定义为 $\eta = -dQ/dP \cdot (P/Q)$。

需求曲线的下方,其斜率为需求曲线斜率的 2 倍①,那么和自由竞争的厂商相比,他们之间在(税前、税后的)产量与价格决定方面具有如下一些差异,如图 6—4 所示:(1)税前垄断厂商能够把产量压得很低,而把市场价格抬得很高,垄断厂商的税前供给量 Q_m 远低于非垄断厂商的税前供给量 Q_0,而垄断商品的税前价格 P_m 却远高于非垄断商品的税前价格 P_0。(2)税后垄断厂商则不能再更多地减少产量,也不能再更大幅度地提高市场价格,垄断厂商的税后供给量从 Q_m 减少到 Q_m^T,相应的税后价格从 P_m 上升到 P_m^T,而非垄断厂商的税后供给量则从 Q_0 减少到 Q_0^T,相应的税后价格也从 P_0 上升到 P_0^T,前者税后减产的幅度和税后价格上升的幅度均远低于后者。(3)相比之下,非垄断厂商通常能够比垄断厂商更容易地把税负担转嫁给消费者,因此承担了相对较小的税负担,而垄断厂商则要承担较大的税负担。

仅就试图通过提高市场价格向消费者转嫁税负担来看,在可比情况下,垄断厂商比非垄断厂商有更大的困难。因为价格的进一步上涨通常会带来两种可能的结果:一是迫使更多的消费者退出该商品市场(或减少对垄断商品的消费),二是引诱其他生产者进入该商品市场参与竞争;两种情况最终将导致原有的垄断厂商对商品的垄断供给变得无利可图。但是,人们不能据此认为在有税收情况下垄断的市场结构对消费者更有利。其实在可比条件下,垄断商品的税前价格(P_m)通常可能也会高于非垄断商品的税后价格(P_0^T),即早在税收发生前垄断厂商便已经通过垄断生产方式占有了较大的商业利润(垄断带来的超额利润),消费者也早已因此遭受了较大的福利损失。

---

① 垄断厂商的总收入函数为 $R_t = PQ$,其面临的市场需求函数为 $P = a - bQ$(表示需求曲线的斜率为 $-b$)。把 $P = a - bQ$ 代入垄断厂商的总收入函数,得到 $R_t = (a-bQ)Q = aQ - bQ^2$,据此可以求得垄断厂商的边际收入函数,即 $R_m = dR_t/dQ = a - 2bQ$,表示其边际收入曲线的斜率为 $-2b$。

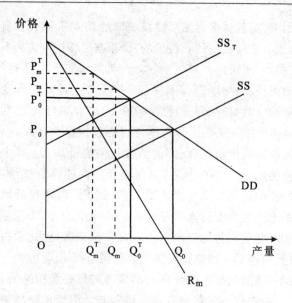

图 6-4　不同市场结构的税负担转嫁比较

（注：重线表示非垄断厂商税前、税后的产量和价格的变化情况）

通过以上分析，可以发现在市场经济中税负担分配与转嫁的一般规则是：

正常条件下，商品供求双方共同分担税负担，但是供求双方弹性较大者，相应承担较小的税负担。

供求双方如有一方为无弹性，则无弹性的一方将承担全部税负担。

供求双方如有一方为无限弹性，则无限弹性的一方承担的税负担接近零。

由于消费者也是生产者，在一定条件下，他可以通过种种办法将税负担转嫁出去，既可以将税负担做前向转嫁，也可以做后向转嫁。这主要是取决于时间。经验表明，短期内税负担不易转嫁，而在长期内任何税负担转嫁都是可能的。正因为如此，税收归宿的问题就变得十分复杂。

生产者进行税负担转嫁的难易程度，往往还取决于市场结构，一般来说,垄断的市场条件下,生产者税负担转嫁比在自由竞争市场条件下更加困难。

四、税收归宿的一般均衡分析

如前所述,用一般均衡分析方法来研究税收归宿问题,主要是为了考察特定税收对某一市场发生"扰动"后,该税收对其他市场产生的"连锁反应",即分析特定税收对整个经济社会福利变动的各种效应。正如《公共经济学》的两位作者所说:"一般均衡分析的重要性产生于经济体系中变量之间错综复杂的联系。迅速到来的第一轮效应常常为随后而至的调整所抵消。若要知道一种税收的完整影响,则需要找到它的所有结果。"由于税收对整个经济社会福利变动的影响是多角度、多层面的,就税收归宿进行一般均衡分析往往有助于确定税收对生产者的利润、消费者的效用以及要素供给者收入的影响,对各种要素供给特别是对资本与劳动供给的影响,对不同区域的经济发展的影响,对不同收入水平的各社会群体的福利分配的影响,对不同代人的福利分配的影响,以及对上述各方面的综合影响。但是,"……这不是一件轻而易举的事情。不仅需要建立整个经济的模型,而且必须能计算出某个参数如税率变化对整个体系的效应"[①]。长期以来,对税收归宿进行一般均衡分析既是税收理论研究的最重要任务之一,也是最困难的工作之一。

现代税收理论对税收归宿所做的一般均衡分析,通常要经过以下几个步骤:首先,在严格的假定条件下建立复杂的数学模型来模拟一般均衡体系;然后,通过对此一般均衡体系进行全微分,来考察经济体系对选定的外生变量(如税率)的反应,并作出一些重要的基本判断;最后,逐一放松原先的各种假定条件,再进一步考察经济体系对选定的外生变量所做出的各种反应。例如,安东尼·B.阿特金森和约瑟夫·E.斯蒂格利茨在研究公司税之税收归宿问题时,就采用了"静态两部门模型"。该模型基于如下的假定条件:(1)两个完全竞争产业,在规模报酬

---

① 安东尼·B.阿特金森、约瑟夫·E.斯蒂格利茨:《公共经济学》,上海三联书店、上海人民出版社,1998年,第245页。

不变条件下生产两种产品;(2)生产要素有二,即资本和劳动,其供给为已定;(3)生产要素可以在部门间自由流动,并且得到充分利用;(4)经济社会成员的需求具有同质性,或需求比例独立于收入;(5)经济社会中不存在失业,并做市场出清假设。该模型由成本函数、要素需求函数、资源充分利用条件、竞争假设条件、需求函数等组成,包括 6 个未知数与 6 个方程,以此模拟公司税将在其中发生影响作用的一般均衡体系。在对公司税税收归宿进行初步分析并得出基本判断后,开始放松该模型的上述各假定条件,依次分析在更符合现实情况的经济环境中公司税的各种效应,即公司税税收归宿问题。在被放松的假定条件中,除了引进不同嗜好、收入,不同资源禀赋的消费者替代需求同质性假定外,主要包括资源不流动及要素市场动态调整、非充分就业、市场不出清、长期经济发展导致要素供给不固定,以及市场不完善和垄断竞争的种种情况。[①] 由于是在更为符合现实的变形的模型上分析税收归宿问题,致使大部分结论成为可接受的,提高了对政府有关税收政策制定、调整活动的指导意义。

　　但是,在对税收归宿问题进行研究时还要注意理论分析与经验分析之间存在的巨大差距。对此,安东尼·B.阿特金森和约瑟夫·E.斯蒂格利茨指出:"一方面,经验研究工作必须体现理论文献所提出的多种关注……;另一方面,许多理论模型远非经验上可实施的,而且对一些重要因素(例如劳动的异质性的生产的含义)未予考虑。这就使人不禁要提出如何缩短距离的问题。"[②]为此,在对税收归宿进行实证分析的同时,还应该补充以经验分析,以便在大多数情况下提醒实证分析对更多方面的问题给予理论关注。所以,在对税负担转嫁、税收归宿等问题进行一般均衡分析时,以下一些经验结论往往是值得考虑的:

　　第一,经济资源总是从其边际收益较低的地方向边际收益较高的

[①]　关于对税收归宿进行实证分析的理论框架和具体方法,可以参见安东尼·B.阿特金森、约瑟夫·E.斯蒂格利茨的《公共经济学》(上海三联书店、上海人民出版社,1998 年)的有关章节,如第 6、7、8 章。

[②]　安东尼·B.阿特金森、约瑟夫·E.斯蒂格利茨:《公共经济学》,上海三联书店、上海人民出版社,1998 年,第 365 页。

地方流动。因此,在无人为限制情况下,长期里各种要素的边际收益总是大体相同的,即使在政府对单一市场的要素收入进行课税时也是如此。虽然短期内受税收影响的要素收入会明显低于未受税收影响的要素收入,但是由于资源自由流动的作用,经过一段时间后这种差异会再次被拉平。不过,此时所有要素的边际收益均会下降。

第二,如果(在税收作用下的)单一市场的收入转移、资源流动过分集中,往往会在短期内对其他市场的产品供求变动带来较大影响;反之,如果单一市场收入转移、资源流动比较分散,则对其他市场的产品供求变动不会产生明显影响,而且时间越长,影响就越不明显。

第三,短期内(在税收作用下的)单一市场的资源流动对其他市场供求变动影响程度,还取决于这些市场对闲置资源的吸收能力,吸收能力越强,这些市场上产品价格下降的幅度也就越大。反之,结果则相反。

第四,在垄断竞争的市场结构中,垄断厂商可以承担相对较大的税负担,税负担实际转移的规模一般较小,因此向垄断产品征税、向垄断厂商征税可能不会对经济社会总体带来较大影响。

第四节　税收对国民收入、政府财政收入的影响

政府在制定税收方案时,除了考虑税收对经济效率的影响,对国民收入再分配的影响外,往往更多的是考虑不同税收方案对政府财政收入的影响。由于税收产生两种不同但有联系的经济效应,一般情况下,不同税收方案对税基变动的影响不同,而同一税收方案的任何调整,如税率变动,也会给税基变动带来相应的影响。这些影响最终反映在国民收入(国民产出)和政府财政收入的变化上。所以,在税收理论中,研究税收与国民产出、政府财政收入的一般关系,研究税收方案的调整对国民产出、政府财政收入可能产生的一般影响等问题,对于政府税收政策制定、调整来说,具有重要的指导意义。

一、税基弹性

税基弹性是指在其他不变条件下,税基变动对税率变动的反应程度。该反应程度可以通过计算税率变动百分比与税基变动百分比的比值予以确定,其计算公式为:

$$E_t^B = (\triangle B/B)/(\triangle t/t) = (t\triangle B)/(B\triangle t)$$

其中,E_t^B 为税基弹性,B 为税基(以货币额表示),$\triangle B$ 为税基变动,t 为税率(以百分数表示),$\triangle t$ 为税率变动。在税收理论中,税基弹性概念非常重要,如果把国民收入抽象为税基,把政府税收政策的调整抽象为税率调整,那么通过测定税基弹性就能够大致地了解税收政策调整对国民收入、政府财政收入的影响方向和影响程度。

当 E_t^B 为正值时,表示税基与税率呈相同方向变动,即税率提高,税基扩大;或者税率下降,税基缩小。当 E_t^B 为负值时,表示税基与税率呈相反方向变动,即税率提高,税基缩小;或者税率下降,税基扩大。造成税基与税率或者按照相同方向变动,或者按照相反方向变动的主要原因,是税率变动(税收政策调整)对个人经济行为产生的影响具有不确定性,进而对税基变动的影响也就变得不确定。例如,政府对劳动所得征税,或者提高所得税率,就会造成单位小时劳动实际所得减少。单位小时劳动实际所得减少意味着劳动对闲暇的比价发生了变化,即闲暇变得相对便宜。在这种情况下,一些社会成员会认为减少劳动时间,相应增加对闲暇的消费,可以保持自己的效用不变,甚至提高效用。于是,他们减少了劳动供给,导致经济社会中(作为税基的)劳动收入规模下降,结果出现税基与税率朝相反方向变动的趋势(视为税收对国民收入产生了某种消极影响)。但是,在税收导致单位小时劳动实际所得下降情况下,另外有些社会成员却可能出于种种考虑而会延长劳动时间,以便对(因税收造成的)收入下降进行必要的补偿。于是,他们增加劳动供给,导致经济社会中(作为税基的)劳动收入规模扩大,结果出现税基与税率朝相同方向变动的趋势(视为税收对国民收入产生了某种积极影响)。至于劳动收入总体变化,即税基总体变化如何,则取决于上述两种趋势的对比。如果该税收对劳动收入变动产生的消极影响超过了其积极影响,经济社会的劳动收入总和就要下降,该税收的税基弹性必然是负值,表示政府实际上是面临着一种趋于恶化的税收环境。相反,如果该税收对劳动收入变动产生的积极影响超过了其消极影响,经济社会的劳动收入总和就会提高,该税收的税基弹性必然是正值,表示政府实际上是面临着一种趋于改善的税收环境。

就经验观察,一般经济社会中,在大多数情况下,税基弹性通常为负值,即税基变动通常与税率变动呈相反方向。这是因为,在任何情况下,税收都会在不同程度上挫伤人们从事特定经济活动的积极性,造成相应的经济效率(国民福利)损失。那么,符合逻辑的推理是:在其他不变的情况下,政府降低平均税率(以政府税收收入对国民收入的比率表示)通常可以提高人们从事经济活动的积极性,对扩大税基,即增加国民收入有利;而在其他不变的情况下,政府提高平均税率通常会降低人们从事经济活动的积极性,对税基变动产生不利影响,即减少国民收入。因此,政府制定的各种税收政策是否合理,就要以这些政策能否对税基产生积极影响为标准。

值得注意的是,在税基弹性为正值情况下,政府税收收入变动与税率变动也是同方向的,即税率提高,税收收入增加;税率下降,税收收入减少。但是在税基弹性为负值情况下,政府税收收入变动与税率变动却是不确定的,即税率变动或是增加税收收入,或是减少税收收入,或是使之保持不变。这是因为在税基弹性为负值情况下,特定的税率变动对政府税收收入变动产生了两种不同的影响作用:税率提高通常起到增加政府税收收入的作用,而税率提高同时缩小税基,对增加税收收入又产生抵消作用;同样,税率下降通常起到减少政府税收收入的作用,而税率下降却同时扩大税基,对减少税收收入又产生抑制作用。正是通过这两种相反作用的对比,税率变动才对政府税收收入产生了增加、减少或不变的影响。反映在税基弹性上,就出现了 $E_t^B > -1$、$E_t^B < -1$ 和 $E_t^B = -1$ 的三种情况。$E_t^B > -1$,表示税率变动的幅度大于税基相反变动的幅度;$E_t^B < -1$,表示税率变动的幅度小于税基相反变动的幅度;而 $E_t^B = -1$,表示税率变动的幅度等于税基相反变动的幅度。表 6-1 汇总了在税基弹性为负值情况下,税率变动对政府税收收入的

各种影响。在税基弹性为负值的情况下,政府尤其应该注意税率提高税收收入反而明显减少的问题。一般情况下,导致这种问题发生的主要原因有二:一是不合理的税率(税收政策)产生了较大的替代效应,人们对个人经济行为的盲目调整导致经济社会整体的效率损失,使经济税基趋于萎缩;二是不合理的税率(税收政策)诱使人们更多地采取避税、逃税[①]手段以减轻税负担,使实际税基不断受到侵蚀。解决这个问题,就要求政府对现行税收政策进行再调整,通常的做法是降低税率,同时加强税收征管工作。

表 6-1　税基弹性为负值条件下税率变动与政府税收收入变动的关系

税基弹性	税率变动	税收收入变动
$E_t^B > -1$	税率提高 税率下降	税收收入增加 税收收入减少
$E_t^B < -1$	税率提高 税率下降	税收收入减少 税收收入增加
$E_t^B = -1$	税率提高、下降	税收收入不变

二、税收对要素供求和经济产出的影响

根据前面的分析,不难发现,政府税收对社会经济产生的重要影响之一是在供求双方(经济交易双方)之间打进了一个所谓的"税收楔子"(Tax Wedge),如图 6-5 所示。税收理论认为,税收楔子在经济交易中的要素购买价格与要素供给价格之间造成一种收支差额,该差额不仅破坏了原先的要素供求均衡状况,而且对要素需求与要素供给产生不同程度的抑制作用。在经济学看来,政府对经济活动进行的管制(Regulation)、限制(Restriction)和规定(Requirement),简称"3R",都有类似于政府税收楔子的作用,和税收楔子一起统称为"经济楔子"。

[①] 避税是纳税人在不违反税法的条件下,利用税法的某些漏洞和解释不明之处,尽量减少纳税义务的行为;而逃税则是在税法规定的应税范围之内,采取各种非法手段以逃脱纳税义务的行为。从税法角度来看,避税与逃税的性质不同,但是两者都使税基受到大量侵蚀。

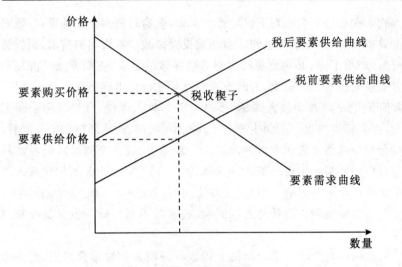

图 6-5　税收楔子

　　图 6-5 表明,税收楔子会提高生产要素的购买价格,同时降低它们的供给价格,因此,政府在对(经济社会中最重要的两类生产要素)劳动和资本收入进行课税时,必须深入研究税收可能产生的经济影响。一般情况下,政府对劳动收入课税,那么厂商雇佣一个工人时就要支付较高的工资,在厂商不能完全进行税收补偿时,(通过减少对劳动的需求的方式)必然将部分或大部分税负担转嫁给工人。税负担转嫁造成工人的实际收入(税后净所得)必然下降,劳动收入下降在一定程度上抑制了劳动的供给。同样,政府对资本收入课税,那么厂商雇佣一个单位的资本就要支付较高的利息,在厂商不能完全进行税收补偿时,(通过减少对资本的需求的方式)必然将部分或大部分税负担转嫁给资本所有者(储蓄者)。结果,资本所有者(储蓄者)的实际收入(税后净所得)必然下降,资本收入的下降会在相当程度上抑制资本的供给。

　　值得注意的是,实际上政府对劳动收入课税还会影响资本要素的供求变动,而对资本收入课税也会影响劳动要素的供求变动。例如,政府对劳动收入课税,导致工资成本提高,这可能会迫使厂商通过减产的办法来降低对劳动的需求,产出下降必然造成对资本需求的相应(但不一定是等量的)减少,进而造成经济社会资本要素的供给大于需求,资本收入在总量上会出现下降趋势。又如,政府对资本收入课税,导致资本成本上升,则通常会迫使厂商削减投资以减少对资本的需求,而投资减少,产出下降,必然也要减少对劳动要素的需求,进而导致经济社会劳动要素供给大于需求,劳动收入在总量上也会出现下降趋势。这样,政府无论是对劳动收入课税,还是对资本收入课税,从经济需求角度看,都会相应增加厂商的生产成本,减少其利润;而从经济供给角度看,都会相应降低要素所有者的净收入。就是说,税收会同时降低经济社会对生产要素的供给与需求,进而降低经济社会的产出,对国民收入增长通常产生不利影响。当然,正常情况下,考虑到政府财政活动对经济社会总体发展带来的种种有利影响,税收的不利影响一般只具有相对性。

把税收对经济社会产出的上述影响与税基弹性结合起来,至少可以在理论上理顺税收、经济产出和政府收入之间的一般关系。

三、税收、经济产出和财政收入的关系

虽然税收对经济社会产生的不利影响通常只具相对性,但是不合理的税收政策,如过高的税率则会严重挫伤国民从事经济活动的积极性,造成产出下降(税基萎缩),政府财政收入下降,国民经济增长趋于停滞。按照供给学派经济学家的看法,出现这些问题说明政府的税收行为已经进入它的禁区——税收禁区。各国经验表明,在极低税率条件下,政府提高税率或者使税基扩大($E_t^B > 0$),或者仅使税基发生相对较小的缩减($E_t^B > 1$),都可以提高政府的税收收入。但是继续提高税率,超过某一临界点,就会出现相反的结果,即提高税率造成税基明显萎缩($E_t^B < -1$),只会降低税收收入。于是,人们把超过临界点的税率调整余地称为政府的税收禁区,因其继续提高税率只能导致政府税收收入持续下降。著名的拉弗曲线(Laffer Curve)[①]对税率与税收收入

---

① 这一曲线是美国经济学家阿瑟·B.拉弗在 20 世纪 70 年代解释税收政策、国民产出和政府收入关系时首先使用的,故名"拉弗曲线"。拉弗的经济理论曾经为 80 年代美国政府税制改革提供了重要依据。

的这种关系做了非常直观的说明,见图 6—6。

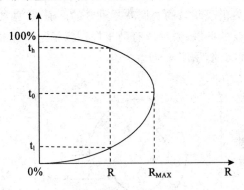

图 6-6 拉弗曲线

拉弗曲线对政府税收政策的制定与调整具有一定的指导意义:(1)在税率低于 t_0 时,政府提高税率会起到增加税收收入的效果;而在税率已经超过 t_0 时,继续提高税率,只会起到减少税收收入的效果。所以,t_0 时的税率为政府可选择的最佳税率,因其可以使政府的税收收入规模达到最大(R)。换言之,能够使政府税收收入达到最大化的最佳税率只有一个,应该成为政府税收政策的重要依据之一。(2)从 t_0 到 100%的税率调整区间均属于政府的税收禁区,在此区间政府只有采取降低税率的办法,即实行减税政策,才能有助于经济社会的税基扩大,才能增加政府的税收收入。(3)除了在 t_0 时的最大税收收入外,政府任何规模的税收收入(如 R)都可以通过两种税率取得:一个是高税率(t_h),一个是低税率(t_l)。那么,为了取得特定规模的税收收入,政府最好是采取较低的税率。因为,相比之下,低税率对经济活动的扭曲作用相对较小。(4)实际上,拉弗曲线更为重要的意义在于说明,"任何单一生产要素的课税率发生变动,将影响其市场活动参与能力。这进而会依次影响经济产出和税收基础"[1]。

---

① Arthur B. Laffer, The Ellipse: An Explication of the Laffer Curve in a Two-factor Model. 原文载 S. T. Cook、P. M. Lackson 主编的 Current Issues in Fiscal Policy, Martin Robertson & Co. Ltd. , 1979。

由于政府要对多种税基征税,如既对劳动收入征税,也对资本收入征税,那么有关税收政策的协调就是重要的。通过"两要素模型",拉弗椭圆(拉弗曲线的扩展)解释了有助于提高或稳定政府财政收入的有关税收政策协调问题,见图 6—7。

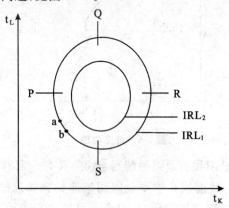

图 6-7　拉弗椭圆

图中的各个椭圆代表政府财政收入的等收入线(Iso Revenue Line,IRL),从外向内表示政府收入的不断扩大,如从 IRL$_1$ 到 IRL$_2$ 表示政府收入增加。横轴表示对资本收入课税的税率(t$_K$),纵轴表示对劳动收入课税的税率(t$_L$)。图中的每个椭圆都可以分出四个区域,分别表示不同税率组合变动对政府收入变动的关系:

第一,在 PS 区间,两个税率均在正常区间变动,其特点是固定其中一个税率而提高另一个税率,就可以提高政府的财政收入。例如,在 a 点提高资本税率或在 b 点提高劳动税率,都可以使政府财政收入从 IRL$_1$ 上升到 IRL$_2$。当然,无论在何种政府收入水平上,按相反方向变动两个税率(如在 IRL$_1$ 上从 a 点到 b 点,降低了劳动税率,同时提高了资本税率)也可以保持该收入水平不变。

第二,在 PQ 区间,劳动税率进入了它的禁区,保持资本税率不变时提高劳动税率就会造成政府收入的下降,如在 IRL$_2$ 上提高劳动税率就会使政府收入从 IRL$_2$ 下降到 IRL$_1$。不过,保持劳动税率不变,提高资本税率则仍然可以提高政府收入。另外,无论在何种收入水平上,只有按相同方向变动两个税率才能保持政府收入水平不变。

第三，在 QR 区间，两个税率都进入了它们的禁区，无论固定哪一个税率而提高另一个税率都会造成政府收入下降。若保持政府收入水平不变，提高一个税率必须同时降低另一个税率才行。在这一区间里，只有固定一个税率，同时降低另一个税率才可以使政府收入提高。

第四，在 RS 区间，资本税率进入了禁区，保持劳动税率不变，提高资本税率必然造成政府收入下降；而保持资本税率不变，提高劳动税率则会使政府收入上升。如若保持政府收入水平不变，两个税率必须（在如 PQ 区间那样）按相同方向调整才行。

以上分析说明了政府税收政策协调的一般原则，主要是应尽量避免政府的税收行为进入它的禁区。

如果把政府的等收入线和经济社会的等产出线结合在一起，可以进一步明确税收、经济产出和政府收入的关系，见图 6－8。

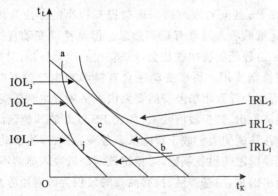

图 6-8 税收、经济产出与政府收入的一般关系

根据一般经验，税率越高产出相对越低，税率越低产出相对越高，图中以等产出线（Iso Output Line，IOL）表示税率和经济产出的关系，具有以下特点：在图上离原点越远的等产出线表示产出量越小，反映两个税率都在提高；在同一条等产出线上，两个税率的关系呈相反方向变化，即一个税率上升，另一个税率就相应下降；固定一个税率同时降低另一个税率会使产出增加，而固定一个税率同时提高另一个税率也会使产出下降。鉴于税基弹性的作用,经济社会实际上存在着这样的可能性,即特定税率组合可以使经济产出和政府收入同时达到相对最大化。

如图 6－8 所示,在 j 点上,IOL_1 与 IRL_1 相切,该点上对应的两个税率就是使经济产出和政府收入相对最大化的税率结合点。而在 b 点和 a 点上的两种税率组合,虽然也可以使政府财政收入不变,但是减少了经济产出。同样,在较低产出水平上,c 点表示 IOL_2 与 IRL_2 相切,该点上的税率组合则表示较高税率条件下经济产出下降,但政府财政收入还是提高的。c 点上对应的两个税率仍然是使经济产出和政府收入相对最大化的税率结合点。把 o 点、j 点、c 点等连接起来,就得到一条有效产出曲线(Output Efficiency Curve),表示政府能够在尽量减少经济产出条件下提高政府财政收入的税率结合点轨迹。

上述分析为政府税收政策调整提供了一般指导:在正常税率变动范围里(如在 PS 区间),政府可以通过提高税率的办法来增加其财政收入,对稳定财政收入通常有短期效果。但是税率变动直接影响经济产出水平,相对较低的税率往往会带来较大的产出规模,对财政收入的稳定增长有长期作用。税率变动还会直接影响生产要素的市场参与率,较高的税率会导致市场经济的要素供求格局发生剧烈变动,一般情况是降低经济产出,减少政府收入(如在 PS 以外的其他区间)。此外,较高的税率往往诱使人们敢于冒险从事各种逃税、避税活动,这种行为将进一步侵蚀国家的税收基础,对稳定政府财政收入显然不利。

应该指出的是,税基弹性、拉弗曲线等仅仅为政府税收政策的制定与调整提供了一般性理论依据,但在税收实践中这些理论还存在着很多缺陷。例如,对于政府来说,最佳税率往往无法确定,因此税收禁区也就无法确定。就不同国家而言,最佳税率的标准不一样;而就一国而言,不同时期、不同经济环境下,最佳税率的标准也会不同。所以,有助于确定最佳税率的仍然是经验,而不是理论。再如,理论上可以把税率变动视为税基变动的唯一因素,也可以把政府税收政策变动抽象为税率变动,但是在现实生活中,情况远非如此简单。税基变动通常会受到诸如经济衰退、通货膨胀等税率以外多种因素的影响,而税收政策的制定、调整通常也要考虑历史传统、社会公平、国际影响等诸如此类的(政治、文化、社会、经济)多种问题。又如,在拉弗曲线、拉弗椭圆中税率变化、税基变化与人们经济行为变化均表现为对称的关系,这也是不现实的。实践表明,人们对大多数经济变量的变动所做出的反应,对政府政策的变动所做出的反应都不是机械的,而且对这些变动所做出的反应也不可能具有广泛的一致性。因此,政府在具体政策制定中对"变动—反应"所作的逻辑判断,必须辅之以经验修正。

第六章练习题

一、判断以下各陈述的正误

1.亚当·斯密曾经指出,一国每年支出的费用,一般有两个来源:一是与人民收入无重要联系的资源,二是人民的收入。前者是指政府经营的企业的收入,如国营企业的利润、国家银行的利息等。但是,斯密观察到,由于各种经济的、非经济的原因,第一种收入来源具有相当的稳定性与确定性。(　　)

2.非经济税基是指和个人、企业经济行为有关的征税对象,如对商品、财产、收入以及市场交易等进行征税。对非经济税基征税,不会影响人们的经济活动和经济决策。(　　)

3.无论政府据以征税的对象属于经济税基,抑或属于非经济税基,都改变纳税人实际收入或改变其对经济资源的占有状况,这就是税收的收入效应。(　　)

4.允许纳税人按照税法规定对税基进行排除、扣除、减免等,都可以视为政府给予纳税人的一种税收优惠,这些优惠往往是出于多种原因而设计的,但不会相应减少政府的税收收入。(　　)

5.按照"利益原则",税负担的分配应当和纳税人从这种税收的使用中所得到的利益联系起来。不过,在实际生活中,利益原则只能适用于有限的范围。(　　)

6.支付能力原则要求按照个人的经济能力来分配政府支出的负

担,而同个人从政府支出中所得到的利益没有直接联系。该原则只有在能够确定纳税人支付能力大小的情况下才是适用的。(　　)

7.纵向公平原则要求支付能力相等的纳税人应当交纳相等的税款,横向公平原则要求支付能力不相等的纳税人应当交纳不相等的税款。

8.税收哲学是解释税负担转移、分配与归宿的学问。事实上,有些税负担转移标准是能为全社会成员所接受的。(　　)

9.绝大部分税收对私人经济行为都会同时产生收入效应和替代效应。替代效应是指税收引起人们对可供替代的经济行为之间的选择的改变,也就是用一种经济行为替代另一种经济行为以避免或减少纳税负担。人们在可以替代的经济行为之间进行决策调整仅仅是为了尽量减少个人的纳税负担,不会因此对整个经济社会资源配置产生什么影响,更不会对其产生扭曲作用。(　　)

10.税后基尼系数变大,表示政府通过税收手段进行的国民收入再分配取得了积极效果;反之,表示国民收入分配状况发生了进一步恶化。(　　)

二、选择题(从以下各题所给答案中挑选出所有被认为是正确的答案)

1.一般情况下,国家税收通常具有(　　)基本特征。

A.目的性　　　　　　　B.自愿性

C.合法性　　　　　　　D.强制性

E.灵活性

2.具有(　　)特征的税收被称为累进税。

A.平均税率总是等于边际税率

B.平均税率随边际税率提高而提高

C.平均税率与边际税率无关

D.平均税率随边际税率下降而下降

3.英国古典经济学家亚当·斯密首先提出"赋税原则",即政府税收活动所必须遵循的基本原则。这些原则是(　　)。

A.平等原则　　　　　　B.确定原则

C. 公开原则　　　　D. 便利原则

E. 效率原则　　　　F. 非强制原则

4. 政府税收活动之所以会产生"超额税负担"，斯密认为主要是由以下问题造成的:(　　)。

A. 国家使用了大批官吏以征税,浪费了大量税收收入,加之税吏贪污腐化、苛索人民,增加了人民的负担

B. 税收妨碍了人民的勤劳,使某些能够提供更多人就业的事业裹足不前

C. 不适当的赋税造成逃税现象大增,而处罚过重导致许多生产性资源变成国家税收

D. 税吏的频繁稽查,常使纳税人遭到极不必要的麻烦、苦恼与压迫

5. 衡量纳税人支付能力的标准主要有:(　　)。

A. 以个人收入水平衡量其支付能力

B. 以个人消费水平衡量其支付能力

C. 以个人学历高低衡量其支付能力

D. 以个人财产存量衡量其支付能力

6. 假设 DD 的函数为 $P = 12 - 0.923Q$，SS 的函数为 $P = 3 + 0.423Q$；那么在政府征收从量税的情况下(如对每个商品课征 1 单位税收),税负担分配的结果是(　　)。

A. 生产者与消费者承担了相同的税负担

B. 生产者比消费者承担了更大的税负担

C. 生产者比消费者承担了更小的税负担

D. 不确定

7. 超额税负担只有在(　　)情况下为零。

A. 需求的价格弹性为无限大

B. 供给的价格弹性为无限大

C. 需求的价格弹性为零

D. 供给的价格弹性为零

8. 市场经济中税负担分配与转嫁的一般规则是:(　　)。

A. 供求双方弹性较大者,相应承担较小的税负担

B. 供求双方弹性较大者,相应承担较大的税负担

C. 供求双方如有一方为无弹性,则无弹性的一方将承担全部税负担

D. 供求双方如有一方为无弹性,则另一方将承担全部税负担

E. 供求双方如有一方为无限弹性,则另一方将承担全部税负担

9. 税基弹性为负值时,会出现 $E_t^B > -1$、$E_t^B < -1$ 和 $E_t^B = -1$ 三种情况。其中,$E_t^B > -1$ 表示( )。

A. 税率变动的幅度小于税基相反变动的幅度

B. 税率变动的幅度大于税基相反变动的幅度

C. 税率变动的幅度等于税基相反变动的幅度

E. 税基变动与税率变动无关

10. 拉弗曲线反映了税率变动与政府税收收入变动的函数关系。该曲线对政府税收政策的制定与调整具有以下指导意义:( )。

A. 存在唯一的政府可选择的最佳税率,该税率使政府收入规模达到最大

B. 高于最佳税率的税率调整区间均属于政府的税收禁区

C. 除最佳税率使政府税收收入为最大外,其他任何规模的税收收入都可以通过或高或低的两种税率取得

D. 拉弗曲线更为重要的意义,是税率越低,对政府增加税收收入越有利

三、思考题

1. 何谓"税收"? 税收的基本特点是什么?

2. 经济税基与非经济税基的基本区别是什么?

3. 何谓税收的"超额税负担"? 产生超额税负担的主要原因是什么?

4. 试分析,在竞争市场和垄断市场中,税收转嫁和税收归宿的情况有什么不同。

5. 税收归宿研究中,采取一般均衡分析法和采取局部均衡分析法,各有何种意义?

6. 简要解释亚当·斯密的"税收原则"。

7. 简要解释公平分配税负担的主要标准。

8. 图示"拉弗曲线",解释该曲线主要说明了哪些问题。

9. 简要分析政府税收政策对经济产出和政府收入的影响。

10. 简要分析对劳动和资本收入征税所产生的经济影响。

第七章 税收制度(上)

税收是为了适应人类社会经济发展需要而进行的一种特殊的经济活动,也是市场经济条件下政府发挥其经济职能的一个重要杠杆。因此,现代各国政府均要遵循一定的政策原则,妥善建立自己的税收制度。税收制度的建设通常涉及选择主体税种、制定税收法规、确定税收征管程序与方法以及与此相关的各种重大活动。所以,税收制度既可以视为国家按照经济发展水平与国内政治力量对比,演进形成的既定的税收体系,也可以视为相对稳定的各种税收法规和征管办法的总和。

现代各国税收制度都不是固定不变的,其变化主要包括两个方面:一是各个税种的自身变化,一些旧的税种消亡了,随之一些新的税种产生并发展起来;二是国家税收制度为适应变化了的经济形势而进行的各种改革,一些旧的法规、程序、征管手段被废除,取而代之的则是一些更合理的法规、程序和更先进的征管手段等。两个方面的变化相互影响、相互作用,以使政府能够及时通过税收制度的调整来达到其调节社会经济的目的。

本章和下一章主要分析现代国家税收制度的一般特点、现代国家广泛使用的一些重要税种以及国际税收问题。

第一节 现代国家税制基本情况与变化趋势

虽然一国一定时期的税制安排主要地取决于当时的社会经济发展状况、发展水平、市场性质以及政府的行政管理能力,但是受经济理论、公共财政理论,尤其是税收理论指导的税制设计能力则对其是否优化产生重要影响。税制及其优化的理论与政策研究通常要涉及许多方面的问题,如多种扭曲性税收共同存在情况下各单一税种的税率结构的选择,对税基、课征范围的确定,对纳税环节、税务征管的法律法规的设计,如此等等。此外,税制优化目标还在公平与效率之间进行权衡与协调。本节重点阐释税制建设、税制改革的理论知识。至于各主要税种设计及有关问题则在随后的各章节里展开分析。

一、主要税种

就税制组成方法而言,当代世界上大多数国家普遍实行复合税制①,即由多种税系的多个税种组成国家的税收体系。复合税制由于税种多样,各司其职,主税、副税相互配合,通常能够充分发挥国家税收应该具有的各种功能,如筹集资金、收入分配、宏观调节、经济控制等。复合税制的形成,与社会经济发展和政府财政开支不断扩大有直接关系。

OECD 国家税收分类和编号大体如下:

1000——对产品、劳务的课税,进一步划分为两类:

(1100)——对商品生产、出售、转移、租赁、运输以及劳务提供的课税。

(1200)——涉及商品、服务所有权或使用权的课税。

2000——所得、利润、资本增益税,划分为两类:

(2100)——家庭、机构缴纳的所得税、利润税、资本增益税。

(2200)——公司企业缴纳的所得税、利润税、资本增益税。

3000——社会保险缴纳。可以划分为雇员缴纳、雇主缴纳以及独立职业者缴纳三种。

4000——基于工资支出或人力资本支出的雇主缴纳。

---

① 与复合税制相对应的是单一税制,其特点是以一种税系,或少量税种组成国家税收体系。单一税制虽然在税收征管上比较简单,征管成本亦较低,但是这种税制功能单一并且缺乏弹性,往往难以在为政府筹集税收收入的同时发挥更多的其他经济调节作用。

5000——对净财产与不动产的课税,分为三类:

(5100)——家庭、公司企业缴纳的(经常、一般)净财产税。

(5200)——家庭、公司企业、机构等缴纳的不动产税。

(5300)——非经常净财产与不动产的课税。

6000——赠与、遗产,资本、金融交易课税。

7000——其他税种。

按照"经合组织"依据不同税基对税收进行分类的方法,目前各国的税收体系,即形成各国政府财政收入主体的税收结构,可以大致地划分为四个大系,即所得税系、货物税系、财产税系和社会保险税系。所得税系主要包括个人所得税和公司所得税。个人所得税以法定纳税人个人的工资、利息、租金、股息等收入为税基,公司所得税以公司组织形式的企业利润为税基。两种所得税均允许在计算应税所得时,按照税法规定对一些特殊项目进行扣除、减免,然后再乘以适用税率,求出应交税款。所得税通常实行累进税率,这在税负担分配上,符合支付能力原则。所得税属于直接税,短期内税负担转嫁比较困难,但公司也有可能为了保持利润水平而抬高产品价格,从而将税负担转嫁给消费者承担。

货物税系主要包括零售销售税、增值税、关税和特种货物税。这一类税收均以生产和销售的货物为税基,可以在生产或销售的单一环节征收,也可以在生产和销售过程中的各个环节均征收。对货物征税实际上是对消费行为征税,由于对消费支出直接征税在税务征管上有诸多困难,所以采取了对消费的货物进行征税的替代方法。货物税属于间接税,一般采取比例税率,税金由销售货物的厂商交纳,但纳税的厂商最终会通过调整商品价格的办法而把交纳的税金转嫁给消费者承担。

财产税系主要包括一般财产税、遗产税和赠与税。一般财产税是对已占有的财产进行征税,通常按照应税财产的市场价值估价,以比例税率征收。由于对一般财产的估价往往低于其现行市场价格,因而一般财产税的有效税率往往低于它的名义税率。遗产税和赠与税都以转移的财产为税基,前者是对死亡转移的财产征税,后者是对赠与转移的财产征税。为了防止遗产人在死亡前以赠与方式转移财产而逃避纳税,各国税务当局总是把两税结合在一起征收,合称财产转移税。财产转移税一般实行统一的累进税率,但各国税法都对该税规定有大量的减免项目,所以财产转移税的有效税率也比其名义税率要低得多。

社会保险税系各主要税种均以企业雇员工资的一定部分为税基征收,可以视为一种变相的所得税。但社会保险税更具有社会保险的交费性质,对规定在社会保险范围内的雇员实行强制性征收,所征税款纳入统筹的社会保险基金,以备用于未来对纳税人养老金、伤残补助、医疗补助、失业补助的支付,故被划分为一个单独税系。社会保险税主要包括三个税种:用于老年和伤残保险的社会保险税,一般是由雇员和雇主共同交纳;用于医疗保险的社会保险税,也是由雇员和雇主共同交纳;用于失业保险的社会保险税,一般由雇主交纳。

世界银行在其有关的统计中,也是采取"经合组织"的税收分类方法,如把中央政府的财政收入来源划分为 6 类:所得税(含利得税和资本收益税)、社会保险缴费、国内货物和劳务税、国际贸易税、其他税以及非税收收入。当然,有些税收在分类上存在着不易确定到底应该属于哪个税系的问题,如资本增益税,即对房地产、古玩、艺术品、股票和其他有价证券源于市场价格上涨带来的额外收益的征税,既可划归所得税系,也可以划归财产税系。所以说对税收的分类只能是大致的,通过这种大致划分,人们能够对税收体系的结构进行分析和进行国际比较。

二、税制结构

税收体系的结构,简称税制结构,是指税收体系中各类税收的组合以及各类税收在组合中的相对地位。不同国家的税制结构大致反映该国一个时期的经济发展水平与国内政治力量的对比,因此随着政治与经济情况的变化,税制结构也在发生变化。

从发达国家税收体系的演变过程来看,在经济发展初期,税收体系以货物税和财产税为主体,因其税源比较稳定,征管比较简便。随着市场经济的发展,人们的货币收入不断增加且来源日益多样化,这便为政府逐步将个人收入,即所得作为稳定而庞大的税基创造了条件。20 世纪以来,所得税在各发达国家税收体系中的重要性逐步超过货物税与财产税,最终成为这些国家政府财政收入的基本来源。二战以后,各发达国家相继建立并完善各自的社会保险制度,作为社会保险基金来源的社会保险税,也逐步发展成为这些国家税收体系中的一个重要税种。可以说,目前发达国家基本上完成了从传统税制结构向现代税制结构的转化。其税制结构的特点是,已经由财产税、货物税密集型转化为所得税、社会保险税密集型。但是,相比之下,大多数发展中国家的税制结构则仍然属于货物税密集型,只有少数东欧国家、拉美国家等的税制结构 20 世纪 90 年代以来表现出类似发达国家的那些变化,见表 7—1。

表 7-1   例选的发达国家与发展中国家的税制结构比较
(占政府经常性财政收入总额的百分比%)

国　家	所得税与社会保险税				国内货物与劳务税,国际贸易税			
	1981~1990	1991~1995	1996~1999	2000~2004	1981~1990	1991~1995	1996~1999	2000~2004
印度	16.0	19.7	23.1	30.0	64.0	56.2	50.1	48.3
菲律宾	23.6	29.2	37.0	N/A	60.4	52.8	48.7	N/A
委内瑞拉	63.9	56.1	32.0	N/A	18.1	19.5	39.2	N/A
韩国	29.1	38.5	37.2	40.0	55.1	40.5	39.8	35.1
英国	56.1	52.1	55.5	57.2	29.8	32.4	31.7	32.3
意大利	70.0	65.8	67.0	67.7	25.6	28.8	24.1	23.3
法国	59.7	51.8	61.3	66.7	29.4	27.5	28.6	24.0
美国	83.8	85.4	87.6	91.1	5.9	5.4	4.5	4.1

资料来源:世界银行,《1997 年世界发展报告》,中国财政经济出版社,1997 年,统计表,表 A1;朱之鑫,《国际统计年鉴(2000)》,中国统计出版社,2000 年;李德水,《国际统计年鉴(2005)》,中国统计出版社,2005 年。

当然,各国税制结构的形成与演变不单纯受经济发展的影响,在相当程度上还要受到本国历史的、传统的、政治的、文化的等许多因素的影响,所以不同类型国家的税制结构仍然多少保留着各自的特点。例如,在发达国家中政府税收收入大部分来自所得税和社会保险税,这两类税收在美国、日本、意大利的政府税收总额中占 60%以上。但是在西欧国家,政府得自货物税的收入比重则高于美国、日本等。又如,在南非、印尼、以色列、委内瑞拉等发展中国家,其所得税收入占政府财政收入总额的比重通常达到 40％～50％,但是社会保险税收入的比重则不足 10％或更低。

　　研究税制结构可以用来分析不同国家总体税收负担分配的基本特征,即反映在税负担总体分配上是否更符合社会公平原则。一般情况是,以直接税为主且累进性较强的税制结构,通常比以间接税为主且累退性较强的税制结构,社会公平程度更高。首先,货物税属于间接税,对货物征税实际上是对消费支出征税,其税负担归根到底要由最终消费者承担。由于消费支出占人们收入总额的比例随着收入增长而呈逐步下降趋势,因而对货物征税,尤其对生活必需品征税,其税负担对个人收入的比例也就变得越来越低。显然,货物税具有明显的累退性。其次,所得税属于直接税,各国政府对所得征税通常采取累进税率,随着应税所得的增加,其边际税率也在提高。不过,自 20 世纪 80 年代以来,许多发达国家连续几次下调所得税的累进税率,在这些国家所得税的累进性已经明显下降。再次,实行比例税率的社会保险税在税负担分配上比较复杂。从社会保险税征管办法来看,雇员交纳部分具有直接税性质,即由雇员本人承担税负担;但是雇主交纳部分往往可以通过压低工资支付的办法和提高产品价格的办法转移给他人(雇员与消费者)承担,则具有间接税性质。于是,社会保险税的税负担分配实际上也表现出某种程度的累退性。最后,对一般财产征税虽然采用比例税率,但是由于财产价值评估中掺有大量的主观随意性,估价往往低于现行市价,导致一般财产税的税负担分配也就有了很大累退性。尽管遗产税采用累进税率,但税法上有较多减免规定,使得应税遗产数额大为减少,加之各种逃税手段,实际上大部分遗产也是很少纳税的。

　　根据以上分析,可以得出一般性结论:和货物税、财产税密集型的税制结构相比,所得税、社会保险税密集型的税制结构具有较高的累进性。另外,鉴于直接税税负担转嫁常较间接税困难,所得税、社会保险税密集型的税制结构也比货物税、财产税密集型的税制结构在税负担总体分配上更符合社会公平原则。

三、税收负担轻重的比较

观察一国税负担的轻重,可以采取以某国的情况和其他国家相比较的办法。此种对比可以采用两种指标:一是税率的高低,二是税收占GNP(或 GDP)的百分比。

进行税率的国际比较有些实际的困难,因为名义税率的高低不能完全反映真实的纳税负担。纳税负担决定于税基和税率两个因素,即纳税额=税基×税率。对于纳税负担的研究来说,既要区别全面税基与非全面税基,也要区别名义税率与有效税率。名义税率是税法规定的税率,有效税率是纳税人实际负担的税率。由于按照税法征税的税基一般都不是全面税基,在诸多减免规定的作用下,使得应税的税基远远小于实际的税基,因而导致税法规定的名义税率与实际负担的有效税率并不相同,甚至相差甚远。[①]

对政府税收占 GNP 或 GDP 的比例进行有关的国际比较时,必须采取完全相同的计算口径,因为 GNP 与 GDP 的计算方法不同。GNP与 GDP 的差额在于国外净要素收入,由于发达国家的国外净要素收入一般为正值,这些国家的 GNP 一般地会大于 GDP,因而按 GNP 计算的税收所占的比例就小于按 GDP 计算的这种比例。相反,许多发展中国家的国外净要素收入一般为负值,这些国家的 GNP 一般地会小于GDP,因而按 GNP 计算的税收所占的比例就大于按 GDP 计算的这种比例。表 7-2 提供了部分国家政府税收占各自国家 GDP 百分比的统计资料。就时期比较来看,例选国家的税负担几乎都有不断提高的现象,其中某些国家(如南非、意大利及日本)的这种情况最为明显。税收收入的持续增加,从另一个侧面说明了各国政府经济干预能力的不断提高。就国际比较来看,发达国家的税收负担在两个可比时期都重于

---

① 例如所得税,假定某人的实际所得为 $20 万,按照税法进行各项减免处理后,应税所得下降为 $12 万。如果按照税法规定的税率计算,此人应当交纳税款 2.4 万美元。那么,按照名义税率计算的平均税率(纳税额/应税所得)为 20%(=2.4/12),但是纳税人实际负担的有效税率(纳税额/实际所得)则仅为 12%(=2.4/20)。

发展中国家。统计资料大致上说明,在现代经济发达国家,国民承受的税收负担普遍不轻,这是这些国家长期推行福利国家政策,从而不断提高社会保险缴费和其他税收的结果。

表 7-2　例选国家政府税收占各自国家 GDP 百分比统计(%)

国　家	税收收入				非税收收入			
	1980	1995	1999	2009	1980	1995	1999	2004
印度	9.8	9.6	9.1	12.4	5.0	4.1	3.2	2.2
菲律宾	12.5	16.0	14.4	16.6	5.9	4.9	1.4	2.1
泰国	13.2	17.1	13.7	17.1	6.6	7.4	2.1	2.2
南非	20.0	25.2	25.6	28.2	5.6	10.0	2.6	1.4
墨西哥	14.3	14.8	9.7	13.6	4.4	8.0	1.1	2.8
韩国*	15.3	17.7	16.2	18.7	8.0	6.5	2.5	3.6
英国	30.6	33.5	34.6	36.3	9.8	11.8	1.8	1.6
意大利	29.1	38.4	38.8	36.8	7.7	11.2	2.8	1.7
法国*	36.7	38.1	36.2	42.3	12.2	11.5	2.4	2.7
美国	18.5	19.0	19.5	19.7	0.9	0.8	1.3	0.5

* 代表 1997 年的数据。

资料来源:世界银行,《1997 年世界发展报告》,中国财政经济出版社,1997 年,统计表,表 14;朱之鑫,《国际统计年鉴(2000)》,中国统计出版社,2000 年;李德水,《国际统计年鉴(2005)》,中国统计出版社,2005 年。

四、税制改革

在近现代国家,税制改革的社会、经济意义特别重大,甚至成为国家独立(如美国)、国会抑制王权(如英国)的政治契机。促使政府进行税制改革的具体方式很多,从个体的逃税、避税、抗税活动,到有组织的修宪活动,都有可能实现某种税改目标。例如,18 世纪英国人曾使用封堵自家窗户的办法达到逃避"窗户税"目的,最终迫使英王无奈地取消了此税种。但是,当代各国的税制改革则表现出一个明显特征,即重大改革多是在现行税制难以适应已发生变化的新经济形势情况下,经过经济学家与社会各界广泛论证后推动的政府行为,或出于同样条件下的政府的自觉活动。

第二次世界大战结束后,西方各国相继采用了凯恩斯经济学派的政策主张,为加强政府对市场经济的干预——旨在实现充分就业的经济增长目标,尤其重视税收这个财政杠杆的作用。20 世纪 70 年代以来,发达国家普遍陷入劳动就业增长缓慢、通货膨胀日益严重、经济发展趋于停滞的所谓"滞胀"状态。按当时流行的供给学派经济学理论分析,这些经济问题都与国家的税制结构,特别是所得税结构不尽合理有关。供给学派认为,通过降低税率、改革税制的途径,就能够比较有效地促进经济增长。发达国家政府为了尽快摆脱经济上的被动局面,相继接受了供给学派的理论,希望通过税收制度、税收政策的改革与调整来实现对宏观经济的有效调控。这样,20 世纪 80 年代后发达国家的税制改革活动一直未中断过;特别是在 1986 年美国政府提出了在其历史上堪称最重要的一个税制改革方案后,西方各国纷纷效仿,形成了以"低税率、宽税基、简税制、严征管"为特征的全球性税制改革浪潮。此次税制改革是半个世纪以来税制原则的一次重大调整,在税收的经济效率原则上,由全面干预转向适度干预;在税收公平与效率原则的权衡上,由偏向公平转向突出效率;在税收公平原则的贯彻上,由偏重纵向公平转向追求横向公平;在税收效率原则的贯彻上,由注重经济效率转向经济与税制效率并重。

最近十几年来,西方发达国家税收制度的最新发展状况,概括起来大致有以下几个方面:

第一,各国宏观税负出现下降趋势。发达国家 20 世纪 80 年代中期开始的税制改革的主旋律是减税,然而减税减的只是所得税的名义税率或边际税率。税改开始阶段,各国在降低税率的同时,将所得税的税基却相应拓宽了。这样,发达国家初期税改的减税,实际上并没有影响税收收入的规模。相反,各国税收收入的水平还普遍出现不降反升的现象。从 20 世纪 90 年代末到 21 世纪初,随着西方各国财政状况的逐步好转,一些国家在税制改革中相应加大了对税收优惠措施的运用,不再一味追求"宽税基"的原则,这自然造成了税收收入规模的下降。统计数字表明,2003 年,美国的宏观税率已经由 3 年前的 29.9% 下降到了 25.4%;同期其他一些国家也出现了类似的现象,荷兰从 41.2% 下降到 38.8%,英国从 37.4% 下降到 35.3%,瑞典从 53.8% 下降到

50.8%。

第二,资本的税收负担开始减轻。一般情况下,政府课税的税基主要包括劳动力、资本和消费,而政府无论对哪种税基课税,都会给经济带来一定的负面影响。正如大卫·李嘉图所指出的,各种税收都是流弊和流弊之间的选择。例如,如果一国对劳动力课征较重的税收,那么,其就业形势很可能会恶化:一方面,雇主会因劳动力成本提高而"用机器手替代人手";另一方面,工人会因缴税过多而自愿失业。因此,各国税制改革的任务之一,就是要结合本国的实际情况,调整税收的总体负担在各种税基之间的分布。发达国家长期以来劳动力的税负是比较重的,表现为劳动力的有效税率(即税额与应税税基之比)一般都高于资本和消费的有效税率。由于劳动力的税负已经很高,加之对消费的课税具有累退性,以及人们担心提高对消费的课税会引发通货膨胀,很多西方国家过去进行税制改革时往往把保证税收收入的着眼点放在增加资本的税负上。例如,1995~2000年,欧盟国家资本的有效税率就从24%提高到了31%。特别是劳动力税负较高的国家,更是把增税的重点放在了资本这个税基之上。然而,资本的税负高并不利于增加储蓄和投资,特别是在全球经济一体化的今天,如果一国对资本和经营所得课征高税,就会导致或加剧本国资本以及所得税税基的外流。因此,近几年越来越多的西方国家开始重视降低资本的税负。例如,2000~2009年,欧盟原有的15个成员国中,有11个国家降低了公司所得税税率。到2009年,很多发达国家的公司税税率(含中央和地方政府)都低于30%,如芬兰为29%,瑞典、丹麦和挪威为28%等。

第三,税制结构的变化日益显著。从20世纪80年代中期起,发达国家出于经济效率的考虑,纷纷对税制结构进行调整,出现了所得税(尤其是个人所得税)比重下降、社会保险税(缴费)和一般商品税(主要是增值税)比重上升的趋势。进入21世纪以后,税制结构的这种变化在一些国家呈加快趋势。例如,德国在1990~2000年,所得税在税收收入中的占比平均每年下降0.7%,但在2000~2008年,所得税的占比平均每年下降3.1%;社会保险税的占比在前10年中平均每年只增长0.4%,而2000~2008年平均每年增长1.5%;商品税在税收收入中的占比前 10 年平均每年只增长 0.52％,而后 3 年平均每年提高 14％。目前,在许多西方发达国家,间接税在税制中所占的比重已经达到或超过了 30％。

第四,税制理论和方法上的创新。一是跳出了供给学派"单向"减税以刺激总供给的框架,强调应该通过减税与增税"双向"调节社会经济活动。这在美国克林顿政府的新税收政策中表现得尤为明显,增税主要包括对最富有阶层增收所得税,扩大针对有关医疗保险的工薪税税基,提高联邦汽油税等;而减税则主要针对中低收入家庭与小企业,并扩大对劳动所得税额抵扣的范围。其他 OECD 国家也有类似情况。二是在效率与公平原则及其他政府目标的结合与轻重权衡上,普遍调整了片面追求效率、忽视公平及其他政府目标的做法,努力促进各原则目标的协调。三是不片面强调追求"理想优化状态"和使用绝对中性的"非扭曲性"税收工具,强调对各种约束限制条件的研究,注重"次优状态"的获取。四是更注重改革的循序渐进,注重经济行为主体的反馈信息,并没有刻意追求一步到位。

第五,现代税制改革所追求的目标比以往更为多样化,除了尽可能地实现减轻国民税收负担、坚持税负平等、大力降低税收成本等传统目标外,还要求努力实现诸如改善经济效率、追求税制民主、保护生态环境、推动社会经济可持续发展等现代目标。可以说,人们追求的税制改革最终目的在于寻找至少在当前和未来一段较长时期看,属于"不断优化"的那种税制。

总之,20 世纪 80 年代后逐步形成的世界性税制改革具有一个非常明显的特点,即涉及范围的广泛性和改革方向的一致性都是空前的。各国税收制度、征税方法的趋同,不仅说明全球经济的相互依赖性在日益加强,而且也反映出国家之间彼此借鉴经济管理经验的重要性日益受到重视。

第二节　个人所得税

所得税,具体可以划分为个人所得税和公司所得税,后者又称法人税。由于两税在税务征管上存在着诸多相似之处,本节主要分析个人所得税的税务征管方式和经济影响。在此基础上,第三节简要介绍典型公司税的一些重要的制度安排与征管方式。

个人所得税于 1799 年首创于英国,由于具有以下优点,20 世纪以来,被世界各国广泛采用。这些优点是:(1)个人所得税直接变动个人可支配的收入,影响个人劳动的积极性,进而影响消费、储蓄和投资的规模。(2)通过税基减免和累进税率的作用,它可以在个人之间调整社会收入的分配,有助于经济社会实现收入平等化目标。(3)在宏观经济调控方面,它发挥着内在稳定器(Built-in Stabilizer)的作用,根据经济形势的变化(过冷或过热),自动地调节人们的税收负担,以缓和经济社会中有效需求的波动。

目前,世界上有 140 多个国家和地区政府征收所得税,而在包括全部经济发达国家在内的 39 个国家里,所得税收入构成其政府财政收入的第一位,也是最重要的来源。所得税虽然产生于英国,但在当今世界上,美国的个人所得税制度则发展得相对最为完善,并对其他各国所得税建设产生较大影响。以下以美国为例,对个人所得税制度的基本安排作一简要分析。

一、收入的经济学定义与税法规定的所得范围的确定

原则上,个人所得税要以个人的各类收入(亦称收益、所得)作为计算纳税负担的基础。大多数经济学家主张采用全面所得的定义,全面所得的定义一般称为海格－西蒙斯定义(Haig—Simons Definition)。

按照海格－西蒙斯的定义,所得是以货币价值体现的、在某一规定时期中个人消费能力的净增加,这等于本时期中的实际消费数额加上财富的净增加额。因为财富的净增加额(即储蓄额)代表着潜在的消费

能力的增加,所以必须包括在所得之内。这个定义要求在所得中包括可能增加现期的,或者未来的任何形式消费的一切收入来源。其中不仅包括那些按照惯例认为是所得的项目(如工资和薪金收入、企业利润、租金和特许权使用费、股息和利息收入等),而且包括某些"非惯例"的项目(如失业补助、贫困救济、退休补助等转移支付)。此外,还要包括发生而尚未实现的资本增益(如正在持有的,或并未出售的股票、债券、房地产、黄金等市场价格上涨带来的收益);各类形式的实物收入,即现金交易以外的物品和劳务形式的收入(如农民食用的自产农产品,公司对雇员提供补助的午餐);以及自用耐用资产的推算租金(又称归属性收入)。以该定义作为计算所得税全面税基之标准主要有两个好处:一是该定义符合公平的要求。按照税负担分配的横向公平要求,具有相等收入的人应当交纳相等的税收,而要做到这一点,就须将纳税人的所有收入来源包括在其税基中,否则两个实际上有着相同支付能力的人将会由于所得记录上的某些遗漏而承受不同的纳税负担。二是该定义符合效率的要求。在这个定义中对所有形式、来源的收入同等看待,不致对经济社会中个人经济决策行为发生干扰性的影响。

但是,海格—西蒙斯的所得定义应用在所得税的税务征管上,却有一些不易克服的困难。按照这个定义,资本增益不论是否实现,都应同样计入所得。然而,对尚未进行市场交易的资产计算其增益价值,通常只能采取评估办法。由于估价过程中掺有大量的主观随意性,不同评估者可能会做出不同的估价,结果可能会使全部的所得计算失去其应有的严肃性。类似的情况还表现在对耐用资产的市场租金的估算上,这种估算实际上也不可能做到客观、准确。此外,实物收入在具体形式上千差万别,如何估算其相应的市场交易价值,不仅难以找到客观的标准,而且即使找到客观标准,极高的估算成本可能也会使这种估算活动本身失去经济意义。

为克服上述困难,各国税务当局出于实际需要,就要对海格—西蒙斯的"全面所得"概念进行必要的调整,以适应税法规定的用于税收目的的所得计算。这些调整主要源于三种考虑:(1)出于计算方便考虑而进行的调整。一般情况下,各国税务当局征税所依据的所得概念通常较窄。例如,美国所得税法规定,只对以现金为基础的市场交易中获得的所得征税,而源于非市场(非现金)经济活动的所得均不包括在征税所得范围内。[①] 税务当局认为, 在不存在市场交易情况下勉强计算某些收入价值往往会带来诸多争议,对正常征税反而不利。(2)基于公平考虑而进行的各种调整。各国所得税法通常允许纳税人从个人所得计算中按照规定进行一些特殊项目的排除、扣除、免除或减除(如美国税法允许把大额医药费用和灾害损失的一部分从个人所得中扣除),不作应税所得对待。这样做主要是出于社会公平的考虑,因为发生特殊性支出(如灾难损失)的这些人和那些取得相同收入而没有这种支出的人相比,在纳税能力方面实际上存在着明显的差异。税务当局对此应该区别对待,否则规定这两类纳税人同等纳税反而会使税负担分配变得不符合社会公平原则。(3)基于激励目的的考虑而进行的各种调整。为了鼓励社会成员从事某些有益于公众的经济活动(如对慈善事业的捐款和公益性投资),有些国家允许纳税人把这类支出不计入应税所得,或者允许他们把这类支出从应税所得中扣除,或者允许他们把部分支出从应纳税款中抵扣。这种规定虽然相应缩小了对这些人进行所得征税的税基规模,但在一定程度上也减少了政府财政的某些支出。

二、个人所得税的基本征管方法

美国联邦个人所得税征管具有如下一些特点:

第一,属于"综合制所得税",即对纳税人在一定时期(一般为一年)内获得的各种所得(综合所得)减去各项法定扣除之后的净额征税。和

[①] 例如,按照美国个人所得税法,如果个人拥有一幢房屋并且出租出去,房租所得就应当课税;但如果此人自己居住这幢房屋,就无须对推算的租金所得(归属性收入)课税。另外,美国税务当局也只对发生并实现的资本增益价值课税,而对发生的但并未实现的资本增益价值则不课税。

其他类型所得税[①]相比,"综合制所得税"具有税基最宽、最能体现税负担分配的"支付能力"原则的优点。

第二,按照家庭的年度收入计征所得税。这样做的明显好处是,能够有效避免对相同名义收入的个人课税而不问其各自家庭负担所造成的税负担分配实际不平等问题。

第三,采取代扣代缴和年度纳税申报制度,即要求支付收入的源头(如雇主)为纳税人(如雇员)代扣代缴税款并解缴给政府,与此相对应,纳税人在年末进行纳税申报时可以对代扣代缴税款进行抵免。这种制度安排的好处有二:一是如果让纳税人年末一次交纳全部税款,可能给其带来巨大的财务压力,相比之下,源头代扣代缴税款则有助于缓解这种压力。二是代扣代缴和年度纳税申报相结合,有助于刺激纳税人认真地对待纳税申报活动。通常代扣代缴税款可能与纳税申报的实际应缴税款有一定的出入,为此在前者大于后者的情况下,政府要向纳税人退税;而在前者小于后者情况下,纳税人要向政府补税。

联邦个人所得税征管办法规定,应该按照以下步骤计算纳税人的"应税所得"和"应纳税款":

首先,计算纳税人的总所得(Gross Income)。总所得包括各种来源的所得,如工资、薪金、股利、利息、营业收入净额、出租财产的租金净额、失业补助金、赡养费收入、赌博净收入等。

其次,从总所得中减去一些规定的特殊项目(如投资于州和地方政府债券所获得的利息、未实现的资本增益、用于退休金方案的储蓄及所获利息,以及雇主付给雇员的小额补贴等)和某些开支项目(如迁移支

---

① 其他形式的所得税还有"分类制所得税"和"混合制所得税"。"分类制所得税"的依据是,对不同性质的所得项目应采取不同的征税率,以使各类所得的税负轻重有别。例如,勤劳所得,应课以较轻的税;投资所得(营业利润利息、租金等)则应课以较重的税。此外,对不同性质的所得分类课征还有一个好处,就是便于采取源头一次征收的方法,税源容易控制。英国是采用这种所得税的主要国家之一。"混合制所得税"体现了综合制与分类制的结合,它既坚持了税负担分配遵循支付能力的原则,主张不同来源的个人收入要综合计征;又坚持了课税应对不同性质的收入予以区别对待的原则,主张例举特定的收入项目按特定的办法和税率课征。日本就是实行这种制度的众多国家之一。

出、某些免税储蓄计划的支出、赡养费支出等）——统称为排除项目（Exclusion），就是纳税人的"调整后总所得"（Adjusted Gross Income）。

再次，从"调整后总所得"中减去税法规定的扣除项目（Deductions，亦称减除项目）[①]和个人免税额（Exemptions），便可以计算出纳税人的"应税所得"（Taxable Income）。

最后，根据税率表（Tax Schedules），以适用税率去乘"应税所得"，即可算出纳税人的"应纳税额"（Payable Tax）。

当然，有时政府税务管理当局还允许纳税人可以从其"应纳税额"中减除税法规定的某些纳税抵免项目（Tax Credits，又称税收宽减）。经此税务处理后，余额就是纳税人在过去的一个会计年度里必须交纳给政府的全部税款，即"总纳税款额"（Total Tax，TT）。

如果纳税人预先已经提交的税款（Prepaid Tax，PT）大于其应该交纳的总纳税款额（即 PT－TT ＞ 0），便会产生一个退税款额（The Amount Refundable to Tax-payer），税务当局就要将多收的税款退还给纳税人。如果纳税人预先提交的税款小于其应该交纳的总纳税款额（即 PT－TT ＜ 0），便会产生一个补交款额（The Amount Tax-payer Owe），纳税人就要将所欠税款补交给税务当局。

个人所得税一般采用超额累进税率结构，税率随着应税所得的上升而提高。税法把纳税人的应税所得划分为若干所得段，分别规定适用于该段的税率，称为边际税率，边际税率随着各段所得的增加而逐步提高。美国 1986 年税制改革前，边际税率分为 14 个档次，由 11％累进到 50％。1986 年税制改革后对税率结构进行了大幅度调整，正式税

[①]　计算扣除项目有两种办法：分项扣除（Itemized Deductions），纳税人可以把税法规定允许减除的各个项目逐项从调整后总所得中减除；标准扣除（Standard Deductions），纳税人可以从调整后总所得中减去由税法规定的一个固定数额。

率保留 15％和 28％两档①。美国于 1991 年再次调整税率表,开始实行
三档税率,由 15％累进到 31％。1997 年又再次调整税率,实行五档税
率。2001 年布什政府的减税法案又一次调整了边际税率,实行 10％到
35％的 6 级累进税率。见表 7-3。

表 7-3　美国 2001 年个人所得税新税率表

已婚夫妇联合申报的应税所得	单身纳税人应税所得	边际税率
＄0～＄16750	＄0～＄8375	10％
＄16750～＄68000	＄8375～＄34000	15％
＄68000～＄137300	＄34000～＄82400	25％
＄137300～＄209250	＄82400～＄171850	28％
＄209250～＄373650	＄171850～＄373650	33％
＄373650 以上	＄373650 以上	35％

不难看出,美国个人所得税虽然采用累进的税率结构,但经 1986
年税制改革后,名义税率的累进程度已经大幅度下降。另外,由于应税
所得与全部所得之间的差异,名义税率的调整进一步减轻了美国个人
所得税的有效累进程度。例如,某一单身纳税人的实际全部所得为
＄100000,减去排除项目、减除项目和个人免税额以后,如果其应税所
得为＄65000,按照美国 2001 年实行的税率表,他应纳税＄12431.25。②
将计算结果与其实际的全部所得相比较,该纳税人的有效税率约为
12.4％(＝＄12431.25/＄100000)。

三、关于排除项目、扣除项目和个人免税额的主要规定

在个人所得税征管方面,排除项目、扣除项目和个人免税额都是对
个人经济所得,即海格—西蒙斯的"全面所得",进行的必要调整。调整
后所得被称为税收所得,或应税所得,即为了适应税法规定的用于税收

---

①　美国 1988 年的个人所得税法还规定了一个征收附加税的所得段,该所得段对已婚
共同纳税人划定为＄71900～＄149250,对单身纳税人划定为＄43150～＄89650,在附加税所
得段的实际适用税率为 33％。超过这个附加税为 5％的所得段以后,余下的应税所得,不
论规模如何,适用的边际税率仍然回到 28％。

②　计算方法:8375×10％＋(34000－8375)×15％＋(65000－34000)×25％＝12431.25。

目的的所得计算。如前所述,这种调整既是出于税负担分配的社会公平与增加经济激励的考虑,也是出于税收征管上计征方便的考虑。不过,个人所得税法中的这些应税收入调整项目客观上导致了税收征管的复杂性,成为税收征管工作的核心内容。

(一)排除项目

排除项目是指美国个人所得税法中规定的可以不计入征收范围的某些来源的收入项目,在计算总所得时应予以排除。这些项目主要是包括州政府和地方政府债券的利息、发生但未实现的资本(资产)增益、退休金储蓄项目等。以下择其重要者做简要说明:

第一,州政府和地方政府债券的利息。由于美国宪法规定一级政府不能向另一级政府发行的债券征税,州与地方政府债券利息免交联邦政府所得税也就顺理成章地形成一种惯例。不过,除了这个立法限制外,联邦政府免除对纳税人所购买的州和地方政府债券利息的课税,还可以视为联邦政府帮助州和地方政府筹集它们财政收入的一种措施。因为,如果投资者对州和地方政府债券的利息可以不交联邦所得税,他们就会愿意购买比应税债券(联邦政府债券、大公司债券等)利率更低一些的但可以免税的州与地方政府债券,从而节约了州与地方政府筹集地方财政收入的成本。[①]可见,这项规定使得州和地方政府能够以比市场利率较低的利率发行地方公债,提高地方政府的财政能力,而联邦政府由于对这类债券实行免税政策而放弃的联邦所得税,实际上也就成为对州和地方政府借债的补贴。

第二,未实现的资本增益。未实现的资本增益是指,某些资本资产(如股票、不动产、固定资产等)的现行市场交易价格已经超过其历史成本,即资本增益已经发生,但是由于这些资本(资产)尚未出售,其资本(资产)持有者实际上没有获得的交易利益。美国现行税法规定,已发

---

① 例如,假设某人额外增加的收入的所得税适用税率(边际税率)为30%,应税联邦政府债券的利率为15%。那么,只要州和地方政府发行的债券的利率水平不低于10.5%,在其他条件相同时,他就会宁愿购买这种州和地方政府债券而不去购买利率较高,但需纳税的债券。一般来说,以 t 代表个人额外增加的收入的边际税率,i 代表应税债券的利率,只要免税债券的利率水平超过(1-t)·i,就能吸引投资者购买免税的债券。

生但未实现的资本(资产)增益可以作为计算总所得的排除项目,不包括在应税所得的课税范围之内。这项规定实际上是允许纳税人将资本(资产)增益的纳税义务推迟到未来实现,即允许纳税人合法地获得某种延期纳税的利益。[①]对未实现的资本增益免除课税,有助于刺激私人储蓄和承担风险的积极性,但对资本增益规定只在其实现时课税,又会对市场经济中的私人经济决策发生某种扭曲性影响。例如,一个人持有某种证券,在其市场价格明显上涨的情况下,原本应该出售而不是继续持有。不过,他知道如果售出这些证券就必须按增益额交纳税款,而继续持有就可以推迟到以后纳税,于是在经济决策上选择了后者。这就是所谓的"锁住效应"(Locked-in Effect)。可见,锁住效应的发生源于税法规定只对已实现的资本增益课税。这使得投资者在转换资本组合时必然要考虑到税收负担的轻重。在很多情况下,投资者可能不愿意主动变动现有的投资组合,也就是说,税收制度把这种投资组合锁住在原有的状态中。这种锁住效应往往不利于鼓励投资者为适应经济情况的变动来重新安排投资组合,以使其达到就整个经济社会而言的最优状态。

第三,退休金储蓄项目及其利息。退休金储蓄项目是指人们把现时收入的一部分提出来所进行的专项储蓄,这种储蓄的本金与利息可

---

① 例如,假设某人额外收入(如已实现的资本增益)所适用的边际税率为30%,现持有A公司股票,市场价格为1000000美元,该种股票价格每年上涨12%(即资本增益率为12%)。这样,20年后,该股票价值就会上升到9646290美元,即1000000×(1+0.12)×20 =9646290。此时,他如果卖出这种资产,就可实现资本增益8646290美元(=9646290-1000000),并应交纳个人所得税2593887美元(=8646290×30%),其税后所得(按20年后的货币计算)为6052403美元(=8646290-2593887)。如果规定资本增益,不论其实现与否均须课税的话,在同样假定情况下,其所持有的1000000美元股票,一年后市场交易价格上升为1120000美元,发生资本增益120000美元,对此增益额课税30%,税后资本下降为84000美元。这样,其每年的资本增益率实际上只为8.4%[=12%×(1-33.3%)]。20年后,该股票持有人的股票税后价值就仅仅达到5018635美元,即1000000×(1+0.084)×20 =5018635,其20年间累计起来的税后净资本增益总额为4018635美元(=5018635-1000000)。这与对未实现资本增益免除课税的情况相比,他的税后资本增益减少2033768美元(6052403-4018635)。不难看出,这种延期纳税实际上是政府给予投资者的无息贷款。无怪乎西方的税收会计师们常说:"延期纳税就是减少纳税。"

供个人将来退休后使用。它和其他储蓄方式的税收处理不同之处是，美国所得税法规定，这类储蓄的本金与利息在被原储蓄者使用之前可以作为排除项目对待，直到原储蓄者退休后真正使用时再按照规定计入应税所得。本质上，这与允许个人资本增益在真正实现后再予以课税的规定是一样的，这一规定使纳税人进一步享受了延期纳税的好处。

在美国，退休金项目包括多种类型，有些属于社会保障性质，有些属于公司福利性质，还有些属于个人储蓄性质。属于社会保障性质的老年保险，其投保费用要求雇主与雇员分担。税法规定，雇主为雇员交纳部分可以不计入雇员的所得。但是，税法还规定，在雇员退休后实际领取退休养老金(补助金)时，如果领取人调整后的总所得超过规定的数额(如1986年对已婚共同纳税人规定为32000美元，对单身纳税人规定为25000美元)，这种补助金的半数需要纳税，半数则不计入应税收入的范围。只有符合规定的低收入纳税人，其来源于老年保险项目的退休养老金(补助金)才可以完全不包括在应税收入之内。

属于公司提供的退休金方案，其雇主对雇员退休基金的支付，可以不作为雇员的收入看待，连同此退休基金的利息一起，均可以从总收入中予以排除。但是，雇员退休后，领取公司提供的退休金时则须按照税法的有关规定依法纳税。这个项目在税收处理上具有完全的延期纳税的特点。

为了鼓励人们建立个人退休账户为自己积累退休养老资金，美国个人所得税法规定：对于没有雇主提供退休金方案的纳税人，其每年可以在按规定开立的个人退休储蓄账户中，存入税法允许的款额(如2000美元)，这种存款及其利息均可以在个人退休前不计入个人的应税收入，只有在退休后收取这笔款项时，才要求列入应税所得范围。至于在有雇主提供退休金方案条件下，纳税人再开立个人退休储蓄账户时，其退休储蓄则须按照有关规定进行税务处理。例如，按照20世纪90年代的税法，纳税人只有在其调整后总收入小于25000美元时，这种个人退休账户的储蓄和利息才可以全部从总收入中予以排除；如果其调整后总收入由25000美元增加到35000美元时，排除纳税的储蓄部分(不包括其利息部分)则按比例逐渐减少；超过35000美元后，这种退休储蓄则须全部计入应税收入范围。不过,在任何情况下,这种个人退休账户的储蓄利息都可以不列入应税收入范围,直到纳税人最后实际提取退休账户的储蓄及利息时才予以课税。

按道理,所有退休金储蓄及其利息作为收入,当属于课税范围之内,但美国个人所得税法把这类储蓄及其利息作为排除项目,不列入课税范围,则是出于多种考虑,如减轻纳税人负担,推行福利国家政策,鼓励人们储蓄,激励人们利用税收优惠建立个人退休基金,如此等等。

(二)扣除项目

美国个人所得税法规定,在计算出"调整后总所得"以后,还允许纳税人作一些扣除。税法规定了两种减除方式——分项减除法和标准减除法,由纳税人任选其一。分项减除是税法规定的允许减除的个人支出项目,由纳税人逐项计算,把(支出)总额从调整后总所得中扣除,不再计入应税所得。这种减除项目主要包括巨额医疗费用、住宅抵押贷款利息、州与地方政府征收的所得税和财产税、对非营利组织的捐款、巨额灾害损失。这里择其重要者做简要说明:

第一,巨额医疗费用。美国现行税法规定,对于未受补偿的医疗费用超过本人的调整后总所得7.5%的部分,可以从纳税人的所得中减除,不列入应税所得。按照美国私人的保险方式,医疗费用开支的第一部分完全由患者本人支付,超过一定数额以后,保险公司根据投保协定按照一定比例为患者支付(通常为)较大部分的开支,而其余的开支则仍然要由患者个人支付。个人所得税把某些医疗费用作为减除项目,意味着完全由个人支付的医疗费用部分最高达到占其调整后总所得的7.5%的水平。超过这一水平的医疗费用开支,政府负担的份额相当于这种允许扣除的所得数额按照边际税率计算应交的税额。例如,某纳税人的医疗费用按照以上规定可以从调整后总所得中扣除1000美元,如果该纳税人处于20%的边际税率档次,扣除计税所得1000美元,可以减少实际纳税200美元,意味着政府负担其医疗费用的200美元。从调整后总所得中扣除巨额医疗费用符合税负担分配的"支付能力原则",因为一个人因疾病而付出大量的医疗费用就相应减少了其支付能力,理应减轻税负。但是,从调整后总所得中扣除医疗费用的办法也会造成另一种不公平,即扣除同样的医疗费用支出,对高收入纳税人来说,其应纳税额的实际减少一定会大于低收入纳税人的应纳税额的实际减少。例如,纳税人 A 的边际税率为 30％的,从其调整后总所得中扣除医疗费用 1000 美元,其应纳税额即可减少 300 美元;而纳税人 B 的边际税率为 15％,从其调整后总所得中扣除医疗费用 1000 美元,其应纳税额实际只减少了 150 美元。所以,把医疗费用作为扣除项目的规定,使高收入纳税人所得到的利益一般会大于低收入纳税人所得到的利益。其他类型的扣除项目也同样存在这种不公平问题。

针对这个问题,有些经济学家认为:诸如大额医疗费用的扣除,采取纳税抵免办法(即从应交税款中减去一定数额),通常优于将其列为扣除项目的办法(即从调整后总所得中减去一定数额)。如果采取纳税抵免的办法,则对于 1000 美元的医疗费用,不论是高收入纳税人,还是低收入纳税人,其应纳税额均可减少同样的数额,从而解决了大额医疗费用扣除导致的高收入纳税人比低收入纳税人获益较大的问题。

第二,住宅抵押贷款利息。美国税法规定,纳税人可以把购买住宅(最多两所住宅)的抵押贷款的利息支出从调整后总所得中扣除,不计入应税所得。这个扣除项目还包括,为了购买其他物品,如购买汽车,对以自己住宅作担保而获得的贷款的利息支付。这实际上是允许住宅所有者把消费信贷的利息支出作为个人所得税的一个扣除项目,但是对各具体项目的利息支出的扣除,税法上则有不同限制。不过,有的学者指出,允许贷款利息的扣除规定可能会给某些投机者以牟利的机会。例如,某人额外收入的适用税率为 30％,并且他能够从银行以 15％的利率借到资金,在符合利息扣除规定的情况下,对每 1 美元利息支出,他可以减少纳税 30 美分,因此他的实际借款利率仅略高于 10％。如果他用这笔银行贷款去购买利率为 12％的州或地方政府发行的免税债券,那么他实际上可以通过这种办法获得大约 2％的利差收入。一般把利用这种机会的过程称为"税收套利"(Tax Arbitrage)。为了防此人们利用"税收套利"方式牟取利益,美国税务部门对此曾经做出过规定,指出纳税人扣除用于购买免税债券的借款利息属于不合法行为。

第三,州与地方政府征收的所得税和财产税。联邦政府税务当局规定,纳税人向州和地方政府交纳的地方所得税和财产税,作为一个扣除项目,可以不计入联邦个人所得税的应税所得。这项规定主要是为了帮助州和地方政府筹措财政收入,因为这种扣除可以在一定程度上减轻州和地方政府增加税收的压力,并容易获得选民对扩大地方政府财政支出的支持。另外,把纳税人向州和地方政府交纳的所得税和财产税作为扣除项目,使得美国联邦政府个人所得税的税基随之减小,造成联邦税收一定的规模损失。在美国的多次税收改革中,财政部曾提出过取消这项规定的建议,但是均遭到州和地方政府的坚决反对。可见,这个扣除项目涉及联邦政府与州、地方政府之间的利益平衡问题。

第四,对非营利组织的捐款。按照美国现行税法,个人所得税可以从调整后总所得中扣除对宗教、慈善、教育、科学、文化等组织的捐款,不作为应税所得,但这种扣除的总额不得超过个人的调整后总所得的50%。这项税务处理规定表明政府鼓励这种捐款。尽管对非营利组织、慈善事业的捐款,相应减小了联邦政府的个人所得税税基,但是这种捐款对于捐款人来说,他个人的损失也相应减少了一些。例如,某人向某基金会捐款 10 万美元,就可以相应地在计算个人应税所得时减少 10 万美元,如果适用的边际税率为 30%,则 10 万美元的捐款即可减少纳税 3 万美元。所以,他给基金会 10 万美元的捐款,自己实际上仅损失了 7 万美元。不过,他有可能通过这笔捐款获得更多的其他利益,特别是对政府政策研究机构、舆论机构的捐款,甚至可以使某些捐款人对政府内外政策形成与实施发生明显的影响作用。

第五,巨额灾害损失。美国现行税法规定,纳税人可以把由于火灾、被盗及其他意外事故造成的损失超过调整后总所得 10% 以上的部分从调整后总所得中减除,不计入应税所得。设立这个减除项目的理由是由于灾害损失减少了一个人的经济支付能力。和大额医疗费用的扣除一样,这种扣除实际上是政府负担了纳税人的一部分灾害损失,政府负担部分的大小取决于纳税人适用的边际税率的高低。假定可以减除的灾害损失为 1000 美元,如果纳税人所适用的边际税率为 15%,即可以减少纳税 150 美元;如果纳税人所适用的边际税率为 30%,则可减少纳税 300 美元。所以,从减少纳税这方面来看,该扣除项目也使高收入纳税人比低收入纳税人得到更多的利益。

以上是美国个人所得税关于分项减除方式的几个主要的扣除项目。采取分项扣除的方式，需要纳税人在申报单上分别逐项列出，并要求同时提出能够证明所列项目已经实际支付的材料，其手续繁杂，不仅花费时间，而且增加征税的成本开支。对此，为了简化手续，联邦政府税务当局在1944年提出了标准扣除方式。按照标准扣除，纳税人可以直接把税法规定的一个固定货币数额从其调整后总所得中扣减，不计入应税所得。纳税人可以在分项减除和标准减除两种方式中任选其一，认为哪种减除方式对他有较大利益，就可以采取哪种减除方式。而且，标准减除额逐年提高，按照2010年的有关规定，已婚共同纳税人的标准减除额为11400美元，单身纳税人的标准减除额为5700美元。税法还规定，这种标准减除额每年可以按照通货膨胀率进行调整。据统计资料显示，美国个人所得税的纳税人中约有60%采用标准扣除方式。

（三）个人免税额

美国常规个人所得税的起征点随纳税人申报状态、家庭结构及个人情况的不同而不同，没有统一的标准。美国常规个人所得税共有5种申报状态，即单身申报、夫妻联合申报、丧偶家庭申报、夫妻单独申报及户主申报。当以家庭为课税单位时，考虑到纳税人为了赡养未成年子女，客观上需要一定的货币支出，理应允许纳税人按照实际的家庭负担对其应税所得进行相应的调整。因此，联邦个人所得税法规定，纳税人及其赡养的未成年子女享有一定数额的税收减免，称为个人免税额。这样，纳税人便不论是采取分项减除，抑或标准减除，都可以从所得中再减去一份或多份的个人免税额。

标准扣除因纳税申报状态不同而不同，2010年单身申报的标准扣除为5700美元，夫妻联合申报或丧偶家庭申报的标准扣除为11400美元，夫妻单独申报为每人5700美元。在标准扣除中也体现人性化，如有赡养人口，则每名赡养人口扣除950美元。当然，个人免税额并不完全等于增加一个家庭成员所需要增加的生活费用，通常条件下一个人一年的生活费用普遍高于税法规定的个人免税数额。不过，在美国，个人免税额加上标准减除额通常可以使最贫困的家庭——经济收入在贫困线以下的家庭,免于交纳个人所得税。例如,按照 2010 年税法,一对美国夫妇与两个儿童组成的四口之家,两个儿童的免税额合计为 1900 美元,连同夫妇二人的标准减除额 11400 美元,总计为 13300 美元。如果这一家庭的年收入在 13300 美元以下,实际上便不用再承担任何纳税义务。

四、个人所得税对劳动供给的影响

理论上认为,个人收入主要是由劳动收入和资本收入构成的,个人所得税必然降低这两种要素所有者的实际收入,对经济社会劳动供给、资本供给产生一定的影响。因为这两种生产要素直接关系到国民经济的发展速度与质量,其税收影响在理论研究与政策实践中通常受到特殊的重视。关于税收对要素供给的具体影响状况,可以通过税收的替代效应和收入效应进行分析,并结合经验观察做出基本判断。

首先分析个人所得税对劳动供给的影响,见图 7-1。设定每周总时数为 168 小时,全部用于劳动可以获得劳动收入 $\$W \times 168$,这里 W 代表小时工资率。图上 OT 代表全部周时数;OD 代表 168 小时劳动所得;连接 DT 得到的直线,为劳动—闲暇预算约束线,其斜率的绝对值为 W。另设个人 A 税前选择每周劳动 LT 小时,消费闲暇 OL 小时,其劳动与闲暇的最优结合点(个人福利最大化的点)在 E_1,有一条无差异曲线 U_1。今设政府对劳动收入征税,规定对每小时劳动工资按照 t 税率征收个人所得税。于是,新的劳动—闲暇预算约束线就要改变为如 HT 所示,其斜率的绝对值为 $(1-t)W$。此时,在政府对劳动收入征税情况下,个人 A 对自己经济行为的调整就面临两种选择。

第一,减少劳动时间(从 LT 减少到 $L''T$),相应增加闲暇时间(从 OL 延长到 OL'')。这样,表示个人 A 税后福利最大化的无差异曲线 U_3(它必然低于 U_1)便与直线 HT 相切于 E_3 点。在点 E_3 上,个人 A 的劳动收入从税前的 Og 下降到税后的 Og''。这种情况即表明个人所得税给经济社会带来了一种(以闲暇替代劳动的)相对不利的影响,并且其税率越高,这种不利影响就会越大。① 换言之,税率越高,越是刺激人们热衷于"购买"闲暇而减少劳动供给,其结果是不断缩减个人所得税的税基规模,最终也会对政府增加财政收入产生消极作用。

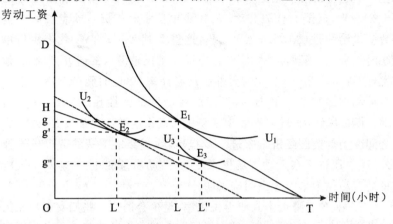

图 7-1 个人所得税对劳动供给的影响

第二,增加劳动时间(从 LT 增加到 L′T),相应减少闲暇时间(从 OL 减少到 OL′)。这样,表示个人 A 税后福利最大化的无差异曲线 U_2 便与直线 HT 相切于 E_2 点。② 在点 E_2 上,虽然个人 A 的劳动收入从税前的 Og 下降到税后的 Og′,但是这种情况表明个人所得税给经济社会带来了一种相对有利的影响,即有利于刺激社会成员增加劳动供给。由于劳动供给的增加,进而提高了经济产出,于是在维持个人税后实际收入基本不变条件下,同时也增加了政府的财政收入(税基扩大的结果)。

不难看出,在个人所得税作用下,个人对自己的经济行为做出怎样

---

① 这是因为,单位小时劳动收入下降,相应反映为单位小时闲暇的机会成本(价格)下降。由于我们把闲暇也视为正常商品,它有一条向下倾斜的需求曲线,表示价格越低,需求量就越大。这样,在税率不断提高情况下,个人 A 选择消费更多的闲暇也是明智的。

② 个人 A 之所以会作出此种选择,是因为他多年形成的消费模式难以在短期内改变,为了维持原有的消费水平和消费模式,他必须增加工作,以便就税收对个人收入的减少作出必要的补偿。

的调整取决于个人的偏好和个人的实际需要。就个人经济决策而言，上述两种选择都是合理的。但是对整个经济社会来说，个人所得税究竟产生怎样的影响则是不确定的，取决于工资的劳动供给弹性（$\Delta L/L \div \Delta W/W$，这里 L 代表劳动，W 代表单位小时工资），或者税后工资的劳动供给弹性（$\Delta L/L \div \Delta W_t/W_t$，这里 L 代表劳动，$W_t$ 代表税后单位小时工资）。美国经济学家在这方面作了比较深入的研究。例如，他们发现，就美国 20～60 岁的男性劳动者而言，单位时间劳动净收入变化对劳动供给的影响很小，其工资的劳动供给弹性在 -0.2～0 之间变动。但是，就已婚妇女来说，其工资的劳动供给弹性通常较大，在 0.2～1 之间变动。美国经济学家进一步指出，除了测定工资的劳动供给弹性外，还须通过考察劳动市场供求变动、劳动质量变化，才能对个人所得税的劳动供给影响做出明确说明。

首先，政府降低个人所得税税率，至少会诱使一些妇女走出家门到劳动市场上寻求工作。但是由于短期内劳动市场的劳动需求不可能大幅度上升，于是形成劳动供给大于劳动需求的局面，导致经济社会大部分就业人员的工资水平都要下降，甚至会下降到低于税率调整前的水平。可能产生的另一种情况是，大量已婚妇女进入劳动市场，其未成年子女照顾问题随之出现，造成社会对保姆的需求上升，保姆价格提高。保姆价格提高意味着养育子女的成本上升，反过来则会抑制已婚妇女的劳动供给。

其次，个人所得税造成纳税人家庭收入的实际下降，人们不得不削减消费开支和其他开支，家庭对教育支出，即对人力资本的投资也会受到不利影响。从长期来看，家庭教育支出减少必然导致未来进入劳动力市场的劳动者素质下降。那么，即使经济社会中劳动供给未发生明显变化，劳动力质量下降也会对国民经济的长期发展和国际竞争力的长期改善产生严重的负面影响。

再次，由于个人所得税仅对货币收入征税，那么其税率越高，非货币收入，特别是实物收入对劳动者的吸引力就会越大。如若雇主只支付较低的货币工资，而同时却提供较多的工资外福利（增发实物工资、低价购买本企业产品、补贴某些支出等），经济社会的劳动供给可能不会因个人所得税而发生明显变化,但这不利于政府财政收入的增长,是一种隐蔽的逃税行为。

最后,政府财政收入的变化也间接地影响经济社会的劳动供给。在个人所得税使政府财政收入增加时,政府可以为劳动者提供更多的公共福利,如修建国家公园、公共娱乐设施、公共教育设施、公共幼儿教育设施等。这些设施一方面有助于提高未来劳动者的质量,一方面也有助于节约现在劳动者养育、照料、培养其子女的成本,对他们增加劳动供给产生积极影响。

五、个人所得税对储蓄供给的影响

套用前面的分析方法,也可以解释个人所得税对个人储蓄行为的一般影响,见图 $7-2$。今设个人 A,本期收入为 I_1,本期消费为 C_1;未来收入为 I_2,未来消费为 C_2;他可以通过借款增加现期消费,也可以通过储蓄增加未来消费,储蓄利率为 i,视为现期消费的机会成本。在储蓄利率为 i 时,可以得到两个预算约束点:N 点为 $(1+i) \cdot C_1 + C_2 = (1+i) \cdot I_1 + I_2$,M 点为 $C_1 + C_2/(1+i) = I_1 + I_2/(1+i)$。N 点是以未来值表示的消费与收入的关系,M 点是以现值表示的消费与收入的关系。连接该两点画出 NM 直线,表示未来消费——现期消费的预算约束,其斜率绝对值为 $(1+i)$。在 a 点上,个人 A 既无借债,也无储蓄,即现期收入(I_1)支持现期消费,未来收入(I_2)支持未来消费。在 f 点,个人 A 有负储蓄,以 B(债务)表示,其现期消费扩大为 $I_1 + B$,未来消费变成 $I_2 - (1+i) \cdot B$。但是在 j 点,A 有正储蓄,以 S(储蓄收入)表示,其现期消费下降为 $I_1 - S$,而未来消费上升为 $I_2 + (1+i) \cdot S$。

假设在没有个人所得税时,个人 A 有一条无差异曲线(U_1)与 NM 线相切于 j 点,表示在 j 点个人 A 的现期消费与未来消费的结合满足了其福利最大化要求。如果现在政府开始宣布对个人的储蓄收入征税,税率为 t,于是税后储蓄的实际收益率就由 i 下降为 $(1-t)i$,新的预算约束线以 nm 直线表示(NM 线固定于 a 点向右旋转后形成),其斜率的绝对值为 $1+(1-t)i$。在政府对储蓄收入征税情况下,个人 A 对自己经济行为的调整同样也面临着两种选择。

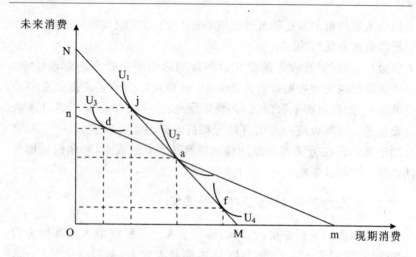

图 7-2　个人所得税对储蓄供给的影响

第一，由于税后储蓄收入率明显下降，表示现期消费的相对价格（机会成本）下降，如果个人 A 把现期消费视为正常商品，其相对价格下降就会增加对其的需求，具体表现为逐步减少个人储蓄而增加现期消费。如果个人 A 在 a 点重新安排现期消费与未来消费(U_2)，他将不再有储蓄行为；而如果个人 A 在 f 点重新安排现期消费与未来消费(U_4)，他将产生负储蓄行为，即借债增加现期消费[①]。这就是个人所得税产生的（以消费替代储蓄的）替代效应，即和税前相比，个人的实际储蓄规模是下降的。以此推论，对于整个经济社会来说，这种效应先是导致社会的储蓄供给下降，进而造成投资增长趋于缓慢，最后对国民经济发展产生抑制作用。从经济增长、经济发展角度看，这是税收给经济社会带来的消极影响。

第二，由于税收的作用，税前的储蓄规模（j 点所示）不可能使个人 A 在未来某一时点的个人储蓄量达到目标水平（假设他有目标消费计

---

① 个人 A 在此点安排现期消费和未来消费虽然要支付借款成本，其借款成本率以名义利率(i)表示，但是由于税法往往允许借款人把借款成本从应税收入中扣除，这就导致其实际借款成本率下降为 $i(1-t)$。税法的这种规定通常会对人们的借款消费行为产生刺激作用。

划)。那么,为了达到他的目标消费水平,个人 A 就要在 d 点重新安排他的现期消费与未来消费(U_3),他必须进一步削减现期消费,相应增加储蓄,以对税收造成储蓄收入减少作出必要的补偿。由此推论,税收不仅没有减少经济社会的储蓄供给,反而使税基扩大,在政府财政收入增加的同时,社会投资规模也能够继续扩大。从经济增长、经济发展角度看,这是税收给经济社会带来的积极影响。

分析表明,个人所得税对储蓄供给既有积极影响,也有消极影响,至于哪种影响较大,在经济理论界存在着争议。按供给学派经济学家的看法,20 世纪 80 年代以前美国社会公众储蓄率较低、投资增长长期缓慢的原因之一,就是个人所得税税率过高,产生了较强的替代效应,刺激人们热衷于现期消费,挤掉了用于增加未来消费的投资基金。不过,在许多发展中国家,政府也对储蓄收入进行征税,但是并未发现其明显的替代效应。对此,一些经济学家指出,很多因素影响经济社会的总储蓄,除了税收作用外,其他重要因素还有市场经济条件下各种资产收益率的对比、通货膨胀条件下名义利率与实际利率的对比,以及政府主持的公共储蓄的规模等。所以,尽管在分析复杂问题时理论模型能够提供明确的思路,但是在任何场合下如无经验观察证据加以论证,很难说所有理论结论都是符合实际的。

第三节　公司所得税

公司所得税,是对公司组织一定时期内的利润所得征收的一种税收。它和个人所得税一样,在许多国家,特别是在经济发达国家,也已经成为政府财政收入的重要来源之一。不过近年来,由于社会保险税等其他税种的发展,它的重要性相对有所下降。公司所得税原理和征税程序与个人所得税基本相似,但其税法规定与税务征管则比个人所得税更复杂一些。大多数国家的公司所得税制度,在纳税对象、征收范围、应税所得计算等方面一般没有明显差异,但在税率设计、政策性调整以及与个人所得税协调方面存在着某些不同之处。

一、课征公司所得税的经济意义

征收公司所得税是否合理,其经济意义如何,一直是税收理论中颇有争议的问题。反对征收公司所得税的学者认为,公司所得中用于股息分配的部分是投资者个人收入的重要来源,征收公司所得税,就必然导致对这部分收入的重复征税问题,因而会挫伤人们对公司企业投资,或再投资的热情。支持征收公司所得税的学者则认为,单凭重复征税问题不足以否定政府对公司所得征税的合理性,对公司所得征税的基本经济意义在于:第一,公司是一个独立的经济实体,其所有权的可交易性与股东的有限责任性[①],应该视为公司组织在社会经济中享有的特殊权利,并且这种权利通常使其能够在市场经济竞争中获得较大优势。所以,公司所得税可以作为公司组织对使用特殊权利并从中获取经济利益的一项付费,即使人们很难准确测定公司交纳的所得税在何种程度上相当于它所得到的特殊经济利益。

第二,公司所得税可以作为对个人所得税的补充,它解决了以公司保留利润形式来逃避个人所得税的问题。如果把应该作为股东股息的那部分公司利润以保留利润的形式留在公司并免除纳税义务,增加的保留利润扩大了公司资产,对提高公司股票市值产生有利影响,这在一般情况下会使股东获得较为可观的股票资本增益(从股票市场价格上涨中取得的收益)。虽然政府对实现的股票资本增益和股息一样进行征税,但是事实上许多国家政府在税务管理上对资本增益和普通所得实行区别对待,通常把前者的适用税率订得较低并给予一定的税收优

---

① 公司可以向社会公开发行股票和债券来筹集资本,股票与债券也可以在资本市场上流通和买卖,形成公司所有权的可交易性特点。公司股东仅以其投资额为限,对公司债务承担责任,即使公司破产,股东个人的其他财产也不会因此受到损失,形成公司股东的有限责任性特点。相比之下,个体企业和合伙企业,则是以业主或合伙人自有资金和保留利润为投资来源,其规模较小,而且企业一旦倒闭,业主或合伙人要对其债务承担无限责任,即要以全部个人财产为限,偿还债务。

惠①。这样,如果不对公司所得征税,就会形成公司股东可以利用的一个避税漏洞,使其借以达到减轻个人所得税税负担的目的。所以,公司所得税客观上起到了保持个人所得税完整性的作用。

第三,在国民经济中公司企业整体的经济实力相对雄厚,其产值通常在国民收入总值中占有较大份额(如美国的非金融公司产值就相当于全美 GNP 的 60% 左右),具有较强的纳税能力,而且公司企业有完善的会计制度,也便于政府的税务管理。因此,政府必然把征收公司所得税视为有效增加其财政收入的重要手段之一。

总之,公司所得税,作为国家整体所得税的一个组成部分,因其具有现代所得税的各种功能而在世界大多数国家得以广泛使用。即使后来随着社会保险税的增长,公司所得税占政府税收总额的相对比重有所下降,该税也仍然在许多国家,特别是在发达国家的政府财政收入中占有相当重要的地位。②

二、征税对象、课征范围及基本步骤

公司所得税的征税对象为居民公司和非居民公司。有些国家(如美国)规定,凡根据本国法律成立并向本国政府注册的公司,不论其管理机构设在国内或国外,也不论股权属于谁,都属于居民公司;凡是根据外国法律成立并向外国政府注册的公司,即使其管理机构设在本国,股权全部或一部分属于本国国民所有,也属于外国公司,即非居民公司。但是,也有些国家(如英国)以公司的管理控制中心是否在本国作为判定居民公司与非居民公司的标准,其主要依据是看公司董事会会

---

① 各国在这方面的规定虽不一致,但总的情况是,短期资本增益的税收优惠一般不大,而长期资本增益的税收优惠较多,如给予已实现的资本增益以一定数额的税收减免和分类对待等。

② 值得注意的是,在一些国家进行税制改革时,为了保持政府税收收入总额不发生明显下降,政府在削减其他税种时也不得不提高公司所得税。例如,1986 年,美国政府为刺激经济回升,大幅度降低了个人所得税税率,以鼓励私人增加劳动供给、储蓄供给以及发明创新的积极性。但同时为避免财政赤字的进一步扩大,该国政府只好变动公司所得税的某些规定以增加收入来保持政府税收总额基本不变。例如,取消了公司新设备投资的税收抵免规定,延长了公司固定资产折旧年限等。

议召开地、公司总账存放地、公司损益表编制地是否在本国境内。德国对两类公司的判定标准同英国，而日本的判定标准则同美国。一般情况下，各国还规定：居民公司负有无限纳税义务，它要对来源于国内外的全部所得交纳公司所得税；非居民公司只负有有限纳税义务，它仅须对来源于本国境内的所得部分向本国政府交纳公司所得税。

公司所得税应税所得计算的基本步骤是：首先，计算公司的总所得，总所得主要包括经营收入（销售收入减去销售成本之后的销售利润）、已经实现的资本增益、股息收入、利息收入、劳务收入以及其他营业外收入等。然后，从中减去可扣除费用，即在生产经营过程中所必须支付的正常和必要的费用开支。这些开支包括各种经营管理费用（如工资、租金、原材料费用、运输费用、销售费用、利息费用、保险费用等）、各种固定资产的折旧、无形资产的摊销和资源折耗、经营中发生的各种损失（坏账损失、营业损失和意外损失），以及法律和会计事务费、研究和发展费用等。从总所得中减去可扣除费用，就得到公司的调整后所得。接着，对调整后所得再进行一些项目减除，就可以算出公司的应税所得额。可以减除的开支项目与收入项目主要包括公司企业已经交纳地方政府的各项税金、购买地方政府发行的免税债券的利息收入、被退回的税款或滞纳金以及回收的以往发生的坏账等。最后，根据公司企业当年的应税所得和相应的适用税率，计算出公司企业当年所须交纳的公司所得税税款。

应该指出的是，大多数国家公司所得税法规定，在计算应税所得时公司支付的借用外部资本的利息可以从总所得中减除，但公司自有资本的隐含利息（即它的机会成本）则不允许从总所得中减除。有关公司所得税的这种规定往往鼓励公司借入外部资本进行经营活动，而不把自己的利润做再投资使用，因此对公司在借债筹资与股本筹资的选择上会产生一定的影响。

在许多国家公司所得税通常采用超额累进税率，和个人所得税税率设计一样，它有助于在税负分配方面实现社会公平。公司规模不同，纳税能力也不同，利润规模小的公司按较低的边际税率纳税，而利润规模大的公司适用较高的边际税率，符合税负担分配的支付能力原则。

根据已经计算出的公司应税所得,按照规定税级分别乘以对应的税率(边际税率),加总后即为该公司当年的应纳数额。在公司所得税税率设计上,也有不少国家采用比例税制,如英国、德国和日本。

公司企业交纳所得税后,即可向股东分配股息。如果股东是个人,其收到的股息作为个人收入,还须交纳个人所得税;如果股东是另一家公司,则作为该公司的收入并入公司所得额,再交纳公司所得税。当然,如果公司将税后利润(税后纯所得)留在公司内部作扩大再生产投资之用,或作为公司股本投资于其他公司,则不再成为其他纳税人的征税对象;但是如果公司对税后利润作延期分配,则在分配后成为其他纳税人的征税对象。

三、公司所得税的主要经济影响

一般条件下,公司所得税至少在以下三个主要方面会对社会经济产生显著影响:

第一,降低某些社会群体的经济福利。某些经济理论认为,在大多数情况下公司经营活动的目标利润率是既定的,为了消除税收带来的影响,公司企业往往会采取压低生产要素的供给价格,同时提高公司产品的销售价格这种办法来补偿税收造成的利润下降。但是,除非公司在经济上已经处于相对有利的垄断地位,否则在短期内进行这样的税负担转嫁是不可能的,即使在长期也会遇到这样、那样的各种困难。所以,纵然公司在社会经济中占有某种优势,其进行大规模税负担转嫁实际上并不容易。按照局部均衡分析和经验观察,公司所得税的实际税负担是由生产要素供给者、产品消费者和公司股东共同承担的,三者的经济利益都受到了不同程度的损害。从长期观察的现象来看,虽然公司所得税通常不会造成公司股票的市场价格下降,但是与其说这是公司企业比较成功地转嫁了税负担的结果,不如说是公司生产效率不断改善的结果,或者说至少两种因素都发生了作用。

第二,导致全社会的资本收益下降。作为一种经济规律,经济资源总是由边际收益较低的地方流向边际收益相对较高的地方,并且最终使全部经济资源的边际收益均等化。假设在公司企业与非公司企业中资本供求都处于平衡状态情况下,政府对公司企业的利润征税,必然造成已经投入公司企业中的资本的边际收益下降。公司企业中资本边际收益下降导致部分资本流出,然后进入边际收益相对较高的非公司企业。这种资本流动造成两种相反的结果:在非公司企业是资本供给大于资本需求,在公司企业则是资本供给小于资本需求。于是,供求规律发生作用,使得非公司企业中所有资本的边际收益下降,同时也使留在公司企业中剩余资本的边际收益相对上升,但上升不到其税前水平。最后,在两类企业中资本的边际收益再度被拉平。按照一般均衡分析,公司所得税实际上使全社会的资本供给者都承担了税负担,表现为在其他不变情况下,资本这一生产要素的边际收益发生了下降的趋势。资本边际收益下降无疑会造成资本供给减少,而资本供给减少直接影响国民经济的增长速度。

第三,提高资本投资的边际成本。公司所得税不仅会造成资本的边际收益下降,而且还导致资本投资的边际成本提高,后者对社会资本形成的速度、社会资本形成的规模进一步产生不利影响。一般来说,在收益递减、成本递增规律作用下,公司企业也要按照边际成本等于边际收益原则来调整其投资决策,以使投资不断处于最佳规模并保证投资收益最大化。但是,在公司所得税作用下公司企业的投资之边际成本被提高,因税收抬高的资本边际成本导致公司企业在其资本的边际收益尚未降到如税前那种较低水平时,投资活动便告停止。不言而喻,在其他不变条件下,受公司所得税影响,公司企业的实际资本投资规模必然要低于没有这种税收影响情况下的投资规模。另外,受公司所得税和投资边际成本提高的影响,公司企业还会改变其生产投入的要素结构,如更多地使用劳动,更多地使用非公司企业生产的资本品、中间产品等。事实上,要素投入结构的改变可能会给社会经济带来更为复杂且难以预料的影响。

四、关于公司所得税与个人所得税的重复征税问题

公司交纳公司所得税后,税后利润作为股息分配给股东的部分,还要同股东的其他收入一道交纳个人所得税。这样,公司利润中用做股

息分配的部分便经过两次征税,而对同一税源基础进行重复征税,在税收理论上被认为是违背税收公正原则的。世界各国政府在解释、解决这个问题上既无统一说法,也无一致做法,只是根据本国具体情况适时选择适当的处理方法。这些方法大致可以归纳为四种类型:

第一,分别实体制(separate entity system),即把公司真正地作为区别于公司股东的经济实体,政府不对所谓的重复课税进行调整,对公司所得和个人所得分别课税成为理所当然的事情。采用分别实体制的国家主要有美国、荷兰、瑞士、卢森堡等国。

第二,完全结合制(full integration system),与分别实体制恰恰相反,不把公司看做分别的实体,而看做股东的组合,因此可以将公司所得税当作股东个人所得税的预扣税对待,在股东交纳个人所得税时股息收入则被允许进行全部扣除。完全结合制实际上是取消了公司所得税,到目前为止虽然有些国家政府部门提出过类似建议,但是还没有一个国家正式采用。

第三,差别税率制(split rate system),处于上述两个极端之间,具体做法是把公司应税所得(利润)划分为两部分,作为股息分配的那部分利润适用低税率,剩余的未分配利润则适用高税率。德国、日本等国采用这种方式。

第四,归属制(imputation system),即政府对公司所得课税后,允许公司将股息连同所归属的所纳税款一起转移给股东,股东在计算个人所得税应纳税额后,可以将该笔已纳税款从其应交的个人所得税款中予以扣除,冲抵其所获股息的所得税义务。这实际上是把公司的一部分税款归属于股东,作为股息的预付所得税,从而减轻了对公司股息的重复课税。英国是采用这种归属制的国家之一,具体做法演示如下:假设某公司税前利润为 1000 英镑,税后利润全部用做股息分配给股东,公司税税率为 33%,个人所得税税率为 25%。在这一情况下,公司应该交纳的公司税税款为 330 英镑(1000×33%),税后利润(也是股东实收收入)为 670 英镑(1000−330)。可以将这 670 英镑视为股东按照个人所得税基本税率完税后的净所得额——不含税的股息收入,那么股东的税前所得额就应为 893 英镑[670÷(1−25%)]——含税的股息收入。含税的股息收入中归属于股东个人应该交纳的个人所得税税款为 223 英镑（893－670），实际上已为公司代交。这样，股东在计算个人所得税应税收入时就须加上这一含税的股息收入（893 英镑），计算出应交税款后再从中减去 223 英镑。归属制在相当程度上减轻了对股东股息收入的重复课税。很明显，如果不实行这种归属制，对公司利润分别征收公司所得税和个人所得税，则公司须交纳税款 330 英镑（1000×33%），个人须交纳税款 167.5 英镑（670×25%），两税税款总额为497.5 英镑，该税收总额至少比归属制情况下多出 167.5 英镑。

第四节　货物税

货物税，又称商品税，其征税对象为多种多样的商品或劳务的流转额。税收上所说的商品或劳务的流转额，通常是指（商品或劳务的销售者或购买者）销售或购买商品或劳务所发生的货币金额。如果税法规定卖方为纳税义务人，这个商品或劳务流转额就是销售收入的货币金额；如税法规定买方为纳税义务人，则这个商品或劳务流转额就是购入支付的货币金额。

在实行货物税情况下，应税商品或劳务的交易价值，在其实际被征税环节及该环节以后的各环节均要受到这一货物税的影响。又由于商品或劳务的生产、运输、分配与消费的参与者遍及各个行业、各个流通环节，因此他们各自的经济利益必然受到商品或劳务征税的影响，即可能要普遍地承担货物税的税负担。货物税的这种税负普遍性，及其下面将要谈到的税负隐蔽性，都是由货物税本身所具有的间接税属性决定的。

一、货物税的基本性质

对商品或劳务征税，表面上看其税负担是由商品（劳务）的生产者或销售者所承担的，但实际上厂商等可以将所纳税款部分或全部加到征税商品的卖价上，结果税负担便逐步转嫁给消费者承担。尽管税后商品(劳务)的价格提高了,然而消费者作为税负担的实际承担者,却难以体验到如在直接税情况下发生的那样明显的收入转移,这充分反映了货物税税负的隐蔽性。货物税税负普遍而隐蔽这一性质使得政府在推行或改进货物税时,遇到的社会阻力较小。这是货物税在大多数国家得以广泛应用,甚至在政府推行其某种财政政策时往往成为首选政策工具之一的重要原因。

在货物税的税率结构安排上,目前各国普遍采取比例税率,即对流通环节中被纳入货物税范围的不同商品,或是按照其个数(数量)征收一个固定数额的税款,即从量征收;或是按照其单价征收一个固定比例的税款,即从价征收。但是,无论是从量征收,还是从价征收,都会造成不同消费者之间在所承担的货物税税负对其个人总收入的比例上出现较大的差异。这是因为在一般情况下,一个人的收入越高,其消费性开支占个人收入的比重就相对越低;反之,收入越低,所占比重就相对越高。消费性开支占个人收入的比重相对越高,该消费者所承担的税负担对其总收入的比例也就会变得越高;反之,所占比重相对越低,该消费者所承担的税负担对其总收入的比例也就变得越低。因此,比较个人在一定时期所承担的货物税税负与其在同样时期内所获得的总收入,人们很容易发现,货物税的税负担分配实际上呈明显的累退性。

另外,商品征税一般较多地偏重于生活资料,而生活资料又可以划分为生活必需品和非必需品两个大类。由于不同类型商品的需求的价格弹性不同,纳税货物的税负担向前转移的程度,即税负担转移给消费者的程度,就会有所不同。一般来说,与生活非必需品相比,生活必需品的需求价格弹性较小,表示消费者对这类消费品价格上调不会做出大量削减需求数量的反应,这样货物税的税负担向前转移就比较容易,消费者因此比生产者或原材料供给者承担了较大的税负担。所以,对生活必需品广泛征税,就会导致税负担更多地落在那些将个人收入的大部分用于基本生活开支的广大低收入者身上。这种税负担分配有违社会公平原则。为此,各国政府一般不对食品类的生活必需品课征货物税,对食品以外的生活必需品征税则采取较低税率,只是在对生活必需品以外的商品征税时才采取较高税率。

对不同类型商品规定不同税率,或者对同一类型商品的不同品种规定不同税率,不仅有利于在一定程度上解决货物税税负分配不尽公平的问题,而且这种差别税率的实施还有利于贯彻政府制定的某些产业政策和加强某些社会经济政策的针对性。因为税率的调整实际上发挥着刺激某些商品生产或消费,同时抑制另外一些商品生产或消费的作用,进而改变人们的生产选择与消费行为。例如,规定对文教用品、宣传品适用较低的货物税税率,往往可以起到提高社会成员文化素养、劳动素质的作用;规定对大多数奢侈品适用较高税率,可以在某种程度上起到抑制社会奢侈浪费之风的作用;规定对诸如烟、酒等消费品适用极高税率,可能起到减少某些恶习在社会成员中间蔓延的作用。因此,一个良好的货物税制度除了有助于增加政府财政收入外,还有助于加强经济社会生产格局与消费格局的合理化,对社会经济的稳定发展有着不能低估的现实意义。

对商品征税,不论是对商品或劳务的流转总额进行征税,还是对商品或劳务的流转增值额进行征税,实际上政府税务当局所面对的纳税人只是数量相对较少的商品经营者,即生产者、批发商、零售商等。相比其他一些以个人收入、财产为征税对象的税种来说,这在很大程度上简化了税收的征收工作,节约了征税成本,同时也便于税务部门对纳税人进行监督管理。可能正是因为货物税具有这种税务征管相对简单、有效的特点,导致西方各国政府在 20 世纪 90 年代的税制改革中,都对曾经一度被忽视的间接税改革给予了积极的重视。

二、各国实行货物税的基本情况

在现实生活中人们消费的商品和劳务种类繁多,而其生产、销售等流通渠道又是错综复杂的,这就为各国政府在选择、确定适宜于不同国家的货物税形式方面提供了可能性和可行性。当然,货物税在分类上,也因此变得比其他税种更为复杂一些。

根据不同分类标准,各国货物税可以归类为以下 8 种:(1)流转税,又称周转税(Turnover Tax,TT),即对商品在生产、销售等各个环节上的商品流转额所课征的销售税;(2)增值税(Value-added Tax,VAT),

即对商品的生产、销售等各个环节上发生的附加价值所课征的销售税;
(3)生产销售税(Manufacturing Sales Tax,MST),即只对商品在生产
环节上发生的流转额课征的销售税;(4)零售销售税(Retailed Sales
Tax,RST),即仅对商品在零售环节上发生的流转额课征的销售税;
(5)批发销售税(Wholesale Sales Tax,WST),即对商品在批发环节上
发生的流转额课征的销售税;(6)消费税(Excise Tax,ET),即对有选
择的特定消费性商品所课征的销售税;(7)关税(Custom Duties,CD),
即对入境、出境的商品流转额课征的过境税;(8)劳务税(Service Tax,
ST),即对提供劳务时所发生的流转额课征的税。

目前,各国实行的货物税具有如下一些特点:

第一,课征流转税虽然具有稽征管理方便、能够增加政府财政收入
等方面的优越性,但是它带来重复征税的问题,即应税商品的税负水平
随着该商品流转次数的增加而相应提高。在实行流转税的情况下,生
产企业往往倾向于使大多数生产环节集中在企业联合体内部,以减轻
纳税负担。因此,许多生产企业最终在企业内部搞成"大而全,小而全"
的生产管理机制,这种生产管理机制的形成在相当程度上阻碍着现代
化大生产所要求的分工与协作的不断深化。所以,流转税日益被视为
一种不能适应商品经济发展的税种。

第二,在许多国家,特别是非洲大陆国家盛行产制销售税,这是一
种政府在生产环节课征商品销售税的办法。这些国家之所以采用产制
销售税,是因为较之其他货物税征税环节来说,生产环节的纳税人数量
最少,也最容易建立健全现代会计制度,便于税收的稽查管理。

第三,只在批发环节课征商品销售税或只在零售环节课征商品销
售税的国家都相对较少。澳大利亚、新西兰为典型的少数几个实施批
发环节货物税的国家,其单一批发税的课征对象是批发销售收入。对
零售环节商品征税的有美国、瑞士、巴拉圭和中国等少数几个国家。零
售环节征税最靠近消费者,税基最为宽广,但零售商中小商小贩居多,
税务稽征管理特别困难。美国的零售税由州和地方两级政府课征,税
率不一。另外,虽然增值税的征税环节也可以延伸到零售商的增值部
分,但是增值税在课征时的计税方法与全额课征零售税的计税方法是

有质的区别的。

第四，出于以下三方面原因，世界上绝大多数国家均对有选择性的消费品课征消费税：其一出于财政方面的原因，长期以来，消费税因为税源广泛、稳定而成为各国财政收入的主要源泉之一。其二出于经济方面的原因，有选择地对某些消费品课征并实行差别税率，往往能起到改善社会收入再分配、调节社会消费结构的作用。其三出于社会发展方面的原因，对某些于人类发展有害的特定消费品，如烟、酒课以重税，可以起到"寓禁于征"的作用；对某些于人类发展有利的特定消费品，如书籍、医药等不征税或少征税，可以起到促进社会成员健康消费的作用。

第五，世界各国几乎都征收关税。关税属于销售税范畴，与国内销售税的主要不同点在于关税的征课环节放在商品进出国境时，分为进口税、出口税和转口税（过境税）。出于财政收入和贸易保护政策方面的考虑，关税也是各国商品征税制度中最为普遍的一个税种。

第六，增值税从创立以来，在短短的 40 多年的时间里，便从法国迅速推广到世界 90 多个国家和地区。欧共体和欧盟各国在 20 世纪六七十年代不仅实行了增值税，而且正在向统一税率方向过渡。亚洲和非洲一些国家以及东欧和独联体国家在八九十年代也先后引进了增值税。目前，西方国家只有美国和澳大利亚等少数国家尚未实行增值税，但它们也都曾多次讨论实施增值税的必要性和可能性。在已经实行增值税的国家中，增值税收入占总体税收收入的比重越来越大。增值税的最大优点是可以改变流转税制下因重复征税产生的单位货物税负不均现象，从而有利于推动商品生产的专业化与协作向纵深发展，对优化资源配置和发展社会生产力都产生积极的影响。

在货物税系的多个税种中，增值税、关税、销售税和消费税为其中最重要的四个税种：销售税代表了商品征税的传统形式，关税属于国际贸易中商品征税的特殊类型，消费税体现了货物税独特的调节功能，而增值税却代表着货物税的总的改革方向。当前，增值税已经成为各国税收理论和税收实践中的研究重点，受到各国的普遍重视。有的经济学家预言，增值税将成为 21 世纪最大的单一税种。

三、增值税

增值税,又称多阶增值税(Multi-stage Value-added Tax),是以产品自生产到消费的每一交易环节上发生的增加价值为税基的税种。增值税之所以迅速成为国际性税种而得以广泛实施,在于它区别于其他流转税的一些重要特点及其带来的优越性。

第一,对企业来说,增值税只对其销售收入中属于本企业创造的、没有征税的那部分销售额征税,而总体销售额中由其他企业转移过来的、已征税的那部分销售额则不再征税。这种仅就商品或劳务的各个流通环节上的增值额征税体现了增值税"税不重征"的优点,也因而克服了其他流转税对已纳税销售额重复课税的问题。这样,在增值税制度下应税商品的整体负担一旦由税率确定下来,无论流转环节如何变化,它始终保持不变。这就完全消除了其他流转税带来的"流转环节越多,整体税负越重;流转环节越少,整体税负越轻"的不合理现象,从而有助于抑制企业在经营活动中搞"大而全,小而全"的倾向。就此而言,增值税适应了现代社会化大生产不断深化分工与协作的内在要求,有利于现代商品经济的发展。

第二,增值税具有广泛的税基,可以遍及工业、农业、商业以及服务业中的各个行业和部门,并且适用于商品和劳务从生产、批发到零售的每一流通环节。就是说,只要某一流通环节有增值,政府就可以在该环节设置增值税,实行所谓的"道道征税"的原则。增值税这一特点至少给政府的经济活动带来如下一些好处:(1)政府可以更充分地发挥税收对生产经营的调节作用,例如,可以利用差别税率来鼓励或抑制不同商品或劳务的生产、销售与消费。(2)增值税征收的普遍性,作为某种税源充足的体现,使得政府财政收入可以不断增加,相应也加强了政府运用财政政策进行宏观经济调控的能力。(3)增值税以增值额为课征对象,只要增值额保持不变,政府得自这一税源的财政收入就可以不受企业经营成本、费用以及商品或劳务的具体流通环节变化的影响,即政府可以获得稳定的增值税收入。另外,政府的增值税收入是生产、批发、零售各个环节上纳税人所纳增值税的总和,任何一个环节少纳的税款都必然会在下一个环节得到相应的弥补,这也成为政府增值税收入比较稳定的一个根本原因。

第三,增值税在某种程度上也体现了税收中性原则,对资源配置的扭曲作用被降到最低限度。这主要是因为增值税基本上避免了重复课税问题,从而最大限度地减少了企业间进行的扭曲性竞争行为,进而也尽可能地减少了税收给经济社会资源配置带来的负面效应。另外,相对于其他税种而言,增值税对不同类型的商品、劳务所使用的税率基本一致,因而不会对个人、企业的生产决策造成过多影响,有利于企业按照市场经济的要求选择最佳的生产经营方式。

第四,增值税的计征是以商品销售额为依据的,允许从计税环节的销项税款中扣除上一道环节已经交纳的进项税款,并且整个操作程序都是在一套严密的发票管理制度下进行的。这就在简化税务管理与防止偷漏税方面起到了积极作用。在增值税实行按照销货发票注明的税款进行扣税情况下,某环节上纳税人的进项税额就是上一环节另一纳税人已经交纳的税款,这就在具有购销关系的两个纳税人之间形成一种无形的相互牵制关系。任何一方破坏这种关系,都会改变各自的税负程度,从而给各自的经济利益带来不同影响。所以,实行按照销货发票注明的税款进行扣税制度,不但客观上简化了税务当局的征管工作,而且也使得税务当局可以通过对具有购销关系的纳税人进行交叉审计,及时发现某些纳税人的偷漏税行为。

理论上讲,增值税可以成为课征范围最广泛的税种之一,农业、工商业、服务业等各个经济活动领域的商品和劳务,都可以包括在增值税的影响范围之内。但由于各国的国情不同,课征范围大小的选择也是有差别的,所以,各国实行的增值税实际上可以大体上划分为“非全面增值税”与“全面增值税”两类。所谓“非全面增值税”,就是政府规定的只对某些行业和部门的商品与劳务课征的增值税,或是规定的只对生产、批发、零售环节中的某一环节或某几个环节上的商品与劳务课征的增值税。“全面增值税”则是指对各个行业和部门生产的商品与劳务,对商品流转过程中的任何流通环节上的商品与劳务一律课征的增值税。① 目前,只有经济发达的欧洲共同体国家实行了"全面增值税",而大多数发展中国家则仍在实行"非全面增值税",即要对增值税征收范围作某些选择性安排。不过,应该看到,各国增值税课征范围一般是随着经济的不断发展、增值税征管手段的不断规范化而逐步扩大的。

目前世界上已有90多个国家与地区实行了增值税,其根本出发点是要充分利用增值税自身具备的税基宽、可以消除重复课税和有效的内部制约机制等优点,在保证经济自发调节功能充分发挥的同时,增加政府财政收入,保障政府职能的有效实施。大多数西方国家所推行的增值税制度主要包括以下内容:(1)实行税款扣除制,目的在于有效解决传统流转税存在的重复课税问题。具体方法是,先按(某一计税环节的)商品或劳务的应税总金额和适用的税率计算出增值税总体税额,然后扣除上一计税环节已经交纳的增值税额,余额就是(该计税环节)应该交纳的实际增值税税额。这种计税方法称为"销项减进项法",又称"扣除法"。(2)一般采取多环节课税制,以便实现增值税征收的普遍性和连续性,充分发挥税收对生产经营活动的调节作用。(3)税率设计从简,以便于征管,多数国家实行的是二至三档的差别税率,另有少数国家实行单一税率。(4)对出口产品规定适用零税率,以使本国的商品和劳务更具国际竞争力。另外,在鼓励出口的同时,对进口物资则规定适用标准税率,以体现限制进口政策。(5)在税务处理上实行增值税发票监管制,凭有效发票所注明的税款办理进项税额扣除事宜。(6)实行增值税与消费税交叉征收制,即对征收增值税后还须进行特殊税收调节的商品,再征收一道消费税。这样做,一是为了减轻单纯使用增值税所造成的商品税税负分配上可能出现的较为严重的累退性,二是为了使增值税在设计上尽可能地简单一些。(7)普遍实行小规模纳税人制

①　另外,也可以从横向和纵向的角度来观察不同国家的增值税的实施范围。横向比较是从国民经济的各个部门观察,是否将农林渔牧、采矿、制造、建筑、交通等各个经济部门都纳入了增值税影响范围之内。纵向比较是从商品的原材料采购、固定资产投入、制造、批发、零售等所有的连续环节上观察,是否把各个环节都纳入增值税的影响范围。通过横向、纵向的比较也可以看出各国的增值税实施范围存在较大差异,但这并不与增值税原则相背离。

度。小规模纳税人是指年营业流转额较小、会计制度无法严格健全的小企业。税务机构通常采取估计增值税额的方法对小规模纳税人进行征税,即以纳税人开具的供货发票为依据,估计实际应交增值税税额。实行小规模纳税人制度可以扩大增值税的影响范围,提高增值税的可行性。

当然,增值税也有一些不尽如人意的地方。例如,增值税可能不鼓励企业间进行生产的横向、纵向联合,这对经济社会获得规模经济效益可能不利。又如,增值税的有效实施对完善的发票制度有极大程度的依赖性,而完善的发票制度的形成取决于通信、监管、控制手段的不断现代化,这对经济欠发达的国家来说无疑是有效推行全面增值税的一大障碍。

第七章练习题

一、判断以下各陈述的正误

1.税收体系的结构,是指税收体系中各类税收的组合以及各类税收在组合中的相对地位。不同国家的税制结构大致相同,并且一般不会发生变化。(　　)

2.一般情况下,以间接税为主且累进性较强的税制结构,通常比以直接税为主且累退性较强的税制结构,社会公平程度更高一些。(　　)

3.名义税率是税法规定的税率,有效税率是纳税人实际负担的税率。由于按照税法征税的税基一般不是全面税基,在诸多减免规定作用下,使应税税基远远小于实际税基,导致名义税率与有效税率并不相同。(　　)

4.个人所得税仅对货币收入征税,那么其税率越高,非货币收入,特别是实物收入对劳动者的吸引力就会越大。(　　)

5.对公司企业实行的各种形式的税收优惠政策在一定时期、一定经济环境下,确实对经济增长起到了某种积极的推动作用。但是过度的税收优惠,往往诱导某些公司企业在决定投资方向时,首先考虑如何获得更多的税收优惠,而不是考虑如何适应市场经济发展的要求进行合理的资源配置,其结果是对经济增长反而产生消极影响。(　　)

6.公司缴纳公司所得税后,税后利润作为股息分配给股东的部分,通常还要与股东的其他收入一道缴纳个人所得税。这在税收理论上不属于重复课税。(　　)

7.就商品或劳务的各个流通环节上的增值额征税,体现了流转税的"税不重征"优点。(　　)

8.增值税的计征是以商品销售额为依据的,允许从计税环节的销项税款中扣除上一道环节已经缴纳的进项税款,并且整个操作程序都是在一套严密的发票管理制度下进行的。这就在简化税务管理与防止偷漏税方面起到了积极作用。(　　)

9.增值税在某种程度上体现了税收中性原则,对资源配置的扭曲作用被降到最低限度。(　　)

10.对商品或劳务征税,将由商品(劳务)的生产者或销售者直接承担,无法转嫁给消费者。(　　)

二、选择题(从以下各题所给答案中挑选出所有被认为是正确的答案)

1.个人所得税具有以下优点:(　　)。

A.直接影响人们的经济行为

B.有助于经济社会实现收入平等化目标

C.发挥内在稳定器作用

D.符合税负担分配的"利益原则"

2.各国税务当局出于实际需要,通常要对"全面所得"概念进行必要的调整以适应税法规定的用于税收目的的所得计算。这些调整主要出于以下考虑:(　　)。

A.出于计算方便考虑而进行的调整

B.基于公平考虑而进行的各种调整

C.出于增加政府财政收入考虑而进行的调整

D.基于激励目的的考虑而进行的各种调整

3. 世界上绝大多数国家均有选择性地对某些消费品课税,即特别消费税(或奢侈品税),主要原因是(　　)。

A. 税源广泛而稳定

B. 可以实行差别税率调节社会消费结构

C. 对某些特定消费品可以起到"寓禁于征"的作用

D. 可以替代增值税

4. 增值税具有广泛的税基,并且适用于商品和劳务从生产、批发到零售的每一流通环节。增值税这一特点给政府财政活动带来如下一些好处:(　　)。

A. 政府可以更充分地发挥税收对生产经营的调节作用

B. 有助于增加政府财政收入,相应也加强了政府宏观经济调控能力

C. 政府得自该税源的财政收入可以不受企业经营成本、费用和商品或劳务的具体流通环节变化的影响

D. 生产、批发、零售等任何一个环节少纳的税款都会在下一个环节得到相应的弥补,保证政府增值税收入的稳定

5. 大多数西方国家所推行的增值税制度主要包括以下内容:(　　)。

A. 实行税款扣除制

B. 一般采取多环节课税制

C. 税率设计从简以便于征管

D. 实行累进税率制

E. 对出口产品规定零税率

F. 在税务处理上实行增值税发票监管制

G. 实行增值税与消费税交叉征收制

H. 普遍实行小规模纳税人制度

6. 一般条件下,公司所得税至少在某些方面会对社会经济产生显著影响,主要表现在(　　)。

A. 降低某些社会群体的经济福利

B. 导致全社会的资本收益下降

C. 产生"锁住效应"

D. 提高公司企业资本投资的边际成本

7. 按照海格—西蒙斯的定义,所得是以货币价值体现的、在某一规定时期中个人消费能力的净增加,这等于本时期中的实际消费数额加上财富的净增加额。这个定义要求在所得中包括可能增加现期的,或者未来的任何形式消费的一切收入项目,即包括(　　)。

A. 按照惯例认为是所得的项目

B. 某些"非惯例"的项目

C. 预期可能实现的收入项目

D. 各类形式的实物收入

E. 归属性收入

8. 已知美国某对已婚夫妇的实际全部收入所得为 150000 美元,排除项目、减除项目和个人免税额共计 50000 美元,对照表 7—3,计算其应纳税的金额为(　　)美元。

A. 42000　　　　　　　　B. 28000

C. 21709.25　　　　　　 D. 17362.5

9. 如果税收制度客观上将经济社会投资组合维持在原有的状态中,就可以认为这种税制安排产生一种(　　)。

A. 替代效应　　　　　　 B. 收入效应

C. 锁住效应　　　　　　 D. 储蓄效应

10. 税务当局把公司应税所得(利润)划分为两部分,对作为股息分配的那部分利润,使用较低的公司所得税税率征税,而对于剩余的未分配利润,则使用较高的公司所得税税率征税。这种处理公司所得税与个人所得税重复课税的方法称为(　　)。

A. 分别实体制　　　　　 B. 完全结合制

C. 分别税率制　　　　　 D. 归属制

三、思考题

1. 说明发达国家和发展中国家在税制结构上存在的主要差异。

2. 最近几十年来,发达国家的税制改革活动主要表现出哪些特点?

3. 简单地讲,现代个人所得税具有哪些重要优点?

4. 各国税务当局出于实际需要,对"全面所得"概念进行了必要的调整，以适应税法规定。简要说明，这些调整主要出于哪些考虑。

5. 美国个人所得税法中把医疗费用、巨额灾害损失等作为扣除项目，为什么出现高收入纳税人所得到的利益一般会大于低收入纳税人所得到的利益这种现象？

6. 简述个人所得税对劳动供给的一般影响。

7. 简述个人所得税对储蓄供给的一般影响。

8. 关于公司所得税与个人所得税的重复征税问题，各国主要采用了哪几种类型的解决方法？

9. 目前各国实行的货物税具有哪些主要特点？

10. 简述增值税的主要优点。

第八章　税收制度(下)

本章继续上一章关于税收制度的研究。第一、二节分别说明国家税收制度中社会保险税、财产税的一般内容。第三节重点分析国际税收理论与实践问题。

第一节　社会保险税

社会保障是指国家通过立法,积极动员社会各方面资源,保证无收入、低收入以及遭受各种意外灾害的公民能够维持生存,保障劳动者在年老、失业、患病、工伤、生育时的基本生活不受影响,同时根据经济和社会发展状况,逐步增进公共福利水平,提高国民生活质量。社会保障作为一种国民收入再分配形式,是通过一定的制度实现的。由于各国的国情和历史条件不同,在不同的国家和不同的历史时期,社会保障制度的具体内容不尽一致。但有一点是共同的,那就是为满足社会成员的多层次需要,相应安排多层次的保障项目。

尽管在理论上可以通过多种途径、多种方式为社会保障制度的实施筹集资金,但是大多数国家政府还是采取了社会保险税这种方式。较早实行社会保险税或社会保险缴纳制度的发达国家的经验说明,正是由于社会保险税的建立,才最终使得这些国家的社会保障体系得以长期正常运行,而且有助于对其实行规范化、制度化管理。

一、社会保险税的性质

战后在发达国家率先建立并逐步完善的社会保险税,又称社会保障缴纳,是发达国家为了推行其社会保障制度而建立的一种新型的税收。一般以纳税人的工资(薪金)收入为课税对象,采取比例税制,在税金的使用上具有专税专用性,而在税负担分配上通行"谁纳税谁受益"的原则,又具有有偿性。

具体来说,社会保险税与一般税收不同:一般税收入库后要纳入政府预算,用于执行政府职能所需的各项经费开支;而社会保险税入库后则要按照不同的保险类别纳入各专项基金,供专门性福利、保障开支项目使用。例如,美国失业保险税,纳入失业保险信托基金;德国的养老保险费,纳入各专门的养老保险机构,如此等等。社会保险税的专税专用有利于保障各种保险基金的稳定和及时支付。

同一般税收相比,社会保险税的另一个重大区别,是其具有有偿性特征。常规情况下,政府通过一般税收征得税款时,一方面,不须向纳税人付出任何等价物;另一方面,则须向所有国民平等地提供公共产品或劳务,而不管他们实际纳税与否以及各自缴纳了多少税款。社会保险税则不同,只有现在参加社会保险的纳税人,将来才有资格享受政府社会保障制度提供的相关权益。在这一点上,它与一般商业保险计划没有什么区别。就是说,虽然纳税人受益于现在或将来(由政府主持的)各类社会保障项目的程度,可能并不一定等值于其对社会保险税的交纳,但是,无论形式上,抑或实质上,纳税人受益于政府主持的社会保障项目的福利水平,确与其所缴付的税款有着直接的、明确的、可量化的联系。这就使得社会保障项目、计划的参加者(广大国民)感到他们日后领取各类社会保障支付(社会保险偿付)是一种权利,是政府对他们以前所缴社会保险税的一种偿付,而不是政府无偿给予他们的福利。

社会保险税虽以工薪收入为课税对象,但是它与同样以工薪收入为主要课税对象的个人所得税不同,两者相比,社会保险税具有明显的累退性,而个人所得税则具有明显的累进性。首先,社会保险税仅仅对工薪这种形式的收入课税,从而将包括资本利得、股息所得、利息所得在内的所有非工薪收入完全排除在外,这便使得收入来源广泛的高收入者的社会保险税税负变得相对较轻。其次,社会保险税一般采用比例税率,并只对一定限额以下的工薪收入额课征,超过规定限额部分的收入,可以免缴社会保险税。于是导致高收入纳税人所缴纳的社会保险税占其总收入的比例远远小于低收入纳税人。正是从这些意义上讲,社会保险税的缴纳对于穷人仍是一项较为沉重的支出,但对于富人,这种支出则微不足道。

二、社会保障基金的筹集形式

社会保险税,是国家社会保障制度得以正常运行的财政来源。在目前实行社会保险税(或社会保障基金)的国家中,对该税收的征管,对税收形成的社会保障基金的运作与使用,虽然在具体形式上有所不同,但一般都要置于政府当局的直接管理之下,一些国家甚至使之成为政府财政预算活动的一个组成部分。这是发达国家现代社会福利、保障制度能够覆盖全社会,并且能够实行规范化管理的根本原因。

目前,世界各国政府发展社会保障事业的具体筹款形式,主要有以下几种:

第一,建立社会保障统筹缴费制度。政府要求雇主和雇员以缴费的形式来筹集社会保障基金,然后责成专门机构负责对社会保障基金的管理与运营。由于它不直接构成政府财政收入的组成部分,财政部门不能参与管理,但有对其实行监督的责任,并且在其入不敷出时提供必要的专款补助。德国实行的就是这种社会保障统筹缴费方式。

第二,建立预算基金账户。这是在政府指导下实行的一种强制性储蓄活动,借此将社会保障制度金融化。具体做法是,要求雇员的缴费和雇主为雇员的缴费一并存入雇员个人账户,这笔款项及其利息的所有权归雇员个人所有,但政府对这些款项仅有部分使用权和调剂权。因此,它在性质上更接近于商业保险。这种办法支持的社会保障制度缴费较高,一般只适用于人口较少、经济发展水平较高的国家。新加坡是成功实行这一做法的国家之一。

第三,开征社会保险税。这是世界上大多数国家普遍采用的一种筹款方式。到目前为止,在建立社会保障制度的 140 个国家中,已有 80 多个国家开征了社会保险税。通过这一税种征收的税金,直接构成政府的财政收入,成为政府预算的重要组成部分。由于社会保障收支平衡状况直接影响到政府整个财政收支平衡状况,所以,组织和管理社会保障收支就成为这些国家财政部门的一项经常性工作。

但是,不论具体筹款形式如何,社会保障基金的来源则主要是个人收入的扣除部分,其具体形成形式或是个人直接交纳,或是雇主代为交纳,其他来源还有政府财政拨款和基金运作收入(如利息收入、投资利润等)。

三、社会保障基金的管理方式

从当今各国社会保障制度的实施来看,对社会保障资金的管理方式有三种形式:现收现付制、完全积累制和部分积累制。

现收现付制,是一种以近期横向收付平衡原则为指导的基金管理方式。简要地说,是在职的一代赡养已退休的上一代,在职的交费直接用于支付当期退休者的退休金。这种制度有利于低收入者,同时由于基金实行现收现付,不会出现因基金积累受经济波动的影响而使退休金遭受损失的情况,但是由于人口老龄化问题,它给政府带来的财政压力将越来越大。这种方式要求,首先做每年社会保障计划所需支付费用的估算,然后按一定比例分摊到所有参加该保障计划的单位和个人身上,并且做到社会保障缴纳当年提取当年支付。由于这种管理方式可以预先不留储备金,完全靠当年的收入来满足当年的支出,每年所需社会保障开支的规模就会随着受保社会成员年龄结构、经济状况等的变动而变动,因此每年都可能要对社会保障缴纳费率(社会保障税税率)做一些调整。此外,这种筹款方式还要求政府当局每年进行一次或数次社会调查,以确定资金需要和分担标准等。在这种筹资方式下,目前社会保障计划的受益人的社会保障性收入并不一定来自他们当年的社会保障缴纳,而在更多情况下是来自以前年份的别人的缴纳。简言之,社会保障制度下的现收现付制具有资金筹集与滚动使用的特点。

现收现付制要求人口结构稳定,而人们的退休年龄提前、出生率不断下降、人口老龄化等不确定性因素,均会给现收现付制带来风险。另外,现收现付制要求经济和政治稳定。因退休金具有待遇支出刚性,在经济景气时可以提高退休待遇,在经济不景气时却不能降低退休待遇,这将导致财政支出不断上升,阻碍经济结构调整和经济发展,会出现缴费比例过高、资金筹集困难等问题。

完全积累制,是一种以远期纵向收付平衡原则为指导的基金管理方式。这种方式要求政府在对未来较长时间的宏观经济发展的预测基础上,预计保障对象在保障期内所需享受的待遇总量,据此按照一定比例将预期所要支付的社会保障费用(成本),分摊到保障对象的整个投保期间。这种筹资方式的主要特点是:一是以收定支,在职时完全积累,退休后按月支付,支付水平取决于过去的积累数额;二是激励缴费,由于支付水平与本人在职时的工资和缴费直接相关,个人有缴费积极性;三是强制储蓄,使个人一生的收入和消费均等化,能够实现自我保障,不会引起代际冲突;四是坚持效率优先原则,有利于资本市场的发育和经济发展。这种筹款方式能否达到预期收付平衡的目的,主要取决于保险统计预测的精度。这就要求保险统计必须事先估计到一些可变因素及其产生的具体影响,如死亡率、发病率、工资水平变化、受保人数变化以及物价变动等。由于这些因素的变化往往没有固定规律可循,长期有效的预测一般也不容易做到。

部分积累制,是一种把近期横向收付平衡原则与远期纵向收付平衡原则相结合作为指导的基金管理方式。这种方式要求政府有关当局在满足当年一定规模的社会保障支出需要的前提下,留出一定的储备以适应未来的支出需求。在这种筹资方式下,社会保障缴纳的收费率一般是数年不变,过几年调整一次,收大于支的部分通过长期投资方式进行保值、增值。部分积累制的特点有四:一是既能够保留现收现付制养老金的代际转移、收入再分配功能,又能够实现完全积累制刺激缴费、提高工作效率的目的。二是既能够减轻现收现付制福利支出的刚性,又能够克服完全积累制下个人年金收入的过度不均,并保证退休人员的基本生活。三是既能够利用完全积累制积累资本、应付老龄化危机的制度优势,又能够化解完全积累制造成的企业缴费负担过重与基金保值增值的压力。四是投资基金制的风险来自市场的收益率不确定,投资基金制需要的税较少,因而效率损失较少。由于它兼具前两种方式的优点,因而受到保险专家的推崇,为越来越多的国家所采用。

四、发达国家社会保障制度存在的主要问题与改进措施

在发达国家,社会保障制度作为"社会安全阀",的确发挥了化解社会矛盾、稳定经济生活的积极作用。但是,这一制度在长期运行过程中也逐渐反映出某些问题,在经济生活的某些方面产生了一系列消极影响。例如,战后以来,发达国家公共财政中公共福利、社会保障开支规模不断扩大,目前已经成为政府财政开支的主要项目。最近几十年里,受人口老龄化、失业增长以及管理不善导致资金严重浪费等因素的影响,许多国家的社会保障支出增长率往往超过其国民生产总值增长率。这种情况不仅导致政府社保基金收支平衡愈发困难,而且客观上也给各国政府财政活动带来某些新的压力。

再如,为了保证国家社会保障制度的运转,在财政支出压力较大时,一些国家政府只好提高社会保障活动的缴费率,如提高社会保险税的税率。但是,不断提高费率、税率的结果是加大了企业的生产成本,而成本上升势必会影响企业产品在国内市场、国际市场上的经济竞争能力。对此,雇主们本能地会采取一些对策来转嫁成本,如削减雇员、利用免交社会保险税的临时工取代须交社会保险税的固定工,甚至将资本转移到发展中国家从事生产活动。可以说,这是造成最近几十年来西方国家,特别是西欧国家失业率普遍较高且难以下降的重要原因之一。

又如,西方国家推行社会保障制度的另外一个重要目标,是希望通过社会收入分配平等化方式,解决因社会成员间贫富悬殊造成的社会关系紧张问题,以便稳定社会秩序和推动经济发展。公正地讲,这一出发点没有根本性错误;但是社会收入平等化政策的实施,很难完全避免发生奖懒罚勤的消极作用,进而影响社会整体经济效率的改善。事实上,除了社会保险税支撑的福利项目外,政府提供的其他社会福利项目越多,各类税收负担就越重,国家税收体系的累进程度也就越高。其结

果是,一部分社会成员因越来越大的收入部分转化为税收而减少劳动供给或储蓄供给;与此同时,另一部分社会成员则对社会福利、保障制度的依赖性不断加大,产生不愿积极参加劳动的惰性。[①]

　　更为严重的是,某些社会福利、社会保障项目,因制度设计不合理还会产生"贫困陷阱"问题。所谓"贫困陷阱",是指由于个人所得税、社会保险税和社会福利补贴的综合作用,使某些原先处于较低收入水平的工资收入者,一旦提高劳动供给且名义货币收入增长后,其当前的实际收入水平反而低于以前的实际收入水平。这是因为在累进制所得税作用下,纳税人名义工资上升会使其因收入增加而进入较高税阶,在较高边际税率作用下,出现收入越高、纳税越多的情况;与此同时,名义工资增加导致其原先享受的某些社会福利补贴相应自动减少,甚至被全部取消。受上述两种因素的综合影响,某些低收入纳税人在其名义收入上升情况下,就会遇到税后实际收入水平不是提高而是下降的境遇。[②]处于这种收入变化状况的劳动者在工作选择上便表现得特别挑剔,除非新工作提供的工资收入能够大到使其税后、补贴后的实际收入比以前有明显增加,否则,他将不会接受新的工作。可见,制度设计造成低收入者自觉地、不自觉地陷入"贫困陷阱"之中,从而难以通过增加劳动供给达到摆脱相对贫困的目的。

　　为解决社会保障制度建设方面所面临的困难与问题,20世纪90

---

　　①　例如,20世纪瑞典政府曾规定,工人得病后可领取原工资的90%,而且这项补贴由社会保险局发放,所以在企业一方就会放松对工人的考勤管理,"小病大养"现象时有发生。另外,考虑到诸如上班所需的交通费、中午在外就餐的费用等开支,上班工人的实际工资并不比请病假工人的实际补贴高出多少,导致许多工人无病装病而常请"病假",出现了一种欧洲寿命最长的瑞典人"生病"最多的怪现象。

　　②　例如,按照20世纪80年代英国政府的某些规定,一个有两个未成年子女的男性劳动者,在其每周劳动收入为60英镑时,经税收与政府补贴影响,其税后、补贴后的实际收入可以被提高到122.68英镑。但是,如果他通过其他就业而使个人每周劳动收入上升为100英镑时,经税收与政府补贴影响,其税后、补贴后的实际收入反而下降到120.96英镑。接下去,如果他每周劳动所得在税前达到140英镑,经税收与政府补贴的影响,其税后、补贴后的实际收入还要进一步下降到119.33英镑。这主要是因为不同收入水平下,未成年子女补助、住房补助、家庭收入补助、学生午餐补助等补助水平是不同的,收入水平越低,补助水平越高。

年代以来,西方国家大多都对本国的社会保障制度进行了某些改革。目前,已经提出和正在实施的改革措施主要有以下几种:

第一,有条件的国家往往采取提高社会保险税税率的办法,增加政府从事社会福利、保障活动的可用资金的规模,以减轻财政压力。不过,大多数西方国家的社会保险税税负担已经比较沉重,进一步提高该税收规模的潜力实际上受到限制。

第二,从政府一般财政收入中提出更多的资金,用于支持社会福利、保障项目的开支。然而,这样做也要以提高、扩大其他税收来源为前提。在具体实施上,至少目前存在着一定的困难,因为西方国家的各种税负担都已很高,几乎达到或接近其社会成员可能接受的最高水平。

第三,通过开源节流、制度改革、制度设计和提高资金使用效率等途径,解决国家社会保障制度中存在的收支平衡困难和国民负担日益加重的问题。例如,在一些国家,政府通过提高雇员的法定退休年龄、中止实行提前退休的规定、缩小男女退休年龄的差距,以及规定未到退休年龄而提前退休者,每年减少一定比例的养老金等办法来推迟退休金的发放。这样,既有利于延长养老金投保者的工作和投保时间,又缩短了领取养老金的时间并在时间序列上降低了领取退休金人数的集中程度。类似的做法还表现在控制医疗保险费用的增加方面,如采取一些措施控制药品报销的范围,在报销药品的价格上做出某些限制等。

第四,大力发展私人主持的人寿保险事业,通过使私人保险成为国家法定保险的补充的办法来减轻政府的财政负担。在这方面,一些西方国家正在考虑智利的经验、做法。在智利,养老保险金投保人一般向私营保险公司投保,私人养老保险机构将收到的养老保险基金再投资于股票、债券等金融资产进行保值、增值活动;与此同时,政府则对私人保险机构进行必要的监督和投资指导。这样,政府只为那些达到法定退休年龄而尚未积累足够数量养老年金的退休者,按照规定提供最低数额的用于养老的年金,于是政府的财政负担便相应减轻了许多。

第二节　财产税

根据税负担分配的支付能力原则,收入、支出、财产三项均可以作为用于衡量个人经济支付能力的一般标准。所以,政府征收财产税,通常被认为符合社会公平原则。虽然现代税制中财产税的重要地位已为所得税所取代,但是在大部分国家,财产税仍然是政府,特别是地方政府财政收入的一个重要来源。[①]

财产税包括两种,即对财产占有的征税和对财产转移的征税。前者称为一般财产税,后者主要是遗产税和赠与税。

一、征收财产税的社会经济原因

税收理论中,在是否应该对国民征收财产税问题上,一直存有争议。但是,出于各种经济原因的考虑,政府征收财产税还是必要的。

首先,出于社会正义、社会公平的考虑,在其他不变条件下,个人财产越多,表明其支付能力越大,就应该缴纳较多的税款。特别重要的是,征收财产税在一定程度上可以减轻社会财产集中的程度,即解决社会财富分配不均的问题。否则,社会财富过度集中在少数人手中,往往会严重阻碍社会经济的正常发展,甚至引发社会革命。

其次,作为个人所得税的重要补充,有助于改正所得税征收时存在的某些缺陷。一般来说,所得税、货物税和财产税的一般关系,表现为后者是前两者的补完税,三税共征有助于保证政府财政收入的完整性。税务当局认为,在所得方面遗漏的税款往往被纳税人用于消费,于是征收货物税可能对此有所补偿;而在所得方面遗漏的税款未用于消费的

[①]　例如,20世纪初期,在美国财产税收入是该国各级政府的财政收入之主要来源,约占各级政府收入的40%以上。到1985年它在各级政府收入中的比例下降为12.9%。现在它主要成为地方政府的收入来源,1986年美国财产税总额为1038亿美元,其中40亿美元为州政府所占有,另外998亿美元为地方政府所占有。

部分,必然被纳税人积累起来成为个人财产,因此可以通过征收财产征税进一步进行补偿。另外,所得税不对未实现的资本增益征税,通过征收财产税,该问题可以得到某种程度的解决。由于一个特定时期的个人财产价值中,隐含着以往年份的资本增益与资本损失的价值,而政府在征收财产税时,个人财产价值的评估又是按此财产当时的市场价值计算的,所以在此资本增益与资本损失被给予同等重要的考虑。

再次,对财产征税的另一个合理性,在于政府提供的某些公共产品和公共劳务(如消防、警察等)实际上被直接地用于保护个人财产,以使之保持完整性和不断增值。那么,财产所有者交纳财产税,就是对获得政府保护利益的补偿性支付。由于个人财产越多,获得的政府保护利益就越大,则理应交纳更多的税款。

最后,对财产征税,可以刺激财产持有者将个人财产更多地用于生产性使用方面。人们占有的生产性财产,能够为他们带来一定的货币收益;而占有的非生产性财产,则等于放弃了这种收益。经济学上,把因占有非生产性财产而损失的货币收益,视为这种非生产性财产的机会成本。在政府未征收财产税情况下,人们占有的非生产性财产之机会成本相对较小,仅为因此放弃的货币收益。而在政府征收财产税情况下,由于无论哪种财产均要征税,便导致占有非生产性财产的机会成本相应提高——放弃的货币收益加上财产税。非生产性财产的机会成本的上升,诱导人们减少对此类财产的占有,转而更多地占有生产性财产。人们越是更多地占有生产性财产,也就越有利于社会经济的发展。

上述理由尽管显得过分理论化,但用于解释政府征收一般财产税,还是能够被接受的。不过以这些理由来解释政府征收遗产税、赠与税,则会带来更多的争议。虽然从社会正义角度来看,征收遗产税等,在一定程度上有助于减轻因社会财富分配不均而产生的社会矛盾,但是对此持反对观点的经济学家则认为,政府征收遗产税,最终会使社会收入分配出现更大的不平等。因为在一个富有的社会中,财富的大部分是由生产性资本构成的,征收遗产税等,会进一步降低人们积累财富的欲望,进而延缓社会资本形成过程。社会资本形成缓慢,使得劳动生产率难以得到及时改善和迅速提高,必然放慢工人工资的增长速度。相对于资本收入而言,劳动所得占国民收入的份额可能会出现持续下降的趋势,社会收入分配进一步向不利于工人的方向发展。

个人财产是社会财富的组成部分,个人财产不断扩大,对整个社会经济来说毕竟是有利的。但是,政府是否要对财产征税,似乎与个人积累财产对社会有利还是不利这个非常复杂的问题无关。实际上,政府对课税对象的选择,还往往取决于技术上的可行性与否。在市场经济不甚发达时,对财产课税就比对所得课税更为容易一些,所以财产税不仅是最古老的税种之一,而且率先成为各国政府税收制度中的主体税种。后来,随着各国城市工商业的发展,政府发现对人们的货币收入课税比对其财产课税有更大的优势,于是财产税地位下降,所得税成为现代政府税收制度中的主体税种。就财产税具体课税对象而言,也是如此。早先各国政府规定的应税财产种类,几乎涉及所有形式的财产(动产和不动产),后来许多国家政府发现,对动产课税较为困难,而对无形财产课税困难更大,甚至没有可能,结果应税财产范围逐步缩小。现代国家设立的一般财产税,其课征范围已经大大缩小,大多数国家目前只是对若干有选择的不动产或动产课税。即使一些国家在名义上仍然课征一般财产税,但其有关税法同时也要规定一些免征项目或扣除项目。这些国家名为征收一般财产税,实际上征收的只是有选择的财产税,即特种财产税。

二、财产税的一般征收方式

财产税征税对象是财产,财产乃一定时点上的财富存量,可以区分为动产和不动产两类。不动产是指土地、房屋及其他建筑物等不能移动,或者移动会造成经济价值损失的资产。动产是指人们拥有的不动产以外的全部财产,可以分为有形动产和无形动产。前者包括收益性财产(如营业设备、船舶、原材料、库存商品等)和消费性财产(如耐用消费品、家具、首饰等);后者主要包括股票、债券、银行存款等。由于对全部财产征税比较困难,各国政府普遍对特种财产征税,如地产税、房产税、车船税、特定不动产税、遗产税等。

财产税的征收方法比较简单,一般程序是:首先估计个人应税财产价值,通常按照当时的市价计算;有些财产价值计算比较麻烦,须进行折现计算,这些财产主要是不动产。然后,将估算的财产价值乘以政府规定的名义财产税税率,就直接得出应交税款。

由于应税财产价值是估算得出的,其与市场价值必然产生差异。在各国,因各种原因低估应税财产价值是普遍存在的现象。因此,财产税的名义税率与其有效税率也会产生差异,一般情况是财产税的有效税率大大低于其名义税率。有效税率与名义税率的关系可以用下式表示:

$$Te=(A\times t)/M$$

这里:Te 代表财产税的有效税率;A 代表个人财产的纳税估价;t 代表财产税的名义(法定)税率;M 代表个人财产的市场价值。

根据一国财产税的有效税率,可以大体了解该国国民承受财产税税负担的实际情况。以美国为例,人们发现其主要城市的财产税有效税率极低,20 世纪 80 年代,底特律的财产税的有效税率可能最高,为 4.16%,而其他主要城市如亚特兰大、波士顿、芝加哥、新奥尔良、菲尼克斯、洛杉矶则分别为 1.75%、1.64%、1.63%、1.3%、1.09% 和 0.65%。

三、财产税的税收归宿

根据局部均衡分析,结合供求状况的考虑,财产税的税负担主要是由财产所有者承担的。典型的财产税,主要是对土地征税和对房产征税,可以通过对这些税收的分析来说明财产税的税收归宿情况。

通常理论上假设,土地供给没有弹性,那么按一般税负担转嫁理论,土地税的全部税负担就要由土地所有者承担。这是因为土地购买者认为,他一旦购买了土地,也就要同时承担财产纳税义务,为此,要求在交易中减低土地购买价格以便补偿未来的税收缴纳。但是,现实生活中,买卖双方由谁承担土地征税的税负担,最终还是取决于土地的供求关系。不过,作为交易中讨价还价的基准,可以假设先把税负担留给原先的土地所有者。

在有财产税情况下,土地的交易价格是按照以下步骤计算的:

首先,计算没有税收情况下的土地交易价格,通常按照地租收益的现值决定[1],即

$$P_L == \sum \frac{R}{(1+r)^n}$$

这里:P_L,土地的交易价格;R,土地的年收益(地租);r,资本市场利率,作为折现率;n,土地的使用年限,因为土地可以无限期地使用下去,故 $n=\infty$。那么,上式亦可改写为

$$P_L = \frac{R}{r}$$

例如,某土地年地租为 \$10000,资本市场利率为 11%,那么该土地交易价格就是 \$90909(=10000/11%)。

其次,在政府财产税影响下,税后地租收入必然减少,于是应该按照扣除税收的净地租收入进行现值计算,即

$$P_L^t = \frac{R_t}{r}$$

这里:P_L^t,受财产税影响的土地交易价格;R_t,扣除应缴财产税后的地租收入。

本例中,假设政府规定的土地税的税率为 3%,该土地每年应交税款 \$2727(= \$10000 · 3%)。这样,土地所有者的税后实际收益就下降为 \$7273(= \$90909 - \$2727)。于是,受税收影响,土地价格就从原先的 \$90909 下降为 \$66118(= \$7273/11%)。

但是,应该看到,在土地供给固定情况下,如果土地需求大于供给,那么,土地购买者可能愿意支付高于理论交易价格的价格,以获得所需的土地。在这种情况下,土地税的税负担实际上要由土地购买者所承担。

同样道理,也可以说明房产税的税收归宿。理论上认为,建筑物在较长时间里能够按市场价格出售并收回成本,所以其供给曲线可以假设为一水平线。这样,在建筑物需求曲线为正常弹性时,房产税的作用

---

[1] 这种计算应税财产价格的方法,又称为税收资本化法(Tax Capitalization),该法在财产交易中确定基础交易价格方面具有重要作用。

虽然使需求趋于下降,但是建筑物需求者最终要承担税负担。

在房产税存在情况下,待售的房产价格计算为:

$$P_H^t = \sum_{n=1}^{x} \frac{R_t}{(1+r)^n}$$

这里:P_H^t 代表待售房产扣除税收的价格;R_t 代表扣除房产税的房产年租金收入;n 表示该房产估计的未来使用年限。

不过,实际情况是,在正常交易场合,谁承担税负担往往取决于交易双方的供求弹性。如果建筑物供过于求,建筑物所有者可能愿意承担全部房产税的税负担。如果建筑物供小于求,购买者为获得该建筑物的使用权,将愿意支付较高的价格,客观上也就承担了税负担。[1]

按照一般均衡分析,理论上认为,财产税不仅仅影响征税地区财产持有者,或者应税财产持有者的财产收入,在资本、资产、财产自由流动的市场条件下,财产税实际上是对经济社会中的全部资本的课税,即经济社会所有资本持有者都要承担税负担。例如,假设美国各州的财产税税率从 0 到 X 高低不同,除了土地、房产等不动产外,各种财产均有不同程度的流动性。那么,个人(以财产表示的)资本,就将会从税率较高的州流向税率较低的州,或者从征收财产税的州流向不征收财产税的州。这种资本流动破坏了原先各州内的资本供求均衡状态,在资本流出较多的州,出现资本供给短缺现象而在资本大量流入的州,则出现资本供给过剩现象。结果,在资本流出较多的州,其资本的边际收益相对上升而在资本大量流入的州,其资本的边际收益相对下降。最后,财产税导致全社会的资本边际收益下降并重新拉平。由此推论,任何一个地区变动财产税税率,从全国范围看,不是部分社会资本承担了这一额外的财产税的税负担,而是全部社会资本都要分担这一变化了的财产税的税负担。根据一般均衡分析,经济学家得出的结论是:财产税降低了各类生产要素的实际收益率。

---

[1]　和土地交易一样,受房产税影响的建筑物交易价格计算公式是:

$P_H^t = \sum \frac{R_t}{(1+i)^n}$。这里,$R_t$ 为建筑物的年税后房租收入,n 为该建筑物的预期使用年限。

第三节 国际税收

随着各国经济生活国际化的发展,税收活动也就出现了国际化趋势,于是产生了国际税收问题。国际税收问题,从根本上讲集中地反映了经济生活国际化进程中,各当事国的经济利益维系与经济利益冲突关系。实践表明,国与国之间税收关系调节不力就会阻碍劳动、资本、技术等生产要素的国际流动和有效配置,不利于世界经济的总体发展,也损害了各国自身的利益。所以理顺国际税收关系、搞好国际税收协调,对各国来说都是一项十分重要的工作。

本节简要论述国际税收关系涉及的主要问题、国际税收活动的协调及其主要方式方法。

一、国际税收关系的协调

严格地讲,税收的起源与存在,取决于相互制约的两个前提条件:一是国家的产生与存在;二是私有财产制度的产生与发展。只是到了近代,随着跨国经济活动的产生、发展,出现了跨国收入(及其带来的跨国财产的价值积累),国际税收才逐步在国内税收的基础上形成。由此推知,国际税收的形成还要取决于另外两个重要条件:一是大量来自国外的收入的存在,即收入国际化已经成为现实;二是所得税成为世界性税种,即世界大多数国家都已经开征个人所得税和公司所得税。

在纳税人可以从国外取得收入,或者可以同时从若干个国家取得收入,形成跨国所得,而有关国家都要对这种所得征税的情况下,纳税人的同一笔跨国所得就面临着被重复征税的局面。与此同时,国家之间也发生了如何分配国际税收利益的问题。所以,国际税收关系远比国内税收关系要复杂得多,相比之下,理顺后一种关系也要困难得多。

由于国际税收涉及两个或两个以上国家财政利益的税收分配,相应地产生了国际税收关系协调的必要性。具体来说,各国政府,出于有利于各国共同经济福利增长的考虑,也出于有利于公平合理地解决国家之间税收分配关系的考虑,就必须在税收方面进行国际协调。这种国际协调,主要是为了达到三个非常现实的目的:(1)为了贯彻税收制度中通行的公平原则,对跨国性经营活动所形成的各类经济关系提供公平征税的途径,以使跨国纳税人不因各国的税收制度(或税法)差别而承担过重的税收负担,或者受到不公平的税收待遇。(2)为了使各国涉外税收制度的建立与发展符合国际税收惯例、准则和规范,加强国际税务合作,从而大大减少在对跨国所得征税过程中可能发生的冲突、矛盾和摩擦,减少和防止国际税收中普遍存在的避税、逃税行为。(3)为了消除国际经济活动中的源于所得课税因素出现的各种障碍,顺应国际经济技术合作与交流向纵深发展、朝一体化方向发展的大趋势。

目前,各国政府在进行国际税收协调时一般采取以下一些方式:

第一,国家之间签订双边或者多边的国际税收协定。这是所得税国际协调的最主要方式。国际税收协定,又称"国际税收条约",指两个或两个以上的主权国家,为了协调相互间处理跨国纳税人征税事务和其他有关税收方面的关系,本着对等原则,由政府谈判签订的一种书面协议。国际税收协定所要处理的问题有:国家之间重复征税问题,税收差别待遇问题,相互给予税收优惠问题,以及共同防止国际避税问题等。

第二,通过国际经济组织,或者组织一体化经济集团,对有关税收问题达成协议。二次大战之后,一系列国际经济组织相继建立,这些组织有的是有关国家政府直接参与建立的,有的是由一些国家官方机构或代表官方的机构参加组成的,如联合国所属的一些经济协调机构,重要国际组织所属的一些经济协调机构(联合国财政委员会、联合国贸发会议、经合组织的财政事务委员会、世界贸易组织等)。这些组织与机构,以协调国家之间的经济关系与财政税收政策为宗旨,通过召开国际性财政税收会议,或者对重大经济问题组织磋商谈判,或者拟订有关指导性文件,来调节、处理、解决国际税务关系,减少这方面的摩擦,消除矛盾。

第三,在国际税收关系的协调方面,各国除了签订国际税收协定,接受国际经济组织的协调以外,还要按照国际税收惯例建立与修订本国的涉外税法、国际税收法规法令等。这集中体现在要求各国在有关税法制定中,对纳税对象、纳税人、计税方法、征税方法的规定,对不同税收管辖权性质与适用范围的规定,对公民、居民、非居民的判别标准的确定,如此等等,都要尽可能地符合国际通行做法。这样做可以最大限度地减少有关国家之间在国际税收分配关系上产生的不必要的纠纷、摩擦与各种麻烦,有助于国际税收关系、国际经济关系的健康发展。

总之,二战后的几十年里,经过各国的积极努力,国际税收关系不仅得到了明显改善,而且正朝着日益规范化的方向发展。这对国际经济关系正常化、各国经济与世界经济的稳定增长起到了不可低估的作用。

二、国际税收中的所得税

所得税包括个人所得税和公司所得税,是各国进行国际税收协调的主要税种。由于它牵扯的关系复杂,在税务管理上存在的问题也较多,无论在税收理论上,还是在税收实务上,一直是国际税收研究的重点。

就独立国家而言,其国际税收涉及的所得税的纳税人,是指有跨国纳税义务的自然人与法人。自然人主要包括跨国从事独立个人劳务活动者(如在外国进行科学、艺术、教育等活动的专业人员)、非独立个人劳务活动者(如受雇于跨国公司的技术人员、工人、其他人员等)以及从事跨国间接投资者(如购买外国股票、债券或向他国放贷、转让专利权等各界人士)。法人则是从事跨国经营活动的所有公司与企业,包括母公司和它的具有独立法人地位的子公司,但不包括总公司下属的分公司。在国际税收涉及的所得税方面,自然人与法人,共同作为纳税人,具有大致相同的性质,并且适用大致相同的税法规定。

负有跨国纳税义务的自然人,是指所有从事国际经济活动的个人,具体判别标准有二:(1)他们必须有来自居住国以外的各类所得(跨国所得)中的一种或数种;(2)他们的所得之所以成为跨国所得,是因为其中每笔所得都被两个或两个以上国家在税法上规定为征税对象。在大多数国家,税法上规定的具有跨国纳税义务的自然人与他们在该国的一般法律身份没有固定的联系。就是说,不管某一自然人是否属于该国的公民、居民、非居民,只要符合以上两条标准,就必须向有关国家(母国、收入来源国和居住国)交纳所得税。

　　跨国纳税人的身份,被划分为公民、居民和非居民,这对于确定国家税收管辖权的性质和不同身份纳税人的纳税义务及其大小具有重要意义。某国公民,是指具有该国国籍的居民与非居民。居民与非居民的划分比较复杂,通常有两种分类标准:一是以居所和居住时间为标准,二是以法律依据为标准。①就纳税人本身来说,亦可分为两类:无限纳税义务纳税人(或简称无限义务纳税人)和有限纳税义务纳税人(或简称有限义务纳税人)。如果纳税人要向一国政府就其全世界范围内取得的所得交纳税款,该纳税人即无限义务纳税人;如果纳税人要向一国政府仅就其源于该国境内的所得交纳税款,他便是一个有限义务纳税人。一般情况下,属于某国无限义务纳税人的,就是该国的居民或公民;属于某国有限义务纳税人的,通常是该国的非居民。

　　税收管辖权,是国家主权在国际税收领域里的重要体现,是指一国政府行使其征税权力的范围。在此范围里,该国的征税权具有无可争议性和绝对排他性。对国家来讲,税收管辖权在具体实施上,可以单独使用,或同时使用三个准则:(1)收入来源地管辖权准则。按此准则,只要应税所得来源于本国境内,本国政府即有据以课税的权力,而不考虑该所得的所有者是否为本国居民或公民。(2)居民管辖权准则,又称居住地管辖权准则。按此准则,国家对其居民的全部所得有依法课税的权力,而不考虑这些所得来源于国内,还是来源于国外。(3)公民(国籍)管辖权准则。按此准则,国家对具有本国国籍的公民之全部所得有依法课税的权力,既不考虑这些所得来源于国内还是国外,也不考虑该所得的所有者是否是本国的居民。目前,世界上大多数国家在行使其

---

　　①　例如,日本规定在日本有居所,或在日本连续居住1年以上者即为税收上的居民;英国则规定在英国有居所,或连续居住6个月以上者即为居民。又如,美国法律规定具有美国国籍的公民和在美国有无限期居住意愿并且获得长期居留证的外国人,均为税收上的居民,或者亦被称为居民外国人;不具有上述特征的外国人即为非居民,或称为非居民外国人。

国际税收管辖权时,一般会同时采用收入来源地管辖权准则和居民管辖权准则;少数拉美国家,如巴拿马、巴西、阿根廷等,只采用单一的收入来源地管辖权准则;在行使国际税收管辖权时同时采用上述 3 个准则的只有美国。

国际税收涉及的所得税税基为跨国所得,即一国纳税人,通过既定的经济活动,获得的来源于另外国家的所得。就所得的概念而言,跨国所得与非跨国所得,除了来源地不同外,是没有任何区别的:所得是自然人、法人及其他社会团体在一定时期内,由于劳动、经营、投资或财产供他人使用而获得的利益、劳动报酬和其他一切收入。同样,在税务处理上,跨国应税所得与常规应税所得(即国内所得税规定的应税所得)也无实质性区别:应税所得是从获得的收入中扣除税法规定的,一般是为取得此收入所需要的各种支出后的余额。就各国政府的税务处理而言,对个人跨国所得中的一般性经常收入课税并不困难,在程序、适用原则选择上以及所采用的大多数方式、方法,基本与国内个人所得税相同。但是,对法人(主要是跨国公司)跨国所得中的一般性经常收入课税,往往要比对单纯国内法人所得课税复杂得多,因为这里会涉及一个国际收入与费用的分配问题。该问题解决得妥善与否会影响到政府的财政收入、税负的公平分配、企业的经济利益以及资源的国际流动等各个方面。

尽管在国际税收领域里对跨国纳税人、跨国所得以及各国税收管辖权都有了比较明确的规定,但是这并不能自发地避免国际间重复课税的问题,而重复课税不仅造成纳税人之间税负不公平,而且有损于经济效率。所以,有效解决这一问题,自然而然地成为国际税收领域里所得税之国际协调的主要内容和基本目标。

三、税收在国家间的分配

由于各国都要行使税收管辖权,而且税收管辖权的划分又有不同的标准,于是就会发生两个或更多国家,在同一时期,对同一跨国纳税人(企业)的同一笔跨国所得进行类似的课税现象,即重复课税现象。这种国际间重复课税现象的出现,是由国际经济领域里,各国行使的各自独立的税收管辖权发生重叠造成的。

国际重复课税违反了税负公平分配的原则。如果从事国际经济活动的 A 企业与仅仅从事国内经济活动的 B 企业一样,在一年里获得一笔规模相同的经营所得,但是 A 企业要向本国与外国的两个税务当局纳税,而 B 企业只向国内税务当局纳税,在其他不变的情况下,它们的税负担肯定是不一样的,即 A 企业的实际税负担率肯定会高于 B 企业。这就是重复课税的结果,如果对某一纳税人发生三重、四重课税,会使其税负担率高达 100%。因此,国际重复课税是对各国税收制度向更平等化、合理化方向发展的一种巨大障碍。另外,国际重复课税还加大了国际经济领域内各种经济活动的成本与风险。例如,对于直接投资者来讲,更高的税负会使其产品成本(费用)上升,利润减少;对于间接投资者来讲,更高的税负意味着降低了他的投资收益,相应增加了投资风险;两种情况都挫伤了个人、企业从事国际经济活动的经济性。因此,也可以说,国际重复课税是对国际经济活动正常发展的一种严重阻碍。各国政府都认识到了国际重复课税的经济危害性,也都力图寻求有效办法来解决国际重复课税问题。

当然,解决这个问题的基本原则是再简单不过的了:要消除国际重复课税,只能是一国取得税收收入,而另一国相应地放弃这部分税收收入。在此原则指导下,各国经过多年实践,形成一条旨在避免以至消除国际重复课税的国际惯例。按此国际惯例,各国在行使独立的税收管辖权时,收入来源地管辖权比居民管辖权(国籍管辖权)处于优先地位。这不仅是由于收入来源地在确认上比较容易,而且允许收入来源地国家首先享有税收权也是一种客观要求。如果不允许收入来源地国家首先对私人、企业课税,那么在该地从事跨国经营活动就会受到限制,甚至成为不可能,也就没有跨国所得的产生。

各国按照这一国际惯例,在处理有关跨国所得的重复课税问题时就有了基本的规范性依据。一般情况下,国家在行使税收管辖权时,先要确定纳税人的居民或非居民身份,据以判断纳税人是无限义务纳税人,还是有限义务纳税人。然后,认定纳税人的所得来源地,即认定他的应税所得来源于国内还是来源于国外。最后,根据不同身份的纳税人,就不同来源地的所得采用不同的税务处理方法:对非居民源于本国境内的所得课税,源于外国的所得予以免税;对居民源于国内、国外的所得(国内所得与跨国所得)都要课税,但是,允许居民纳税人从跨国所得的应交税款中扣除已向外国税务当局交纳的部分。可见,对所得来源地的确定,有助于各国正确行使税收管辖权,有利于解决国际税务争端,而且更重要的是,有益于理顺税收在国家间的分配关系,即有益于减少以至消除国际重复课税现象。

　　按照上述国际惯例,各国在国际税收分配上,往往采用以下几种办法,即豁免法(Exemption)、减除法(Deduction)、国外税收抵免法(Foreign Tax Credit)和税收饶让抵免法(Tax Sparing Credit)。如果实行豁免法,本国政府将允许个人或法人居民在国外取得的收入免于国内纳税。就是说,居民居住国政府完全放弃了对国外来源收入的课税权,这是一种最彻底的消除国际重复课税的办法。[①]　不过,在国外税率低于国内税率情况下,豁免法在客观上起到了鼓励国内居民向海外投资、在外国从事经济活动的作用,对国内经济的发展与政府收入的增加都有一定程度的不利影响。

　　如果实行减除法,本国政府则仅允许居民纳税人,将其跨国所得已在国外交纳的税款部分,从同一所得按照国内税法计算的应税收入中减去,然后再按照国内税率计算的结果交纳国内所得税税款。例如,甲国(本国)企业得自乙国(外国)的一笔营业收入＄100000,已在乙国按20％税率纳税,即已经向乙国税务当局交纳税款＄20000。如果同一营业收入按照甲国税法计算的应税所得仍为＄100000,而甲国税率为30％,那么该纳税人可以从甲国计算的应税所得中减去对乙国的已交税款＄20000,然后再乘以30％的税率,依法向本国政府交纳所得税＄24000。不难看出,减除法只是部分地克服了国际重复课税,但远远不能消除国际重复课税。上述甲国的法人居民纳税人跨国所得的实际

税负担率已经高达 44%(=($20000+$24000)/$100000)。这种办法实质上并不利于促进国内纳税人扩大海外经营活动,它在很大程度上削弱了国内企业的海外扩张能力。

如果实行抵免法,又称国外税收抵免法,本国政府会允许居民纳税人将其跨国所得已在国外交纳的税款部分,从同一跨国所得按照国内税法计算的应交税款中扣除。该法与减除法的根本区别是,国外已交税款部分在使用减除法时要求从应税所得中扣除,而在使用抵免法时可以从应交税款中扣除。仍以上例说明并进行比较,如果按照国内税率计算,甲国法人居民纳税人跨国所得的应交税款为 $30000(=$100000×30%),从中扣除其在国外已交税款部分 $20000,该纳税人实际上只要向本国政府(甲国)再交纳 $10000(=$30000-$20000)就完成了纳税任务。抵免法意味着纳税人居住国承认了收入来源国的课税优先权,并且主动地放弃了部分课税权,以达到避免国际重复课税的目的。但是,抵免法作用下的具体抵免额,可能并不一定与居民纳税人海外实交税额相等,取决于国内税率和国外税率的差别。如果国内税率低于国外税率,居民纳税人的实际税收抵免额的限度就等于依本国税率计算的应交税款额,而不可能大于它。[1]

至于税收饶让抵免法,它是抵免法的一种特殊形式。一方面,可以起到减少国际重复课税的作用;另一方面,也可以起到配合收入来源国(外国)吸引本国居民增加对其投资,或在其境内从事经营活动的作用。饶让抵免法允许本国居民把在收入来源国得到的特殊税收优惠作为已交税款看待,可以从依本国所得税税率计算的应交税款中予以扣除,这是饶让抵免法与一般抵免法的基本区别。例如,德国企业在某一发展中国家投资获得经营收入 $100 万,按收入来源国规定的税收优惠,这笔所得可以减半纳税,如果收入来源国的所得税税率为 30%(假设),

---

[1] 例如,某一居民纳税人在海外已交税款 $5000,而其跨国所得按照国内所得税税率计算的应交税款只为 $3500,那么该纳税人也只能在国内抵免 $3500 的税款而已。抵免法实际上要求纳税人或是承担外国的较高税率(在国外税率高于国内税率的情况下),或是承担国内的较高税率(在国内税率高于国外税率的情况下)。

德国企业就要向外国税务当局纳税＄15万(＝＄100万×15％)。如果按德国所得税税率35％(假设)计算,德国企业的这一跨国所得应交国内所得税＄35万。不过,在使用不同抵免法情况下该企业实际交纳的国内税款是有很大区别的:在使用一般抵免法时,该企业须向国内税务当局交纳税款＄20万(＝＄35万－＄15万);而在使用饶让抵免法时,该企业则只须向国内税务当局再交纳＄5万就完成了纳税义务,即德国政府允许它将在发展中国家获得的税收优惠一并予以扣除。[①]

总之,无论是理论上,还是实践上,减少以至消除国际重复课税是可能的。其关键在于各国就确定某种税收管辖权占有优先地位达成共识,然后通过选择适当的办法,在国家间进行国际税收的合理分配。在这方面国家间签订的国际税收协议,作为协调国际税收关系的法律文件,也有着不可忽视的作用。

四、国际避税与反避税

国际避税,是指跨国纳税人在不违反有关国家税法的前提下,利用各国间税法上存在的差异、某些特殊规定的不明确之处和税务管理上的漏洞,通过人才、资金和财产的国际流动,达到减少甚至免除纳税义务的目的。跨国纳税人从事国际避税的主观动机,是非常简单的:尽量减少税负担,相应牟取高额利润。但是必须承认,国际避税的起因与国际税收的特殊性也有直接关系。由于各国税法不同,特别是在税率设计、税收优惠安排、各类扣除减免规定等方面存在着诸多差异,再加上税收征管上的差别,这些都在客观上为国际避税行为创造了条件甚至带来了方便。

目前,国际避税活动主要集中在跨国公司方面,成为各国政府反国

---

① 近几十年里,税收饶让抵免法逐步发展成为发展中国家与西方国家在国际税收方面的一种合作形式,目的在于鼓励西方国家的个人、企业对发展中国家进行投资,以提高后者吸引外资的规模与速度。否则,在一般抵免法作用下,发展中国家给予外国投资者的税收优惠大部分又变成了西方国家政府的税收收入,从而使发展中国家的税收优惠政策起不到有效吸收外国资本投资的作用。日本、英国、法国、德国等发达国家在与一些发展中国家签订的双边税收协议中,都有税收饶让抵免条款。

际避税措施的主要实施对象。一般情况下,只要有可能,跨国公司在世界各国往往会采取各种可选择的避税手段来达到国际避税的目的。这些手段主要有:(1)通过法人居民身份的国家选择进行国际避税。这是指跨国公司一贯力图避免成为高税率国家的法人居民,或在不得已情况下尽量选择作为那些低税率国家的法人居民。然后,最大可能地将源于世界各地的所得汇总到无税,或低税国家纳税,从而达到总体降低跨国公司税负担的目的。(2)选择相对有利的企业组织形式进行国际避税。这是指跨国公司通过变换它与下属企业的关系(分公司或子公司)来实现争取在较长时期内有效降低总体纳税负担的目的。一般做法是,跨国公司先是在外国建立一些分公司(非独立纳税实体),以便用分公司最初一些年份的经营亏损冲销总公司的利润,从而减少跨国公司总的纳税负担。当各分公司相继进入正常盈利年份后,总公司则将这些分公司改注册为子公司(独立纳税实体)。由于子公司在盈利年份开始独立纳税,避免了大量收入汇集母公司而由母公司集中纳税。此时分散纳税的好处之一就是,两类公司都有可能回避各国所得税的较高边际税率的影响。这样,跨国公司便在较长时期内承担了较低的实际税负担。(3)利用不正常的内部融资方式进行国际避税。这是指跨国公司的子公司经常把公司的经营利润,通过贷款形式借给母公司,或其他子公司长期使用。这样做一方面可以使放贷的子公司暂时减少在所在国的纳税负担;另一方面借款的母公司还可以将支付给子公司的利息作为营业费用,从自己的应税收入里扣除,从而也在一定程度上减少了自身的纳税负担。这是跨国公司延迟纳税的一种做法,而延迟纳税实际上又是政府"给予"纳税人的一种变相的无息贷款。(4)通过不合理的公司保留利润办法进行国际避税。这是指跨国公司常会采用把税后利润长期留在公司内部作为公积金使用的办法,或者长期减少股东股息分配的办法,来回避股东在股息支付所在国的个人所得税纳税义务。从跨国公司自身的利益考虑,这种做法对公司及其股东都有好处:公司内部积累增加,生产能力不断提高,经济效益不断改善,公司股票的市场价格就会持续上升;公司股票价格上升会使股东在出售股票时获得较高的资本增益,而一般情况下,各国政府对资本利得课税往往低于对各种所得课税。跨国公司利用这种办法降低股东的纳税负担，实质上反映了公司股东，特别是大股东对国际税收进行合法避税的要求。(5)利用跨国公司内部各关联企业(母公司与所有的下属公司)之间转让定价(或称转移价格、划拨价格)的办法进行国际避税。可以说，这是跨国公司用于国际避税的最重要的一种办法。由于跨国公司内部产品交换、劳务交换、资金调剂等在定价上不决定于市场的供求关系，而决定于跨国公司的整体利益，这样跨国公司通过内部定价活动(转让定价活动)，就能够人为地按照特定要求在关联企业之间进行利润转移，以实现国际避税。一般情况是，跨国公司利用转让定价活动，把位于高税率国的关联企业的利润转移到位于低税率国的关联企业，从而做到使各关联企业尽量减少在高税率国纳税，相应地多在低税率国纳税，达到总体上降低跨国公司实际税负担的目的。跨国公司的转让定价活动掩盖了各关联企业的价格、成本与利润的正常关系，给各国税务当局在对跨国公司的各关联企业课征所得税时带来了很大困难。这些困难主要集中在对其收入与费用的规模认定，以及收入与费用的分摊标准的选择两个方面。不仅如此，大规模的转让定价活动，还使得各国政府税款流失，这成为各国在国际税收方面的一大漏洞。

为了防止、阻止大多数跨国公司通过转让定价方式大范围、大规模地进行国际避税活动，国际经济组织、各国税务当局通过长期协商与合作，就解决跨国公司的国际收入与费用的分配问题制定了一些基本原则、规则和标准。如果各国都严格按照这些原则、规则和标准对跨国公司采取反避税行动，大规模国际避税问题还是能够解决的。

在所有针对跨国公司的反国际避税活动中，最为关键的做法，是各国税务当局在对跨国公司计算营业收入与费用时，尽量贯彻"正常交易定价原则"，即"企业独立核算原则"。只有坚持该原则，才能最终纠正由于转让定价活动造成的跨国公司各关联企业财务收入、成本和利润不实的问题。

为了有效贯彻"正常交易定价原则"，有关国际经济组织和国家税务当局进一步对跨国公司关联企业的收入与费用分配问题作出"一般性规定"。"一般性规定"主要涉及资金借贷的收入与费用的分配、劳务提供的收入与费用的分配、有形资产租赁的收入与费用的分配、无形资产转让的收入与费用的分配以及产品销售的收入与费用的分配五个方面。概括地讲,这些规定要求跨国公司的各关联企业之间,在从事货币借贷、劳务提供、有形资产租赁、无形资产转让,以及在销售产品、零部件与原材料的各种经营活动中,收取的各类收入(支付的各类费用)都要与同无关联企业进行类似交易时所收取的收入(所支付的费用)相同。就是说,跨国公司的关联企业之间的经营活动应该与无关联企业之间的经营活动一样,在收取的收入与支付的费用中必须包含利润因素。例如,按照一般性规定,有关国家的税务当局要求跨国公司的关联企业之间货币借贷的利息收入(利息支付)标准,不得低于债权人企业所在国的一般市场利率限定的利息水平,也不得高于这种利息水平的20%。否则,税务当局有权按照市场利率对跨国公司的关联企业的利息收入(利息支付)进行必要的修正。

遵照国际收入与费用分配的"正常交易定价原则"及"一般性规定",各国在长期的税务实践中,根据不同情况逐步建立并完善了对国际收入与费用进行合理分配的一些具体标准。这些标准主要包括市场标准、比照市场标准、组成市场标准和成本标准。这里仅就市场标准和比照市场标准的使用,予以简单说明。①

按照市场标准,跨国公司关联企业间进行的各类交易的价格制定,应该与同无关联的、竞争性企业在市场上进行同种交易时所发生的市场价格相同。如果跨国公司关联企业间的交易违背了这个市场标准,有关国家的税务当局在对其课征所得税时,有权根据市场标准对关联企业的收入与费用进行必要的调整,以计算关联企业的实际应交税款。由于市场标准考虑到企业从事生产活动的利润因素,直接反映了正常交易原则,是国际收入与费用分配的最重要的标准。在任何可能的情况下,跨国公司关联企业在经济交易价格的制定上,以及各国税务当局在国际收入与费用的分配上,均应尽量采用这个标准。

---

① 关于其他标准的使用和有关反国际避税的其他方法,参见陶继侃、张志超主编的《当代政府国家税收》一书(山西经济出版社,1998年),第八章。

所谓比照市场标准,是指在没有同种产品市场价格可供参考的情况下,各国税务当局拟对跨国公司关联企业间产品划拨价格进行必要调整时,可以以当地无关联的、竞争性企业生产的同类产品销售的毛利润率为标准,计算出可供参考的"市场价格",作为其产品划拨价格的基本依据。该标准一般被视为在市场标准无法正常运用时的一种可选择的替代标准。例如,位于高税率国的母公司以较低的划拨价格($12万),将一批产品划拨给位于低税率国的子公司,子公司再以当地市场价格($18万)把产品售出。假定子公司当地无关联企业的同类产品销售的毛利润率仅为20%,那么子公司便因降低的产品拨入价格而获得了一笔较高的经营利润$6万,但是在母公司一方则表现为人为地减少了它的营业收入与相应的经营利润。跨国公司往往利用这种划拨价格的办法从高税率国向低税率国转移利润,进而达到降低跨国公司总体税负的目的。

在此种情况下,高税率国的税务当局可以以子公司(产品拨入的关联企业)所在当地的无关联企业同类成品销售的正常毛利润率为标准,倒算出母公司(划拨价格的关联企业)的符合实际的、合理的划拨价格,即比照市场价格。然后,将这一比照市场价格作为划拨价格的关联企业的实际的经营收入,在此基础上重新计算其应税收入与应交税款。可见,比照市场价格标准的利用,使得即使在高税率国找不到可供参考的同种产品销售的市场价格的情况下,也能够大致地确定跨国公司划拨产品的合理价格范围,起到纠正不合理划拨价格的作用。

比照市场价格的计算公式是:$Pm = PM \cdot (1-p)$。

这里,Pm 为产品拨入的关联企业的产品比照市场价格,PM 为产品拨入的关联企业的产品市场销售价格,p 为正常的毛利润率。

按照这个计算公式,上例中的母公司划拨给子公司的产品的比照市场价格,作为其营业收入,应为$14.4万(=$18万×(1-20%)),而不是其账面上记录的$12万。经过这一调整,在其他不变的条件下,母公司在其所在国的应税收入就增加了$2.4万,其应交税款也要相应增加。当然,子公司所在国的税务当局也要对子公司的拨入产品价格进行相同的调整,并按调整结果核算子公司的应税收入与应交税款。不言而喻,这样做在相当程度上抵制了跨国公司的国际避税行为。

不难看出,国际税收中的国际收入与费用分配的原则、规则、适用标准等的制定,其目的都是为了防止跨国公司内部通过划拨价格转移利润进行国际避税。但是这种反国际避税的重要措施的实施效果如何,不仅仅取决于有关原则、标准的确立,而且,相当重要的,还取决于各国税务当局的管理能力和对具体管理条例的实际执行力度。

通过规定的国际收入与费用分配标准,对跨国公司关联企业内部划拨价格进行重新调整,是一种有效的反国际避税措施,但是针对跨国公司关联企业使用的其他国际避税办法,各国还要采取其他相应的对策措施。在这方面,各国采取的措施可以大致上分为两类:单边反国际避税措施和双边或多边反国际避税措施。

单边反国际避税措施主要是指,各国对各自的反避税法令与条例的制定并予以强制性执行。在发达国家,这些法令、条例一般都写入国家税法,作为国家税收立法的一部分。它们的作用集中体现在限制居民身份的随意改变、限制延期付税以及限制转让价格三个方面。在单边反国际避税方面,制定有效的、可行的税法是最重要的基础工作;其次还要加强税务的行政管理,以保证反国际避税法令、法规的贯彻落实。

双边或多边反国际避税措施,主要是指各国在税收领域中的国际合作。一般是国家间通过签署有关的税收协定,规定专门的联合反国际避税行动条款,从而达到相互信任,协调相互间的反避税工作。在这方面,国家间及时交流税务情报是最为重要的。通过有关情报的交换,各国税务当局可以经常地掌握、了解以下对税务管理有特别重要意义的经济信息:跨国公司的企业组织结构、资本结构、关联企业的参股比例、重要业务范围和业务经营规模等;跨国公司各关联公司生产、销售活动的地域分布,以及它们的销售情况、经营结果、利润获得状况等;跨国公司关联企业内部定价的一些标准,它们编制财务报表所使用的会计准则等。在掌握情况的基础上,各国税务当局就能够相对容易地、有的放矢地制定有利于税收审核、征管、稽查等工作的具体办法,以在国际范围内有效抑制跨国公司的各类国际避税活动。

当然,反国际避税工作的复杂性远比普通人所能想象到的程度要大得多。在这方面,各国税务当局不仅面临着大量技术上未解决的问题,而且还要克服许多可能来自政治上的干扰。所以,反国际避税注定是一项长期而艰苦的工作,要靠各国政府之间的认真合作,进行不懈努力,才能产生积极效果。

第八章练习题

一、判断以下各陈述的正误

1. 社会保险税(又称社会保障缴纳),是发达国家为了推行其社会保障制度而建立的一种新型的税收。一般以纳税人的工资(薪金)收入为课税对象,采取比例税制,在税金的使用上具有专税专用性,而在税负担分配上通行谁纳税谁受益的原则,又具有有偿性。(　　)

2. 财产税包括两种:对财产占有的征税、对财产转移的征税。前者主要是遗产税与赠与税,后者称为一般财产税。(　　)

3. 在市场经济不甚发达时,对所得课税就比对财产课税更为容易一些,所以财产税不是最古老的税种之一,并且一直没有成为各国政府税收制度中的主体税种。(　　)

4. 如果一国内各地区的财产税税率不统一,那么任何一个地区变动其财产税税率,从全国范围看,不是部分社会资本承担了这一额外的财产税税负担,而是全部社会资本都要分担这一变化了的财产税税负担。(　　)

5. 如果纳税人可以从国外取得收入,或者可以同时从若干个国家取得收入,那么他的收入就属于跨国所得。(　　)

6. 如果纳税人要向一国政府就其全世界范围内取得的所得交纳税款,该纳税人即为有限义务纳税人。如果纳税人要向一国政府仅就其源于该国境内的所得交纳税款,他便是一个无限义务纳税人。(　　)

7. 社会保险税具有明显的累进性,个人所得税则具有明显的累退性。(　　)

8. 社会保险税仅仅对工薪这种形式的收入课税,从而将包括资本利得、股息所得、利息所得在内的所有非工薪收入完全排除在外,这便使得收入来源广泛的高收入者的社会保险税税负相对变得较轻。( )

9. 按照国际惯例,各国在行使独立的税收管辖权时,居民管辖权(国籍管辖权)比收入来源地管辖权处于优先地位。( )

10. 国际避税,是指跨国纳税人在不违反有关国家税法的前提下,利用各国间税法上存在的差异和某些特殊规定的不明确之处,以及税务管理上的漏洞,通过人才、资金和财产的国际流动,达到减少甚至免除纳税义务的目的。( )

二、选择题(从以下各题所给答案中挑选出所有被认为是正确的答案)

1. 现代各国,政府为发展社会保障事业通常采取的具体筹款形式主要有以下几种:( )。

A. 建立社会保障统筹缴费制度

B. 建立预算基金账户

C. 开征社会保险税

D. 银行强行储蓄制度

2. 从当今各国社会保障制度的实施来看,对社会保障资金的管理方式也不外有这样几种形式:( )。

A. 现收现付制

B. 自由使用制

C. 完全积累制

D. 部分积累制

3. 政府对国民征收财产税,主要出于对( )的考虑。

A. 财产税有助于改善社会公平程度

B. 财产税有刺激储蓄、增加社会投资的效应

C. 财产税可以作为个人所得税的重要补充

D. 财产税等同于纳税人对获得政府保护利益的补偿性支付

E. 财产税可以刺激财产持有者将个人财产更多地用于生产性使

用方面

4.财产税征税对象是财产,可以区分为动产和不动产两类。动产是指人们拥有的不动产以外的全部财产,又可以分为有形动产和无形动产。有形动产主要包括( )。

A. 营业设备、船舶、原材料、库存商品

B. 地产与房产

C. 耐用消费品、家具、首饰等

D. 股票、债券、银行存款

5.各国政府,出于有利于各国共同经济福利增长的考虑,也出于有利于公平合理地解决国家之间税收分配关系的考虑,就必须在税收方面进行国际协调,这种国际协调主要是为了达到( )目的。

A. 贯彻税收制度中通行的公平原则

B. 使各国涉外税收制度的建立符合国际税收惯例以加强国际税务合作

C. 消除国际经济活动中的源于税收因素产生的各种障碍

D. 增加各国的财政收入

6.税收管辖权在具体实施上,可以单独使用某一税收管辖权准则,也可以同时使用几种税收管辖权准则,这些税收管辖权准则是:( )。

A. 收入来源地管辖权准则

B. 产品原产地准则

C. 居民管辖权准则

D. 公民(国籍)管辖权准则

7.按照上述国际惯例,各国在克服重复课税方面往往采用以下几种办法,即( )。不过,不同方法对减轻重复课税程度的作用是不同的。

A.豁免法

B.免税法

C.减除法

D.减二免三法

E. 国外税收抵免法

F. 税收饶让抵免法

8. 跨国公司在世界各国往往会采取各种可选择的避税手段来达到国际避税的目的。这些手段主要有(　　)。

A. 通过法人居民身份的国家选择进行国际避税

B. 选择相对有利的企业组织形式进行国际避税

C. 通过制造假账进行国际避税

D. 利用不正常的内部融资方式进行国际避税

E. 通过贿赂税务官员进行国际避税

F. 通过不合理的公司保留利润办法进行国际避税

G. 利用跨国公司内部各关联企业之间转让定价办法进行国际避税

9. 遵照国际收入与费用分配的正常交易原则及一般性规定,各国在长期的税务实践中,根据不同情况逐步建立并完善了对跨国公司经营收入与费用进行合理分配的一些具体标准。这些标准主要包括(　　)。

A. 市场标准

B. 比照市场标准

C. 组成市场标准

D. 成本标准

10. 双边或多边反国际避税措施,主要是指各国在税收领域中的国际合作。在这方面,国家间及时交流税务情报是最为重要的。通过有关情报的交换,各国税务当局可以经常地掌握、了解下述一些对税务管理有特别重要意义的经济信息,如(　　)。

A. 跨国公司的企业组织结构、资本结构、关联企业的参股比例

B. 重要业务范围和业务经营规模

C. 跨国公司各关联公司生产、销售活动的地域分布

D. 跨国公司销售情况、经营结果、利润获得状况

E. 跨国公司关联企业内部定价的一些标准

F. 跨国公司编制财务报表所使用的会计准则

三、思考题

1. 社会保障税与一般税收相比,表现出哪些性质?

2. 简述对财产课税的主要依据。

3. 按照局部均衡原理,分析财产税(以对土地征税和对房产征税为例)产生的税收归宿情况。

4. 按照一般均衡原理,分析财产税对社会经济的一般影响。

5. 各国政府间进行国际税收协调的意义是什么?

6. 理论上,支出税相比于所得税而言的主要优点是什么?

7. 当今跨国公司通常会采取哪些手段来达到国际避税的目的?

8. 国际反避税的主要做法有哪些?

9. 各国政府间为解决对跨国收入的重复课税问题可以采取哪些措施?

10. 简要说明国际反避税活动中的"比照市场原则"的应用。

第九章　财政政策及其效果分析

现代政府所推行的财政政策往往是为了实现社会的、政治的、经济的、文化的等多重目标，所以政策内容、政策制定与执行活动变得异常复杂，而政策效果及其验证问题也愈益带来更多的争议。为此，财政理论研究与财政政策研究的界限被逐渐模糊化，这种模糊化的好处有二：一是经济学家介入财政政策的制定过程，可以直接了解理论的适用性、实用性，克服理论脱离实践的弊病，提高他们对公共政策的影响力；二是经济学家能够直接对财政政策进行系统的实证研究，建立政府能力与私人能力的比较优势理论，以确定不同政策的性质及其潜在效率。

但是，经济学家广泛介入政府财政政策的制定过程，通常会使他们中的一些人自觉地或不自觉地成为政府既定政策的直接鼓吹者、说教者，这对于国民正确判断政府政策的目标及其作用性质可能会产生不利影响。因此，美国经济学家施蒂格勒曾经指出，只有通过实证研究，经济学家才能判断政府的某项经济干预、经济政策是否是有效的，否则无从说明是否应该在特定场合求助于政府政策的力量。他说："无论你持何种立场，在弄清楚人们求助于医生会增加还是减少死亡率之前，你都不应该支持强迫或禁止人们去找医生的建议。"①

由于政府财政政策的其他目标，如资源配置、收入分配等，在前面的有关内容中已经涉及，本章则着重研究现代财政政策对宏观经济稳定化的重要影响，研究重点包括现代财政政策的基本性质、对宏观经济发生稳定作用的机制以及财政政策效果等问题。

---

① G. J. 施蒂格勒：《经济学家和说教者》，生活·读书·新知三联书店，第 172 页。

第一节 财政政策的基本性质

如果说财政理论是对经济社会财政现象所进行的高度抽象化的概括,是对其内在联系与规律的高度系统化的描述,那么财政政策就是对财政理论运用的具体化。依据特定的财政理论制定与贯彻特定的财政政策,既是前者对后者的指导过程,也是后者对前者的检验过程。作为人类社会的思想产品,理论与政策相辅相成、相互推动、共同发展。

本节从财政政策的一般定义出发,简要阐释现代财政政策在社会经济过程中所能发挥的功能作用,以及现代财政政策制定的理论依据。

一、财政政策及其分类

按照美国经济政策学家 K. E. 包尔丁的定义,政策就是支配为既定目标而采取行动的各项原则。一般来说,政策总是意味着行动的计划或方针。那么,财政政策就是指政府在使公共财政所有不同要素完成其基本任务(如税收,作为公共财政的一个要素,其首要任务就是筹措收入)的情况下,共同地用于实现各种经济政策目标的方式、方法。这些目标通常包括在高水平就业基础上保持经济稳定,以及稳步提高生产率以在可用资源约束下实现最大化经济增长。① 简言之,现代政府在不同时期制定、推行不同财政政策的基本意图在于:为了实现国家既定的社会经济发展目标,或者为了适应国家社会经济发展的要求,更好地协调政府的有关财政经济活动以充分发挥现代财政的重要职能。

从财政政策对国民经济活动的不同影响作用来看,现代财政政策通常可以按照不同标准划分为以下各种类型。按照财政政策是否能够直接对个人、集团、社区、地区经济利益、经济福利的分配产生重大影响,有关财政政策可以划分为分配性财政政策、调节性财政政策与再分

---

① 参见厄休拉·K. 希克斯(Ursula K. Hicks)1968 年出版的《公共财政》(Public Finance,3rd ed,Cambridge at the University Press)。

配性财政政策。这种类型的财政政策以发挥其协调经济利益的作用为主,一般情况下政府制定的税收政策、补贴财政政策、转移支付政策、社会救济与保障政策均有较高程度的分配、再分配性质。

按照财政政策是否能够对商业周期产生重要影响作用,有关财政政策可以划分为自调节财政政策(Self-regulating Fiscal Policy)和审慎财政政策(Discretionary Fiscal Policy,或称自由裁定财政政策)。自调节财政政策是指能够依据国家宏观经济状况的变化,而自动做出适当反应并产生稳定作用的财政政策。这种财政政策实际上是政府精心设计的一套规范化的财政活动安排。例如,在政府实行累进的所得税制度的同时,推行全社会共享的社会保障制度,这些制度安排自发地产生某种调节功能,在一定程度上起到及时稳定经济社会总需求的作用,[①]而无须政府经常改变财政收支政策以取得同样效果。不过,自调节财政政策在稳定宏观经济运行方面的作用是有限的,宏观经济波动超过一定限度该财政政策即趋于失效。此时,政府就要根据国家宏观经济发展趋势采取相应的、调整力度更大的财政措施,以便在自动性财政政策失效情况下取而代之,继续发挥稳定宏观经济的作用。这样的财政政策在制定与贯彻上均要求政府对现行的财政活动(预算安排)进行必要的调整,表现为政府对宏观经济运行进行有意识的干预。这种财政政策之所以被称为审慎财政政策,源于其政策效果如何,大部分取决于政府对宏观经济变动性质所做的判断是否准确、所采取的具体调控措施是否合适、干预的时间选择是否及时等多种因素。由于推行审慎财政政策可以给政府官员在稳定宏观经济过程中以更大的灵活性与自由度,这种财政政策具有最为明显的"逆商业周期而动"的作用。不过,也应该看到,如果政府官员在政策制定与贯彻上带有较大的主观随意性,

---

　　① 按照现代宏观经济学理论,有效需求不足常常引发经济社会的就业不足(即经济发展过冷),形成经济衰退;而有效需求过度又常常导致经济发展过热,形成通货膨胀。累进性所得税制度与社会保障制度的有机结合会在经济过冷时产生刺激经济社会总需求的作用,而在经济过热时产生抑制经济社会总需求的作用。所以,自动性财政政策无须借助外力即可发挥某种程度的"逆商业周期而动"的政策效果,该财政政策通常被称为经济社会的"自动稳定器(Built-in Stabilizer)"。

其可能产生的政策偏差、政策失误、政策失灵也会给经济社会带来巨大损失。

根据财政政策对宏观经济总量变动(在方向及力度方面)所发生的不同影响,还可以进一步划分为扩张性财政政策、紧缩性财政政策和中性财政政策。在经济社会总供给大于总需求,国民经济出现衰退情况下,政府往往实行扩张性财政政策,通过诸如提高政府开支、扩大转移支付、降低税率或调整税收结构等特定财政活动,来刺激、增加经济社会的总需求以弥补其与总供给的缺口,从而推动国民经济摆脱"过冷"状态。在相反的情况下,即经济社会总需求趋向大于总供给,通货膨胀压力明显提高情况下,政府往往要实行紧缩性财政政策,通过诸如降低政府开支、减少转移支付、提高税率或调整税收结构等特定的财政活动,来抑制经济社会的总需求以恢复其与总供给的平衡,最后使国民经济摆脱"过热"状态。这两种财政政策实际上均是审慎财政政策的具体实施,是现代政府财政政策的核心内容。卓有成效地制定、推行这种财政政策,也是现代政府经济领导能力不断提高的集中表现。

所谓中性财政政策是指政府财政活动对经济社会总需求变动既不发生扩张效应,也不发生紧缩效应,而保持中性性质。中性财政政策和非中性财政政策(如扩张性财政政策与紧缩性财政政策)在外在表现上的区别是,前者通常与政府年度预算平衡相一致,而后者则允许年度预算不平衡,甚至发生较大规模的预算盈余或负盈余(赤字)。现代西方经济理论认为,中性的财政政策不仅不能发挥"逆商业周期而动"的作用,而且带有加剧商业周期波动的负作用。所以,现代政府只要把保持充分就业和稳定物价视为压倒一切的重要任务,就很少有可能去积极推行中性财政政策。

在此应该指出,不同类型的财政政策所追求的社会经济目标在时限上是有区别的。分配性、调节性、再分配性财政政策往往追求的是社会公平、经济效率等长期目标,而审慎财政政策(非中性财政政策)则既追求经济增长这样的长期目标,也追求宏观经济稳定(维持国民经济平稳运行)这样的短期目标,但经常以实现短期目标为主。因此,财政政策就有了长期政策、短期政策之分。与长期政策相比,短期政策在制定上更为复杂,在贯彻上也更为困难,并且政府还会承担较大的政治风险。

二、财政政策的功能作用

财政政策与财政活动不同,后者是政府从事经济性活动的外在表现,而前者则是政府对其经济性活动实行有效管理的集中体现。在这方面财政政策通常可以发挥它的导向作用、协调作用和控制作用。

导向作用是指特定财政政策及其改变,往往影响经济社会中从事不同经济活动的个人(或集团)的经济利益,从而直接地或间接地改变(或左右)人们的经济行为。例如,政府某一税收政策的调整会改变经济社会中原来商品与劳务的相对价格比例,于是诱导人们改变消费行为,进而促使厂商改变市场行为。

协调作用是指政府针对经济社会中的某些失衡问题而制定、推行某种财政政策,以按照公平、合理与效率原则来平衡有关经济活动者(集团、地区)的经济利益。例如,中央政府的各项财政补贴政策(或收入分享政策)既有助于解决各地方政府之间由于经济条件差异造成的经济发展不平衡问题,也有助于合理解决上下级政府之间在财政活动中(集中反映在事权与财权分配上)发生的"集权"和"分权"问题。

至于控制作用则是指政府通过目标较窄的财政政策对个人(或集团)的经济行为,对宏观经济的运行实行不同程度的制约与刺激,以实现有利于国民经济长期平衡发展的国家经济总体目标。例如,按照特定方向调整政府开支与税收政策就会起到刺激(或抑制)经济社会总需求的作用,从而稳定国家宏观经济发展的基础环境。

上述财政政策的三种作用仅是理论上的划分,而在财政实践中则有时不易区分开来,通常的情况是各类财政政策或是兼有导向作用与控制作用,或是兼有协调作用与控制作用。换言之,在三种功能作用中,控制作用最为重要,否则政府实施任何财政政策都会处于较为被动的状态。

三、现代财政政策形成的理论依据

近代各国政府的财政政策一般都是在某种主流经济理论影响下形成的,这是因为各种财政政策均是针对解决国家经济发展不同时期的特定经济问题而制定的,而作为财政政策制定的基础,即对特定经济问题之发生原因、特殊性质、变化特点、政府采取行动与否(以及采取不同行动)可能造成的预期后果等的认识则是大量经济理论研究的结果。就是说,有效财政政策的制定与实施,同其他各类经济政策一样,虽然有时可能与制定者的经验或灵感有关,但是归根结底都要以有价值的(或当时被认为是正确的)经济思想、经济理论为依据。正如 M.凯恩斯在其划时代的著作《就业、利息和货币通论》里所云:"……经济学家以及政治哲学家之思想,其力量之大,往往出乎常人意料。事实上统治世界者,就只是这些思想而已。"[①]理解这一点是非常重要的,既有助于人们,特别是政府行政官员摆正经济政策与经济理论的基本关系,也有助于说明当代各国财政政策演变,及其日益呈相似性特点的一般原因。

20 世纪 30 年代爆发在所有西方国家的"经济大危机"使资本主义经济陷入了长期萧条之中,同时也使经济学发生了一场"革命",凯恩斯主义经济学应运而生。该经济理论从资本主义式的商业循环所产生的周期性经济危机之实际情况出发,解释了现代经济社会因有效需求不足导致失业增加,从而难以使其经常保持在"准繁荣状态"的逻辑关系。按照凯恩斯经济理论,现代政府的主要经济作用之一,就是根据商业循环的特点,利用经济运行规律去补充市场,用特定的政策手段来熨平商业周期,减缓经济波动,实现宏观经济的长期稳定。就政府财政活动而言,该理论实际上为政府在必要时利用财政手段稳定经济增长和实现充分就业,即放弃"不干预主义"并转而推行审慎财政政策找到了依据。后经众多经济学家的补充与完善,该理论最终形成了一套完整反映凯

---

① M.凯恩斯:《就业、利息和货币通论》(中文版),商务印书馆,1996 年,第 330 页。紧接着,凯恩斯讲道:"许多实行家自以为不受任何学理之影响,却往往当了某个已故经济学家之奴隶。狂人执政,自以为得天启示,实则其狂想之来,乃得自若干年以前的某个学人。"

恩斯经济思想的经济学说,并对现代国家政府制定宏观经济政策与从事宏观经济调控活动产生了深远影响。事实上,在二战后的各个经济时期中,市场经济国家所推行的、明显取得了一定政策效果的宏观经济政策,特别是现代财政政策,尽管表述形式上有所不同,但大体上都是在凯恩斯主义经济理论的政治影响下形成的。[1]

第二节　财政政策

　　现代财政政策原理实质上是以普通经济学的"需求管理理论"为基础发展起来的,该理论论证了政府各财政要素——税收、支出、国债等,作为政策工具发挥总需求调整作用的可能性、可行性、适用性、操作技术以及可能产生的一般结果。由于商业循环的作用,经济社会有时会出现总需求小于总供给现象,有时会出现总需求大于总供给现象。在总需求小于总供给情况下,国民经济便会日益陷入以商品供过于求、工厂减产停产、大批工人失业为基本特点的经济萧条状态。相反的情况是,由于经济社会的工艺技术水平、设备数量和质量、工人的劳动技能、原材料供给等在短期内难以发生较大改变,如果总需求持续增长过快,超出了经济社会供给能力的支持程度,国民经济便会陷入以物价上涨为主要特点的通货膨胀状态。[2]凯恩斯主义经济理论指出,无论是总需求大于总供给,还是总供给大于总需求,都属供求失衡问题,这个问题单凭市场经济机制自身的作用是难以解决的,即使能够解决,也要拖延很长时间。对此,政府是负有责任的,政府应该通过必要的政策手段对

---

　　[1]　凯恩斯在其《就业、利息和货币通论》一书中,对他提出的……消费倾向与投资引诱二者,必须由中央统制……"即必须扩大政府机能的主张做过如下的辩解:"然而我为之辩护,认为这是唯一的切实办法,可以避免现行经济形态之全部毁灭……。"参见该书(中文版,商务印书馆,1996年),第326、328页。
　　[2]　现代经济社会发生通货膨胀,其原因是极其复杂的,除了总需求大于总供给的压力外,其他许多因素,特别是与货币有关的因素,都会在不同程度上造成经济社会物价总水平的上升。

市场经济进行干预,以使其能够经常性地维持供求总量基本平衡状态。

经济学家通常用"IS—LM模型"来阐述凯恩斯主义的宏观经济理论。这个被称为"宏观经济学历史上最为成功的教科书模型",[①]把产品市场与货币市场结合起来,二者相互作用,共同决定经济社会的一定时期的产出水平与利率水平。由于就业水平取决于受总需求变动影响的产出水平,而利率高低又对投资水平,进而对产出水平发生重要影响,因此政府就可以借助财政政策、货币政策的调整来对经济社会的总需求和市场利率施加影响,使它们发生合理的变化,实现稳定劳动就业,稳定物价的政策目标。[②]

一、财政政策目标

财政政策之宏观经济调控目标是十分明确的——在保持充分就业与物价稳定状态下实现国民经济的长期增长。为实现这一基本目标,政府在财政活动方面就要针对不同经济形势,相应地对其财政收支进行必要的总量调整与结构调整以取得"逆商业周期而动"的效果。据此可以认为,财政政策就是政府在其宏观经济调控过程中,针对不同时期经济发展变化,按照既定的目标,对税收、支出、公债等财政工具的协调运用所做出的选择性安排。

宏观经济调控的短期目标是"充分就业"与"物价稳定",连续的短期目标的实现就意味着创造了促使"国民经济稳定发展"(长期经济目标)的基本条件。所谓充分就业,就是指这样的一种经济状态,在现行劳动市场确定的工资水平下,每个愿意工作的人都能够找到工作岗位。但是,在实际生活中,作为政府经济目标的充分就业则是指维持经济社会的失业率不超过社会可能接受的水平。例如,20世纪60年代美国政府把不超过4%失业率的国内就业状况就看做达到了充分就业目

---

① 詹姆斯·K.加尔布雷斯、小威廉·戴瑞提:《宏观经济学》,经济科学出版社,1997年,第134页。

② 鉴于有关该模型的全部理论根据与构建方法,读者可以在任何一部宏观经济学教科书中找到,本书不再赘述。

标;后来这个指标有所提高,80 年代上升为 5.5%。所谓物价稳定,并不是指商品间的相对价格水平不变,而是指物价总水平的变动应该与工资水平的变动保持一定的幅度,即随着物价上调,工资水平也要上升。然而,在大多数国家很难保持二者同步上升,更多的情况是物价上涨幅度超过工资水平上升的幅度。作为政府的经济目标之一就是要保持二者之间的差距不能过大,否则国民经济便会处于严重通货膨胀状态。一般来说,政府如能保持物价总水平每年仅出现轻微上涨,如年通货膨胀率为 2% 或 3%,就可以视为实现了物价稳定的目标。

为了达到充分就业和物价稳定目标,政府通常要根据市场经济固有的商业循环变动而交替使用不同性质的财政政策——扩张性财政政策或紧缩性财政政策。理论上,通常以特定的税收调整方式与特定的支出调整方式作为判断不同性质财政政策的主要依据。一般情况下,政府在经济社会出现严重经济衰退时,通常倾向于选择使用扩张性财政政策,而在经济社会出现严重通货膨胀时则往往要选择使用紧缩性财政政策,并且在两种情况下都可以配合使用相同性质的货币政策。

二、反经济衰退的财政、货币政策

作为经济危机的先兆,经济衰退的主要表现是生产连续数月下降,私人投资大幅度减少,劳动失业剧增,进出口发生萎缩等。[①] 针对这类经济衰退,政府在宏观经济调控政策的选择方面,主要是采用以降低税收(减税、退税、免税等)与扩大开支(增加政府采购与转移支付)为特点的扩张性财政政策。减税可以相应地提高个人、家庭、企业的消费与投资能力,进而促进社会总需求的上升。只要总需求上升,生产形势就会好转,失业问题就能得以解决。另外,政府通过扩大公共工程的开支,有利于减轻社会失业的压力;扩大政府采购规模,则有利于解决一部分

---

① 例如,典型的美国 1959 年经济危机,从 1957 年 3 月开始该国工业生产持续下降了 24 个月,下降幅度最大时达到 13.5%。在此期间,私人固定资产投资减少了 15.6%,而制造业中新厂房与设备投资则下降了 36%;全国失业人数到 1958 年高达 508 万,失业率为 7.5%;对外贸易也发生严重逆差。西方经济理论往往把造成这种经济萎缩的主要原因归结为社会的总需求小于总供给,这在前面已经论述过。

社会产品的实现问题;而增加转移支付,可以直接提高低收入者和失业者的消费能力。所有这些措施都在不同程度上对恢复经济社会的供求平衡发挥着积极的作用。实践说明,在经济衰退期间政府的减税和扩大开支政策的确能够取得刺激私人提高消费与投资水平,即扩大总需求,进而提高国民收入水平的效果。[①]

上述扩张性财政政策的运用,反映在 IS—LM 模型上,就是政府降低税收与扩大开支直接、间接地刺激了经济社会总需求增加,使得 IS 曲线发生右移(从 IS 到 IS′,见图 9—1)。其结果是(在其他不变情况下)收入扩大、利率上升。利率上升会在一定程度上降低私人投资欲望,即产生所谓的"挤出效应",进而可能部分地抵消财政政策的扩张总需求的效果,这是政府在使用扩张性财政政策时所必须考虑到的问题。于是客观上提出这样的要求,在财政扩张同时,政府应该推行程度不同的扩张性货币政策,以使市场利率维持在一个与财政政策目标相适宜的水平上。为此,政府可以同时采取诸如降低法定准备金率、在公开市场业务中买入更多的政府债券,或者下调再贴现率等办法,放松银根,增加货币供给。扩张性货币政策造成 LM 曲线发生右向移动(从 LM 到 LM′,见图 9—1),其政策效果是扩大货币供给数量,把市场利率维持在一个较低的水平上,较低的利率水平不仅可以刺激私人投资的增长,进一步扩大国民收入水平,而且也(为弥补财政赤字)降低了政府财政融资的成本。

---

① 例如,20 世纪 60 年代初美国出现经济衰退以后,政府于 1962 年通过了投资减税优惠法案,于 1964 年又宣布了降低个人所得税 20%、公司所得税 8% 的规定,同时加大政府采购,特别是军事采购的规模。这种以减税为主的经济政策在整个 60 年代都发挥了明显的经济扩张作用:公司利润从 1961 年的 272 亿美元提高到 1968 年的 478 亿美元;1961 年到 1968 年的固定资产投资持续上升,累计完成投资 5391 亿美元。在此期间,美国工业发展较快,与军事有关的产业发展得更快;失业率大为下降,劳动就业几乎接近了官方认定的充分就业水平;与此同时,通货膨胀率却只有轻微上升,在 60 年代末期才接近 5%。

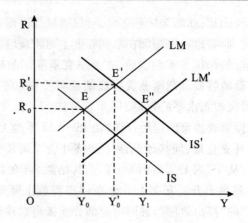

图 9-1 扩张性财政政策与货币政策

图 9-1 描述了财政扩张与货币扩张的政策效果。在经济扩张过程中,如果政府仅仅使用财政政策,则国民收入只能从 Y_0 扩大到 Y_0' 的水平,而无法使其扩大到 Y_1 的水平。原因在于货币政策不变条件下,扩张性财政政策会从两个方面给市场利率带来上调的压力:一是扩大的国民产出造成交易性货币需求扩大;二是为了弥补财政赤字,政府增加了公债发行,于是(扩张性财政政策)使经济社会进入货币需求大于货币供给状态,市场利率自然提高。市场利率提高(从 R_0 提高到 R_0'),诱使私人相对减少投资,进而国民产出相对减少,国民收入便只能扩张到 Y_0' 水平上停止下来。在上述过程中,如果政府同时运用扩张性货币政策,货币供给扩大就会相应地减轻扩张性财政政策给市场利率带来的上调压力。由于扩张性货币政策使市场利率维持在与原先大体相同的水平,私人投资不受影响,国民收入会继续扩大,直到 Y_1 水平时止。Y_1 表示的国民收入水平,通常被认为是扩张性财政政策所应该发挥出来的最好的政策效果。

三、反通货膨胀的财政、货币政策

产生通货膨胀的原因虽然多种多样,但是最主要的原因在于经济社会中的总需求大于总供给,使得产出在短期内不能有效满足需求情况下,经济社会只能靠物价上涨的办法来平抑过度需求。然而经济社会中通货膨胀一旦失去控制,就会反过来抑制投资、抑制储蓄,进一步加剧经济社会供求关系的紧张程度。此外,严重的通货膨胀本身就是经济社会不稳定因素。

一般来说,通货膨胀是一种货币现象,政府注意力应该主要地放在它的货币政策方面,各国政府也的确是这样做的。但是单凭货币政策治理通货膨胀,其效果往往不佳,因此还必须使用相同性质的财政政策。在通货膨胀期间,如果政府适度地提高税率,加强税收征管,减少军事订货,削减转移支付等,即推行紧缩性财政政策,就能够直接地作用于个人、家庭、企业和政府部门,减少各自的消费、投资、采购开支,进而降低经济社会总需求增长过快的压力。西方国家的实践表明,在治理通货膨胀方面,政府实施以增税减支为特点的紧缩性财政政策可以在相当程度上防止通货膨胀的恶化,加快对它的治理过程。

图 9－2 描述了财政紧缩与货币紧缩的政策效果。在治理通货膨胀过程中,政府可以采取紧缩性货币政策,如提高法定准备金率,在公开市场业务中卖出更多的政府债券,或者上调再贴现率等,借助这些手段减少经济社会的货币供给数量。紧缩性货币政策造成 LM 曲线发生左移(从 LM 到 LM′),这种政策的作用效果是政府减少货币供给数量,使市场利率得以维持在一个较高的水平上。较高的利率水平不仅可以抑制私人投资的增长,减少对总需求的压力,而且紧缩货币供给特别有助于降低经济社会的总体物价水平。虽然紧缩性货币政策可以使利率提高,起到抑制私人投资的作用,导致国民收入相应减少,但这样做也只能使国民收入从 Y_0 减少到 $Y_0{}'$ 的水平,而无法使其减少到 Y_1 的水平。要达到使国民收入降到 Y_1 水平的目标,政府只能同时采取紧缩性财政政策,即削减财政开支(造成 IS 曲线发生左移,从 IS 到 IS′),以直接地作用于经济社会总需求并使其明显下降,经济社会总需求下降会诱使私人减少投资,进而降低国民产出,最后国民收入便被削减至 Y_1 水平上。

在上述过程中,如果政府先是运用紧缩性财政政策,虽然也能够减少总需求,但是 IS 曲线左移导致市场利率下降,市场利率下降有刺激私人投资增加的作用,这样紧缩性财政政策的效果就会被部分地抵消了,国民收入只能从 Y_0 下降到 Y_0' 水平。此时,政府减少货币供给,就能减轻紧缩性财政政策给市场利率带来的下调压力。同样,由于紧缩性货币政策使经济社会处于货币供给小于货币需求状态,市场利率便会逐步上升,最终维持在与原先大体相同的水平上。在此过程中,私人投资不会扩大,国民收入却会继续下降,直到 Y_1 水平时止。Y_1 表示的国民收入水平,通常被认为是紧缩性财政政策所应该发挥出来的最好的政策效果。

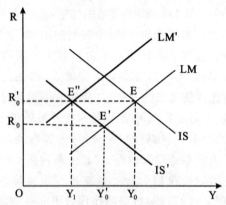

图 9-2 紧缩性财政政策与货币政策

有关国家的实践说明:反通货膨胀的财政、货币政策不仅可以取得普遍降低经济社会物价总水平的效果,而且如果政策使用及时、合理,通常还会起到保护经济社会免于发生总需求过度膨胀的问题。

四、自调节财政政策(内在稳定器)

现代国家在实行个人所得税、公司所得税的同时,也普遍建立了包括政府转移支付在内的社会保障制度。这种"税收－转移支付机制"本身具有自动调节经济社会总需求的作用,可以自发地配合政府"审慎财政政策"的实施。人们通常把所得税、社会保险与政府转移支付称为经济社会的"内在稳定器"(Build-in Stabilizer),它与政府扩张性或紧缩性财政政策的作用方向保持一致。

从整个经济社会来看,在经济繁荣、增长过快时,个人收入就会大幅度上升,但在累进制的所得税作用下,连续增加的个人收入中有越来越大的部分转化为政府的税收,从而抑制了社会购买力过快、过猛地上升。这有助于抑制需求膨胀,使国民经济不至于短期内过热,引发通货膨胀问题。同样,在经济衰退、增长缓慢时,个人收入就会下降,但在累进制的所得税作用下,连续减少的个人收入中只有越来越小的部分转化为政府的税收,从而抑制了社会购买力过快、过猛地下降。这有助于使社会购买力在经济不景气的情况下依然可以保持在某种相对较高的水平上,从而有利于经济在较短时期得以恢复。

政府的转移支付主要用于对失业者的失业补助和对低收入者的生活开支补贴,只有符合规定条件的国民才能享受这一制度的"好处"。从整个社会范围来看,在经济繁荣时,人们收入普遍提高,领取政府补助的社会成员大为减少,政府转移支付开支便也会减少,从而减少了对经济社会总需求扩大的压力;而在经济衰退时,人们收入普遍下降,领取政府补助的社会成员大为增加,政府转移支付便也增加,从而对提高经济社会总需求有利,在某种程度上也有力地促进了经济恢复。

不难看出,在没有政府对市场经济进行主动干预的情况下,内在稳定器自动起到了稳定经济社会总需求的作用。这一作用使政府在经济社会出现过热或过冷的初期阶段,不用马上对其财政政策、货币政策进行调整,即不必马上介入市场经济进行主动干预。内在稳定器也为政府对市场经济进行主动干预的时间选择作了规定:只有在市场经济运行失常,而内在稳定器又不能有效发挥其稳定作用的情况下,政府的主动干预才是必要的。这是因为内在稳定器的作用只是缓和经济社会的供求矛盾,而不能改变供求趋势,所以只能在有限的范围内发挥作用,而较大的经济调整还要依靠政府实施(前面提到过的)那些具有"逆商业周期而动"性质的政策安排。

第三节 财政政策效果分析

上一节通过理论分析,阐释了政府财政政策(货币政策)的作用机制及其作用效果。但是,在现实生活中,财政政策(货币政策)的实际效果往往会受到更多因素的影响与制约,所以政府在推行特定财政政策(货币政策)时必须对这些影响因素、制约因素给予足够的注意。本节着重分析财政政策(货币政策)的相对效力,财政政策(货币政策)与物价水平的相互作用,(开放条件下不同)汇率制度、不确定性、风险等对财政政策(货币政策)效果的一般影响。[①]

一、财政政策(货币政策)的相对效力

由 IS−LM 模型可知,财政政策与货币政策之间存在着一种相辅相成的关系,财政政策效果取决于货币市场性质,而货币政策效果也取决于产品市场性质。于是,研究两大经济政策相对效力的变化及其特点,对于政府在宏观经济调控过程中,具体选择、运用合适的政策手段具有重要意义。

(一)财政政策的相对效力

如果经济社会的货币需求完全不受市场利率变动的影响,则"IS−LM"模型中的 LM 成为一垂直线,如图 9−3a 所示。该图说明,在这种情况下,国民收入水平仅仅取决于货币数量;换言之,财政政策调整只能使经济社会的利率水平发生变化,而完全失去了调节国民收入的作用。这一现象,理论上称为财政政策的"完全的挤出效应"(Full Crow-

---

① 本节中,把政府财政政策、货币政策的作用效果仅仅限定在其改变国民收入规模方面,隐含着政府财政履行宏观经济稳定职能的基本目标选择,至于财政政策、货币政策的其他作用及其效果,本节不做专门分析。

ding-out Effect)。① 那么,经济社会一旦进入这种状态,政府宏观经济调控的任务就只能由货币政策承担,即均衡的国民收入水平只取决于货币供给数量。

与上述状况相反,如果经济社会的货币需求对利率变动极为敏感,人们的货币资产与其他金融资产可以方便地进行转换,从而导致经济社会的利率水平难以发生明显变化,则在"IS-LM"模型上,LM 曲线实际上成为水平状态,见图 9-3b。图 9-3b 说明,此时政府的货币政策完全失效,而财政政策特别奏效。在这种情况下,IS 曲线的移动只会造成产出水平的变动,而不会造成利率变动。实际上,这是财政政策效力得以完全发挥的唯一场合。

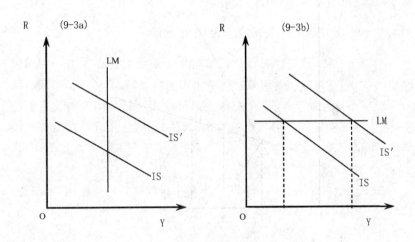

图 9-3　财政政策面临的两种极端情况

---

① 完全挤出效应,是指如果政府财政支出增加导致利率水平上升,出现政府每增加 $1 公共支出,私人便相应减少 $1 投资的现象。在这种情况下,政府财政政策效果完全被私人相反的投资活动所抵消。为此,政府只好放弃财政政策,转而单一使用货币政策。

　　比较上述两种情况,不难发现,财政政策的相对效力取决于 LM 曲线的斜率:在 LM 为垂直线时,财政政策完全失去了调节国民收入的作用;而在 LM 为水平线时,财政政策效果最佳。那么,在这两个极端之间,LM 曲线越呈水平态,即 LM 曲线越平缓(如图 9-4 中的 LM_2),财政政策的相对效力就越大;反之,LM 曲线越呈垂直态,即 LM 曲线越陡直(如图 9-4 中的 LM_1),财政政策的相对效力就越小。图 9-4 比较了不同货币政策环境下的财政政策的相对效力,同样扩张性的财政政策在 LM_1 条件下,仅能够使国民收入从 Y_0 水平提高到 Y_1 水平,而在 LM_2 条件下,则能够使国民收入从 Y_0 水平提高到 Y_2 水平。

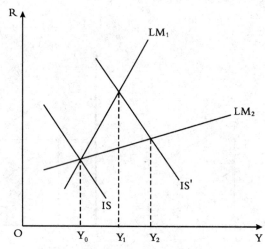

图 9-4　财政政策的相对效力

　　(二)货币政策的相对效力

　　如果(包括私人投资在内)经济社会的总需求完全不受市场利率变动的影响,则"IS-LM"模型中,IS 曲线为垂直态,如图 9-5a 所示。那么,货币政策的调整只能引发市场利率的变动,而对经济社会的产出则没有任何影响,即在这种情况下,政府的货币政策不能起到扩大国民收入的作用效果。

　　相反,如果(包括私人投资在内)经济社会的总需求对利率变动极为敏感,特别是在人们的投资活动与其他经济活动之间可以方便地进行替代的情况下,经济社会的利率水平不会发生明显变动。该状态反映在"IS—LM"模型中,就是 IS 曲线变成水平线,如图 9—5b 所示,说明财政政策失去了调节国民收入的作用;此时,政府的货币政策特别奏效,LM 曲线的移动只会造成产出水平的变动,而不会造成利率变动。实际上,这是货币政策效力得以完全发挥的唯一场合。

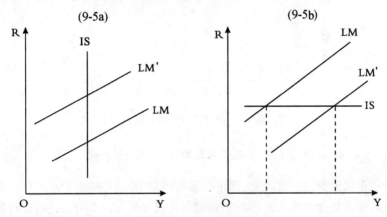

图 9-5 货币政策面临的两种极端情况

比较图 9—5a 与 9—5b,不难发现,货币政策的相对效力取决于 IS 曲线的斜率。即 IS 为垂直态时,货币政策完全失去了调节国民收入的作用;而在 IS 为水平态时,货币政策效果最好。那么,在这两个极端之间,IS 曲线越呈水平态,即 IS 曲线越平缓(如图 9—6 中的 IS_2),货币政策的相对效力就越大;反之,IS 曲线越呈垂直态,即 IS 曲线越陡直(如图 9—6 中的 IS_1),货币政策的相对效力就越小。图 9—6 比较了不同财政政策环境下的货币政策的相对效力:同样扩张性的货币政策在 IS_1 条件下,仅能够使国民收入从 Y_0 水平提高到 Y_1 水平,而在 IS_2 条件下,则能够使国民收入从 Y_0 水平提高到 Y_2 水平。

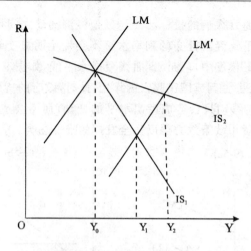

图9-6　货币政策的相对效力

二、财政政策(货币政策)与物价水平的相互影响

在以上有关财政政策、货币政策的研究中,主要侧重分析了两大政策对经济社会总需求的影响和总需求对国民收入的影响。这些分析没有涉及两大政策对物价水平的影响,也没有考虑物价水平对总供给、总需求的影响,以及总供给对总需求的制约作用。但是,在现实生活中,政府实际上不可能在无视产品供求变动和物价变动的情况下,盲目推行其既定的财政政策、货币政策。由于单凭"需求管理"模型(即 IS-LM 模型)不能充分解释政府经济政策的效果,所以有必要结合"总供给-总需求模型",即 AS-AD 模型[1],来补充说明政府财政政策、货币政策的作用效果。把 IS-LM 模型与 AS-AD 模型结合起来,有助于说明财政政策、货币政策对经济社会物价水平的影响。由于物价水平变动会影响经济社会总供给与总需求的均衡,而这种均衡又会通过需求数量与供给数量的相反变动所进行的反复调整得以恢复,这对于进一步检验财政政策、货币政策对产出的实际影响,以及总供给变动对政

---

[1]　关于 AS-AD 模型的建立,读者可以参考任何一种宏观经济学书籍。

策效果的制约,均是有益的。

(一)货币政策与物价水平

先以扩张性货币政策说明其对物价水平的影响,及其政策效果。如图 9－7 所示,在物价等于 P_0 的情况下,产品市场与货币市场均衡在 A 点,均衡的利率为 R_0,均衡的国民收入为 Y_0。但是,如果此时政府认为 Y_0 不是令人满意的充分就业的国民收入水平 Y_F,即 $Y_0 < Y_F$,那么政府可以使用扩张性货币政策,使 LM 曲线右移至 $LM(P_0)'$,新的均衡点位于 B 点。在该点,利率水平下降,私人投资增加,国民产出扩大,国民收入提高,即从 Y_0 上升到 Y_F 水平。

虽然仅就 IS－LM 模型看,政府通过既定规模的扩张性货币政策可以使经济社会的国民收入水平达到 Y_F 水平,但是考虑到总供给的制约作用,实际是不能达到这个水平的,除非政府进一步扩大货币供给。这是因为,货币供给扩大和利率下调,刺激了私人消费与私人投资,总需求扩大造成 AD 曲线右移到 AD′,在原先物价水平(P_0)上出现需求大于供给的局面。于是,市场经济中物价调节开始,价格水平从 P_0 上升至 P_1,物价上升抑制了消费的扩张,最终使总供给与总需求均衡在点 C。与此同时,由于物价水平上升,右移后的 $LM(P0)'$ 便开始朝左移动。当其移动到 $LM(P_1)''$ 位置时,市场利率上调,这在一定程度上抑制了私人投资的增长。最后,经济社会的利率水平、物价水平与国民收入水平分别稳定在 R_1、P_1 与 Y_1 的水平。

分析货币政策调整对经济社会的最终结果,可以得出基本结论:在其他不变条件下,扩张性货币政策对宏观经济至少发生三种主要作用,即降低利率、提高物价和增加产出,而紧缩性货币政策则会产生提高利率、降低物价和减少产出的作用。不过,受物价变动影响和总供给制约,政府不同性质的货币政策调节国民收入水平的相对效力也要受到不同的影响。

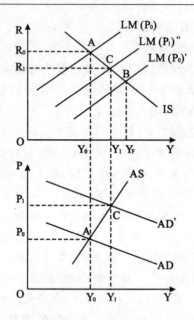

图 9-7 货币政策与物价水平的相互影响

（二）财政政策与物价水平

同扩张性货币政策一样，扩张性财政政策也会对物价水平产生影响，其政策效果也要受到总供给的制约。今假设经济社会的物价水平为 P_0，产品市场与货币市场均衡在点 A，点 A 表示均衡的利率水平为 R_0，均衡的产出水平（收入水平）为 Y_0，见图 9—8。由于 Y_0 的收入水平低于政府理想的充分就业状态下的收入水平 Y_F，为此政府希望通过扩张性财政政策予以调整。由于使用了扩张性财政政策，使 IS 右移至 IS′，新的产品市场与货币市场的均衡在点 B。尽管此时市场利率有所提高，但是国民产出水平（国民收入水平）增长的幅度更大，达到或接近 Y_F 的水平。

然而，伴随收入与消费水平的提高，造成经济社会总需求扩张，AD 曲线右移至 AD′，在原先物价水平（P_0）上出现需求大于供给的局面。于是，市场经济中物价调节开始，价格水平从 P_0 上升至 P_1，物价上升抑制了消费的扩张，最终使总供给与总需求均衡在点 C。与此同时，物价水平的提高造成现行货币政策不变情况下的实际货币供给的减少，导致 $LM(P_0)$ 左移至 $LM(P_1)'$。于是，经济社会利率进一步上升，投资也会相应受到抑制。最后，经济社会的物价水平稳定在 P_1 上，利率与国民收入则分别稳定在 R_1 与 Y_1 的水平。

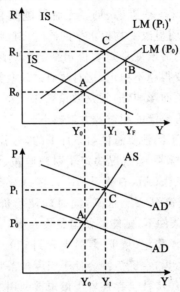

图 9-8　财政政策与物价水平的相互影响

　　根据以上分析不难看出，财政政策调整对市场经济的影响具有如下特征：在其他不变条件下，扩张性财政政策对宏观经济至少发生三种主要作用，即提高利率、提高物价和增加产出，而紧缩性财政政策则会产生降低利率、降低物价和减少产出的作用。不过，受物价变动影响和总供给制约，政府不同性质的财政政策调节国民收入水平的相对效力也要受到不同的影响。

　　（三）总供给对政策效果的制约作用

　　结合 AS-AD 模型对财政政策、货币政策效果所做的进一步分析说明，两种政策的相对效力还取决于总供给的基本性质。

　　一般情况下，AS 曲线越呈水平态，即 AS 曲线越平缓（如图 9-9

中的 AS_2），AD 的位移在明显改变国民产出（国民收入）水平的同时，对物价水平的影响较小。总需求变动对物价水平的影响越小，经济社会的实际货币供给状况就越稳定，政府财政政策、货币政策对国民收入水平的调节效果就越充分，表示财政政策、货币政策的相对效力就越大。反之，AS 曲线越呈垂直态，即 AS 曲线越陡直（如图 9－9 中的 AS_1），AD 的位移在明显改变物价水平的同时，对国民产出（国民收入）水平的影响较小。总需求变动对物价水平的影响越大，经济社会的实际货币供给状况就变得越不稳定，这对政府财政政策、货币政策的实施在很大程度上产生负面影响，通常是政策效果大减。因此，AS 曲线越陡直，财政政策、货币政策的相对效力就越小。

图 9－9 比较了不同性质总供给条件下的，总需求变动对物价水平和产出水平的影响，其影响状况决定了财政政策、货币政策的相对效力。同样的总需求扩张（AD 右移至 AD′），在 AS_1 条件下，仅能够使国民收入从 Y_0 水平提高到 Y'_0 水平，同时却使物价从 P_0 水平上升到 P'_0 水平；而在 AS_2 条件下，则能够使国民收入从 Y_0 水平提高到 Y_1 水平，同时保持物价基本稳定（从 P_0 轻微上升到 P_1）。

宏观经济理论认为，在经济社会处于极度萧条状态时，总供给曲线就会呈水平态，表明经济社会存在着大量未被利用的资源，此时总需求扩张通常能够有效地提高产出水平，而对物价上涨则无明显影响。所以，在经济过冷情况下，政府最适合使用扩张性的经济政策。但是，在经济社会处于过度繁荣状态时，总供给曲线就会呈垂直态，表明经济社会可用资源均已接近，或达到了充分利用程度，此时总需求继续扩张不仅不能刺激产出的增加，反而只会造成物价水平的持续上涨。所以，在经济过热情况下，政府最适合使用紧缩性的经济政策。

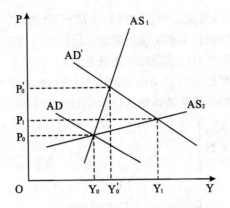

图 9-9 需求变动对物价、产出的影响

除了上述两种极端情况外,正常的经济发展进程中,政府用于宏观调控的经济政策的实际效果往往与其预期效果并不吻合。这是很自然的,原因在于人们很难准确了解总供给曲线的性质,即 AS 的斜率及其位置。此外,AS 曲线的变动,一般不会受到政府政策的直接影响。不过,在经济社会中,资本投资规模、资本存量增长速度以及技术进步速度等是改变 AS 曲线的重要因素。政府如能促使这些因素经常发生作用,从而使 AS 曲线不断向外扩张(右移),则可以在维持物价水平基本稳定条件下,保持或者提高政府经济政策的相对效力。理想的经济增长模式是:政府通过经济手段扩张总需求(AD 曲线右移)的同时,经济社会要不断地扩大资本投资,或者持续地进行技术改造,以使总供给能力不断更新、不断扩张。这样,即使经济增长会导致物价水平有所提高,但相比之下国民产出增长得更快。

三、开放条件下的财政政策(货币政策)

在一国对外开放条件下,国际收支状况影响该国的汇率水平,并且汇率变动通过对外贸易,进而影响国内产出水平。此外,无论该国实行何种汇率制度,其国际收支的变化也不可避免地要对其货币政策产生种种影响。因此,与原先封闭条件下不同,在开放条件下政府特定经济政策的实际效果还要受到其他一些因素的影响,或牵制。宏观经济学理论中的"三部门均衡模型",即"IS－LM－BP 模型"①,揭示了不同汇率制度下政府财政政策的实施效果。

(一)浮动汇率制度下财政政策效果

图 9－10 阐释了在浮动汇率制度下,政府实施扩张性财政政策导致的内外均衡的变化及其调整过程。

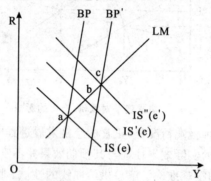

图 9-10   浮动汇率制度下的财政政策效果(A)

如果政府在初始的内外均衡条件下(点 a 所示)使用扩张性财政政策,IS(e)右移至 IS′(e),国民收入扩大、利率提高,同时进口扩大(入超)导致国际收支逆差(点 b 所示)。经济入超表示外国厂商在本国卖出了更多的商品,其掌握了更多的本国货币,并且急于兑换成外国货币。于是,在本国外汇市场上,出现本币的供给大于本币的需求现象(或者外币的需求大于外币的供给现象)。在浮动汇率制度下本币必然发生贬值,即本币汇率从 e 下调为 e′(单位本币只能兑换较少的外币)。本币汇率贬值(e 的下调)使 BP 右移至 BP′,其效果是减少进口,增加出口。扩大的出口进一步使 IS 曲线右移,从 IS′(e)移到 IS″(e′),新的内外均衡得以恢复(点 c 所示)。点 c 表示政府财政政策扩张所引发的经济调整过程的完成。在这个调整过程中,IS 曲线的移动使利率持续提高,不断诱使外部资本流入,也在相当程度上起到了恢复国际收支平衡的作用。所以,在点 c,经济社会有较高的国民收入、较高的利率水

①   关于这个模型的理论推导和详细解释,读者可以参考任何一种宏观经济学教材。

平和较低的汇率水平。可见,在实行浮动汇率,且资本正常流动情况下,财政政策的相对效力是可以提高的。

在图9－10中,BP曲线斜率大于LM曲线斜率,即BP曲线比LM曲线更陡直,所以财政政策扩张一般会更有利于刺激总需求扩大、国民收入扩大,进而在进口增加的影响下导致对外贸易出现逆差。此时,即使国内利率提高了,但国际资本流动实际上受到限制,贸易逆差很难得到相应补偿,故而国际收支也为逆差。[1]

如果BP曲线斜率小于LM曲线斜率(见图9－11),即BP曲线比LM曲线更平缓,那么在初始状态(点a)政府使用扩张性财政政策使IS(e)右移至IS′(e),在刺激收入扩大的同时也刺激利率上升。在利率上升情况下,外部资本大量流入[2],致使补偿因收入扩大引发的贸易逆差而有余,最终会给国际收支带来顺差(点b所示)。在浮动汇率制度下,这会导致本币汇率从e上调为e′(单位本币能够兑换较多的外币)。本币汇率升值(e的上调)使BP左移至BP′,其效果是减少出口,刺激进口。出口减少与进口扩大造成国内总需求下降,使IS曲线做反向移动,即从IS′(e)移到IS″(e′)。这样,新的内外均衡得以恢复,如点c所示。图9－11中的点c表示政府财政政策扩张所引发的经济调整过程的完成。在这个调整过程中,先右移而后左移的IS曲线使市场利率先上升后下降,诱使部分资本外流,也在相当程度上起到了恢复国际收支平衡的作用。所以,在点c,经济社会有较高的国民收入、较高的利率水平和同样较高的汇率水平。但是,和图9－10的情况相比,扩张性财政政策的相对效力是下降的,表现为其扩大国民收入的效果相对减弱。

比较图9－10与图9－11所演示的财政政策效果的差异,可以得出如下结论:在BP曲线斜率越是大于LM曲线斜率情况下,扩张性财

---

[1]　可以假设政府对国际资本流动的限制越多,BP曲线的斜率就越大。BP曲线的斜率越大,其图形就越显陡直,表示国际资本流动对国内利率变动反应越不敏感,即较大的利率变动只会引发较小规模的国际资本流动。

[2]　可以假设政府对国际资本流动的限制越少,BP曲线的斜率就越小。BP曲线的斜率越小,其图形就越显平缓,表示国际资本流动对国内利率变动反应越敏感,即较小的利率变动会引发较大规模的国际资本流动。

政政策的作用效果就相对越好;即使在资本完全不允许流动的场合,即BP曲线为一垂直线时,扩张性财政政策也能够发挥出其基本作用。在BP曲线斜率越是小于LM曲线斜率情况下,扩张性财政政策的作用效果就相对越差;而在资本流动对利率变化极端敏感并允许其充分自由流动的场合,则BP曲线成为一水平线,此时扩张性财政政策就会失去任何作用效果。这是因为在BP曲线成为一水平线时,扩张性财政政策导致利率提高(IS曲线右移的结果),资本大量流入,造成国际收支顺差,进而迫使本币升值,本币升值进一步刺激进口和抑制出口,完全抵消了扩张性财政政策的作用(将已经右移的IS曲线再次拖回到原先的位置)。

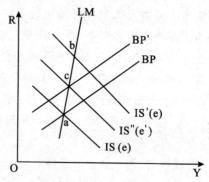

图 9-11 浮动汇率制度下的财政政策效果(B)

(二)固定汇率制度下财政政策效果

如图 9-12 所示,在一国取得了内部均衡与外部平衡的初始条件下(点 a),政府扩张性的财政政策在扩大国民收入的同时也使国民经济处于外部不均衡状态(IS 曲线右移至 IS′,与 LM 曲线相交于点 b),即国民收入扩大,进口增加,有入超发生。于是掌握较多本国货币的外国厂商就有增加兑换外国货币的要求,使得该国外汇市场出现外币需求大于外币供给,或者本币供给大于本币需求的问题,产生迫使本币贬值的压力。但是,由于该国政府推行的是固定汇率制度,政府则有义务维持既定的汇率,使之保持不变。在这种情况下,该国央行就要不断地卖出外币,收回本币,其结果是导致越来越多的国家外汇转移到外国厂商手中。由于该国国内货币供给数量取决于政府的黄金储备和外汇储备的规模,外汇减少就使政府当局的货币政策性质发生变化,即越来越趋于紧缩性,表现为 LM 曲线的左移,从 LM 移到 LM′。最后,右移的 IS 曲线、左移的 LM 曲线与位置不变的 BP 曲线相交于点 c,新的内外均衡产生。在点 c,国民经济处于较高的利率水平和不变的汇率水平状态,尽管国民收入也有所增长,但与浮动汇率情况下相比,其增长幅度要小得多。

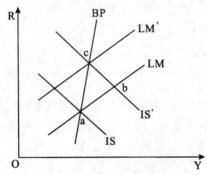

图 9-12　固定汇率制度下的财政政策效果(A)

在图 9-12 中,由于 BP 曲线斜率大于 LM 曲线斜率,即 BP 曲线比 LM 曲线更陡直,所以财政政策扩张的最初作用效果是更多地刺激总需求扩大、国民收入扩大,导致出现对外贸易逆差。然而,如果 BP 曲线斜率小于 LM 曲线斜率(见图 9-13),即 BP 曲线比 LM 曲线更平缓,那么在初始状态(点 a)政府使用扩张性财政政策使 IS(e)右移至 IS′(e),其政策的作用效果可能更主要的是刺激利率上升,而不是国民收入扩大。伴随利率急剧上升,外部资本大量流入,通常会造成资本项目顺差、国际收支顺差(点 b 所示)。在外部资本流入增加对本币需求,而本币又不能升值的情况下,政府只能按照官定汇率来满足这种额外的货币需求,这实际上改变了国内货币政策的性质,使其具有了相当程度的扩张性。

由于国际收支顺差增加了政府的外汇储备,导致国内货币供给数量增加,扩张性货币政策造成 LM 曲线右移至 LM′,最后与右移的 IS

曲线、位置不变的 BP 曲线相交于点 c,新的内外均衡产生。在点 c,国民经济处于较低的利率水平和不变的汇率水平状态,国民收入明显增长。

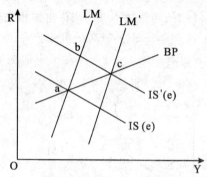

图 9-13　固定汇率制度下的财政政策效果(B)

　　比较图 9—12 与图 9—13 所演示的财政政策效果的差异,可以得出如下结论:在固定汇率制度下,BP 曲线斜率越是大于 LM 曲线斜率,扩张性财政政策的作用效果就相对越差,因为扩张性财政政策带来的本币贬值的压力,是依靠政府紧缩性货币政策予以平抑的,实际上发挥了"松财政－紧货币"的政策搭配效果。当然,在 BP 曲线斜率越是小于 LM 曲线斜率情况下,扩张性财政政策的作用效果就相对越好,因为扩张性财政政策带来的本币升值的压力,是依靠政府扩张性货币政策予以平抑的,发挥了"松财政－松货币"的政策搭配效果。

　　四、不确定性、风险和时滞对政策效果的影响

　　除了以上分析的那些影响财政政策、货币政策相对效力的政策环境因素外,其他导致这些政府政策效果相对不稳定的因素还有:(1)经济社会中的各种不确定性——集中反映为人们在不同预期条件下对财政政策调整所做出的反应;(2)政府财政活动本身存在的风险;(3)政府政策过程中形成的各种时滞效应。就运用财政政策、货币政策进行宏观经济调控而言,政府也必须对这些问题给予足够的重视。

（一）不确定性对政策效果的影响

理论上，通过财政支出的调整，借助经济社会中的乘数效应，政府能够改变国民收入变动方向和变动规模，达到较强的"逆商业周期而动"，即稳定国民经济的效果。但是，乘数效应有许多不确定性，所以既定的财政政策能否获得理想效果也是相对不确定的。

首先，比较完整的国民收入决定方程式中的乘数包含边际消费倾向（c）、政府规定的税率（t）、边际投资倾向（u）以及边际进口倾向（n）四个基本变量，即

$$a = \frac{1}{1 - c(1-t) - u + n}$$

根据该方程式[①]可知，政府除了可以改变税率外，其他变量原则上不受政府直接控制。为了确定财政政策的剂量，政府必须在制定财政政策之前大体准确地把握上述乘数中的 c、u、n 三个变量，但这在实际中是难以做到的。一般情况下，这三个变量具有易变性特点，而且在多数场合它们的变化几乎是不规则的。即使人们可以从统计数据中推导出它们的平均值，其在政策制定中充其量也仅仅具有参考价值。

其次，财政政策对国民收入调整的乘数效应既取决于乘数的大小，还取决于政府特定财政支出的变动是否充分地带动经济社会总需求的变动，这通常在很大程度上又取决于国民依据自己的预期，对政府政策调整所做出的具体反应。例如，在经济萧条时期，政府增加对社会成员的转移支付，如果这些转移支付在社会成员那里完全转化为消费开支，则其带动总需求的效果是充分的。然而，总有部分转移支付在社会成员那里转化为私人储蓄，这就在一定程度上抵消了政府扩大财政开支的乘数效应。同样，在经济繁荣时期，虽然政府减少财政转移支付，但

---

① 该乘数的推导过程如下：

开放条件下的国民收入决定：$Y = C + I + G + X - M$，

其中：$C = a + c(Y-T)$，$T = tY$，$I = I_0 + uY - bR$，$M = m + nY$。

代入 Y，得到：$Y = a + c(Y - tY) + I_0 + uY - bR + G + X - m - nY$。

整理后，$Y = [A - bR]a$。

其中：$A = a - m + I_0 + G + X$，$a = 1/[1 - c(1-t) - u + n]$。

也不能保证对经济社会总需求产生完全的紧缩作用。因为转移支付的减少可能并不等比例地减少社会成员的消费开支,他们可以释放出以前的储蓄来补偿转移支付的减少给其消费活动带来的不利影响。类似的情况还表现在政府税收政策的调整方面,通常政府提高税收的目的是为了减少经济社会的总需求,降低税收的目的则是为了刺激经济社会的总需求,从而达到"逆商业周期而动"的作用效果。但是如果公众在政府增税时释放出个人储蓄,或者在减税时增加个人储蓄,那么政府特定财政政策调整肯定无法取得理想效果。虽然类似的不确定性在财政政策运用过程中往往可以不予考虑,但是它们毕竟在不同程度上影响了财政政策的实际效果。

再次,如前所述,在大多数场合政府特定财政支出的变动会导致利率水平的变化,从而对私人投资带来相反的影响,即产生所谓的正的或者负的"挤出效应"。认为政府投资产生"挤出效应"的经济学家指出,私人根据投资边际成本(以利率表示)的变化改变个人投资、消费决策是理性的,所以政府开支变动,特别是增加公共投资开支就不可避免地发生某种程度的替代私人投资、私人消费的作用。当然,对此持有反对观点的经济学家则认为,公众理解到政府扩大开支是为了增加公共投资,而公共投资与私人投资一样,可以增加未来的消费流。所以在政府通过公债发行方式增加公共开支时,公众只会减少消费来认购政府债券,对私人投资影响甚微。这样,就不存在私人投资与公共投资争夺社会资金的问题,也就不会产生明显的"挤出效应"。① 但是无论如何,政府开支变化产生"挤出效应"是可能的,因为私人投资行为不可能不受利率变动的影响。至于"挤出效应"的程度为何,理论上可以通过私人投资对利率变动的反应程度予以测定,但是作为变量,其与前面提及的 c、u、n 一样,具有易变性和变化不规则性,对此政府也很难把握。所以,"挤出效应"也给政府财政政策的乘数效应带来一定的不确定性影响。

最后,财政政策调整对国民收入变动的乘数效应还要受到经济社

① 这种情况被称为经济社会的"超理性行为"(Ultra-rationality)。

会物价水平的影响,后者则取决于各主要产品的价格需求弹性和各主要产品供给的边际成本。经济社会的产品价格需求弹性和产品供给的边际成本,原则上都不受政府行为影响,这也是政府财政政策的乘数效应不易把握的一个原因。

总之,市场经济条件下,政府财政政策的有效运用与否,关键在于政府官员能否及时了解上述那些主要的不确定因素的变化情况,并且较好地把握它们之间的真实联系。

(二)财政风险对政策效果的抵消作用

所谓财政风险,或是指"财政风险是专指财政领域中因各种不确定因素的综合影响而导致财政资金遭受损失和财政运行遭到破坏的可能性";[①]或是指政府不适当的财政活动或财政行为(作为事件)给政府本身,给政府进一步的财政活动以及给社会经济带来的各种潜在危害的可能性。据此,人们通常可以把财政风险划分为两个大类:内生性财政风险和外生性财政风险。不过,只有内生性财政风险才真正具有理论意义上的风险属性,而外生性财政风险实际上属于(前面分析过的)政府财政过程中客观存在的不确定性。值得指出的是,财政过程中对政府财政政策效果产生消极影响的,需要政府注意并采取适当措施进行防范、化解的财政风险也就是内生性风险。[②]

财政风险,按照具体风险形成原因划分,可以划分为:政治风险、体制风险、制度风险、技术风险、经济风险、管理风险等;按照具体财政活动类型划分,可以分为财政的收入风险、支出风险、赤字风险、债务风险、投资风险、政策风险等;按照风险识别难易程度划分,可以分为显性财政风险和隐性财政风险。此外,还可以按照政府层次标准,划分为中央政府财政风险、地方政府财政风险;按照影响范围标准,划分为全局风险和局部风险;按照时间标准,划分为长期风险和短期风险,如此等等。不管具体风险类型如何确定,内生性风险大部分是源于财政系统内部的各种不利因素引发的。这些因素主要包括:(1)政府职能界定不

① 高志立等:《财政风险及其构成内容的理论分析》,载《财政研究》,2001年第21期。

② 以下内容中所涉及的财政风险,主要是指内生性风险。

清导致政府与市场关系不协调;(2)财政立法滞后且有关法规制定不尽合理;(3)财政管理制度与专项管理制度不健全;(4)缺乏必要的公共决策过程;(5)事前、事后财政监督不力;(6)政府官员道德问题和职业技术问题。

肯定地讲,财政风险属于可能性范畴,这类风险不是必然要发生的。但是如果政府在财政活动过程中表现出较大的随意性且长期置风险于不顾,那么财政风险就会真的发生并给政府财政活动与社会经济带来各种负面影响——导致财政资源浪费或财政政策效果下降。

例如,政府只要借债,实际就面临着不能按时偿还债务的风险。如果大量借债而不能按期偿还,或者不得不采取各种公开的、暗地的倒债手段以达到减轻债务负担的目的,就会造成政府信誉下降,进一步举债就会变得相当困难。又如,收入来源局限于少数税种情况下,政府必然面临着财政收入不稳定的风险。如果不适当的税收政策进一步扭曲人们的经济行为,就会造成个别税基的严重萎缩,国民收入与政府收入都难以增长,甚至形成恶性循环。再如,国民只要把公共行政权交给政府官员,实际上就面临财政资源效率损失的风险。如果政府政策失误,或部分政府官员玩忽职守以致产生腐败行为,便将导致大量财政资源的浪费,这无疑会给社会经济生活带来难以弥补的后果。

不言而喻,任何财政风险,只要发生,国民都要承担程度不等的福利损失。这意味着国民在消费政府提供的公共产品和公共劳务并获得正效用的同时,也要消费可能伴随而来的副产品——财政风险——所带来的负效用。作为一种规则,要求消费的公共产品与劳务越多,可能承担的因财政风险带来的负效用就越多。另外,财政风险还具有公共福利再分配效应。在某些条件下,政府不适当的财政活动导致的财政风险,不仅把本应由大多数国民享有的公共福利转移给包括政府官员在内的少数利益集团,而且还把财政风险造成的福利损失转移给大多数国民承担。① 因此,国民和政府就要加强对风险的防范工作,以化解其对既定财政活动、财政政策的不良影响。

虽然一般财政风险是由于政府在处理财政事务时技术性手段(包括预测技术、了解国民偏好技术、纠偏技术、预警技术等)不完善造成的,但是严重的财政风险则主要是政府不负责任的行为造成的。此外,国民对公共决策过程的漠不关心也是放松对政府行为约束的一个原因。对此,制度建设、制度改革必然成为规避财政风险的首选办法。就制度建设来说,公共选择理论提出了两种基本对策:建立有效制止政府权力不断增长的制度和建立有效控制财政开支不断扩大的制度。关于如何制止政府权力不断增长问题,公共选择理论进一步提出:(1)创立新型的政治技术,以便更好地反映选民对公共产品的偏好,并激励选民积极参与公共决策过程。(2)在公共部门中建立竞争机制,为充分发挥各级政府官员的积极性与创新性创造必要的条件。

(三)时滞效应对财政政策的影响

除了各种不确定因素在不同程度上影响政府财政政策作用效果外,政府财政政策运用与政策调整的时机选择,也会在相当程度上影响其作用效果,这就是所谓的"时滞"(Time Lags)效应。

一般来说,财政政策运用过程中,政府行为产生的"时滞"主要有:

认识时滞,即市场经济发展本身需要进行必要的调整,与政府决策官员意识到这种调整的必要性之间产生的时间差距。这种时差通常可能长达数月之久。实践说明,如果政府能够有效缩短"认识时滞",对其政策制定与调整将大有裨益。缩短此类时滞的主要办法是搞好宏观经济预测,如不断提高经济计量模型分析的质量。

执行时滞,即从政府经济政策决策开始,到政策制定、落实、执行之间的时间差距。这种时滞一般也会长达数月之久,主要是政府既定的

----

① 例如,政府对某些国营、私营企业的对外债务进行担保活动,如果后者到期不能偿还债务,政府就要替它们偿还。其结果无非是把这种风险带来的福利损失转嫁给其他国民。从这个意义上讲,大量因道德风险引发的财政风险具有公共福利再分配的性质,但是这种再分配实际上是极不公平的。

立法程序、行政程序造成的。那么,克服这种时滞的办法就是简化有关立法、行政程序。不过,程序过度简化也会带来另外一些问题,如权力滥用、草率决策等。

效果时滞,即政府政策执行到实际可以观察到经济形势发生预期变化的时间长度。这种时滞至少要半年以上,因为政府财政收支的变化导致的乘数效应往往需要较长的时间才能反映出来。

货币政策时滞,即为了配合财政政策运用,政府调整货币政策所需要的时间,以及调整后货币政策实际与财政政策实现联合使用的时间。由于货币政策调整通常不须经过复杂的决策程序,所以货币政策时滞相对比较短,但是其与财政政策配合在时间上可能是不一致的,所以这种时滞往往也影响财政政策的实际效果。

各类时滞对政府财政政策运用产生的不利影响主要体现在三个方面:一是有关的政策调整制定出来以后,国民经济形势实际上已经发生了新的变化,致使推行调整后的政策失去意义。二是虽然国民经济形势实际上已经发生了新的变化,但是政府官员尚未有所察觉,致使继续推行调整后的经济政策,反而给经济发展带来负面影响。三是在缺乏微调系统情况下,国民经济形势的变化使得政府确定政策剂量变得更加困难。

本章所做的分析表明,在市场经济条件下,政府从事的宏观经济调控活动并非轻而易举之事。政府在制定与调整财政政策方面,不仅要以宏观经济理论的不断创新成果为依据,而且还要同时搞好信息分析、趋势预测、参数估计以及经验研究等重要工作。此外,在具体的政策运用方面,政府官员必须具备极其高超的操作技巧才能取得理想的政策效果。

所谓理想的政策效果也是相对的,因为商业周期是市场经济条件下的社会经济活动过程中必然发生的现象,无法依赖政府采取(包括财政政策在内的)各种经济政策使之消失。最好的经济政策至多也不过是相对延长商业周期的繁荣阶段(相对缩短商业周期的衰退阶段)而已。原因很简单,正如美国联邦储备局前主席格林斯潘于2001年6月的一次国会听政会上所说:"在最为理想状态下,财政政策与货币政策能否消灭商业周期？依我个人判断能力之所及,回答是否定的,因为没有什么手段可资利用以改变人的本性。通常人们倾向于对乐观主义和悲观主义做重复较量,而正是乐观主义和悲观主义一次又一次地产生或终止过度投机性。"①

第九章练习题

一、判断以下各陈述的正误

1. 现代政府在不同时期制定、推行不同财政政策的基本意图在于：为了实现国家既定的社会经济发展目标,或者为了适应国家社会经济发展的要求,更好地协调政府的有关财政经济活动以充分发挥现代财政的那些重要职能。（　　）

2. 财政政策与财政活动不同,前者是政府从事经济性活动的外在表现,而后者则是政府对其经济性活动实行有效管理的集中体现。财政政策通常可以发挥它的导向作用、协调作用和控制作用。（　　）

3. 政府变动其开支水平（G）就可以取得改变 IS 曲线位置的效果：扩大 G,使 IS 曲线向左移动；减少 G,使 IS 曲线向右移动。另外,只要特定财政政策能够直接地、间接地影响私人消费与私人投资,也同样可以取得改变 IS 曲线位置的效果。（　　）

4. 政府变动名义货币供给数量（Ms）就可以改变 LM 曲线的位置：扩大 Ms,使 LM 曲线向右移动；而减少 Ms,使 LM 曲线向左移动。通过一定的政策手段,如法定准备金率、公开市场业务、再贴现率以及窗口指导等,取得改变 LM 曲线位置的效果,是政府货币政策独自发挥,或配合财政政策共同发挥宏观经济稳定职能的重要保证。（　　）

5. 利用 IS—LM 模型,不仅可以解释宏观经济均衡（收入均衡与利率均衡）是如何被决定的经济原理,而且也可以解释政府财政政策、货币政策对宏观经济均衡如何产生影响作用的经济原理。（　　）

---

① 见 2002 年 9 月 28 日美国版《经济学家》杂志载文《未终结的衰退》。

6.在其他不变条件下,扩张性货币政策对宏观经济至少发生三种主要作用,即降低利率、提高物价和增加产出,而紧缩性货币政策则会产生提高利率、降低物价和减少产出的作用。(　　)

7.在经济社会中,资本投资规模、资本存量增长速度以及技术进步速度等是改变 AS 曲线的重要因素。(　　)

8.汇率(e)变动可以引起 BP 曲线的位置变动,一般情况下,e 下降,会使 BP 曲线向左移,表示贸易盈余扩大;而 e 上升,会使 BP 曲线向右移,表示贸易盈余减少。(　　)

9.财政政策时机的选择,并不会影响政策的实际效果。(　　)

10.由于货币政策调整通常不须经过复杂的决策程序,所以货币政策时滞相对比较短。(　　)

二、选择题(从以下各题所给答案中挑选出所有被认为是正确的答案)

1.当今时代,大多数国家政府都要对市场实行广泛的经济干预,即借助财政政策执行其宏观调控职能。财政政策之宏观经济调控目标是十分明确的:(　　)。

　A. 充分就业　　　　　　　B. 物价稳定
　C. 国民经济的长期增长　　D. 收入分配合理化
　E. 区域经济平衡发展

2.作为经济危机的先兆,经济衰退的主要表现是生产连续数月下降,私人投资大幅度减少,劳动失业剧增,进出口发生萎缩等。针对这类经济衰退,政府在宏观经济调控政策的选择方面,主要是采用以(　　)为特点的扩张性财政政策。

　A. 降低税收　　　　　　　B. 提高税收
　C. 扩大政府转移支付规模　D. 增加政府采购
　E. 减少政府采购

3.通货膨胀是一种货币现象,政府注意力应该主要地放在它的货币政策方面,各国政府也的确是这样做的。但是单凭货币政策治理通货膨胀,其效果往往不佳,因此还必须使用相同性质的、具有(　　)特点的紧缩性财政政策。

　A. 适度提高税率　　　　　　　B. 加强税收征管

C. 减少政府采购　　　　　D. 削减转移支付

4. 与政府扩张性或紧缩性财政政策的作用方向保持一致的"内在稳定器",是由(　　)组成的。

A. 累进制的个人所得税　　B. 累进制的公司所得税

C. 预算赤字

D. 按收入水平可调节的社会保险缴纳

E. 按照预设标准可自动改变的政府转移支付

5. 政府货币政策变动对市场利率变动的影响程度,具有如下特点:在其他不变情况下,(　　)。

A. 政府实行扩张性货币政策会使市场利率下降

B. 政府实行扩张性货币政策会使市场利率上升

C. 政府实行紧缩性货币政策会使市场利率下降

D. 政府实行紧缩性货币政策会使市场利率上升

E. 无论政府实行何种货币政策,市场利率保持不变

6. 财政政策之"挤出效应"的程度如何,理论上可以通过(　　)予以测定。

A. 私人消费对物价的反应程度

B. 私人投资对利率变动的反应程度

C. 社会货币需求对国民收入变化的反应程度

D. 社会货币需求对税率变化的反应程度

7. 开放经济且有政府介入条件下,经济社会的乘数效应大小,理论上可以通过(　　)予以测定。

A. 边际消费倾向　　　　　B. 边际投资倾向

C. 市场利率　　　　　　　D. 税收或边际税率

F. 边际进口倾向

8. 一般来说,财政政策运用过程中,政府行为产生的"时滞"主要有:(　　)。

A. 认识时滞　　　　　　　B. 决策时滞

C. 实验时滞　　　　　　　D. 执行时滞

E. 预测时滞　　　　　　　F. 货币政策时滞

9.内生性风险大部分是源于财政系统内部的各种不利因素引发的。这些因素主要包括:(　　)。

A.政府职能界定不清导致政府与市场关系不协调

B.社会解决欠发达问题

C.财政管理制度与专项管理制度不健全

D.国民素质问题

E.事前、事后财政监督不力

F.政府官员道德问题和职业技术问题

G.财政立法滞后且有关法规制定不尽合理

H.缺乏必要的公共决策过程

10.对于政府而言,规避财政风险的主要办法有:(　　)。

A.创立新型的政治技术以有效制止政府权力的不断增长

B.建立控制财政开支不断扩大的制度

C.建立更多的国有企业

D.在公共部门中建立竞争机制

E.增加财政实力以分担财政风险损失

三、思考题

1.简述财政政策的基本功能。

2.运用 IS—LM 模型,图解政府扩张性财政政策。

3.运用 IS—LM 模型,图解政府紧缩性货币政策。

4.试解释"内在稳定器"是如何发挥总需求稳定作用的。

5.如何运用财政及货币政策来治理通货膨胀问题?

6.考虑经济社会总需求和总供给的关系,为什么即使货币政策不变,扩张性财政政策也会对其发生紧缩性影响?

7.考虑经济社会总需求和总供给的关系,为什么即使财政政策不变,最初扩张性货币政策也会在以后某一时期在不同程度上发生紧缩性变化?

8.简要解释浮动汇率条件下,财政政策的效果。

9.简述影响财政政策效果的不确定因素。

10.简述影响财政政策效果的主要时滞及其特点。

第十章 公共财政的其他几个重要问题

本书以上各章,分别对公共财政理论与实践的核心问题,即财政职能、财政本质、政府预算、财政支出、国家税收以及财政政策等,进行了较为深入的研究。但是,对于那些希望更为全面把握现代公共财政理论框架与实践要点的普通读者来说,则有必要进一步研究本章内容涵盖的公共财政的其他一些重要问题,它们是各级政府财政关系问题、公债问题和政府治理问题。

一些国家的实践证明,政府妥善处理好这些问题不仅有助于提高公共资源的使用效率,改进财政政策的实施绩效,而且有助于改善公共监督的质量以使其在所有财政活动中坚持社会公平原则。

第一节 中央财政与地方财政

在大多数国家,公共财政活动的一个共同特点是,中央政府与各级地方政府要共同承担提供公共产品的责任,同时行使(履行)相应的财政权力(财政职能)。通常情况下,按照国情性质和财政经济规律要求,中央政府与地方政府在行使财政职能过程中既要各有侧重,也要互相配合,形成稳定的国家财政活动体系(财政管理体制)。一国各级政府间财权、事权划分得合理与否,不仅关系到它们相互关系的协调与否,而且关系到国家财政资源使用的有效性,后者直接影响国民经济发展的速度与质量。可见,科学地安排各级政府的财政关系具有重大的社会经济意义。

一、分权财政体制的一般特点

目前西方国家财政体制一般采取分权体制。财政分权体制的基本特征有二:一是按照国家有关法律,在中央政府、各级地方政府间合理地分配财政职权(财权与事权),并且通过法律途径协调各级政府之间的关系;二是各级地方政府,在宪法允许的范围内,根据地方法规独立地制定符合本地区经济形势、社会发展要求的地区性财政政策(开支政策和租税政策)。但是,各级地方政府的财政独立性只是相对的,它们不能脱离中央政府的控制和约束。以下以美国的财政管理体制为例,总结分权财政管理体制的主要特点。

美国是由50个州组成的联邦制国家,州政府以下有8万多个地方政府机构。与这种政治体制相适应,美国实行联邦、州、地方三级政府相对独立的财政管理体制。三级政府各有各自的财政收入来源和支出权限,即权力与责任明确划分,各有侧重,是一种典型的财政联邦主义。

从财政收入方面看,三级政府在税收征管上有一些重叠之处,除了关税完全由联邦政府征管外,其他主要税种,如个人所得税、公司所得税、工薪税、财产税、特种消费税等大多由两级或三级政府交叉征管。但是在征管过程中,三级政府对税源的划分有所侧重:个人所得税、公司所得税、工薪税主要归联邦政府征收,而国内货物税、财产税、遗产税等则主要由州与地方政府征管。

在财政支出方面,三级政府的分工也比较明确。联邦政府的支出主要用于加强国防、开展对外关系,以及发展全国性福利事业;州政府的支出主要用于本州的社会福利事业,如支持高等教育、修建公共福利设施等;地方政府的支出主要用于发展初级教育、维持社区治安等。

从发展情况来看,美国财政权有向联邦政府一级集中的趋势,尤其是在财政收入方面。美国联邦政府通常情况下集中了国内财政收入的较大部分,往往超出其实际开支的需要。所以,在联邦政府的财政开支安排上,有很大一部分财政收入要通过各种方式转移给下级政府使用,形成一套自上而下的财政补贴制度。

美国的财政管理体制具有以下几个特点:

　　第一,美国的分级财政制度是以联邦政府、州政府和地方政府的事权划分为基础的,而各级政府间的事权划分又是以明确法律规定为依据的。在各级政府事权划分明确条件下,美国各级政府又划分了财权,并以合理划分税种与规范化财政补贴制度为其保障。这样,美国分级财政制度的明确性与法制化使得全国财政收支活动得以规范化且具有相当的可预见性,在很大程度上预防了各级政府财政收支活动中可能出现的主观随意性。

　　第二,地方政府(州与地方政府)在财政活动中有一定的自主权。州政府可以依据法律,根据本地具体情况建立或废除地方税种,规定地方税税率,可以发行地方公债,以及制定职权范围以内的各项经济和财政政策、法规等,只要这些政策、法规不与上级政府的政策、法规相冲突。因此,美国地方政府财政活动在全美财政活动中占有突出重要的地位。

　　第三,随着国民经济的发展,联邦政府和地方政府财政责任不断扩大的同时,联邦政府的主导作用不断得以加强。联邦政府主导作用不断加强主要是因为:(1)人们愈发认识到,经济增长与稳定就业,其重要性并不亚于国际与国家安全,所以联邦政府的职能必须扩大,以对全国的经济生活进行统一的政策安排和指导。(2)一些原先属于地方政府处理的社会经济事务变得日益复杂,为此联邦政府不得不接管地方政府的某些财政事权以进行统一领导,集中管理。

　　第四,在美国财政管理体制中,联邦政府与地方政府的关系不仅仅是一般意义上的上下级政府关系,更是一种独特的合作关系。因为在这种合作中体现着制衡原则:(1)联邦政府职能的重大变动或调整,必须通过特定的立法过程并得到法律上的认可才能进行,新立法一旦超过了原宪法的规定,就要首先制订宪法修正案,而修正宪法又必须得到3/4 以上的州立法机构的同意才行。[①] (2)联邦政府制定的各类经济政策,在得不到具体法律体现之前并不具有强制性,这是因为代表各地

---

　　① 例如,1913 年 2 月 25 日,美国国会批准了《宪法第十六修正案》,此后才正式确认联邦政府有课征个人所得税的权力。

利益的国会议员有权否决政府首脑提出的计划、建议、政策方案。(3)上级政府与下级政府的财政关系除了通过政治手段维持以外,主要的还要通过经济手段来维持,其中最重要的经济手段是财政补贴制度。国会通过法律保证地方政府得到联邦政府下拨的各种形式的财政补贴,联邦政府则有权具体规划补贴数量、分配方式,而地方政府则在财政补贴使用上享有较大的决策权。

上述美国分权财政体制的主要特点,在其他西方国家都可观察到,只不过程度有别而已。

二、财政分权理论

马斯格雷夫认为,现代国家公共产品提供职能应该主要地由各级地方政府执行,而收入分配职能和经济稳定职能则应由中央政府执行。各国政府的实践证明,上述认识大体是正确的。不过,各国政府的实践活动也说明,即使按照上述认识协调各级政府关系,在履行各财政职能方面,各级政府事权、财权、责任、义务等的划分也具有相当的复杂性。

在公共物品提供方面,那些在全国范围内普遍使用的、具有统一质量标准的公共物品最好由中央政府提供;而那些具有多样化要求的公共物品最好由地方政府提供。因为如果中央政府为地方政府提供具有多样化特点的公共物品,就要付出更高的信息成本,在经济上是不合算的。由于人们可以在国内各地自由迁移,各地区间存在税收竞争,这些都为人们对公共物品的偏好显示提供了低成本条件,即为地方政府在提供公共物品时收集信息创造了方便条件,也使得地方政府在公共物品提供上尽量做到收益与成本相匹配。分权化的公共物品提供也为政治决策结构更好地适应选民要求创造了条件。鉴于税收竞争的存在,各地方政府必须注意解决政府机构膨胀问题,因为政府的收入最大化趋势只有依靠税收竞争方式予以解决。

地方政府执行收入再分配职能有一定的困难,因为不统一的收入分配政策会导致收入再分配程度低的地区的居民迁移到收入再分配程度高的地区,导致后者最终无力支持原有的收入再分配政策。相比之下,由中央政府统一制定收入再分配政策,则效率更高。不过,在这方面,由地方政府执行中央政府制定的统一的收入再分配政策,执行成本会较低。

让地方政府推行经济稳定职能的缺点主要在于:(1)在小而开放的地区经济环境,地方政府制定并推行需求管理政策往往是低效率的。(2)难以协调的地区货币政策,往往带有极大的通货膨胀风险。(3)由于资本市场的高度统一性,地区债务政策往往会给国家经济带来极大的冲击。(4)地方政府推行独立的需求管理政策会导致产生新的冲击,并且会直接影响周边地区的经济稳定。

据此,人们似乎在中央政府唯一地行使经济稳定职能方面取得了共识。但是,也有一些经济学家认为,有许多经济冲击在各地区是不对称的,统一的需求管理政策往往不能考虑到具体地区的经济差异所具有的特殊要求。因此,在货币政策工具掌握在中央银行手中的情况下,地区宏观经济政策还应该具有财政性质。

三、地方政府负责提供主要公共物品的经济合理性

与私人产品相对的公共产品,虽然普遍地具有非排他性与非竞争性消费性质,但是公共产品的实际受益范围则因具体产品的差异而大小有别。前一特性决定了政府(从而财政活动)存在的必要性,后一特性决定了不同级别政府(从而多级财政活动)存在的必要性。

公共产品和私人产品一样,对其使用要支付成本,但这个成本不是个人支付而是共同使用者支付的。那么,公共产品的成本分担原则就应该是:属于全国公民共同受益的公共产品,如与国防、外交、宇宙开发等有关的公共产品,其成本应该由全国人民共同承担;属于地方居民受益的公共产品(即所谓的"准公共产品"),如与地方福利事业、地方教育、社区环境改造、社区消防等有关的公共产品,其成本应该由地方居民承担;同类公共产品受益范围不同时,其成本也应该按上述原则分别

处理①。公共产品受益范围局限在哪级政府的管理范围内,就应由哪级政府财政负责提供,这从经济角度来看是合理的。以下一些理由表明,只有这样做才有可能保证社会全部财政资源的有效利用。

第一,公共产品提供多少,原则上是公共产品的受益者决定的。然而,国民到底需要多少公共产品取决于他们对其边际成本与边际收益的对比。当人们认为公共产品的边际成本小于其边际收益时,往往会增加对公共产品的需求;而在认为公共产品的边际成本大于其边际收益时,也往往会减少对公共产品的需求。假如一切公共产品都由中央政府提供,那么离某一社会群体越远的公共产品,人们越倾向于认为它的边际收益小于其边际成本,于是要求减少甚至抵制这类公共产品的提供。反之,离这一社会群体越近的公共产品,人们则越倾向于认为它的边际成本小于其边际收益,于是要求增加对这类公共产品的提供。这样,无论哪种情况都会造成公共产品的提供与社会实际需求不相符合的问题,最终导致或是社会福利损失,或是财政资源浪费。根据这种情况,除了少数全社会成员共同受益的公共产品应由中央政府提供以外,其他公共产品采取分级政府提供的方法,一般会更有效地克服上述缺陷。这是因为,各级地方政府往往能够比中央政府更好地了解地区居民对不同公共产品的收益状况,可以更经济地平衡公共产品的成本与收益。

第二,公共产品的分级政府提供可以提高国家全部财政资源的总的社会效用。这里,社会效用是指人们对于使用某一公共产品或享受某种公共劳务时得到的满足程度。不过,这种满足程度除了受公共产品成本与人们的支付能力影响外,还受政治、文化、习俗、传统、嗜好等因素影响。这些因素造成不同阶层的社会成员(社会群体)在公共产品的需求上不仅有数量上的差别,而且存在着质量以及结构上的差别。

---

① 例如,美国大约有 50 多万人从事警察工作,其中 5 万人服务于州政府,45 万人服务于地方政府,只有极少数人服务于联邦政府,这些公共劳务的成本也要按照特殊处理方法分摊到受益者身上。这也是同一国民要对联邦政府、州政府、地方政府分别纳税的一个主要原因。

由于各地方政府是在相对较小的范围内负责公共产品的提供,可以最大限度地了解当地居民对公共产品的需求偏好,能够对所负责提供的公共产品在数量、质量、结构上进行综合考虑,统筹安排,以最大限度地促进财政资源的有效利用。另外,财政资源的有效利用既是政府优化财政资源配置的具体表现,也是政府有效进行国民经济宏观调控的前提条件。

四、财政分权管理体制中政府间的收入分配

就当今世界发达国家的实践看,实行财政分权管理体制(财政联邦主义)最重要的环节在于做好财政收入分配安排。一般情况下,做好收入分配工作必须注意解决好如下问题:各级政府间如何选择税收种类?如何确定税基? 如何确定税率? 怎样管理税收? 这些问题最终涉及各级政府在国家总税收中各自应该获得多少收入,以及应该怎样获得这些收入。各国对上述问题的处理方式不同,于是出现了不同的收入分配形式。

第一种形式是,赋予地方政府独立的税收立法权与管理权。这是财政分权管理体制(财政联邦主义)形式下,地方政府自治程度最高的一种形式。美国就是采取这种形式的国家之一。在这种形式下,地方政府可以自行制定税收政策,决定税率,并进行税政管理。其缺点是,增加了国家税务管理的复杂性,也带来一些不必要的社会成本,如税收立法、重复性税收管理的社会成本。

第二种形式是,由中央政府确定地方税种划分,地方政府决定税率。这种形式减少了地方政府的立法成本和一些税政管理成本。具体执行有两种形式:一是地方政府按照中央政府的规定自行收税;二是中央政府代收,然后转移给地方政府。加拿大在所得税征管上就采取了这种形式。

第三种形式是,税收与税率均由中央政府决定,税政管理也由中央政府负责,然后按照一定的规则由各级政府分享。这种形式的财政联邦主义实际上使得地方政府只有开支权,而无税收权,其地方自治程度低于前两种形式。在强调国家高度统一,而较少强调地方自治的国家,

如德国,就采取这样的财政联邦主义形式。

一般而言,第二种形式与第三种形式的主要异同在于:两种情况下,都是由中央政府决定国家税基,纳税人执行一个税法,服从于统一的税收当局。但在第二种形式下,税基按照地区划分,地方政府只对自己管辖的税基确定税率并取得相应的收入;而在第三种形式下,统一税率必须执行,税收收入则按照不同地区的税基份额进行分配。

财政分权管理体制在理论上除了要求合理划分各级政府事权(财政职能的具体体现)和同样合理地划分相应的财权外,还要求注意地方政府税收管理体制建设问题。通常来讲,国家税制建设要尽量符合“公平”、“明确”、“简便”、“效率”原则。但是,地方政府的税制建设还应该具有额外一些特点:(1)它应该体现地方政策决策者的会计责任制原则,即兼顾民主决策与经济效率情况下,尽量保证地方税收负担不发生输出性。(2)它应该尽量服从税收负担分配的利益原则,对于地方政府来说,如果真正地在公共物品提供上确立税收与自愿支付的联系,个人与集体的福利都会得到改善。(3)由于各地方政府在税收之间存在着水平竞争,地方政府的税基具有更大的流动性,因此地方性税收更应该体现中性原则,尽量避免对地方经济活动产生扭曲性影响。

就一些市场经济发达国家的税制建设看,在具体税种划分上,所得税、利润税、消费税、关税、自然资源税、财富税等,因其税基的广泛性,往往由中央政府管理。这些税种或是实行累进制,或是税率较高,这就保证了在公平前提下,中央政府可以取得稳定的收入,来执行它的收入再分配政策和宏观经济稳定政策。但是,为了满足地方政府收入要求,各国一般允许地方政府课征财产税、地方所得税、地方销售税。对于地方政府来说,最适税基的税收为财产税,其往往成为地方政府财政开支的剩余收入来源①。不过,财产税对于地方政府收入取得仅具有限意义,而且管理工作比较繁杂,有效管理的难度也较大。

---

① 地方财产税之所以成为地方政府“剩余收入来源”,是因为地方政府,尤其是基层政府在各项财政收入无法与其财政开支平衡情况下,只好每年根据预算收支差额调整地方财产税税率以最终实现财政收支平衡。

　　大多数情况下,地方政府难以取得满意的收入规模以满足其开支要求。这时,上一级政府对下一级政府的转移支付就成为必要。这种按照合适的形式自上向下转移的财政收入,有助于帮助地方政府不受其税收能力限制而完成公共物品提供活动。政府间的财政转移支付通常采取两种形式:收入分享和财政补贴。收入分享与财政补贴在某种意义上具有相互替代性,但二者的作用机制不尽相同:收入分享一旦按照某种标准确定下来,就要自动划拨给下级政府,其使用一般不受上级政府控制,等同于下级政府自己的收入;而财政补贴往往受到上级政府的管理,在规模、拨付时间、使用方向上都有比较严格的控制。对于上级政府来说,它们愿意以财政补贴替代收入分享,以便按照需要进行调整;对于下级政府而言,它们则愿意以收入分享取代财政补贴,因它们对收入分享资金具有灵活使用的权力。实际上,由于法律的规定,两种转移支付都要存在,以达到不同财政目标——收入分享主要用于解决地区间财政能力不平衡问题,而财政补贴则可以迫使地方政府协助中央政府实现更为广泛的经济目标。

五、财政分权管理体制与宏观经济调控

　　在分权的财政管理体制下,财政职能的具体实施往往要靠各级政府分别承担相应的责任才能完成。就资源配置职能而言,大部分被用于公共消费的公共产品,要依靠中央以下各级政府来提供。这通常是更有效地弥补由于市场失灵造成的社会资源非效率配置的办法,原因如前面有关内容所述。就收入分配职能而言,该职能的具体实施中央政府应负主要责任。这不仅是因为,中央政府掌握着最重要的财政收入来源(一般是个人所得税、公司所得税、社会保险交纳等),在统一的收入再分配政策下进行的大规模转移支付必须由中央政府预算管理;更重要的原因还在于,人口在地区间的迁移,使地方政府从事的小范围的收入分配活动往往起不到促进地方经济发展的作用,而中央政府从事的全国性的收入分配活动,相对来说,在解决贫困问题上,在平衡地区经济发展上,效果会更好一些。所以,各级地方政府从事的收入分配活动只能是小规模的、辅助性的。至于稳定经济职能,即政府通过对开

支、税收、公债的调整以及制定相应的财政政策来影响社会总需求、总供给,以希望借此减弱商业周期的波动从而促使国民经济稳定发展,这个职能也主要是由中央政府履行的。一方面,所得税变动对经济社会的总需求、总供给有最直接、最显著的影响;另一方面,也只有中央政府可以充分利用公共投资的乘数效应,来改变经济社会的总需求、总供给变化方向及强度。这是因为利用乘数效应进行经济调控须具备的一个基本条件是,经济环境基本上是封闭的,而各级地方政府的经济环境相对于全国来说却是开放的,所以即使地方政府的某些财政开支能够产生乘数效应,也是比较微弱的。

各级政府的财政活动在履行国家财政职能方面各有侧重,不仅符合经济规律的客观要求,有利于充分发挥各级政府在财政活动中的优势,而且分权体制下的财政活动还在不同程度上减缓了三大职能在实际实施中的某些冲突,增强了财政活动对国民经济的影响作用。

第一,政府能否有效提供公共产品直接影响着国民经济的健康发展,如公共基础设施短缺会影响整个经济社会的资本边际生产率;而教育等公共福利事业的落后也会影响劳动力质量,从而影响这一生产要素的边际生产率。当然,直接影响国民经济健康发展的另一重要因素是社会总需求变动,总需求不足时经济就要处于衰退、萧条状态,而总需求过旺时便会引发通货膨胀问题。那么,解决公共产品的有效提供和平衡社会总需求问题的主要方法是适时地调整国内税收政策。可是,税收调整对二者的影响作用却是不同的:在国民经济衰退时应该减税以刺激社会总需求上升,而减税必然减少政府收入,影响政府对公共产品的有效提供,在公共产品提供不足时,国民经济也难以恢复。相反,在国民经济出现通货膨胀时应该增税以压低社会总需求,而增税提高政府收入,在提高政府购买力的同时,也使通货膨胀变得更加难以控制。[①] 这就是财政资源配置与稳定经济职能之间的冲突。分权体制下的财政活动,虽然不能完全消除这种冲突,但却可以减弱冲突的强度。

---

① 这种情况较为少见,因为如果政府预算已经积累了一定规模的财政赤字,增税引起的收入增加可以用于弥补以往的赤字,而不会全部形成政府追加的购买力。

如果大量直接影响国民经济发展的公共产品主要由地方政府提供（如教育、医疗卫生等公共福利事业），而这些公共产品的开支又大部分来自地方税收，那么中央政府进行的所得税调整，其影响作用则可能大部分局限在私人产品消费方面，而不会直接影响公共产品的提供。这便有可能在一定程度上缓和上述职能间的冲突，使政府宏观经济调控活动免于对其公共产品供给产生周期性影响，也免于破坏维持私人经济活动稳定进行的条件。

第二，西方学者认为财政收入分配职能在相当程度上限制了私人投资活动，该职能本质上与经济稳定职能相冲突。其理由是，在私有财产制度下，私人投资主要由高收入者来承担，在政府实行累进所得税制和日益增加转移支付的情况下，由高收入者手中转移到低收入者手中的货币收入不断增加，一方面增加了社会总需求，另一方面却减少了私人投资，其结果是供给赶不上需求，导致通货膨胀发生。实际上，即使上述政府财政职能间存在着这种冲突，也不像某些西方学者想象的那样严重。除了高收入者可以采取各种避税、逃税方法以减轻税负担外，分权财政管理体制下的分税制度也在某些程度上削弱了这一冲突。虽然中央政府的个人所得税、公司所得税有抑制高收入者的私人投资效应，但构成地方政府财政收入主要税源的一般销售税、货物税等，往往具有一定的累退性，降低了国家总体税制的累进程度。此外，一般销售税、货物税等只在零售环节征收，由于大多数资本品不经过零售环节，所以地方税收一般不会提高资本品价格，这对高收入者进行私人投资也是有利的。

第三，在大多数国家，公债管理成为中央政府宏观经济控制的一个财政工具。它可以根据国民经济的发展状况，调整公债利率、结构和数量，从而影响社会总需求和总供给。但是中央政府的公债一旦为中央银行所持有，就有可能转化为货币发行，这种公债货币化问题往往增加了中央政府债务管理的难度。然而，在财政分权管理体制下，允许地方政府根据需要发行地方政府公债，不仅可以减轻中央政府对地方政府财政援助的负担，缩小中央政府的公债发行规模，而且可以有效控制公债货币化现象。例如，美国各级地方政府发行的公债占该国政府全部公债数额的 1/3,同时另有大约 9% 的联邦政府公债为地方政府所持有,可以说,此种公债结构在相当程度上减轻了联邦公债货币化的压力。

综上所述,可以看出,当代政府财政活动不仅是为了提供公共产品,其更重要的作用,即宏观经济调控作用,是借助它超越私人经济部门的权力,将私人经济纳入全体经济的体系内,经由引导、调节,甚至管制,以使国民经济能够经常性地处于平衡发展状态。但是,这种宏观经济调控作用,往往要通过多级政府财政活动的积极配合、协调一致才能充分发挥出来。

六、充分发挥市场机制作用的财政分权管理体制

20 世纪 90 年代以来的有关经济理论认为,各级、各类政府之间进行商业式竞争,在一定限度内将会更好地促进社会经济福利的增长。其理论依据是:(1)实行自治程度较高的财政分权管理体制(财政联邦主义),更多的财政义务实际上被下放到各级地方政府,就会明显地减少中央政府的财政压力,减少其利用货币权力,通过货币体系,为其财政活动融资的需求。(2)在实行自治程度较高的财政分权管理体制(财政联邦主义)情况下,能够进一步加强各级政府的预算约束。(3)加强同级政府间、不同级政府间的商业式经济竞争,只要这种竞争突出表现在税收活动和市场管理方面,就可以有效地改善资源配置状态,提高经济生活的福利。

上述自治程度较高的财政分权管理体制(财政联邦主义)被称为市场导向型财政联邦主义。巴里·温格斯特指出:市场导向型的财政联邦主义限制了政治体制蚕食市场的程度。……它在给中央政府经济决策过程设置限制的同时,也诱导了较低级政权组织之间的竞争。……历史上,世界最富有的国家(如 16、17 世纪的荷兰,18 世纪的英国,19

世纪中期以后的美国)在其经济增长方面无不得益于这种制度。[①]

　　在发达国家,企业的预算约束则属于财务硬约束。但对于政府而言,只要它能够打破税收限制,或者能够通过借款筹集经常性财政开支,它的预算约束实际上就属于软性化的。如何做到各级政府财政硬约束,按照巴里·温格斯特的看法,以下四个条件是必要的:(1)通过宪法规定政府不能依靠借款来筹集经常项目开支。在不破坏该条件情况下,自行清偿的资本项目开支还是可以通过政府债务形式筹集的。(2)各级政府间收入分享与具有平等化性质的财政补贴应该取消,或者受到严格限制。(3)不允许对物资、商务活动、厂商、人员与资本的跨行政区划流动,给予任何限制。(4)不允许对各行政区划政府间的税收竞争进行限制,也不能对政府间为吸引物资、商务活动、厂商、人员与资本进入而安排的财政开支给予限制。

　　对于各地方政府之间进行(水平的)竞争来说,(3)与(4)两个条件是可以起到保障作用的。但是作为政府的财政硬约束,还需要坚持(1)、(2)条件。同时,(1)、(2)两个条件也是保障地方政府间进行有效竞争的充分条件,因为没有(1)、(2)条件,某些地方政府仍然可以处于财政软约束状态,从而使各类政府间的竞争变得不公平。

　　允许政府间进行市场化竞争,保持政府财政硬约束,对经济社会的长期福利增长具有重要意义。公共选择理论认为,政治家普遍是近视的,为了赢得选民的支持,他们通常会,也愿意通过政府债务来筹集资金以提供更多的公共物品。他们往往不大考虑政府债务对后代人的福利影响。另外,政治家掌握着货币权、税收权,为了提供更多的公共物品,即使不能通过债务方式取得必要的财政收入,也可以依靠专断的税收方式取得;为了进行收入分配,也可以强行对某些人课税,然后通过财政转移支付来补贴另外一些人。在市场化竞争与财政硬约束条件下,特别是地方政府的政治家、官员的短视行为可以在相当程度上受到

---

　　① 参见罗纳德·麦金农的 Market-Preserving Fiscal Federalizmin the American Monetary Union. 载《公共财政的宏观经济考虑》一书。Macroeconomic Dimensions of Public Finance, Edited by Mario I. Blejer & Teresa Ter—Minassian , 1997.

控制。

　　当然,经济学家更主要地强调这种竞争带来的经济效益的改善和对国民福利的改善。例如,在美国各州都可以课征零售税的情况下①,各州之间的竞争导致这种税率大体保持在 5％ 的水平,跨州购物现象基本不存在。较低的税率相应提高了公民的经济福利,也使税收的扭曲效应大为降低。当然,国民还可以通过邮政购物形式,把税率较低州的商品购买过来。又如,在吸引生产厂商方面,税收竞争通常也会减低厂商的生产成本。20 世纪 90 年代初,英特尔公司将其业务扩展到加州以外(如新墨西哥州),使其节约了可观的税款。再如,鉴于加州卫生保险税较高,许多厂商外迁,造成加州在 20 世纪 90 年代初损失了 10 万余个劳动就业机会。但是,这些厂商却因此在每个雇员身上节约了 8000 美元的社会保障开支。

　　七、政府间财政转移支付制度

　　所谓政府间财政转移支付,俗称政府间财政补贴,就是各上级政府对各下级政府所进行的财政援助。有关援助资金按特定的立法程序在特定的时期内列入受援政府各自的财政预算。在某种意义上讲,政府间的财政转移支付是一种经济杠杆。因为除了具有一些特定的功能外,任何一种形式的转移支付在划拨上和使用上都不是绝对没有限制的。通过财政转移支付的特定功能作用和某些限制条件,各上级政府可以用来约束、诱导、干预各下级政府的财政活动,使其改变原先的决策顺序,以保证各下级政府在不致削弱自身利益的情况下优先选择执行各上级政府的政策。

　　在分权财政管理体制下,"财政转移支付"可以发挥多种功能作用:

　　第一,实行财政转移支付制度有助于抑制各级政府在政治、经济等方面的决策活动中产生严重分裂倾向。由于财政转移支付都是控制在各上级政府手中,这就为上级政府相应约束各下级政府的决策活动提

　　① 奢侈品税和关税统一掌握在联邦政府手中,这主要是考虑到在关税等方面的竞争可能给国家外贸带来负面影响。

供了一种物质力量。通过调整各类财政转移支付项目的数量、附加或删减使用条件、增加或减少补贴项目等手段，各上级政府就可以在不同程度上影响、左右各下级政府的财政经济活动。另外，经济活动中存在着许多不确定因素的影响，决定了政府实际上不可能实行一套有计划的、前后一贯的政策来处理经济问题，那么政府只好采取相机抉择、灵活机动的方式行使有关的政治、经济权力，财政转移支付制度正好具有这种灵活性好、机动性强的特点，于是成为各上级政府能够自由使用并有针对性地解决具体问题的有效政策工具。

第二，一般情况下，人们只能大概地规定各级政府的财政权限，而无法准确地界定各级政府之间的财政权力、财政责任。此外，各级政府间的财政权限还要按照经济发展的内在要求和执行特定经济政策的客观要求而有所变动，如增加某一决策领域的权力，或者减少另一决策领域内的权力，如此等等，即客观上存在着各级政府财权、事权再划定问题。各级政府之间权力分配与再分配是任何类型国家都面临的难题，它既是政治问题，又是经济问题。在人们能够找到更好的事务处理方法之前，为解决该问题而实行财政转移支付制度可能是有效的。因为各级政府权力大小，主要取决于它们实际所能支配的财政资源的数量，通过财政转移支付制度来调整各级政府的财政收入，往往可以间接地调节各级政府行使财权的能力。借助财政转移支付制度，来不断满足经济发展变化对各级政府提出的权力调整的要求，可以在一定时期内，一定程度上稳定国家的财政关系，减少财政体制变动带来的负面影响。

第三，通过各种形式的财政转移支付，尤其是那些限制条件较少的财政转移支付，有利于加强各下级政府的经济决策能力，有助于提高各下级政府执行各上级政府政策的主动性。财政转移支付在促进国家政策地区化过程中，鼓励各下级政府通过不同程序、不同方式进行政策实验，即允许各下级政府根据本地区情况采取不同方式，通过不同途径来执行国家政策。这里主要是强调政策的执行，而不是强调执行方式的统一。这样，财政转移支付做法可能有利于国家在总体上节约政策执行的成本。此外，通过各种形式的财政转移支付，还有助于国民对政府的"钱"（实际为纳税人的钱）在使用方面实行更为有效的监督。因为国民赋税越是在基层使用,相应的监督活动就越直接,其监督成本就越小。

第四,任何形式的财政转移支付都会在实施过程中产生如下几种效应:(1)收入效应。财政转移支付实际上提高了各下级政府的财政收入,从而扩大了各下级政府的购买力。(2)价格效应。财政转移支付使各下级政府在提供公共产品时只支付部分成本,其余部分则由上级政府承担,实质上是另一种形式的收入效应。收入效应、价格效应在不提高地方税收,甚至减少地方税收的同时,都起到了提高各下级政府对公共产品供应能力的作用。(3)财政效应。用途较窄的财政转移支付可以刺激各下级政府按照各上级政府要求,来调节公共产品的供给数量、供给结构,起到调节各下级政府财政开支规模、财政开支结构的作用。(4)政治效应。无论保守主义者,还是自由主义者都认为,按照法律程序制定的财政转移支付制度不仅加强了各上级政府对各下级政府的政策导向作用,而且也加强了各下级政府对各上级政府滥用权力和采取行动的抑制能力。事实上,各级政府间的权力分配、再分配,也有赖于财政转移支付的这一效应。

第五,上述财政转移支付发挥的各种功能、诸种效应,既是财政转移支付这一经济杠杆作用机制的具体体现,也是各上级政府设计不同形式财政转移支付的基本参考依据,还是评价某种财政转移支付执行效果的参考依据。不难看出,科学、合理的财政转移支付制度,最终有利于各级政府协调一致地推行特定的经济政策和社会政策。

就是因为财政转移支付具有上述一些重要的经济功能,在发达国家中才得以广泛使用,并日益受到各级政府的极大重视,以至目前它已成为维系分权财政管理体制下的各级政府财政活动平稳进行,协调发展的主要力量。按照各种财政转移支付的基本性质划分,大体可以分为三种类型。

第一,定项补贴(Categorical Grants)。这是一种用途较窄、限制条件较多、具有专款专用性质的财政转移支付,通常附有比较严格的使用规定,如申请条件、使用条件以及配比率的规定等。这类补贴最适合上级政府用来诱导各有关下级政府,为实现那些国家最迫切实现的政治、经济目标做出努力。这类补贴通常能够使上、下级政府均受益,并且随时都可以据国家利益与经济形势的变化建立或取消。其可能存在的缺点是,有些情况下这类财政转移支付难以得到各下级政府的足够支持,而且管理活动复杂。有些经济学家认为,这类补贴过多实际上是削弱了财政分权制度。

　　第二,一揽子补贴(Block Grants)。这类补贴一般是上级政府在特殊领域,如卫生、教育、城市改造等方面给予各下级政府的,具有财政援助性质的补贴。一揽子补贴的使用范围往往大于定项补贴,并且使用条件、限制条件较少,各下级政府可以在较为宽泛的使用范围内,根据本地情况自由使用补贴资金。换言之,对于这类补贴,在规定的使用范围内上级政府不对具体使用项目和各个项目的使用比例加以详细规定,地方政府有自行安排的权力。这类补贴的作用是协助各级政府完成主要领域内的全国性政策目标,克服地区发展不平衡问题。虽然对该类补贴各上级政府的控制能力相对减弱,但亦拥有监督使用的权力。此外,在补贴资金的使用过程中,各上级政府还要负责为各下级政府提供有关的经济信息,给予必要的技术指导,估计补贴资金的使用效率,提出改善资金使用的方案,以及协助下级政府解决使用中可能出现的各种问题。如有必要,上级政府也可以为此类补贴确定资金配比率和规定使用条例。

　　第三,收入分享(Revenue Sharing)。收入分享是一种具有纯粹再分配性质的财政转移支付,对此各上级政府既不做使用条件的规定,也无资金配比率规定,各下级政府可以依据各自的具体情况自由使用。制定政府间收入分享制度的主要目的在于加强各下级政府财政能力,具有较强的财政效应、收入效应;另外还由于它加强了地方的决策能力,也可以认为还会发生政治效应。根据国际上现有的经验,这类转移支付有两个基本模式:一是自上而下的"纵向财政资金转移模式",一般为上级政府对下级政府进行的用于平衡下级政府预算收支的财政拨款。鉴于财政拨款的具体数量因同一级次各政府组织的财政状况不同而有所差别,这种纵向财政资金转移客观上还具有有助于平衡同一级次各政府组织财力的作用,即有助于均等化同一级各政府组织的财政地位,抑制地区间社会经济差距过大与不平衡发展等问题,体现为另一种意义上的社会公平。二是同级政府组织之间的"横向财政资金转移模式",一般表现为财力富裕的政府组织自愿向财力不足的政府组织进行财政资金转移,也叫"兄弟互助型收入分享模式"。当然,如果是出于上级政府组织的强制性要求,此类财政资金转移则有"劫富济贫"之嫌。目前,各国政府实行的收入分享计划大多数采取了"纵向财政资金转移模式",该模式的主要优点表现在上级政府掌握主动权,下级政府对上级政府有一定的依赖性,便于上级政府从全局的角度考虑各项政策的贯彻落实,而且补助的数额较有弹性,上级政府可以根据本身的财政状况对补助的总额进行调整。

　　总而言之,财政转移支付的设计与执行是一项极为复杂的工作,特定的财政转移支付能否发挥积极作用,能否取得令人满意的经济和政治效果,主要取决于上级政府的财政活动能力,包括信息收集、处理能力,准确了解各下级政府偏好的能力,以及预算及财务管理能力等。当然,有效的财政转移支付制度及其正常运作,还有赖于各下级政府对上级政府经济政策的充分理解和在行动上的积极配合。

第二节　公共债务与赤字管理

　　过去几十年里,许多国家政府在促进国民经济稳步发展和社会进步方面的一个重要经验表明,现代财政政策(以年度收支不平衡为主要特点之一的审慎财政政策)绝对地发挥了为其他类型经济政策所无法替代的积极作用。不过,也存在着许多问题,特别是在最近几十年里,政府规模不断扩大、公共开支(尤其是福利开支)大幅上升、财政赤字长期居高不下等问题普遍地存在于发达国家和发展中国家。这在客观上给公共财政理论研究增加了一个新课题,就是在宏观经济调控过程中政府如何处理好财政收支格局、预算赤字与公共债务的关系。

　　鉴于政府能否妥善处理公债、赤字等事宜,常常关系到其财政活动、财政政策的实际效果,本节专门研究政府公债和赤字管理问题。

一、公债的概念与基本特点

公债,又称国债,是以政府自身的信用为基础,通过证券发行的形式,与其国民建立的还本付息的债务关系。政府发行国债的主要原因是为了弥补由各种原因造成的开支大于收入的差额,即财政赤字。另外,为了加强公共设施投资,政府也可以采用发行国债办法获得追加资金。

一般来说,公债具有以下一些特点:

第一,公债的偿还一般要以税收为基础,即通常情况下公债利息负担是由纳税人承担的。但是相当一部分纳税人没有认购政府公债的能力,他们在不能获得公债利息补偿条件下也要承担税负,就使得公债利息负担的分配有失公平。所以,政府发行的公债具有国民收入再分配性质。

第二,虽然公债偿还往往以税收为基础,但是政府可以在不提高税率的情况下来偿还它的债务。因为如果公债资金运用得当,有效地提高了国民收入和财政收入,那么政府也可能在实际上不增加国民税收负担(不变动税率,甚至降低税率)的情况下偿还其公债。

第三,政府的公债发行往往以自愿购买为原则,已发行的公债通常可以自由转让、出售,所以其流动性较大。

第四,公债不同于税收,政府在利用公债资金提供公共产品与劳务的过程中,并不减少私人财富的实际数量。

二、公债发生的经济条件与基本意义

公债得以产生的社会基础是近代市场经济条件下最终形成的商业社会状态,在这种社会状态中,经济发达使得国民逐步具有了一定程度的贷款能力,这种能力产生贷款意向。由于市场经济的典型特点是货币经济与信用经济高度发达,这种社会状态通常自发地产生借款的要求,同时也创造了借款的便利。

至于政府为什么可以通过自己的信用向其国民借款?亚当·斯密认为,这主要在于国民普遍地信任其政府。对政府公正、可靠的信任既是商业社会得以发展的基础,也是国民愿意向政府放贷的基础。斯密讲道:"任何国家,如果没有具备正规的司法行政制度,以致人民关于自己的财产权,不能感到安全,以致人民对于人们遵守契约的信任心,没有法律予以支持,以致人民设想政府未必经常地行使其权力,强制一切有支付能力者偿还债务,那么,那里的商业制造业,很少能够长久发达。大商人大工厂主,如平时信任政府,敢把财产委托政府保护,到了非常时候,就也敢把财产交给政府使用。……这样国家的政府,极易产生这样的信念,即在非常时候,人民有能力把钱借给它,而且愿意把钱交给它。"①换言之,政府按其财政信用程度决定额外财政开支(进而财政赤字)的规模,意味着政府在按其日益改善的信用程度和经济管理能力来使用社会私人资金。这是政府对国民经济发展充满信心的表现,也是国民充分信任其政府的表现。

现代财政理论认为,政府按经济规律尽可能地利用政府信用,理性地使用其国民的钱来推行合适的财政政策既是可能的,也是必要的。至于为什么现代政府常常选择通过财政信用方式维持一个在规模上不断扩大的财政开支,并且不可避免地使由此产生的财政赤字可能会在较长时期存在下去,最重要的理由之一就是政府必须积极参与、调控、管理国民经济增长过程。在此过程里,政府或是借助公债解决一些实际问题,或是出于降低宏观经济调控成本的考虑建立债务关系。例如,可以将发达国家政府对外债务的产生归结为三种原因:(1)发达国家最初的对外借入主要源于弥补国际收支中的"基本差额"的考虑,即经常账户出现赤字而必然发生的补偿性借款。(2)有些国家,其资本市场相对狭窄,按照真实市场收益率计算的外部借入的真实成本低于本币标价的国内借入成本。于是,外部借入发生。(3)为了稳定宏观经济而采取的一种"战略性"措施。特别是在国内通货膨胀压力较大时,增加政府外债借入会在一定程度上提高政府反通货膨胀政策的信誉。

---

① 亚当·斯密:《国民财富的性质和原因的研究》(下卷),商务印书馆,1996年,第474页。

三、公债的利弊分析

虽然值得信赖的政府可以向其国民告贷，但是不能以为在任何情况下政府借任何规模的款项都是合适的。按照斯密的看法，只有在战争继续的时期，举债制度才优于其他制度。这是因为人民普遍厌战，希望战争早日结束，只要政府有可能早日打赢战争，人民就会愿意借款给政府；另外，在战争期间，政府开支总比平时谨慎，不敢随便从事，而且为了迎合人民的愿望，政府也不敢拖延战事。

斯密反对政府在和平期间大量举债，因为这种行为会给经济社会带来种种弊端：

首先，一般情况下，如果政府预见向公众借款比较容易，久而久之，政府可能就会不再那么谨慎稳健、精简节约地处理公共事务了，而草率决策、铺张浪费最终会导致国民贡献的财政资源被无效使用。

其次，政府借款的偿还基础主要是税收，虽然在借款之初政府可能不提高，甚至降低税率，而在偿还出现困难时必然要提高税率，或者开征新税种。"……就是最贤明的政府，在税尽了一切适当课税对象以后，遇到紧急需要，也不得不采取不适当的捐税。"[1]

再次，斯密还认为，国家农业、制造业、商业的繁荣皆有赖于土地的良好状态与资本的良好经营，任何人，包括国家的债权人，对此均有一般利益。但是，实际上国家的债权人对土地的状况、资本经营的状况普遍不感兴趣，因为他们可以从政府那里获得收入，便无须关心这些了。就是说，国家债务的存在可能会使一些有土地、资本经营能力的人成为食利者，从而放弃对土地、资本的经营，最终对国民经济的发展不利。

最后，更坏的情况是，"当公债增大到某种程度时，公公道道地完全偿还了……几乎没有。国家收入上的负担，如果说曾经全然解除过，那就老是由倒账解除的，有时是明言的倒账，常常是假偿还，但没有一次

---

① 亚当·斯密：《国民财富的性质和原因的研究》（下卷），商务印书馆，1996年，第493页。

不是实际的倒账"①。所谓实际的倒账,通常是指某些国家政府在无法按时偿还公债时,不得不使用诸如增发货币制造通货膨胀、强制性地规定最高借款利率,甚至更改公债偿还条件等卑劣手法,借以达到减轻国家债务的目的。这样做,通常会引起国民的不满,甚至造成社会经济生活的动荡。②

古典经济学家普遍反对政府利用公债推行社会经济政策。即使在各国政府普遍使用包括赤字预算在内的审慎财政政策进行宏观经济调控的当代,仍有不少经济学家质疑政府财政政策的实际效果。例如,20世纪80年代,美国哈佛大学教授罗伯特·巴罗用现代经济学语言重新表述了"李嘉图等价"理论,并以此证明审慎财政政策的税收调整(公债调整)对社会总需求没有实质性影响。

按照李嘉图等价原理,从生命周期角度看,人的一生的消费现值等于其产出现值(收入现值)减去他所承担的税收现值,如方程式[10-1]所示。

$$C_1 + \frac{C_2}{(1+r)} = Q_1 + \frac{Q_2}{(1+r)} - \left[T_1 + \frac{T_2}{(1+r)} \right] \qquad [10-1]$$

这里,C、Q、T分别代表消费、产出(收入)和税收,下标表示本期和下一期。该方程式说明税收调整对家庭预算约束没有实质性影响。那么,按照方程式[10-1]揭示的经济现象理解,在经济衰退期间,政府采取减税而相应增加公债的方式刺激总需求的财政政策,其效果就是值得怀疑的。

一般经济学原理认为,政府为了刺激总需求,可以采取对国民实行减税,同时增加公债发行的政策。减税使国民个人的可支配收入增加,在边际消费倾向不变情况下,个人消费支出增加,有效需求增加, 进而

---

① 亚当·斯密:《国民财富的性质和原因的研究》(下卷),商务印书馆,1996年,第493页。

② 尽管理论上讲,政府可以通过直接倒账,或者变相倒账的办法来逃避公共债务,其实并非如此。如果政府真的这样做,它不仅难以补偿财政赤字,而且直接地破坏了国民经济正常运行的基础。再者,除少数国家外,大多数国家的民众不会任凭,甚至根本不能允许他们的政府去做这样的蠢事。

导致经济供给提高，国民收入和劳动就业状况均得以改善。但是，理性的国民可能意识到，在衰退时期政府公债发行规模扩大，意味着日后为了偿还国家债务，政府还要采取增税政策。为此，他们不会轻易增加消费开支，而是把因目前政府减税而增加的可支配收入储蓄起来，以备未来因税收政策变化带来的新增税款支付之用。于是，减税的结果是社会储蓄增加，二者具有相互抵消的作用，如方程式 [10—2] 所示。

$$-\triangle = \frac{(1+r)\triangle T}{(1+r)} \qquad\qquad [10-2]$$

按照李嘉图等价原理，该式表明虽然税收减少导致可支配的收入增加，但是有些家庭不会因此增加消费，而是增加储蓄；在相互抵消作用的影响下，最终使得经济社会总需求不会扩大。

尽管如此，许多经济学家还是认为李嘉图等式在现实中难以被证明会发生作用。因为现实生活中存在着诸如流动性约束、不确定性、税收的边际激励效应，以及政府与家庭的不同时间视野的影响，这些影响均有不确定性含义，而这些不确定性导致李嘉图等价关系难以成立。

总之，现代财政理论认为，在一定规模的国家税收能够满足政府正常，或正常增长的财政开支需要的情况下，部分用于刺激经济增长、实现充分就业的宏观经济目标的社会资本性开支（生产性投资开支）的需要，是可以依靠政府的财政信用，即通过以发行政府债券的形式向公众借钱的办法，进行融资予以解决的。虽然这在政府财政预算方面会经常出现赤字，但是只要这些依靠政府信用聚集的社会资金被合理地用于生产性投资，就不仅能够有效促进国民经济的增长，而且未来还本付息也不会成为问题。这就是在一定条件下政府可以实行赤字预算的基本依据。当然，如果政府的投资效果非常令人满意的话，政府还可能因此获得额外的收入，这笔收入既可以在不改变现行税收政策的情况下扩大政府开支，也可以在降低政府税收收入的情况下维持同样的政府开支。无论何种情况下，各类财政赤字的规模无疑都可以得到有效削减，最后出现财政盈余也是可能的。英国经济学家厄休拉·希克斯在其《公共财政》一书中对此提出过类似看法:用于战争筹款的政府债务是社会的一种负担,必然要靠增加税收的办法来弥补。而政府借款(包括对外借入)投资于高效率的生产性部门(出口部门),资金回收一般不成问题,并且不需要增加税收。此外,世界银行经济学家也指出:少量的、能长久维持的赤字可以促进经济增长,同时保护穷人在紧缩财政时免于承担沉重的负担。

四、审慎财政政策中的赤字管理

凯恩斯主义的经济理论认为:对任何经济社会而言,保持充分就业状态的宏观经济均衡是压倒一切的事情,自然比保持政府财政收支年度平衡更重要,并且政府对此有不可推卸的责任。正是由于这一经济理论的政治影响,大多数国家政府,通过审慎财政政策(辅之以其他经济政策),对国民经济进行着积极、灵活的宏观经济调控。实施审慎财政政策会给政府预算安排带来一个重大影响——经常性地发生财政收支年度不平衡问题,否则这种财政政策就不能很好地发挥"逆商业周期而动"的作用。

当然,至少从理论上讲,精心设计并谨慎推行的审慎财政政策应该能够做到周期性地平衡政府预算。政府为刺激经济增长周期性地扩大财政开支,由此导致在以后连续数年或更长一些时期里出现财政赤字。正常情况下,经济发展本身应该能使政府预算最终恢复到收支平衡状态。这是因为,在现代累进制的个人所得税和公司所得税税制作用下,只要国民经济处于连续增长状态,政府财政收入的增长速度就会比国民收入的增长速度更快——为政府周期性地平衡其预算收支提供了可能性。实际上,推行审慎财政政策并周期性补偿政府财政赤字的关键,在于政府额外增加的财政开支能够形成足够的国民收入增长。如果政府额外增加的财政开支不能促进国民经济增长,其他任何财政赤字弥补方法都有很大的局限性。一些经济学家之所以反对政府在宏观经济调控过程中长期使用赤字财政手段,主要是担心政府无法有效补偿财政赤字,导致经济社会不得不承受日益增加的财政赤字的压力。

按照许多国家,尤其是发达国家的经验,政府对财政赤字实行有效管理,无非是要做好三个方面的工作:

第一,注意控制财政赤字规模。按照世界银行经济学家的观点:"公共部门借款要求代表所有政府实体支出超过收入的总额……。它也被称为'统一公共部门赤字'。……公共部门借款要求是最全面的赤字衡量标准。"[①]虽然统一公共部门赤字作为全面政府财政赤字的衡量标准,客观、真实地反映了当年政府的财政收支状况,但是这一财政赤字还不能如实地反映当年政府的财政行为对当年财政赤字形成的影响,因为当年的政府财政支出里包含着政府对历年积累债务(以往财政行为结果)的利息支付。那么,如果从统一公共部门赤字中剔除当年政府的债务利息支付,就得到世界银行经济学家规定的另一个赤字概念,"基本赤字"即无利息的政府财政赤字。该概念往往被用于衡量政府现实财政政策对公共部门的"借款要求"变化的影响,在评估政府赤字维持能力方面具有重要意义。按照"基本赤字"定义,通过有关的国际比较,经济学家大体确定了安全的政府财政赤字规模的理论标准(警戒线标准)。一般认为,如果当年基本赤字对 GNP 的比例不超过 4%,该财政赤字对一国国民经济发展不会产生明显的不良影响。换言之,它是受到有效控制的财政赤字,即政府初步做到了按其财政信用程度来控制当年财政赤字规模。[②]

在控制财政赤字规模方面,政府必须注意区分审慎财政政策赤字与结构性财政赤字。它们的主要区别在于,前者的规模直接受社会闲置资金规模变动的影响(一般可视为它的函数),这种赤字一般不会引起经济社会的供求关系紧张,以至引发严重通货膨胀问题;后者的成因较为复杂,最常见的情况表现为政府财政的税收收入规模相对下降,导致与财政经常性开支的缺口扩大,即持续的财政基本收支不平衡造成

---

① 世界银行:《1988 年世界发展报告》,中国财政经济出版社,1988 年,第 56 页。

② 不过,在政府财政赤字规模达到警戒线水平情况下,人们必然会对未来政府财政政策的基本取向问题发生一些分歧:未来财政政策调整的重点是在最短的时期内恢复财政收支平衡,还是继续维持这种赤字规模,并实行积极、有效的管理? 对此,各国政府并没有较为一致的选择。

财政赤字。经验上,通常也把无法用正常方式加以补偿的财政赤字视为结构性赤字。由于这两种赤字可能会同时发生,其累积效应则是迅速吸尽社会闲置资金,然后造成社会资金的全面紧张,并极易触发通货膨胀。那么,实行审慎财政政策的一个重要前提就是保持财政基本收支的平衡以尽量减小结构性赤字规模,相应地给审慎财政政策赤字的调节留有一定的余地。要求国家财政基本收支平衡,一是指财政开支中经常项目开支必须受到合理的限制而不能过度膨胀,它应与财政收入保持一定的比例,或与财政收入按固定比率增长;二是指财政收入总体规模应与国民收入(或 GDP)按某种相对固定的比例增长。因此,在财政赤字规模管理上,政府必须有效控制其经常性开支的膨胀。否则,经常性开支过度膨胀,往往先是挤掉部分资本开支,然后扩大财政赤字;而在赤字补偿受到严重限制,或在债务偿还发生困难而不得不削减财政开支的场合,首先受到削减的仍然是资本开支,其次才是经常开支。

第二,周期性削减财政赤字。在政府财政赤字规模已经很大,特别是累积的财政赤字规模已经很大的情况下[①],考虑到累积的财政赤字带来的公债利息支付的沉重负担,单纯控制赤字增长并不能有效地缓解政府财政的压力。对此,政府必须采取周期性削减财政赤字的措施,积极克服财政赤字在一定条件下产生的负面作用。周期性削减财政赤字就是要求政府选择适宜的时期,在某一规定的时间,如 3 至 5 年内,将预算赤字降低到某一合适水平,或者基本实现预算平衡。这样做对政府是有利的,因其可以及时避免巨额财政赤字给国民经济、社会生活带来明显不利的长期影响。

至于如何有效地、周期性地削减过度膨胀的政府财政赤字,办法还是很多的。在其他条件不变情况下,财政赤字是国民收入的函数,按相

---

① 例如,政府可能面对这样的财政形势,其当年预算赤字不足财政开支的 4% 时,而当年的公债利息支付可能会高达财政开支的 15%。

反的方向随国民收入变动而变动①。这就是说，即使不改变现行财政政策，任何刺激经济增长的办法都有助于削减财政赤字。例如，对许多发展中国家来说，更多地依靠分权的投资决策，更多地采取非国有化生产方式，更集约化地使用经济资源和进行内涵式的扩大再生产，如此等等，都能够极大地推动国民经济的增长。此外，调整其他经济政策往往也能在不改变现行财政政策的情况下，减少预算赤字或抑制其规模继续扩大。例如，美国经济学家多恩布什等曾经发现：在美国，失业率每上升1个百分点，政府实际财政赤字就会提高相当于GNP的0.75％。那么，如果就业政策的调整能使社会失业率下降，自然也会使政府财政赤字的规模下降。最有效削减政府财政赤字的办法是在连续几年内，按某种统一标准或比例（如6％或10％）削减所有政府开支项目的支出额。在一般情况下，这对任何国家，特别是大国的政府来说，是不难做到的。多年来一些国家政府在作预算安排时，通常只把其注意力集中在少数支出规模较大的项目上，或集中在那些支出增长幅度较大的项目上，同时使大量相对不甚重要的、规模相对较小的开支项目的实际支出额维持不变，或者允许它们按某一比例自然增长。虽然这样做在一定程度上简化了政府的预算工作，也节约了预算成本，或许还在相当程度上缓和了各部门间在预算开支分配上的矛盾；但是，过多的不经年度严格审查或再审查的开支项目存在某些不必要的支出增长。久而之，就自然地成为导致政府财政开支不断扩大，进而财政赤字不断膨胀的重要因素。对此，许多经济学家指出，如果政府财政预算决策者能够认真地按照预算活动的基本原则——节俭、效率和平等——办事，统一地按特定比例（如5％或更高一些）削减政府各开支项目，一般不会削弱政府预算活动的正常职能，及其财政政策对社会经济的积极影响作用。通过税制改革增加政府财政收入进而减少赤字规模也是必要的。

----

① 可以以 $BS=tY-G-TR$ 表示财政盈余（负赤字）的变动，该式说明财政盈余是国民收入的增函数，是政府采购与转移支付的减函数。在政府财政政策没有发生变动情况下，国民经济活动本身也可以造成财政赤字规模的增减变动。这里：BS，代表财政盈余，其负值即为财政赤字；tY，代表政府税收收入；G，为政府各类采购开支；TR，为政府的转移支付开支。

但是,除非出于修改不甚公平且属低效率的现行税制的考虑,税制改革的重点不应放在提高税率和增加新税种方面,而应放在强化税务征管以减少税收收入的流失和大力降低税务征管工作成本方面。

第三,在处理上述各项事务中坚持那些行之有效的基本原则。根据一些较为成功地推行审慎财政政策的国家政府的经验,可以认为,政府推行无潜在经济与政治危险的赤字财政政策需要遵循一定的原则。这些原则是:(1)扩大的财政支出(赤字形成)应该大部分被用于资本项目开支,如公共工程项目、基础设施项目以及发展战略产业等。这将有助于降低私人投资成本,提高国家经济增长能力,改善国民经济效率。(2)财政赤字规模和增长速度必须受到严格的控制,以最大限度地减少其对社会经济可能发生的不良影响。(3)努力排除政府公债货币化行为,保持经济社会货币供给量的正常增长。(4)税收政策应该尽量保持稳定,以减少人们对政府税收政策的不良预期和随之发生的对个人经济行为的盲目调整。(5)在必要情况下,政府停止继续采用扩张性财政政策不应受到来自政治上的干扰。

至少从理论上讲,如果政府在推行审慎财政政策过程中,大力加强对预算赤字的管理,如最大限度地杜绝在预算安排上政治利益取代经济合理性,只按公众愿意接受的政府信用程度发行公债,加强经济预测与分析以使政策调整更加有的放矢,不断创新、改善、完善财政赤字控制手段,以及在必要情况下坚决采取积极的赤字削减措施,其财政赤字就不可能无限制地扩大。

第三节　政府治理

20 世纪 30 年代后,在凯恩斯主义经济理论产生的政治影响下,各国政府针对解决"市场失灵"问题,相继接受了政府有义务通过财政、货币工具对市场经济实行干预的政策主张。此后,各国政府机构及其行政权力不断扩大,财政收支规模——无论是绝对规模,还是相对规模——也出现长期扩张趋势。尽管政府的市场干预有助于解决许多重大的社会经济问题,但同时也暴露出这种干预活动存在着严重缺陷:一是不断膨胀的公共财政给国民带来日益沉重的税收负担;二是源于政府官员的疏于管理而使大量财政资源被无谓地浪费掉。因此,长期以来,各国民众会以不同的表达方式,反映他们希望政府能够不断改善、提高公共支出效率的要求。当然,这些问题也一直受到政界、学术界的密切关注。有关研究成果说明:(1)比较而言,政府活动之所以效率低下,是政府固有性质决定的。(2)在任何情况下,或即使在最好的情况下,公众也无法指望政府管理的公共财政活动取得与市场化的私人经济活动大体相当的效率水平。(3)对此,公众一般可以通过两种途径实现政府活动的效率改善:一是制定更合意的"政治游戏规则",二是对公共财政实行绩效管理。至少在理论上,这些做法是鞭策政府可能以最小的经济成本取得最大社会经济效果的关键。

　　本节首先利用政府行为理论分析"政府失灵"及其原因,目的在于说明政府预算活动中长期存在的效率损失问题,进而指出对政府预算实行绩效管理的必要性。其次,分析"政府治理"的理念、原理与一般方法。

一、政府失灵

　　按照"公共选择"等政府行为理论的看法,政府纠正"市场失灵"的能力不仅值得怀疑,而且它对市场实行干预政策的有害结果几乎无法避免,即事实上存在着"政府失灵"的问题。广义的"政府失灵",是指政府干预经济过程中,如果政府做了它本不该做的事情,或者勉强去做那些它尚无可能做好的事情,结果导致政府干预下的市场运行情况反而不如没有政府干预那种状态。一般来说,广义"政府失灵"的原因在于,政府未能按照比较优势原则处理好自己与市场的关系,或者没能在其具有比较优势的地方集中精力做好自己的事情。按照比较优势概念,最适合政府从事的活动是向经济社会提供公共物品与劳务,通过建立市场经济的游戏规则来管理国家、管理社会和管理人性。为此,政府必须尽可能明确地划分公共部门与私人部门的界限,最大限度地允许市场充分发挥它对私人部门经济活动的各种影响与各种约束。

狭义的"政府失灵"是指,在公共经济领域,或公共财政领域,政府(行政官僚)制定的财政开支规模、开支结构偏好以及开支项目的社会经济效率长期明显偏离,甚至大大背离选民(立法者)的要求。公共经济领域,或公共财政领域之所以会出现严重的"政府失灵"现象,前述政府行为之"经济人"特征为其主要原因。"公共选择"等政府理论均正确注意到,即使在民主政治制度下,如果政府官员(公共部门)不适宜地获得过多的权力,也容易引发两种问题:一是巨额预算赤字,给社会经济生活带来高通胀危险;二是政府活动的低效率,财政资源从高层次活动转移到低层次活动。

二、导致"政府失灵"的主要原因

最近几十年发展起来的一些研究政府行为的政治学、经济学理论,分别从不同角度阐释了导致公共财政领域经常存在政府失灵现象的深层原因。

(一)公共财政领域的"委托一代理关系"

经济生活中,如果当事人双方中一方(代理人)代表另一方(委托人)的利益行使某些决策权,则委托一代理关系便随之产生。这种关系体现了如下性质:委托人授予代理人某些决策权和收益权,预期通过代理人的代理行为,实现自己利益最大化的目标;与此同时,代理人也应该尽责地这样做,因为他的代理行为是有偿的。不过,在委托一代理关系中,委托人所遇到的最棘手的问题是如何确定一个合格的代理人。典型的情况是,代理人一旦被雇用,委托人实际上便无法保证代理人的行为总是符合委托人利益最大化这一基本目标。于是,"在代理模式中,委托人把责任寄托在一个可辨认的代理人身上的好处(……),被后者的个人自行处置权可能直接影响前者利益的坏处所抵消。委托人在道德上依赖代理人,情况必然如此"[①]。

上述委托一代理关系,同样反映在公共财政中。为了克服市场失灵问题,国民就要求政府通过财政活动或其他政府活动,介入社会经济

[①] J. M. 布坎南:《自由、市场与国家》,北京经济学院出版社,1989年,第241页。

生活，对国民经济进行必要的干预。在这一过程里，政府（及其官员）已经成为广大国民的代理人，他们要代理广大国民负起处理公共事务的责任，而作为委托人的广大国民则须通过缴纳税收方式为政府提供必要的财力，包括向政府官员支付报酬。这是社会生活中最一般的委托－代理关系，在此基础上，还会派生出各种类型的委托－代理关系。例如，如果仅从表面上看，的确是国民将所有公共事务委托给国家处理。但是，所有公共事务的管理活动，实际上要由以管理国家机器的名义组织起来的政府负责，而政府组织体系的多种类、多层次特征集中反映了如下事实，即国家统一的政府组织在中央政府和地方政府之间、上级政府部门和下级政府部门之间、同级各部门之间，以及各部门内工作人员之间必然形成错综复杂的委托－代理关系。

　　不难发现，体现在公共财政、政府预算中的委托－代理关系，具有一些特殊性质：

　　第一，委托－代理链条较长，具有多层级性，给"起始委托人"（国民）在控制、监督政府预算活动上带来更多的困难，控制、监督预算活动的成本也随之提高。这就是为什么国民对委托－代理链条短的地方政府预算控制能力相对较大，而对具有相反特点的中央政府预算则几乎完全没有控制能力的基本原因。①

　　第二，现代社会经济中一般的委托－代理关系之所以有效，关键取决于委托人是产权明确的财产所有者，这在客观上形成了委托人主动要求对代理人行为实行监控的激励。但是，国民与政府之间的委托－代理关系具有纯粹授权属性，既无具体的财产所有者，也无明确的委托人。正是因为财权主体和委托人主体的缺失，政府预算体现的委托－代理关系中既不能产生对委托人的激励，也不能产生对代理人的激励。在这种委托－代理结构中，尽管对预算的监控机制可能存在，但内在动力不足；而在监控机制失灵的情况下，各级政府官员很容易通过各自的

---

　　①　在后一种场合，典型特点是，"个人行为与结果之间并不存在联系，机会成本的估计又很困难，因此集体决策基本上是不负责任的"（J. M. 布坎南：《自由、市场与国家》，北京经济学院出版社，1989年，第240页）。

利益关系"联合"起来,共同算计国家和国民。

第三,在公共产品非市场供给或垄断供给条件下,大多数场合无法找到对政府部门、政府官员进行行业绩考核的可比标准。因此,人们难以在政府预算框架内,构建对(作为代理人的)政府部门、官员进行有效激励所要求的剩余收益(额外损失)直接物质化的机制。没有这种机制,许多工作努力的政府部门、政府官员就会觉得,和那些工作并不努力,甚至造成失误的政府部门、政府官员相比,自己付出了更多的辛劳而没有得到相应的物质利益。同样,对那些工作并不努力,甚至造成失误的政府部门、政府官员来说,如果能够对自己的行为结果不付任何代价,甚至不影响自己的既得利益,那么就根本没有主动追求公众利益、预算绩效的动机与动力。这也是政府部门和官员往往单纯追求预算规模的扩大而很少考虑如何提高预算资金使用绩效的根本原因。

第四,由于存在着大量的不确定性、事实上的信息不对称性,或源于交易成本太高而出现的信息不完全性,加之政府预算内容覆盖范围较广,涉及时间较长(至少为一年)等原因,导致委托人不能准确说明每种可能情况下应该编制怎样的预算和应该怎样执行预算。这种情况必然使得(职能范围、政策方向,以及内部权责关系等都体现于其中的)政府预算活动所涉及的委托—代理契约中存在诸多漏洞,不仅加大了委托人的监控成本,并且客观上给代理人(预算决策者、执行者)提供了追求个人利益而损害公众利益的机会,即发生所谓的"内部人控制"(Insider Control)问题。例如,鉴于预算开支规模的不断扩大可以相应增加代理人(行政官僚)的实际权力,那么在委托人信息不完全情况下,代理人便会经常利用系统地夸大支出利益或缩小行政成本的办法,来影响预算结构和特定预算项目的开支计划,最终造成政府总预算规模的不断扩大。预算规模越大,监督成本也就越大,二者相互影响,无疑会日益加重国民的财政负担。

(二)政府活动中的"X—低效率"

在很长时期里,人们一直简单地认为,仅仅通过优化资源配置或物质技术关系就能够达到改善经济活动效率的目标,如企业追求利润最大化目标。但是,人们也经常发现如下事实,同一行业里生产规模、技术条件、要素投入大体相同的一些企业,它们在经济效率上却存在着极大的差异。后来,以美国经济学家哈维·利本斯坦(Harvey Leibenstein)为代表的一些经济学家对该问题进行了深入研究,发现在人们的社会经济活动中实际上存在着各种"非配置性低效率"问题。鉴于该问题的具体表现形式纷杂多样,无法归纳为某种明确的低效率概念,利本斯坦采用了包容性极强的概念表述方式,将各种"非配置性低效率"问题定义为 X－低效率,或 X－无效率(X－inefficiency)。按照利本斯坦建立的有关理论,经济组织①中 X－低效率问题的产生,一方面说明组织未能有效地控制全部变量,另一方面则与组织的结构和处于组织中的个人被激励和监督的程度有关。换言之,X－低效率是一种与组织或动机有关的效率损失,即在资源配置条件既定的情况下普遍存在于组织内部的低效率现象。

有关研究者发现,政府组织比厂商组织更容易滋生"X－低效率"现象,由此造成的"X－低效率"问题长期以来难以克服。

首先,政府行政部门行为目标的复杂化,不仅导致国民难以明确把握这些部门及其管理者的实际意图,而且目标的复杂化也增加了部门管理者在政策制定、政策贯彻过程中拥有程度不等的任意处置权。于是,政府部门很可能会出于部门利益或个人利益考虑,在行政过程中有意偏离公众设定的目标,而在其有能力、有条件隐避行为、隐藏信息的情况下,公众几乎不可能事先采取某些有效的纠偏行动。公共资源(预算资金)的低效率运用由此产生。

其次,不同政府部门实际上垄断着不同公共物品的供给,客观上没有竞争威胁,垄断带来的"X－低效率"更为明显。具体表现为,一般情况下国民是被动地接受政府部门给他们提供的公共物品或劳务,没有太多的选择权:一是无法指望经常地获得成本最低的公共物品以减少税收负担,二是不能指望从其他地方获得更好的公共物品以提高经济

①　现实生活中,组织既可以是经济组织,如家庭、私营企业等,也可以是政府部门或其他非政府组织。

福利。

最后,上述原因产生的"X—低效率"还会因为下述原因而日益严重,即公众据以判断某一政府部门的行政效率的比较基础实际上相当薄弱,进而在要求政府部门进行旨在提高自身行政效率的整改活动方面难以找到合适的可量化的标准及其制定依据。例如,受公众委托,审计机构、会计机构可以发现并纠正发生在政府部门预算执行过程中的各类违规行为,但是在没有可供比较的竞争者赢利状况情况下,也无法判断那些没有违规行为的政府部门的实际预算执行效率。结果,政府部门 X—低效率问题不仅日趋严重,而且会长期存在。①

(三)官僚机构行为对政府预算的影响

专门研究当代社会"集团组织行为"的美国经济学家威廉·尼斯坎南(William A. Niskanen,Jr),基于公共选择理论,通过建立"官僚效用函数"、"尼斯坎南模型",确立了旨在分析官僚行为基本特征的"官僚经济学"理论。该理论不仅客观地解释了诸如政府活动中何以产生"X—低效率"现象并难以克服,政府机构何以日益臃肿,公共预算规模何以日趋庞大,财政资源使用效率何以每况愈下等问题,而且提出了涉及官僚制度、政治制度改革的意见和建议,对各国规范政府行为、加强政府预算的绩效管理产生了重要影响。

尼斯坎南"官僚经济学"中的基础概念"官僚"(bureaucracy)一词,不是指某个具体的政府官员,而是指"官僚机构"——被人格化的政府行政机构,即负责提供公共产品或公共服务的各个政府部门。尼斯坎南认为,可以把政府视为为官僚机构提供可再生性拨款的集体组织,即政府是官僚机构的资助者,其提供的可再生性拨款就是政府的预算资金——来自公众缴纳的税金。一般情况下,政府与官僚机构之间构成某种交换关系,前者给官僚机构的活动以预算资助,后者承诺通过一系

---

① 至于 X—低效率导致的经济损失程度如何,利本斯坦曾经做过粗略估算。按照他的估算,普遍存在于私人企业和政府领域的 X—低效率现象,给欧美国家带来的实际经济损失不会低于其国民生产总值的 5%;而由垄断、关税等不完全竞争因素引起的资源配置低效率给这些国家带来的经济损失则低于其国民生产总值的 1%。

列活动提供公共产品与劳务。

　　不过，与政府相比，官僚机构对公共物品的生产函数和成本函数具有更多的专业化知识，即官僚机构比政府具有更大的信息优势，于是在对预算进行讨价还价的谈判中官僚机构往往处于更有利的地位。这种严重的信息不对称问题造成在"预算交易"过程中，实际上形成官僚机构提出预算请求，而政府在没有充分掌握信息情况下无法对其预算请求提出异议的局面。此时政府无论是批准，或是否决，抑或修改官僚机构的预算请求，都很难使其与公众要求的预算规模相吻合。结果在大多数情况下，政府只能被动地或被迫地满足官僚机构的预算请求。

　　尼斯坎南指出，"下面是可能影响官僚的效用函数的若干变量：工资、岗位津贴、公共声誉、权力、赞助、管理官僚机构的容易程度、进行改革的容易程度。我认为，所有这些变量是官僚机构总预算的单极正函数。"[①]这一效用函数至少对以下问题具有极强的解释力：

　　第一，官僚机构的效用函数，反映了官僚机构的偏好（目标追求）并决定着官僚制度的效率，即官僚机构的目标与官僚制度的效率相一致。当然，掌握行政权力的官僚机构的这些偏好普遍偏离公众的偏好，这便成为导致（如"委托－代理"理论、"X－低效率"理论揭示的）政府财政活动效率不佳问题的主要原因。

　　第二，在官僚机构支配下，"（1）政府实际支出的增长，可能超过了大众对政府服务的需求的增长；（2）政府实际支出的增长，有很多纯属浪费——也就是说，开支可能满足服务供给者和政府官员的利益，但是并没有增加这些服务的产出"。"大量的和越来越多的证据证明，政府服务的生产具有与生俱来的无效率特点，至少可根据这些产出对于普

　　① W. A. 尼斯坎南：《官僚制与公共经济学》，中国青年出版社，2004年，第223页。这里，可以把官僚机构和政府的关系视为"双边垄断"关系：官僚机构只把它的服务"卖给"政府，而政府也只从前者那里"购买"服务。不过，在这个交易中，政府答应每年从国家预算中对官僚机构实行一次性拨款，而官僚机构则承诺提供一定规模的产出（服务），以此完成交易。这种交易与一般的市场交易不同，市场上买卖双方之间的交易要严格按照产出物的价格进行。

通选民的价值得出这一结论。"①

第三,因此,要使政府成为"大多数人偏好的政府",即"更有效率,更具代表性,创造出更大的社会总净收益,而且税负和净收益的分配更加公平"②的政府,就必须对官僚制度有所限制。

以上理论分析说明,即使在民主社会,政府活动、政府决策也并不完全真实地反映公民的意愿;除非能够阻止利益集团侵蚀公共财富的行为对政府健全财政活动产生消极影响,除非能够对政府的所有施政过程加以必要的约束,除非能对政府活动绩效评估采取更科学的标准,政府失灵——效率低下、费用高昂、计划执行不当等——就是不可避免的。

关于如何克服在公共财政领域,特别是在政府预算活动中发生的"政府失灵"问题,公共选择等政府理论提出了一系列有益的预算制度改革建议:(1)通过财政立宪,为政府财政活动确定行为框架,对财政过程中政治交易活动施加限制,最终目的在于控制政府的财政规模,贯彻传统的"收支平衡"理财原则。(2)在通常情况下,政府应该尽量减少宏观经济干预政策,相应将经济决策活动尽可能多地交由私营部门负责。(3)创立新型的政治技术,以便更好地反映选民对公共产品的偏好,并激励选民积极参与公共决策过程。(4)在公共部门中建立竞争机制,为充分发挥各级政府官员的积极性与创新性创造必要的条件。(5)注重发展预算技术,强化预算的绩效管理,以努力节约财政资源、改进公共财政效率。总之,公共选择理论认为,只有通过政府预算改革途径,现代社会才能有效地制止政府开支(权力)的增加,才能保障财政资源的

---

① 对此,尼斯坎南拿出如下证据:20世纪80年代美国国防开支增长了60%,但其军事力量的水平、敏捷性和耐久性方面却没有一点提高。同一时期,虽然该国公立中小学每个学生的平均开支增长了40%,国内人均医疗保健开支增长了60%,但是中学毕业率(或学生考试成绩)却没有增长,人们的普遍健康状况也没有得到明显改善。总之,"公共部门并没有给我们大多数人提供良好的服务"。参见《官僚制与公共经济学》,中国青年出版社,2004年,第274页。

② 参见W. A. 尼斯坎南的《官僚制与公共经济学》(中国青年出版社,2004年)第21章"总结性议程"。尼斯坎南在其中指出:"本报告的必然结论是,一个更好的政府将是一个规模更小的政府。"

有效使用。

三、政府治理

前世界银行行长詹姆斯·D.沃尔芬森在《1997年世界发展报告》的前言中写道:"历史反复地表明:良好的政府不是一个奢侈品,而是非常必要的。没有一个有效的政府,经济和社会的可持续发展都是不可能的。"①就是说,对各国国民而言,最重要的公共产品就是负责任的政府及其有效率的政府管理。同样让人信服的是,在公共财政框架下,建立并维护一个负责任、注重收支绩效的政府行政机构(官僚机构)是持续提高财政资源使用效率的关键。不过,历史的经验证明,高效率的政府官僚机构往往不是人类美德的产物,而是特定观念的产物②和制度安排的结果。

通过长期探索和社会实践,人们逐渐认识到,在公共财政框架下要提高政府活动的社会经济效率,要有效约束政府官员的行为,即最大限度克服"政府失灵"问题,最重要的制度安排应该是"公众参与"和"政府治理"。

所谓"公众参与"制度,是指通过公众广泛参与政治过程,确定政府财政活动的基本取向、具体目标、实施方式并使政府经常性地被置于国民的有效监督之下的制度安排。由于这本身意味着把政府主持的各类

---

① 世界银行:《1997年世界发展报告——变革世界中的政府》,中国财政经济出版社,1997年。

② 美国经济学家米尔顿·弗里德曼主张国民应该普遍树立他所谓的"自由人"观念——表述国民与政府之间的理想关系。他指出,在自由人心目里,政府只是一种工具、一个手段,既不是无偿施惠者,也不是被盲目崇拜并为之服役的神灵。换言之,国家公民在自由状态下始终追求两个最重要的理想或目标:一是"保护自己的自由",二是如何使自己为保护自由而建立的政府不会成为无法控制的怪物。因此,弗里德曼认为,国民为了保护自由而建立政府是值得的,但是如果权力过度集中在政府手里,即使最初的动机是良好的,也会使这些权力反过来成为对自由的威胁。那么,为了从政府那里获得好处,而又避免受到政府对自由的威胁,他认为坚持关于政府的两大原则是最重要的。这两大原则,一是"政府的职责范围必须具有限度";二是"政府的权力必须分散"(参见米尔顿·弗里德曼著:《资本主义与自由》,商务印书馆,1999年)。

财政活动也纳入公共过程,所以公共财政也可以定义为被纳入公共参与、公共选择过程的财政活动。

所谓"政府治理",就是一整套用于指导政府官员决策的制衡制度。该类制度具有规范政府活动方式、加强预算管理以及提高政府活动绩效的作用。对于国民而言,政府治理也对他们监督政府管理质量、左右或控制某些重要决策的能力产生影响。政府治理有助于提高政府运行的可观察性或透明度(transparency),创造不断提高其管理水平的激励,进而大大提高政府运用财政资源的效率。长期、有效的政府治理通常还可以使政府更容易与公众进行交流,促进公众更准确地进行偏好显示和积极参与公共选择活动,最终实现持续改善政府活动绩效的目标。

逻辑上,在公共财政领域,"公共参与"制度是推行有价值的"政府治理"制度的前提条件,而这两种制度的建立与维护则均以民主政治为其一般基础。因为,人类实践已经充分证明:实行广泛的民主政治有助于把公共政策制定活动纳入公共选择过程,有助于使公共政策决策者们及时了解国民的意愿,更重要的是,有助于国民实现对政府官员的有效监督。一般经验显示,在广泛的民主政治环境中,政府、官僚机构、行政官员比较注意社会公正、公平施政且较少滥用职权;这不仅有利于社会生活的长期稳定,而且也有助于提高政府财政活动的绩效(社会经济效果)。进一步分析说明,不断提高的公共财政绩效主要源于在公共财政过程中人们建立了良好的"公众参与"制度与"政府治理"制度。这些制度,作为合意的"政治游戏规则"的集中体现,对政府活动可以产生如下一些积极的约束作用:首先,它不仅要求政府制定的公共政策必须符合国民的愿望,反映国民的诉求,而且要求那些从事公共管理的政府官员在能力和品德方面也须符合国民的标准。其次,它要求政府收支规模须依现实民力、民财而定,尽量避免在民力、民财无法支持情况下强行扩大政府活动范围。再次,它要求政府在推行各项政策、活动时不可存有侥幸成分,任何言论、活动都要实事求是,不得失信于民。最后,它不管政府官员愿意与否,都要求他们必须在正确回应普遍国民偏好情况下从事所有的政务活动。①正是这些或类似的"政治游戏规则"对政府活动施加的制度约束，对偏离公众意愿的政府行为具有及时的纠偏作用。只有在公共财政框架下，政府才可能更好地鼓励国民从事有价值的工商活动，在有生命力的经济基础上组织社会生活，从而为社会生活发展带来源源不断的财富。

对于世界各国普遍存在的严重程度不等的公共财政（政府部门）低效率问题，如公共服务不到位、质量差、成本高、浪费严重、腐败成风等，世界银行经济学家经过广泛调查研究后指出，除了政府垄断提供公共服务，没有提高质量、减低成本的内在要求和压力这种自然原因外，其他原因主要是：

第一，除了少数外，大多数发展中国家政府尚未推行基于个人才干的用人原则，也未建立能够照章办事的公务员体制。在大多数官员能力有限且决策过程缺乏透明度情况下，无法根据现实或科学假设预测预算收支。特别在大多数政府官员不用承担决策失误代价及其后果情况下，政府预算设计几乎仅仅考虑预算资金的分配，而极少考虑这些资金可能取得的社会经济收益。由此，进一步导致在政府行政过程中，非正规化行为极其普遍，预算脱离现实并且在执行中可以随意变更。

第二，政府过多插手商业活动，造成机构庞大、庞杂，人员臃肿，各部门职责混淆、重叠，不仅政出多门，且决策拖拉，很难协调。政府机构膨胀的后果是影响预算的合理性，政策贯彻能力进一步分散、质量下降，协调进一步困难，法规漏洞更多，导致更多的利益集团加紧实施寻租活动并尽量阻碍改革。

第三，在作为委托方的政治家和作为代理方的行政机构之间，往往存在双方都不能正确履行各自职责的现象：或是政治家过度干预行政机构的日常工作，使得各行政部门缺少处理各自事务的必要的灵活性；

---

① 关于这一点，中国古代政治家管子有过最好的表述："政之所行，在顺民心；政之所废，在逆民心。民恶忧劳，我佚乐之；民恶贫贱，我富贵之；民恶危坠，我存安之；民恶灭绝，我生育之。……"（《管子》，华夏出版社，2000年，第2页）。

或是政治家过于放任自由,对各行政部门缺乏必要的约束,致使财政资源流动、配置不能按照预算计划进行。当然,在这种情况下,既难以建立对行政部门主管人员合理运用财政资金的控制机制,也难以建立用于衡量行政部门主管人员工作绩效的评估标准。

问题虽然严重,但克服对公共财政绩效消极影响的方法,或解决问题的途径还是存在的。这需要一套影响政府机构、政府官员决策的制衡机制,即在公共财政过程中推行政府治理制度。在发达国家里,美国是在政府预算管理中尝试政府治理活动较早的国家之一。就其实践经验分析,建立"政府治理"制度的直接目的在于不断提高政府组织的素质,而"政府治理"制度本身也为高素质政府组织确定了基本标准。这些标准是:(1)最大限度限制政客和公务员侵蚀公众利益,破坏市场机制;(2)以可以预见的方式改变法律、制度,努力保护财产权;(3)即使作为生产者,也不会利用自身的垄断地位向公众提供次优服务。

在公共财政框架下,"政府治理"的核心制度建设至少包括四项重要内容:

第一,为政府预算活动建立行之有效的司法制度框架。政府预算活动效率改善的一个重要保障是规范政府与法律的关系:人们要求建立一个强有力的政府去贯彻法律,又要求政府必须依法行政,即通过法律规范、约束、协调政府行为。依法行政本质上要求政府必须采取被公众明确知道的规则来支配自己的行为,这有助于公民在从事与自己利益攸关的经济活动时事前预期可能产生的结果,也有助于防止政府权力超越法律,直接地、间接地侵害公民权利和利益。

第二,制定专门的预算决策规则,使之在政府财政决策过程中最终形成一种信息畅通、纪律严明并对决策负责的机制。该规则的基本特点是,既要赋予政治家及其顾问在制定政策方面的灵活性,又要允许相关利益者能够在他们的决策过程中提出意见并实行监督。

第三,建立运行良好的公务员制度,培育能够有效提供公共服务的系统,该系统即使在没有市场替代情况下,也能利用公众意见反馈机制形成迫使政府不断改善施政绩效的压力。就是说,该系统应该能够使政府组织、官僚机构在灵活性和恪尽职守二者之间实现正确的平衡。

第四,建立与绩效挂钩的预算决策、预算管理制度。传统上,认为政府妥善进行财政开支选择,安排好财政资源的使用是政府预算的重要环节。但是,政府预算的现代观点则更加强调各项财政支出安排是否能够产生令人满意的经济效果。因此,需要政府各行政部门在自己的预算活动中必须在绩效信息与预算信息之间形成更广泛的联系,即要求通过绩效信息来支持部门的预算决策。这在技术上要求政府部门:(1)对于选定的公共项目,必须依照开支标准说明该项目可能取得的社会经济效果;(2)作为具体财政支出项目的管理者,必须获得更准确的成本信息,以便更好地承担会计责任;(3)按照要求按时、准确公布自己的绩效信息,以便预算主管部门、预算审计部门进行绩效测定、审核、评估和公众的广泛监督。

第十章练习题

一、判断以下各陈述的正误

1. 西方国家财政体制一般采取分权体制。财政分权体制的基本特征有二:一是按照国家有关法律,规定中央政府、各级地方政府的财政职权和相互关系;二是各级地方政府都可以根据各自的地方法律,独立地制定符合本地区经济形势、社会发展要求的地区性财政政策。但是,各级地方政府的财政独立性只是相对的,它们不能脱离中央政府的控制和约束。(　　)

2. 由于各地方政府是在相对较小的范围内负责公共产品的提供,可以最大限度地了解当地居民对公共产品的需求偏好,能够对所负责提供的公共产品在数量、质量、结构上进行综合考虑,统筹安排,以最大限度地促进财政资源的有效利用。(　　)

3. 在财政分权管理体制下,允许地方政府根据需要发行地方政府公债,不仅可以减轻中央政府对地方政府财政援助的负担,缩小中央政府的公债发行规模,而且可以有效控制公债货币化现象。(　　)

4.“横向财政资金转移模式”,一般表现为财力富裕的政府组织自愿向财力不足的政府组织进行财政资金转移,有“劫富济贫”之嫌。(　　)

5.收入分享与财政补贴在某种意义上具有相互替代性,但二者的作用机制不尽相同:财政补贴一旦按照某种标准确定下来,就要自动划拨给对方政府,其使用一般不受上级政府控制,等同于下级政府自己的收入;而收入分享往往受到上级政府的管理,在规模、拨付时间、使用方向上都有比较严格的控制。(　　)

6.公债的偿还一般要以税收为基础,即通常情况下公债利息负担是由纳税人承担的。所以,政府发行的公债具有国民收入再分配性质。(　　)

7.公债与税收性质相同,政府在利用公债资金提供公共产品与劳务的过程中,同样减少私人财富的实际数量。(　　)

8.结构性财政赤字的规模直接受社会闲置资金规模变动的影响(一般可视为它的函数),这种赤字一般不会引起经济社会的供求关系紧张,以致引发严重通货膨胀问题。(　　)

9.实行审慎财政政策的一个重要前提就是保持财政基本收支的平衡以尽量减小结构性赤字规模,相应地给审慎财政政策赤字的调节留有一定的余地。(　　)

10.在民主政治制度下,政府官员(公共部门)的权力越大越好。(　　)

二、选择题(从以下各题所给答案中挑选出所有被认为是正确的答案)

1.各级政府间进行政策、行为有效协调的技术性条件,大致可以归纳为如下内容:(　　)。

A.建立相同的经济分析指标体系

B.建立一个旨在改善、协调各级政府关系的专门研究机构

C.如有必要还应建立专门的“准政府机构”来推动有关协调活动

D.各级政府间达成的任何协作、协议均应有法律的保护

2.定向补贴是一种用途较窄、限制条件较多、具有专款专用性质的财政补贴,通常具有如下一些优缺点:(　　)。

A.最适合用来诱导各下级政府为实现那些最迫切的政治、经济目标作出努力

B.可以随时根据经济形势变化进行调整

C.可以平均分配给所有下级政府使用

D.有些情况下难以得到各下级政府的足够支持

E.管理活动复杂

F.在一定程度上削弱了财政分权制度

3.一揽子补贴主要用于教育、司法、人力资本开发、社区改造、交通、环境治理等方面,通常具有如下一些优缺点:(　　)。

A.具有财政援助性的补贴

B.使用条件、限制条件较少

C.有助于各下级政府完成主要领域内的全国性政策目标

D.有助于解决国内地区间发展不平衡问题

E.各上级政府的控制能力相对减弱

4.各级、各类政府之间进行商业式竞争,在一定限度内将会更好地促进社会经济福利的增长,其理论依据是:(　　)。

A.降低中央政府利用货币权力为其财政活动融资的需求

B.能够进一步加强各级政府的预算约束

C.无论如何,减少政府干预会提高市场效率

D.政府间的竞争突出表现在税收活动方面可有效改善资源配置状态

5.让地方政府推行经济稳定职能的缺点主要在于:(　　)。

A.在小而开放的地区经济环境,地方政府制定并推行需求管理政策往往是低效率的

B.难以协调的地区货币政策,往往带有极大的通货膨胀风险

C.由于资本市场的高度统一性,地区债务政策往往会给国家经济带来极大的冲击

D.地方政府推行独立的需求管理政策会导致产生新的冲击,并且会直接影响周边地区的经济稳定

6.斯密反对政府在和平期间大量举债,因为这种行为会给经济社会带来种种弊端:(　　)。

A.如果政府借款容易,政府就会不再精简节约地处理公共事务了

B.政府借款偿还出现困难时必然要提高税率或者开征新税种

C.国家债务可能会使一些有土地、资本经营能力的人成为食利者

D.政府在无法按时偿还公债时通常采取倒账行为

7.政府推行无潜在经济与政治危险的赤字财政政策需要遵循一定的原则。这些原则是:(　　)。

A.扩大的财政支出应该大部分被用于资本项目开支

B.财政赤字规模和增长速度必须受到严格的控制

C.努力排除政府公债货币化行为

D.税收政策应该尽量保持稳定

E.必要情况下,停止继续使用扩张性财政政策不应受到政治上的干扰

8.可以以 $BS=tY-G-TR$ 表示财政盈余(负赤字)的变动,该式说明财政盈余是国民收入的增函数,是政府采购与转移支付的减函数。在政府财政政策没有发生变动情况下,国民经济活动本身也可以造成财政赤字规模的增减变动。这里:BS,代表财政盈余,其负值即为财政赤字;tY,代表政府税收收入;G,为政府各类采购开支;TR,为政府的转移支付开支。今假设 $c=80\%$, $t=20\%$ 时,如果上一期的政府财政盈余是零,那么本期政府增加财政开支10亿美元,就会使本期政府财政盈余变成(　　)。

A. $ 40 亿

B. $-$ $6.8 亿

C.仍然为零

D. $-$ $4.44 亿

9.在公共财政框架下,以下哪些内容属于"政府治理"的核心制度建设?(　　)

A. 为政府预算活动建立行之有效的司法制度框架

B. 制定专门的预算决策规则

C. 建立运行良好的公务员制度

D. 建立与绩效挂钩的预算决策、预算管理制度

10. 以下哪些理论可以解释"政府失灵"问题？（　　）

A. 委托一代理理论

B. X一低效率

C. 官僚经济学

D. 福利经济学第一定理

E. 福利经济学第二定理

三、思考题

1. 财政分权管理体制的理论依据是什么？

2. 简要解释让地方政府主要提供公共产品的合理性。

3. 分析一下当今发达国家政府重视推行财政补贴制度的主要原因。

4. 推行政府间收入分享制度通常可以采用哪种模式？

5. "公债能够把后代人的资源转用于当代人，但是它不会影响国家的总财富。"对于这种说法，你有什么看法？

6. 一般情况下，政府削减财政赤字的主要方法是什么？

7. 为什么将公债筹集的额外的财政收入大部分用于资本项目开支，有助于减少财政赤字对国民经济带来的消极影响？

8. 在控制财政赤字规模方面，政府应如何区分审慎财政政策赤字与结构性财政赤字？

9. 关于如何克服在公共财政领域，特别是在政府预算活动中发生的"政府失灵"问题，公共选择等政府理论提出了哪些有益的预算制度改革建议？

10. 造成世界各国普遍存在严重程度不等的公共财政（政府部门）低效率这一问题，主要有哪些原因？

第十一章　转轨时期的中国财政

中国自 20 世纪 70 年代末开始进入转轨经济时期,政府为了适应国家经济发展的客观要求,自上而下地推行了以实现市场经济体制为基本目标的体制改革运动。在此过程中,政府发挥了主导作用,而其财政活动则成为推动这一改革运动的最重要的力量。财政从 20 世纪 80 年代改革初期的让利放权,到 90 年代末以分税制为基础初步建立分级预算管理体制,再到 2000 年以来不断借鉴国际通行做法,逐步深化展开的财政管理及监督体制的改革,不仅有力地配合了价格、金融、国有企业等各项改革的顺利推行,而且使政府财政活动基本摆脱了原先计划经济体制的约束与影响。可以说,中国的财政改革取得了巨大成就。

但是,尽管我国的财政改革在多方面取得了重大突破和积极成果,但是涉及政府财政职能的根本性转变和财政活动方式调整的某些工作,在推进速度上仍显得相对迟缓。在市场经济条件下,人们既不能回避这个问题,也不能指望一蹴而就地解决这个问题。不过,循序渐进地协调政府活动与私人活动的关系,最终建立符合市场经济运行内在规律与社会经济发展客观要求的公共财政体制则是必然趋势。

第一节　中国财政改革的历程

在自由市场经济制度中社会经济活动主要是通过市场竞争机制和价格机制自发进行的,政府不必对此做细致的调节。但是,在某些情况下,市场经济运行效果不能令人满意,反而会给经济社会的长期发展带来许多负面影响,其严重时甚至导致市场经济不能正常运行。这在经济学上被称为"市场失灵",这是自由市场经济条件下必然要发生的问题。于是,政府就要通过财政活动,借助特定的经济手段经常性地介入社会经济生活,对国民经济实行必要的经济干预,以期尽可能地解决市场失灵问题。尽管政府财政活动可能永远无法完全解决市场失灵问题,但实践说明政府的财政活动至少可以在相当程度上降低其给社会经济生活带来的危害。这是近代所有国家无一例外地尤其重视政府财政职能作用的基本原因。相比之下,传统计划经济体制下的政府财政职能,则与之有很大的不同。

本节在回顾传统计划经济体制下政府财政活动的一般特点之后,阐述20世纪80年代以来中国财政改革的动因、目标以及各主要改革阶段取得的成就。

一、中国财政改革的基本目标

传统计划经济体制中的资源配置的基本依据是,经济社会必须为满足社会成员的"有益需求"①而生产"有益产品"。该依据的哲学基础是"家长主义",即认为普通消费者个人对于产品和服务的价值判断往往不可靠、不合理,因而需要一批(组成政府的)具有适当能力的人(计划者)来制定"有益需求"和"有害需求"的标准,然后根据这些标准配置社会资源并组织各项生产活动。于是,计划经济体制下,政府财政活动的基本目标被确定为满足经济社会的有益需求,并且要直接插手社会经济的生产、再生产过程以实现全社会经济资源的合理配置。

传统计划经济体制下,社会福利分配的第一标准是"公平",其次才考虑个人的经济效率。鉴于在生产资料公有制和计划经济制度下,个人经济效率的评价指标难以客观地加以确定,因此无论在社会产品(收入)初次分配中,还是在社会产品(收入)再分配中,充当这种社会产品

① 按照美国经济学家理查德·A.马斯格雷夫的观点,有益型公共需求被定义为这样的一种需求:"它们反映统治阶级的偏好标准并强加给个人消费者。"(《比较经济分析》,上海人民出版社、上海三联书店,1996年,第7页)。

(收入)分配主要角色的政府财政活动,也就往往倾向于遵循平均分配原则。与生产上的"家长主义"和追求"平等"的福利观念密切相关,计划经济体现的另一种观念是比较广泛的社会经济目标(如经济增长、劳动就业、物价稳定等)只能通过社会整体性行为才能实现,于是在社会经济活动的管理上,政府行为往往倾向于通过行政力量,对各类社会经济活动主体(企业、机构、个人)的行为选择施加直接影响,而非间接影响。

据此,人们可以对计划经济体制下政府财政活动的基本特点做出一般性判断:通过财政,政府,而不是市场或别的什么力量,成为经济生活中的唯一指挥者与协调者,财政政策调整对象涉及国民经济的方方面面,财政政策的贯彻与执行通常单纯依赖强制性的行政手段而可以不考虑普通经济规律的制约,对包括财政行为的合理监督也因政府在经济生活中的特殊地位而实际上难以实现。虽然具有这种特点的政府财政活动与计划经济内在要求相一致,但是就社会经济的长期发展而言,其本质上是起阻碍作用的。因而,在中国进入其转轨经济①时期,财政体制和财政政策首当其冲地面临着急迫的系统性改革要求,并且财政体制和财政政策改革自然地成为其他各项经济体制及政策改革的基础。

转轨时期,我国经济体制改革的基本目标就是在社会主义基本制度下实行有管理的市场经济体制,进而逐步建立和完善有中国特色的公共财政体制。在这一经济体制改革中,政府财政改革的总体目标是明确的:重新界定政府财政活动(公共部门经济活动)与私人经济活动的关系,重新确定政府财政的社会经济职能,在此基础上按照市场经济原则调整财政政策的基本取向和实施路径,逐步建立和完善有中国特色的公共财政体制。上述财政改革目标的确定无疑具有重要意义:一

---

① 正如世界银行经济学家所说:"转轨与其他国家的经济改革的不同之处在于它包含的系统性变革:改革必须深入到基本的游戏规则之中,深入到广泛行为及指导组织的体制之中。"世界银行:《1996年世界发展报告——从计划到市场》,中国财政经济出版社,1996年,第1页。

是有效协调各种经济关系以确保国民经济在新旧体制更替中能够平稳运行,二是最大限度地降低转轨时期各项经济改革的成本,三是最终建立和完善符合市场经济发展要求的现代公共财政体制。

二、中国财政改革的主要阶段

回顾我国的财政改革历程,可以将其大致划分为五个阶段:

第一阶段(1978~1982年),国家经济体制改革刚从农村起步,国民经济依然按照计划经济方式运行,政府财政改革的重点是改革财政投资体制。虽然在当时政府财政还主要承担着直接协调国民经济各产业间投资比例关系的任务,但财政预算内固定资产投资占全社会固定资产投资额的比例迅速下降。这一时期政府还通过税收、工资调整,使得国民收入在国家、企业、家庭间的分配比例关系发生了初步变化。为了维持当时的价格体系,政府在税制结构、财政补贴方面没有进行大的改革。鉴于当时政府对国有企业采取税前还贷政策,银行的信贷平衡情况对财政预算平衡有较大影响。另外,在加强税收征管方面仍然坚持使用动员、宣传、教育等手段,财政监督也仍然依赖行政力量,而不是法律约束。

第二阶段(1983~1988年),这一时期政府财政改革的重点是,在财政支出方面仍以支持国民经济建设(维持较高的生产性投资)为主的情况下,对财政收入政策进行了较大的调整,以此强化国家税收的经济作用。例如,通过"利改税"促使国有企业增产增效并规范其与政府的收入分配关系,设立新税种来满足国家财政支出不断增长的需要,在设立新税种方面开征能源税以调节资源供需关系。这一时期,由于国家经济法规建设进度迟缓,导致财政立法普遍滞后。在财政法规不健全、财政法律意识淡薄情况下,政府下放部分财政权力虽然有助于发挥各级地方政府、国有企业、各级政府行政事业单位从事社会经济活动的主动性、积极性,但是由此造成预算外资金规模迅速扩大,不仅增加了中央政府的财政赤字,而且在一定程度上也弱化了中央政府的财政职能。

第三阶段(1989~1991年),在经济改革取得初步成效情况下,财政开始进行自身的体制与制度改革,主要目的在于加强预算约束。与此同时,也进行了有关政策的调整以增强财政政策对宏观经济、微观经济的间接调控能力。在财政收入方面,通过税制改革使国家税收初步发挥了缓解社会收入分配不公、积极影响国家产业发展方向的作用;特别是通过借鉴外部经验与政策实践,政府进一步端正了对国债性质的认识,这一时期国债发行数量明显增加,使得中央政府在筹集财政资金上日益趋于多元化。在财政支出方面,为了迅速培植适合于市场经济发展的价格机制和配合当时的物价改革,调整了财政补贴政策。虽然这一时期政府财政补贴在绝对量与相对量上均有所增加,但是事后证明这样做是必要的,由于增加的财政补贴缓解了物价改革给经济生活带来的各种震荡,为政府后来放开大部分物价管制创造了极为有利的经济环境。此外,政府用于经济发展的财政开支重点,逐步从增加经济社会生产性投资方面转为注重改善影响社会经济活动质量的外部环境方面,而对国有企业的财政支持也逐步从单纯强调其发展速度方面转向注重改善其结构效益和提高内部管理效益方面。

第四阶段(1992~1999 年),在国家经济体制改革取得积极成效、国民经济市场化已不可逆转情况下,政府财政活动的各项改革被迅速推进。在财政体制改革方面,以分税制为基本形式的,强调各级政府财权与事权相适应的分权型财政管理体制得以初步确立。在财政立法和预算监督方面,国家为了保证政府财政预算活动的严肃性、科学性,颁布了《预算法》,逐步建立了财政监督、审计监督、社会监督并重的政府预算活动监督体系。在税收改革方面,按照"公平、明确、简洁、效率"之税收原则,1994 年进行了大规模的税制调整,使我国初步确立了现代税收制度。新税制不仅明显体现了市场经济中税收中性特点,而且进一步强化了国家税收所应有的各种社会经济职能,如筹集财政收入职能,调节产业结构、产品结构职能,财产、收入再分配职能,宏观经济稳定职能等。在财政支出改革方面,进一步明确了现代财政满足公共需求的基本职能,主要财政开支逐渐倾斜于公共工程投资、发展基础产业、培植人力资本、加强社会保障、保护生态环境等项目。在扶持国有企业方面,除了强化国有资产管理外,特别注重支持国有企业机制转换工作,为推行现代企业制度尽量给予财政支持。

第五阶段(2000年至今),这一阶段的财政改革集中地表现为更深层次的财政管理体制和财政监督制度的变革。主要成果有:(1)深化了预算编制方式的改革。2000年至2001年,中央财政完成了部门预算改革[①]。这次改革调整了预算编制的内容和范围,并有力地改进了预算报告形式。(2)财政预算法制建设加快。随着社会经济的发展和公共财政改革的深入,1994年制定的《预算法》的不完善之处日益突出。2002年和2003年,财政部两次颁布法规[②],对《预算法》的核算内容进行补充。2004年,财政部成立《预算法》修订和起草小组,负责全面修订《预算法》。(3)对政府收支分类进行了重大改革。2007年我国实行了新的政府收支分类方法,这套分类方法是参考国际通行做法并考虑到我国国情建立起来的。收支分类方法的改革为进一步深化财政改革、提高预算透明度创造了有利条件。(4)展开财政支出绩效评价改革,绩效预算开始初步试点。我国绩效预算的改革,始于2003年的财政支出绩效评价体系的建立[③]。2007年开始实行的新的政府收支分类,则为我国的绩效预算改革进一步奠定了基础。目前,中央和地方政府的项目绩效预算试点正在不断扩大。(5)规范财政支出管理的配套措施初步形成,主要包括:政府采购制度[④]、国库集中收付制度[⑤]和收支两条线[⑥]改革。到2009年底,政府采购制度和国库集中收付制度的基

---

① 2000年,财政部要求中央各部门在编制预算时采用部门预算编制方法。到2001年,除国防部、安全部和人民银行三个特殊部门以外,国务院其他26个部门的部门预算全部上报全国人民代表大会审议,标志着中央财政的部门预算改革顺利完成。

② 即《关于将部分政府性基金纳入预算管理》和《关于将部分行政事业性收费纳入预算管理的通知》。

③ 财政部教科文司于2003年率先对中央教科文部门7个项目进行绩效评价改革试点,随后地方政府和中央政府其他部门纷纷进行项目绩效预算试点。

④ 政府采购制度改革试点从1996年开始,2003年《政府采购法》正式实施标志着政府采购制度改革的全面展开。近年来,政府采购范围和规模不断扩大,制度建设日渐规范,2009年财政部提出要继续深化政府采购制度改革。

⑤ 国库集中收付制度改革从2001年展开,目前正稳步推进。

⑥ "收支两条线"管理,要求具有执法执罚职能的单位,根据国家法律、法规和规章收取的行政事业性收费(含政府性基金)和罚没收入,实行收入与支出两条线管理。这项改革从2001年展开,近年来中央和地方普遍加大了改革力度,改革不断深化。

本框架都已形成。(6)2007 年,财政部根据党的十六届六中全会提出的"基本公共服务均等化"的原则,制定了一系列政策以优化财政支出结构①,并完善我国的财政转移支付制度。(7)新一轮税制改革正逐步展开。从 2004 年初开始,国家税务总局提出将陆续推出八项税制改革,涉及企业所得税、增值税、个人所得税、消费税、物业税、改养路费为燃油税、完善地方税制和农村税费改革。到目前为止,增值税转型、废止农业税和统一企业所得税的改革已经展开,更为广泛的新一轮税制改革将很快全面启动。

通过对财政改革历程的回顾,不难发现,我国政府财政活动主要涉及国有企业财务管理、各级政府财政关系协调、预算管理、公债管理、财政与财务法规制定等方面,这些方面的改革分别构成以市场化为基本目标的财政改革的具体内容。另外,在市场经济体制下它们作为国家财政的基本要素,通常发挥着筹集、管理、分配、使用财政资金的功能,提高和改善财政资源使用效果的功能,并且在不同经济时期配合政府其他经济政策的实施来实现国民经济和社会发展目标。

第二节　国家财政状况分析

如前所述,中国 20 世纪 80 年代到 90 年代中期的财政改革的主要成就集中体现在政府财政职能转变上及财税体制变革上。可以说,这一时期的财政政策调整为理顺政府财政所涉及的各种经济关系,为政府财政由原来的计划体制下的直接干预转向市场体制下的间接干预建立了制度性框架并推动了机制的形成,做出了重大贡献,也为 20 世纪 90 年代后期政府开始推行更深层次的财政管理体制改革夯实了基础。从财政经济运行情况看,近年来的财政调整取得了积极成效,过去存在

---

① 按照建立公共财政的要求,我国各级财政逐步减少了在一般竞争性领域的支出,加大了教、科、文、卫、社保等满足社会公共需要方面的重点支出,财政支出结构逐步向公共支出转变。

的制约政府财政经济活动的一些因素都得到了显著改善。尽管目前在财政运行过程中还存在着一些问题和风险，但经过近年来的努力和必要的政策调整，就中国财政发展变化的实际情况分析，应该说中国的财政正在逐步进入良性运行状态。

一、迅速增长的财政收入规模

从 1979 年到 1994 年，由于受放权让利政策的影响，我国财政收入①的总量规模呈明显的下降趋势（直接表现为财政收入占 GDP 的比重不断下降），见图 11－1。这种下降趋势到 1995 年开始有所好转。分税制改革顺利完成后，从 1996 年开始，财政收入持续稳定增长，并呈加速上升之势。从 1996 年到 2008 年，财政收入占 GDP 的比重由 10.9% 迅速上升到 20.4%，2008 年财政收入占 GDP 的比重略有下降，但也都在 20% 以上。13 年中，政府在整个国民收入中控制资源的份额上升了近 10 个百分点。相对量上升的同时，绝对量也在不断攀升，从 1996 年到 2008 年，财政收入由 7407 亿元增加到 61330 亿元，绝对量增长了近 6 万亿元人民币。

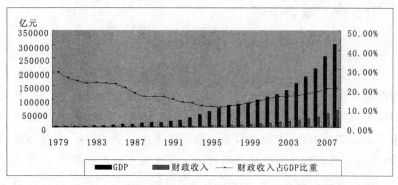

图 11-1　1978～2008 年全国财政收入、GDP 及相应的比例

资料来源：《中国统计年鉴（2009）》。

---

① 指预算内财政收入，即小口径财政收入，不包括预算外收入、制度外收入、社会保障缴款及企业亏损补贴。

从增长速度上看,自 1996 年以来,财政收入增长速度已连续 13 年超过 GDP 的增长速度,2007 年增速更达到了 1994 年以来的最高点 32.36%,是 GDP 增长速度的 3 倍,见图 11-2。从图中可以看出,自 1996 年开始,财政收入增长率与 GDP 增长率的变化趋势基本是一致的。可见,我国财政收入是以我国的大经济背景为依托的,国民经济的增长是全国财政收入增长的基本原因[①]。

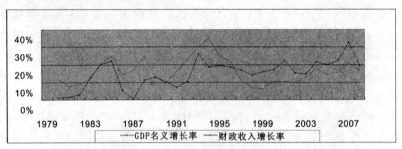

图 11-2　1978~2008 年全国财政收入与 GDP 名义增长率

注:为保证与财政支口径统一,GDP 名义增长率未经过价格指数调整,以当年价格计算,与国家部委发布的不变价格 GDP 增长率不同。

资料来源:《中国统计年鉴(2009)》。

二、变化中的财政收入结构

理论上,财政收入的配置实际上就是政府间财权的配置,而这种财权配置合理与否,往往与政府间事权的配置是相对应的。一般来说,政府间事权的配置主要根据公共产品的受益范围进行界定,中央政府侧重于宏观调控,而地方政府侧重于资源的具体配置。因此,根据国际经验,作为宏观调控主体的中央政府为了有效地实施宏观调控,在财政收入中应占有相对较多的份额,而作为资源配置主体的地方政府在事权的配置上应占有相对较多的份额。

图 11-3 记录的是 1979 年以来的中央政府和地方政府财政收入

---

① 2003 年 GDP 与财政收入增长率的下降主要是因为"非典"及自然灾害,2008 年 GDP 与财政收入增长率下降主要是受到全球金融危机的影响。

的变化,由此可以说明我国财政收入在中央政府和地方政府间的配置情况。如图所示,在1994年财税改革前,我国财政收入的配置偏向于地方政府,地方政府财政收入在全国财政收入中所占的份额达到了60%以上,最高的1978年接近85%。这种收入的过度分权虽然大大提高了地方政府发展本地经济的积极性,但同时也严重削弱了中央政府的宏观调控能力,所以1994年财税改革的一个重要目标就是通过改革提高财政收入的集中度。从1999年开始,财政收入的配置开始偏向于中央政府,中央政府和地方政府之间的收入份额差距逐步扩大到近10个百分点。从理论上讲,1996年以来我国财政收入配置结构上的变化正在趋向合理,中央政府的宏观调控能力正在增强。

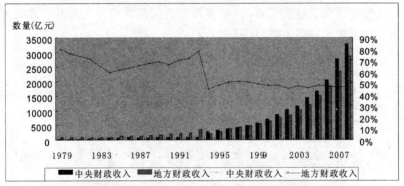

图 11-3 1978～2008 年中央及地方财政收入占全国财政收入比重

资料来源:《中国统计年鉴(2009)》。

从财政收入的构成来看,2008年各项税收收入占全国财政收入的比重为88.41%,是财政收入最主要的组成部分,见表11-1。其中,中央税收收入占全国财政收入的50.49%,地方税收收入占到全国财政收入的37.92%。在非税收入中,行政事业费收入和其他收入是两个较为主要的收入类型,占全国财政收入的比重达到3.48%和4.11%。在中央财政中,税收收入也是最主要的收入来源,非税收入只占到5%左右。但在地方财政中,非税收入所占的比重更大,达到18.83%,其中行政事业费收入是相对最主要的非税收入来源。

表 11-1　　2008 年全国财政收入构成(亿元)

种　类	全国财政收入		中央财政收入			地方财政收入		
	数　量	比　重	数　量	占全国	占中央	数　量	占全国	占地方
税收收入	54223.79	88.41%	30968.68	50.49%	94.76%	23255.11	37.92%	81.17%
专项收入①	1554.10	2.53%	200.65	0.33%	0.61%	1353.45	2.21%	4.72%
行政事业费收入	2134.86	3.48%	372.88	0.61%	1.14%	1761.98	2.87%	6.15%
罚没收入	898.40	1.46%	31.72	0.05%	0.10%	866.68	1.41%	3.03%
其他收入②	2519.20	4.11%	1106.63	1.80%	3.39%	1412.57	2.30%	4.93%
合　计	61330.35	100%	32680.56	53.29%	—	28649.79	46.71%	—

资料来源:《中国统计年鉴(2009)》。

　　另外,还应看到,相对于 1994 年财税改革之前,我国财政收入的规范化程度也有了显著提高,直接表现为我国预算外收入占总财政收入的比重近年来显著下降,见图 11-4。

图 11-4　1979～2007 年预算外收入占总财政收入的比重

　　注:(1)1993～1996 年的预算外资金收入范围分别有所调整,与以前各年不可比。从 1997 年起,预算外资金收入不包括纳入预算内管理的政府性基金(收费)。从 2004 年起,预算外资金收入为财政预算外专户收入。

　　(2)2003 年起,农村税费改革在全国推开,乡镇自筹与统筹资金逐步取消,但个别省份在 2003 年以后仍有清欠收入。

　　资料来源:《中国统计年鉴(2009)》。

---

①　包括:排污费、水资源费、教育费附加、矿产资源补偿费和国家留成销售后收入等。

②　含国有资本经营收入及国有资源有偿使用收入。

　　1994 年改革之前,预算外收入占财政收入的比重平均达到 42%,其中最高的 1992 年达到了 52.5%,而 1994 年改革之后平均只有 20% 左右,最高的 1996 年也只有 34%。这说明,1996 年以后的财政收入较过去更加规范了。如果将这一点与 1994 年财税改革的目标联系在一起,1996 年之后预算内收入在整个财政收入中份额的上升,从某种程度上表明 1994 年的财税改革达到了预期的规范政府收入的目标。

三、不断优化的财政支出规模与结构

　　通过考察我国的财政支出,可以发现,我国自 1996 年开始财政支出的总量增长迅速,参见图 11—5。从 1996 年到 2008 年,财政支出的绝对规模增长了 7.9 倍,特别是从 1998 年开始,财政支出平均年增长超过了 2500 亿元人民币,年增长率都在 10% 以上。和同期的 GDP 增长率相比,财政支出年增长率平均比后者高出了 7.3 个百分点,其中 1999 年最高,达到了 17.3 个百分点,见图 11—6。财政支出和同期 GDP 增长速度的差异直接导致了财政支出占 GDP 的份额上升。从 1996 年到 2008 年,财政支出占同期 GDP 的份额稳步上升,由 1996 年的 11.15% 上升到 2008 年的 20.82%[①]。

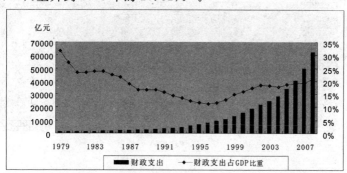

图 11-5　1979~2008 年全国财政支出与其占 GDP 的比重

资料来源:《中国统计年鉴(2009)》。

---

　　①　我国财政支出占 GDP 的比重在 1996 年之前基本上呈下降趋势,从 1978 年的 30.96% 下降到 1995 年的 11.67%,1996 年以后这一比率开始回升。

1996 年以来我国财政支出增长迅速一方面可以归因于同期财政收入的上升[①],但另一方面,更为主要的是由我国同期的财政政策目标决定的。从 1992 年开始,中国经济进入高涨状态,GDP 增长迅速,1994 年 GDP 增速达到 35%。为了抑制经济的过快增长,我国政府采取了一系列紧缩的政策措施,在两年内成功地实现了经济的"软着陆"。但由于没能及时扭转紧缩政策,再加上东南亚金融危机的冲击,国内消费需求和投资需求迅速下降,经济持续下滑。在没有减税空间的情况下,我国政府从 1998 年开始通过以扩大财政支出为主的积极财政政策来调控经济。从政策实施效果来看,积极财政政策在启动需求方面基本实现了预期的目标,但也产生了一个突出的政策后果:财政支出的规模增长迅速。由此导致在 2003 年之前,财政支出占 GDP 的比重一直是上升的。从 2003 年开始至 2007 年,我国开始控制赤字,实施稳健财政政策,财政支出没有与财政收入同比例增加,占 GDP 的比重也逐步平稳。直到 2008 年下半年,国际金融危机升级,我国经济出现下滑趋势,我国的宏观调控政策向"保增长"方向进行了微调,财政支出增长又开始加快。

图 11-6　1979～2008 年全国财政支出增长率与 GDP 名义增长率

资料来源:《中国统计年鉴(2009)》。

---

① 除 2004 年和 2007 年财政收入增长速度与财政支出增长速度差距较大以外,其他年份两者基本保持一致。

表11-2进一步考察了2008年我国财政支出的结构。按照2007年新的财政收支分类办法,支出按功能分类,具体包括:一般公共服务、外交、国防、公共安全、教育、科学技术、文化体育与传媒、社会保障和就业、医疗卫生、环境保护、城乡社区事务、农林水事务、交通运输、工业商业金融事务和其他支出等15类。其中,一般公共服务支出①占同期财政支出的比重仍然最大,为15.65%。教育在财政支出中所占的比重也较大,为14.39%;而且近年来教育支出增长迅速,2008年教育支出比2007年增长近22%。社会保障和就业支出是第三个主要的支出类型,占到当年财政支出的10.87%,其同期增长幅度大,增速超过40%。农林水事务支出和环境保护支出虽然占同期财政支出的比重较小,但增长幅度很大,分别为33.4%和50.5%。其他占财政支出比重较低的科学技术、文化体育、医疗卫生支出为目前我国重点关注的基本公共服务支出,2008年增长幅度都在20%以上,但其所占财政支出的比重仍然偏低。总体来讲,一般性公共服务支出仍然是我国财政支出中比重最大的支出项目,政府还应继续提高效率,压缩这部分开支。2008年,财政对社会保障、医疗卫生、农业、科学技术等民生事业的投入大量增加,相关财政支出的增长均高于当期总财政支出的增长;但从这部分开支所占的比重来看,未来仍需继续加大这部分财政投入,进一步提高民生支出的比重。

表11-2　2008年我国财政支出结构

（单位:亿元）

项　　目	国家财政支出		中央财政支出②	地方财政支出
	数量	比重		
总计	62592.66	—	13344.17	49248.49
一般公共服务	9795.92	15.65%	2344.55	7451.37
外交	240.72	0.38%	239.15	1.57

---

①　一般公共服务支出包括:人大事务、政协事务、政府办公厅及相关机构事务、发展与改革事务、统计信息事务、财税事务、税收事务、审计事务、海关事务、人事事务、纪检监察事务和统计信息事务。

②　指中央本级财政支出,不包括中央对地方税收返还和转移支付(相应形成地方财政收入,并由地方安排财政支出)。

项　　目	国家财政支出		中央财政支出	地方财政支出
	数量	比重		
国防	4178.76	6.68%	4098.95	79.81
公共安全	4059.76	6.49%	648.63	3411.13
教育	9010.21	14.39%	491.63	8518.58
科学技术	2129.21	3.40%	1077.35	1051.86
文化体育与传媒	1095.74	1.75%	140.61	955.13
社会保障和就业	6804.29	10.87%	344.28	6460.01
医疗卫生	2757.04	4.40%	46.78	2710.26
环境保护	1451.36	2.32%	66.21	1385.15
城乡社区事务	4206.14	6.72%	14.33	4191.81
农林水事务	4544.01	7.26%	308.38	4235.63
交通运输	2354.00	3.76%	913.20	1440.80
工业商业金融等事务	6226.37	9.95%	2133.90	4092.47
♯地震灾后恢复重建支出	798.34	1.28%	62.47	735.87
其他支出	2940.79	4.70%	413.75	2527.04

资料来源:《中国统计年鉴(2009)》。

四、我国的财政赤字及其形成原因分析

从 1990 年开始,我国政府财政活动中经常出现财政赤字,见图 11—7。赤字代表着政府实际支出超过收入的差额,其出现原因一方面可能是由于财政调节计划未完全落实(如支出未能按预算数额得到应有的压缩),另一方面可能是由于各种经济因素变动导致财政收入未达到预算水平,更多的情况则是两者兼而有之。例如,1996 年、1997 年为了达到紧缩财政的目的,按照预算安排,中央政府计划每年削减预算赤字 100 亿元(或安排预算盈余 100 亿元),但就实际执行结果看,1996 年的实际财政赤字规模只比 1995 年的规模减少了 52 亿元,而 1997 年的实际财政赤字规模不仅未能减少,反而比 1996 年增加了近 53 亿元。从根本上说,这种财政赤字是国家财政收入增长速度经常落后于财政支出增长速度的必然结果。当然,这些财政赤字也可以视为我国在由计划经济向市场经济转轨过程中支持经济改革的一种代价。而 1998 年以

来我国财政赤字的显著增加则主要是受到 20 世纪 90 年代世界经济不景气的影响,国内相继出现通货紧缩与内需不足问题,政府开始推行积极财政政策。为了有效拉动内需,政府每年都要在预算中安排 1500 亿元左右的国债开支以增加基础设施的投资,并起到带动其他社会投资的作用。这种赤字是为了达到某种社会经济目标而有意识安排的赤字。

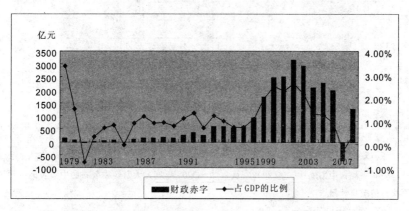

图 11-7 1979～2008 年全国财政赤字及其占 GDP 的比例

资料来源:《中国统计年鉴(2009)》及 2007～2009 年度人大财经委公布的中央及地方预算执行情况审计报告。

1. 中央财政赤字

自 1998 年我国实行扩张型财政政策后,中央财政赤字增长迅速,见图 11-8,中央财政赤字占 GDP 的比重一直在 2% 以上。直到 2005 年,我国开始实行稳健型财政政策,增收节支,赤字规模开始回落,中央财政赤字占 GDP 的比重也首次降到 2% 以下(1.6%)。2006 年中央财政赤字更是自 2002 年后首次回落到 3000 亿元以下[①]。近年来,中央财政赤字占 GDP 的比重显著下降,一方面是由于我国财政政策的导向

---

① 2006 年我国设立了中央预算稳定调节基金,专门用于弥补短收年份预算执行收支缺口。2007 年、2008 年中央预算赤字的减少一方面是政策调整的结果,另一方面也是注入中央预算稳定调节基金的结果。

发生了变化,政府致力于缩小赤字规模,增收节支;另一方面则是由于我国 GDP 一直维持高增长,使得计算的基数扩大,这也是稳健型财政政策在我国成功执行的又一项佐证。

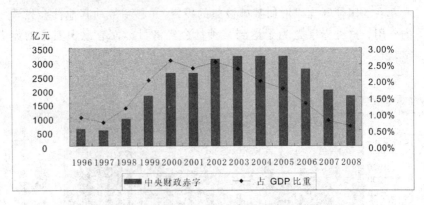

图 11-8　1996～2008 年中央财政赤字及其占 GDP 的比重

资料来源:《中国统计年鉴(2009)》及 2007～2008 年度人大财经委公布的中央及地方预算执行情况审计报告。

2.地方财政赤字

1996～2008 年,我国地方本级政府赤字规模一直较大,政府资金短缺情况比较严重,尤其是 2004 年减免农业税后,地方财政赤字迅速增长,至 2008 年赤字年均增长率均超过 20％,2008 年地方本级财政赤字达到 28645 亿元。但纳入中央对地方的补助和地方对中央上解后计算地方政府总收支差额,可以发现大多数年份里,地方财政都会略有盈余,2007 年和 2008 年盈余分别为 2706 亿元和 1597 亿元,见表 11－3。由此可见,地方财政主要依靠中央对地方税收返还和补助支出来解决地方财政困难问题。事实上,1996～2008 年,中央对地方税收返还和补助支出占地方总支出的比重一直在 40％以上[1]。

――――――――

①　均值为 44.06％。

表 11-3　1996～2008 年地方财政赤字构成（单位：亿元）

	本级支出	本级收入	本级赤字	地方上解	返还地方	地方总支出	地方总收入	总赤字
1996	5786.28	3746.92	2039.36	603.88	2722.52	6390.16	6469.44	−79.28
1997	6701.06	4424.22	2276.84	603.8	2856.67	7304.86	7280.89	23.97
1998	7672.58	4983.95	2688.63	597.13	3321.54	8269.71	8305.49	−35.78
1999	9035.34	5594.87	3440.47	598.13	4086.61	9633.47	9681.48	−48.01
2000	10366.65	6406.06	3960.59	599.12	4665.31	10965.77	11071.37	−105.6
2001	13134.56	7803.3	5331.26	590.96	6001.95	13725.52	13805.25	−79.73
2002	15281.45	8515	6766.45	637.96	7351.77	15919.41	15866.77	52.64
2003	17229.85	9849.98	7379.87	618.56	8261.41	17848.41	18111.39	−262.98
2004	20592.81	11893.37	8699.44	607.17	10407.96	21199.98	22301.33	−1101.35
2005	24932.39	15092.04	9840.35	713.85	11473.68	25646.24	26565.72	−919.48
2006	30221.6	18280.85	11940.75	782.54	13490.7	31004.14	31771.55	−767.41
2007	38120.36	23565.04	14555.32	850.5	18112.45	38970.86	41677.49	−2706.63
2008	49052.72	28644.91	20407.81	939.93	22945.61	49992.65	51590.52	−1597.87

资料来源：《中国统计年鉴（2009）》及 2007～2008 年度人大财经委公布的中央及地方预算执行情况审计报告。

现代财政理论认为，在一定规模的国家税收满足政府正常增长的财政开支需要的情况下，部分用于刺激经济增长、实现充分就业的宏观经济目标的社会资本性开支（生产性投资开支）是可以依靠政府的财政信用，即通过发行政府债券的形式向公众进行融资来予以解决的。虽然这在政府财政预算方面会经常出现赤字，但是只要这些依靠政府信用聚集的社会资金被合理地用于生产性投资，就不仅能够有效促进国民经济的增长，而且未来还本付息也不会成为问题。这就是在一定条件下政府可以实行赤字预算的基本依据。至于为什么我国政府要通过财政信用来维持一个在规模上不断扩大的财政开支，并且不可避免地使由此产生的财政赤字可能会长期存在下去，最重要的理由之一就是我国政府必须积极参与、调控、管理国民经济增长过程。在这方面既有国情原因，也有经济原因。

第一，作为国情原因，在我国人们对政府课税存有较大的偏见与不顺应性,偷税、漏税,甚至抗税现象比较严重[①],现行税制有时难以按计划完成预算收入,从而使政府财政开支调整在某种程度上受到限制。另外,从我国税制改革步伐稳健但相对缓慢,税法建设积极但执法相对落后的情况进行推测,也有理由认为过激的税制改革恐怕短期内难以得到公众的支持。改变这种状况要经过长期经济发展并加强社会教育。不过,从近年来实际反映出的情况来看,政府只要不大幅度提高现行税率和增加新税种,公众还是宁愿或愿意借钱给政府的。近年来人们购买国债的热情持续提高便是极好的证明。人们本能地认识到国家税收与国家债务不仅在性质上有根本性区别,而且在任何情况下,和使用源于税收收入的财政资金相比,政府官员可能会更加重视源于公共债务的财政资金的使用效果。

第二,我国私人或私人集团的经济实力目前尚未达到较高水平,他们自身的经济信用、投资管理能力、风险承担能力等也较为有限。在未来的几十年里,私人或私人集团成为主持大部分、大规模生产性投资的投资主体的可能性极小,即短期内无法指望广大民众会把个人储蓄自愿地交给私人或私人集团用于经济社会中大规模的生产性投资。这样,公众把其闲置的资金除了部分地存入各类国家银行以外,还有相当一部分会被用于认购政府债券,作为公众首选的金融投资形式。对国民来说,把钱存入银行还是投资于政府债券没有实质性的区别,但对政府来说,从银行借钱还是向国民举债则是有本质性区别的。另外,改革开放后,持续扩大的储蓄规模也为政府积极利用其财政信用提供了非常现实的基础。于是,目前我国实际上是处于"一个高效率和高储蓄的经济中"。按世界银行经济专家的看法,在这样的经济形势下"较高的赤字不一定会带来问题"。

第三,作为经济原因,和单纯利用国家税收相比,利用财政信用获得的财政资金扩大并维持经济社会要求的生产性投资在我国有更充分的经济合理性。由于政府承担的大量生产性投资不是严格意义上的公

---

① 例如,1995 年全国财税大检查,查出的偷漏税金额为 165 亿元,如果按查出的偷漏税金额占实际偷漏税金额的 25％计算,当年实际的偷漏税金额可能高达 650 亿元之多。

共财,即其各项投资利益并不与所有社会成员的个人福利变化相关联,完全通过税收办法筹集资金进行这些投资项目显然极大地违背了税收的收益原则①。此外,包括我国在内的各国税收制度都未能完好地建立起"排除机制",即在经济社会里,在对政府税收收入提供的公共财或公共劳务的消费上,经济社会无法有效地排除那些"免费搭车者②"。那么,政府税收收入提供的公共消费物品越多,国家财政收支所体现的社会公平程度就越低。所以,政府应该尽量减少依靠税收收入提供的、非严格意义上的公共财,代之以凭借财政信用筹集的资金来提供这些财货,一般来说会更有利于社会公平程度的提高。

第四,在近代经济社会中,政府为弥补预算赤字而发行一定规模的政府债券也自然而然地成为了政府推行宏观经济稳定政策的主要工具之一。政府通常也要根据现实和未来经济发展的需要,而不是单纯按照年度税收收入的限制,合理地变动其财政开支的规模并实行逆周期而动,以便能够在较长时期内维持一种(以高度充分就业、低度通货膨胀为基本特征的)稳定的社会经济发展局面。此外,债券发行本身减少了政府财政赤字货币化的压力,有助于克服通货膨胀问题;大量政府债券的存在,使货币当局能够更方便地通过公开市场操作来承担经济社会的短期货币供求调节任务。

根据以上分析,应该承认下述认识肯定是正确的:"……,国债在社会主义社会不是绝对不可以采用的,也绝不是在任何情况下都是具有消极影响的东西,它在一定条件下将是保障国民经济顺利发展的积极因素。但这种情况是出于对经济调节的需要,并不是财政本身的需要。"③

---

① 例如,有些人一生中都不会使用南昆铁路,用税收收入修建该铁路必然会造成某些纳税人的利益损失,故部分纳税人对此要产生某些抵触行为。但是利用政府公债筹集资金从事铁路建设便有效地克服了上述问题,不管投资人是否使用该铁路,他们都会获得投资收益。

② 逃避纳税而又享受公共利益者。

③ 何振一:《理论财政学》,中国财政经济出版社,1987年,第109页。

第三节　建设有中国特色的公共财政体制

在国民经济由计划体制向市场体制转轨时期,作为政府行为的财政活动,一方面要为推进市场体制建设发挥积极作用,另一方面又要防止源于市场失灵造成的社会经济活动失控。因此,政府的角色就应该被定位在如何保证充分发挥市场机制作用的制度建设上:既要确保市场前提的实现、市场完全竞争条件的满足,又要防止和解决市场失灵所带来的社会问题。

因此,相对于原先政府履行财政职能的方式、方法而言,财政改革就是要求政府财政活动按照"有所为,有所不为"的原则,通过有选择地退出与补进市场的做法来保证市场经济的有序运行,同时探索市场条件下政府有效履行财政职能的适合方式、方法与路径,建立和不断完善公共财政体制。

一、努力实现政府财政职能的根本性转变

通过上节对我国财政支出结构的分析,可以发现,我国政府的财政职能正在发生重大转变。

首先,政府财政的资源配置职能作用范围正在逐步从满足"有益需求"方面转向满足"公共需求"方面,即政府的财政活动越来越以优先满足经济社会所需要的公共产品与公共劳务为主。在我国不仅国防、外交、司法、基础设施等被列为公共物品与劳务提供范围,类似的如资源勘探、基础教育、基础科研、战略产业发展、环境保护以及社会保障等那些投资巨大,成本回收期长,具有较强外在性的社会经济活动一般也被列为公共物品与劳务提供范围。农业是关系到十几亿人口生存问题的基础产业,其在国民经济中的地位最为重要并在相当程度上体现着"公共需求",因此政府也要把一定数量的财政资源用于扶持农业。在财政主要满足"公共需求"的同时,一些重要方面的经济改革,如国有企业体制改革、医疗体制改革、住房体制改革、高等教育体制改革以及鼓励民

间投资等,则在本质上体现出政府财政活动逐步退出非公共产品提供领域的情形。

其次,我国政府财政的收入分配职能也在不断加强。在转轨时期,我国除了以"按劳分配"作为主体收入分配方式外,随着市场经济体制的形成,还出现了其他多种收入、财产分配方式,社会分配不公平问题也随之产生。社会分配不公平程度提高,国民间贫富差距加大,政府财政就会更加注重加强其收入再分配职能。为了实现社会公平目标,保障国民基本的、符合人的尊严的生活状态,政府财政在改革社会保障制度的同时,也不断加强有关的税制建设和加大财政转移支付开支的规模,如改善个人所得税的征管工作,提出征收个人财产税、遗产税建议,建立城镇居民最低收入保障制度,向低收入者提供更多的住房补贴等。通过这些政策措施,财政收入再分配职能已经开始发挥作用。

再次,和资源配置职能、收入分配职能相比,政府财政履行经济稳定职能并取得积极成效是最困难的。因为市场经济条件下政府财政要实现充分就业、物价稳定、国际收支平衡、经济可持续增长等宏观经济目标,就要对商业周期进行逆向调节,这种调节活动在理论上十分简单,但实践起来却十分复杂①。其实际效果不仅取决于政策调整的及时性、针对性,政策工具选择的适宜性、可靠性,还取决于经济活动主体对政策调整可能做出的反应,而不同的反应方式、反应程度又受特定经济环境和政府所创造的政策环境的影响。就我国情况来看,政府力图彻底摆脱计划经济体制下的经济管理方式的影响,尽量采取间接手段

---

① 因为实施经济稳定政策,政府首先要准确了解国民的边际消费倾向、边际进口倾向、重要产品的价格需求弹性、主要产品供给的边际成本等经济变量的性质;其次还要大致地估计出国民、企业对重要经济变量(税率、利率、物价等)的变动可能作出的反应程度;最后,将这些变量有选择地纳入合适的经济模型,经模拟实验确定财政乘数、货币乘数,比较可能的结果与既定目标的吻合程度后,政府才有可能实际上进行间接调控并取得理想效果。然而,问题在于上述各种变量数值很难推算,并且它们之间的关系亦不稳定,人们只能通过长期实践活动来研究、认识这些问题。不过,政府财政履行经济稳定职能的合理性在于:如果认定社会经济规律是可以被认识并逐渐被掌握的,那么社会经济进程就能够被政府活动所"控制",但这种控制始终是间接的,并最大限度地保障微观经济单位自主地实施其自由竞争、自由选择的权力。

调控宏观经济以使财政更好地发挥其经济稳定和经济增长职能,这是转轨时期财政改革取得的最重要的成就。虽然按照官方的财政统计,我国财政收入对国民收入的比重有连续下降的趋势,但是这种趋势主要反映了政府财政活动不再大规模地从事一般性生产投资,而是把其重点逐步转移到利用有限财政资源进行市场调节方面,即利用市场经济规律和通过生产者利润机制,政府致力于制定并推行引导社会投资,平衡经济供求的财政政策,并以此来实现政府财政之宏观经济稳定与促进经济增长职能。

最后,由于沿市场化方向进行的财政改革取得了基本成功,市场与政府互补关系得到加强与完善,带有以政府活动弥补市场缺陷来充分发挥市场机制这一显著特征的国民经济运行方式最终得以确立。这一特征尤其体现在财政经济方面,即政府财政活动逐步退出非公共产品提供领域情况下,政府经济调控能力不仅未被削弱,反而不断加强。

另外,在国家财政职能发生重大转变的同时,也应该看到,由于受政治、社会、经济、文化、传统等因素影响,政府预算管理体制的调整与改革则显得相对滞后,并在相当程度上阻碍了财政职能作用的正常发挥。加之市场体制不健全,微观层次上经济活动主体(企业与个人)反应迟钝,政府经济调控方式、方法普遍带有行政干预色彩等原因的影响,政府在履行现代财政职能上也还存在着各种偏差。这些问题自然会给政府财政活动带来程度不等的财政风险,已经引起政府有关部门的广泛注意,相关部门正在采取积极措施,通过加强预算管理来预防财政风险。

二、参照国际惯例改革政府预算管理制度

战后主要国家实践经验表明,无风险地推行以总需求管理为目标的财政政策是不可能的,不过,遵循科学的预算管理规则,政府在财政过程中规避和化解政策风险则是可能的。换言之,政府在一套合适的预算管理制度框架下,按照一定的规则推行审慎财政政策对宏观经济运行总的来说是有益的。在这方面,政府财政政策选择与预算制度改革具有同等重要的意义。有关国家的实践经验还说明,预算制度(及其

改革)与财政政策效果(及其改善)之间存在着重要联系。因为科学的预算制度至少可以发挥三种功能:为财政政策形成提供真实信息,为政府财政活动确定合理的行为框架和影响财政政策效果。因此,政府需要建立一套合适的、被严格执行和严格监督的预算制度,该制度有助于鼓励政府官员采取深思熟虑的政策措施,减少政府行为短期化现象,从而从根本上降低政府财政活动的各种风险。

为了防范财政风险并提高政府财政活动的经济效率,大力加强国家预算管理乃当务之急。当然,建立完善的国家预算管理制度更是稳固国家财政基础的长期利益之所在。一个科学的、完善的预算管理制度至少能够发挥两种重要的经济职能:一是积极维护国家财政预算的权威性、严肃性,使政府各项财政活动最大限度地避免受到各种利益集团的影响和干扰;二是保证各种公认的预算原则,如预算之完整性、年度性、可靠性、公开性、明确性原则[①],在政府预算活动全过程中得以有效贯彻,而只有在这些预算原则得以有效贯彻情况下,才能使政府在其财政活动中做到节约财政资源并使经费使用制度化和提高其使用效率。换言之,科学的预算管理制度最终要为经济社会不断优化国家财政资源的配置、不断化解各类财政风险提供制度性保障。

就我国当前政府财政及其预算管理状况来看,在加强预算管理上,可以考虑把重点放在以下方面:第一,加快《预算法》修订,严格执行《预算法》和有关的财政法规。《预算法》是国家财政活动和预算管理的根本法,树立《预算法》的绝对权威是必要的。第二,预算管理实行协调-制衡原则。在国家预算管理全过程中,明确界定预算编制部门、审批部门、各执行部门和监管审计部门的职责,具有重要意义。在这方面,美国的基本做法值得我国政府借鉴。其主要特点是按照国家财政活动各参与部门的不同职能,承担预算周期各环节的具体任务,依据协调与制衡原则,各部门共同对国家财政事务负起责任以不断提高财政活动质量。当然,美国的做法不能完全照办,但根据国情特点同样可以

[①] 大多数《公共财政》教科书对"预算原则"均有较为详细的解释,可以参见张志超编著的《现代财政学原理》第三章,南开大学出版社,1999 年。

遵循协调与制衡原则来规范我国的预算管理活动。第三,加快构建完整统一的预算体系,把大部分预算外资金纳入预算内资金并实行统一管理。按照国际惯例,严格地讲,一个国家在一个财政年度只能有一个统一的国家预算,这就是国家单一预算原则。国家在组织预算中实行该原则不仅仅是为了集中财力,更主要的是为了减少财政资金的低效率使用并强化财经法纪。所以,中央政府可以采取立法方式,把预算外资金改为预算内资金,或者直接纳入预算内管理。第四,按照协调—制衡原则处理好地方政府与中央政府的财政关系。在我国预算管理制度中,虽然中央财政与地方财政在行使经济职能方面各有侧重,但是又必须互相配合,协调发展,这是国家整体财政活动的一个重要方面,直接关系到国家财政资源的有效使用和国民经济的稳定增长。改革开放以来,我国各级政府财政关系逐步由传统的集权体制向分权体制过渡,但是,目前我国在处理中央政府与地方政府财政关系上还存在很多问题,为了有效解决这些问题,最主要的是做好两件事:一是通过立法明确各级政府的事权与财权划分;二是建立一套合理的财政补贴制度。

三、税制建设与税制改革

我国现行税制是在 1994 年税制改革后形成的,经过这次改革,我国共开征了 24 个税种,建立了中央和地方的"分税制",并确立了以流转税(增值税)、所得税为主体税种和其他税种相配套的复合税制,初步建立了与社会主义市场经济体制相适应、与国际接轨的税收框架。在税制改革后,税收收入增长显著,现行税制在保证中央政府财政收支、抑制 1994 年前后的通货膨胀、使我国经济在 1996 年成功实现"软着陆"上都起到了举足轻重的作用。但是,自 1998 年以来,我国的宏观经济环境发生了很大变化,而且伴随着国有企业转制及我国入世等各种情况的出现,现行税制的一些制度上的缺陷逐步地显现出来,亟需进一步进行调整。

2004 年初国家税务总局提出陆续推出 8 项税制改革。新一轮税制改革涉及:增值税、企业所得税、个人所得税、消费税、物业税、改养路费为燃油税、完善地方税制、农村税费改革。其中,增值税的改革已经以东北老工业基地的 8 个行业为试点展开,内外资企业所得税合并、农业税和个人所得税改革也已顺利展开。消费税和房地产税的改革方案也在酝酿中。

当前,中国经济已步入了新一轮的增长期,经济运行总体呈现出增长速度快、质量效益好的态势,GDP 持续稳定增长,税收收入连续数年大幅度增长,这些有利因素为新一轮的税制改革创造了绝佳的条件。总的来看,新一轮税制改革的原则可以用 12 个字来表示:减税制+宽税基+低税率+严征管;总体目标可以概括为统一税法、公平税负、优化结构、提高效率。从本质上看,这次税制改革有别于 1994 年的税制改革,这次改革大多数是在技术的操作方面对 1994 年所确定的税制的进一步完善。因此尽管这次税改的覆盖面很广,但也只是针对宏观经济环境的变化对现行税制所作的结构性调整。但是,需要承认的是,这次税制调整后,尽管我国的税收体制和结构跟发达国家相比还存在着一些缺陷,但对于中国税收来说已是一个很大的进步了,而且必将会对中国的市场经济发展起到相当大的作用。

四、强化政府支出的绩效管理

我国长期以来面临着政府机构臃肿、行政经费过度膨胀等问题。例如,目前我国的行政成本高出世界的平均水平 25%,政府机构的能源消费约占全国能源消费总量的 5%,节能潜力为 15%至 20%。换言之,我国财政支出效果不佳、政府活动成本居高不下一直是我国财政运行中存在的顽疾。为此,《中共中央关于制定国民经济和社会发展第十一个五年规划的建议》提出,要"提高行政效率,降低行政成本",还提出要"规范政府投资行为,健全政府投资决策责任制度"。但在目前的财政体制下,在既没有完备的事前审议,又没有事后评估检验的情况下,仅仅靠强化预算程序以使各级行政部门不折不扣地执行各级政府预算计划,仍难以杜绝部门决策失误、官员渎职等造成的财政资金浪费现象。为此,随着我国政治、经济体制改革的不断深入,社会公众和各级人代会开始关注财政支出的绩效状况,要求建立财政支出绩效考核机制,以客观公正的绩效评估体系代替传统的业绩考核。

理论上,通过绩效预算,或者通过加强政府预算的绩效管理,一方面可以起到杜绝长官意志,减少各级政府之间、各级政府行政部门之间在财政资金分配过程里讨价还价、互相博弈的作用;进而使财政资金的分配走出以往近乎黑箱操作的状态,以保证预算支出安排的合理性和财务硬约束。另一方面,通过推行绩效预算,还有助于对政府部门和单位的职责、各支出项目的经济效率与社会效益进行指标化与量化,从而增强政府预算编制和审批的计划性、科学性,同时也为各级人代会对政府预算的监督提供基本依据。简言之,推行绩效预算是深化政府预算改革和部门预算改革的需要,是从根本上解决财政拨款与财政效果脱节问题的重要途径。

鉴于在我国实行政府预算绩效管理制度的主要条件正在逐步形成,政府便可以结合国家的经济发展水平,分步骤地在全国推行绩效预算。现阶段,可尝试推行的相关措施有:

第一,对于推行绩效预算来说,奠定必要的法制基础、创造合适的法制环境是至关重要的环节。为此,我国可考虑在条件成熟时,在《预算法》、《审计法》等法律中增加绩效管理的要求,统一制定有关制度,明确绩效预算的工作规则、工作程序、组织方式及结果应用等,并对相关行为主体的权利和义务进行界定。

第二,从美国预算改革的经验来看,各州政府经常是相关改革的原动力和创始者,然后再将地方的改革经验推广到联邦政府。在我国也可以尝试自下而上地进行绩效预算改革活动。这是因为,从绩效预算的本身特点来看,越是具体的、有直接成果的项目,越容易确定绩效指标和进行绩效评估。地方政府通常负责各种预算业务计划的一线执行者,那么通过对其主要业务计划完成情况的考核来衡量这些预算单位的绩效状况,能够相对比较容易地建立起产出和结果之间的关联性。

第三,西方许多国家和世界银行等国际组织都设有专门的公共支出绩效评价机构,作为财政支出绩效评价执行主体。而在我国,缺乏这样一个有权威性的财政支出绩效评价综合管理机构,财政支出的绩效评价工作往往分散在各管理部门进行,而各部门所使用的绩效评价标准又极不统一,使得各类财政支出绩效评价结果差异较大,缺乏可比性,难以利用绩效评估结果作为财政资金分配、再分配的依据。因此,有必要在全国人民代表大会下增设一个与预算管理委员会并列的绩效评估委员会,由有关专家组织,负责监督和组织各部门绩效指标的制定和年终的绩效评估。在评价组织工作实施过程中,可以先采取财政部门牵头,其他政府部门予以配合的模式,待逐渐统一各类支出的绩效评估标准后,再过渡到人大、审计、财政以及其他政府部门(单位)各自分工负责的绩效评价模式。

第四,大力推广选择性方案评估。由于选择性方案评估只是针对少数被选择的施政方案进行评估,评估质量较高,也容易被决策者所消化。以方案为单位来评估成本与效益,对预算决策者和社会公众而言,比较具体明确,并有息息相关的感受,因此也加强了决策者及社会公众对方案评估结果加以运用与讨论的能力和意愿,能较好地增加政府预算决策过程的理性成分。

第五,结合"十一五"发展规划,试编年度绩效计划和绩效评估报告。目前,我国各部门实际上都制定了与国家5年计划目标一致的本部门发展规划,以及各部门的年度工作计划,在此基础上,将年度工作计划进一步细化为年度绩效计划指标,使各部门的具体工作与国家的总体发展规划联系起来。在这一过程中,还可以推动中长期滚动式预算的实行。

第六,加强绩效审计改革。近五年里可将绩效审计目标中的"效",即"效益"作为主要审计目标;而绩效审计目标中的"绩",即"业绩评估"则是今后条件相对成熟一些时所要实施的第二步或第三步战略目标。

以上关于拟在我国实施绩效预算的建议显然是框架性的,许多政策原则、制度安排、操作细节问题,尤其是与部门预算活动直接有关的绩效目标的确定、绩效标准的制定、绩效指标的设计问题,以及实现绩效目标的手段选择和绩效评估的技术开发等,都有待进行全面、深入,甚至长期的理论探讨。所以,就目前情况看,在我国提倡绩效预算,或对政府预算实行绩效管理,尽管可以将其视为政府预算管理制度改革的一种远景规划,但有关绩效预算改革的准备工作应该积极进行,而且这些工作还必须立足长期打算。

第十一章练习题

一、判断以下各陈述的正误

1. 和市场经济体制相似,计划经济体制下,政府财政活动的基本目标被确定为满足经济社会的公共需求,而且也不直接插手经济社会的生产、再生产过程。（　　）

2. 传统计划经济体制下,社会福利分配的第一标准是"公平",其次才考虑个人的经济效率。无论是在社会产品（收入）初次分配中,还是在社会产品（收入）再分配中,充当这种社会产品（收入）分配主要角色的政府财政活动往往遵循平均分配原则。（　　）

3. 转轨时期,政府财政改革的总体目标是:重新界定政府财政活动（公共部门经济活动）与私人经济活动的关系,重新确定政府财政的社会经济职能,按照市场经济原则调整财政政策的基本取向和实施路径。（　　）

4. 财政理论认为,在任何情况下政府都可以依靠自己的财政信用,即通过以发行政府债券的形式向公众借钱的办法,进行融资以满足不断增长的开支需求。（　　）

5. 国债在社会主义社会不是绝对不可以采用的,也绝不是在任何情况下都是具有消极影响的东西,它在一定条件下将是保障国民经济顺利发展的积极因素。但这种情况是出于对经济调节的需要,并不是财政本身的需要。（　　）

6. 在我国农业虽然是关系到十几亿人口生存问题的基础产业,其在国民经济中的地位最为重要,但农业发展本身并不体现为"公共需求",因此政府无须把一定数量的财政资源用于扶持农业。（　　）

7. 我国现行税制是在 1994 年税制改革后形成的,经过这次改革,我国建立了中央和地方的"分税制",并确立了以流转税（增值税）、所得税为主体税种和其他税种相配套的复合税制,初步建立了与社会主义市场经济体制相适应、与国际接轨的税收框架。（　　）

8.在中央财政中,税收收入也是最主要的收入来源,但在地方财政中,非税收入所占的比重更大,其中行政事业费收入是相对最主要的非税收入来源。( )

9.政府财政的资源配置职能作用范围正在逐步从满足"有益需求"方面转向满足"公共需求"方面,即政府的财政活动越来越以优先满足经济社会所需要的公共产品与公共劳务为主。( )

10.纳入中央对地方的补助和地方对中央上解后计算地方政府总收支差额,可以发现大多数年份里,地方财政都仍然处于赤字状态。( )

二、选择题(从以下各题所给答案中挑选出所有被认为是正确的答案)

1.转轨时期,明确政府财政改革的总体目标的重要意义是:( )。

A.有效协调各种经济关系并确保国民经济在新旧体制间的平稳更替

B.最大限度地降低转轨时期各项经济改革的成本

C.进一步加强国有经济在国民经济中的地位

D.尽快建立符合市场经济发展要求的现代财政制度

2.以下关于当前我国财政收入状况的表述不正确的是:( )。

A. 财政收入不断增加

B. 近5年来财政收入的年增长速度低于 GDP 的增长速度

C. 税收收入是财政收入的主要组成部分

D. 地方非税收入占地方财政收入的比重低于中央非税收入占中央财政收入的比重

3.以下关于当前我国财政支出状况的表述不正确的是:( )。

A. 财政支出不断增加

B. 近5年来财政支出的年增长速度高于 GDP 的增长速度

C. 2008 年财政支出中教育支出所占的比重最大

D. 2008 年,财政对社会保障、医疗卫生、农业、科学技术等民生事业投入大量增加,相关财政支出均高于当期总财政支出的增长

4.科学的预算制度至少可以发挥以下功能:( )。

A. 为财政政策形成提供真实信息

B. 为政府财政活动确定合理的行为框架

C. 直接刺激经济增长

D. 有助于解决失业问题

E. 影响财政政策效果

5. 以下关于我国财政赤字的相关表述不正确的是:(　　)。

A. 近 5 年来国家一直处于财政盈余状态

B. 1998 年以来我国财政赤字的显著增加则主要是受到 20 世纪 90 年代世界经济不景气的影响

C. 地方财政主要依靠中央对地方税收返还和补助支出来解决地方财政困难问题

D. 政府为弥补预算赤字而发行一定规模的政府债券成为政府推行宏观经济稳定政策的主要工具之一

6. 我国政府财政活动主要涉及(　　)等主要方面,这些方面的改革分别构成以市场化为基本目标的财政改革的具体内容。

A. 国有企业财务管理

B. 协调各级政府关系

C. 预算管理

D. 财政、财务法规制定

E. 公债管理

F. 物价管理

7. 政府对市场实行积极干预活动是必要的,但是政府不能替代市场,政府职能仅限于(　　)。

A. 按照市场规律要求制定和执行交易准则及其他市场法规

B. 按照公共需求提供必要的公共产品与劳务

C. 按照普遍的社会公平原则调整社会收入与财产的分配关系

D. 按照资源最优配置原则发展市场

8. 财政用于改善收入分配状况的方法有:(　　)。

A. 提高个人所得税的起征点

B. 加大对低收入者的最低生活保障

C. 征收遗产税

D. 对低收入者进行住房补贴

9.2001 年至今,深层次的财政管理体制和财政监督制度的变革成果有哪些?(　　)

A.深化了预算编制方式的改革

B.财政预算法制建设加快

C.政府收支分类改革

D.财政支出绩效评价改革

E.国库集中支付改革、政府采购改革、收支两条线管理

F.转移支付改革

G.新一轮税制改革

10.2004 年新一轮税制改革没有涉及以下哪些税种?(　　)

A.增值税　　　　　　　　　B.营业税

C.消费税　　　　　　　　　D.企业所得税

E.燃油税　　　　　　　　　F.物业税

G.个人所得税

三、思考题

1.简述计划经济体制下政府财政活动的基本特点。

2.简述转轨时期我国经济体制改革的基本目标及总体目标。

3.简述当前我国财政经济运行的主要特点。

4.为什么我国政府要通过财政信用来维持一个在规模上不断扩大的财政开支,并且不可避免地使由此产生的财政赤字可能会长期存在下去?

5.我国政府财政职能发生了哪些重大转变?

6.一个科学的、完善的预算管理制度至少能够发挥哪些重要的经济职能?

7.就我国当前政府财政及其预算管理状况来看,在加强预算管理上,可以考虑把重点放在哪些方面?

8.简述 2004 年新一轮税制改革的原则和总体目标。其与 1994 年税制改革有何区别?

9. 推行绩效预算可以达到怎样的有益效果？

10. 鉴于在我国实行政府预算绩效管理制度的主要条件正在逐步形成，政府便可以结合国家的经济发展水平，分步骤地在全国推行绩效预算。现阶段，可尝试推行的相关措施有哪些？

参考文献

英文文献

[1] David C. Colander. Macroeconomics (5th ed.). Boston, Mass. : McGraw—Hill/Irwin, 2004.

[2] Aschauer. D. Is Public Expenditures Productive. Journal of Monetary Economics 1999(23).

[3] George Break. Intergovernment Fiscal Relations in the United States. Washington D.C. : Brookings Institution,1967.

[4] Harm, R. J. , X. Sala—I—Martin. Public Finance in Models of Economic Growth. Review of Economic Studies ,1992(59).

[5] Harvey S. Roswn. Public Finance (2nd ed.). Homewood, Ill. : R. D. Irwin, 1988.

[6] J. A. Pechman. Federal Tax Policy (5th ed.). Washington D.C. : Brookings Institution,1986.

[7] Musgrave, R. A. The Theory of Public Finance: A Study in Public Economy. Boston, Mass. : McGraw—Hill,1995.

[8] R. Glenn Hubbard, Anthony Patrick O'Brien. Macroeconomics. Upper Saddle River, N. J. : Pearson Prentice Hall, 2006.

[9] R. Goode. Government Finance in Developing Countries. Washington D. C. : The Brookings Institution,1984.

[10] Rebelo, S. Long-run Policy Analysis and Long-run Growth. Journal of Political Economy ,1991(99).

[11] Richard E. Wagner. Public Finance. Boston：Little，Brown and Company,1983.

[12] Stiglitz,J. E. Economics of The Public Sector(2nd ed.). NewYork：W. W. Norton,1988.

[13] Todd Knoop. Growth，Welfare，and the Size of Government. Economic Inquiry,1999(37).

[14] U. K. Hicks. Public Finance (3rd ed.). London：JAMES NISBET & CO. LTD. ,1969.

[15] William Easterly，Sergio Rebelo. Fiscal Policy and Economic Growth：an Empirical Investigation. Journal of Monetary Economics ,1993(32).

中文文献

[1] A. B. 阿特金森、J. E. 斯蒂格利茨.公共经济学.上海：上海三联书店、上海人民出版社,1995.

[2] A. 埃克斯坦.公共财政学.北京：中国财政经济出版社,1983.

[3] A. 哈耶克.个人主义与经济秩序.北京：北京经济学院出版社,1989.

[4] A. 斯密.国民财富的性质和原因的研究.上海：商务印书馆,1996.

[5] D. W. 布罗姆利.经济利益与经济制度.上海：上海人民出版社、上海三联书店,1996.

[6] D. 李嘉图.政治经济学及赋税原理.上海：商务印书馆,1976.

[7] G. J. 施蒂格勒.产业组织和政府管制.上海：上海人民出版社、上海三联书店,1996.

[8] G. J. 施蒂格勒.经济学家和说教者.上海：上海人民出版社、上海三联书店,1990.

[9] G. S. 贝克尔.人类行为的经济分析.上海：上海人民出版社、上海三联书店,1996.

[10] J. M. 凯恩斯.就业、利息和货币通论.上海：商务印书馆,

1996.

[11] J. 布坎南. 自由市场和国家. 北京:北京经济学院出版社, 1989.

[12] M. 奥尔森. 集体行动的逻辑. 上海:上海人民出版社、上海三联书店,1995.

[13] P. A. 马斯格雷夫等. 美国财政理论与实践. 北京:中国财政经济出版社,1987.

[14] S. 詹姆斯等. 税收经济学. 北京:中国财政经济出版社, 1989.

[15] 彼德·M.杰克逊. 公共部门经济学. 郭庆旺、刘立群等译. 北京:中国税务出版社,2000.

[16] 布坎南. 自由、市场与国家. 上海:上海三联书店,1989.

[17] 陈共. 财政学(第三版). 北京:中国人民大学出版社,2002.

[18] 丹尼斯·缪勒. 公共选择. 上海:商务印书馆,1992.

[19] 道格拉斯·诺思、罗伯斯·托马斯. 西方世界的兴起. 北京:华夏出版社,1999.

[20] 道格拉斯·诺思. 经济史中的结构与变迁. 上海:上海三联书店,1992.

[21] 邓子基. 财政学. 北京:高等教育出版社,2005.

[22] 杜栋、庞庆华. 现代综合评价方法与案例精选. 北京:清华大学出版社.2005.

[23] 高培勇. 为中国公共财政勾画路线图. 北京:中国财政经济出版社.2007.

[24] 郭庆旺、赵志耘. 财政学. 北京:中国人民大学出版社,2002.

[25] 汉森. 货币理论与财政政策. 太原:山西经济出版社,1992.

[26] 贾康. 财政本质与财政调控. 北京:经济科学出版社,1998.

[27] 科斯等. 财产权利与制度变迁. 上海:上海三联书店,1991.

[28] 肯尼斯·阿罗. 社会选择:个性与多准则. 北京:首都经济贸易大学出版社,2000.

[29] 雷海良. 财政支出增长与控制研究. 上海:上海财经大学出版

社,1997.

［30］马蔡琛.变革世界中的政府预算管理———一种利益相关方视角的考察.北京:中国社会科学出版社,2010.

［31］诺思.经济史中的结构与变迁.上海:上海三联书店,1993.

［32］陶继侃、张志超.当代西方国家税收.太原:山西经济出版社,1997.

［33］陶继侃.当代西方财政.北京:人民出版社,1992.

［34］桑恒康.投资项目评估.北京:经济科学出版社,1988.

［35］佟家栋、张志超等.主要国家宏观经济政策比较分析.郑州:河南中原农民出版社,1998.

［36］王骐骥.财政学.武汉:武汉大学出版社,1994.

［37］威廉·配第.赋税论.上海:商务印书馆,1978.

［38］武彦民.财政学.北京:中国财政经济出版社,2004.

［39］袁国良.转型期财政稳定职能和机制研究.南京:南京大学出版社,2001.

［40］张馨、杨志勇.当代财政学与财政学主流.大连:东北财经大学出版社,2000.

［41］张志超、雷小康.中国转型经济时期的公共政策.北京:中国财政经济出版社,2005.

［42］张志超.美国联邦政府绩效预算的理论与实践.北京:中国财政经济出版社,2006.

［43］秦寿康.综合评价原理与应用.北京:电子工业出版社,2003.

［44］安体富.论我国公共财政的构建.财政研究,1999(6).

［45］丛树海、郑春荣.国际金融危机下的财政政策选择.税务研究,2009(7).

［46］崔志坤.完善地方政府财政收入分配机制的思考.经济纵横,2010(4).

［47］高培勇.中国公共财政建设指标体系:定位、思路及框架构建.经济理论与经济管理,2007(8).

［48］高培勇.公共财政:概念界说与演变脉络———兼论中国财政

改革 30 年的基本轨迹. 经济研究,2008(12).

　　[49] 贾康. 调节居民收入分配需要新思路. 当代财经,2008(1).

　　[50] 贾康、阎坤、傅志华. 落实科学发展观的公共收入制度与政策研究. 财贸经济,2007(1).

　　[51] 李冬妍. 打造公共财政框架下全口径预算管理体系. 财政研究,2010(3).

　　[52] 刘尚希. 分配与公平. 中国市场,2010(16).

　　[53] 马海涛、肖鹏. 中国税制改革 30 年回顾与展望. 税务研究,2008(7).

　　[54] 阮宜胜. 从税收视角看我国收入分配差距. 税务研究,2008(7).

　　[55] 孙士海. 中国与印度的经济改革比较. 南亚研究,1998(1).

　　[56] 郑建新. 公共财政再分析. 财政研究,2002(6).

　　[57] 冯俏彬. 美国预算过程的发展演变及其启示. 财政研究,2007(6).

后　记

　　在本教科书第四版修订过程中，以下各位提供了无私帮助：南开大学财政学系青年教师丁宏，负责修订了（新版）第六章、第七章、第八章的部分内容；副教授郭玲负责修订了（新版）第十一章的大部分内容；2010级博士研究生王文静参与修订了（新版）第五章的部分内容，并且重新编排了新版教科书各章的练习题；此外，她和2006级本科生崔立丽同学对全书文字进行了认真校对。于本书再版之际，在此一并表示感谢。

　　同时，再次感谢南开大学出版社的王乃合博士，对于本书的顺利出版、再版，他自始至终给予了足够的支持和实质性的帮助。

张志超

2011 年 1 月于南开大学